QUINTA EDICIÓN

HORIZONTES

Repaso y conversación

Graciela Ascarrunz Gilman (late)

University of California, Santa Barbara

Nancy Levy-Konesky

Yale University

Teacher Preparation Program

Karen Daggett

Boston College

WILEY

John Wiley & Sons, Inc.

HORIZONTES, Quinta Edición
Repaso y conversación
Gilman (late); Levy-Konesky; Daggett

Acquisitions Editor: Helene Greenwood
Program Assistant: Karen Ludke
Editorial Development: Mariam Rohlfing, Words and Numbers, Inc.
Acting Marketing Manager: Laura McKenna
Senior Production Editor: Sujin Hong
Photo Department Manager: Hilary Newman
Illustration Editor: Sandra Rigby

This book was set in Trump Medieval 10/12
by Pre-Press Company, Inc. and printed and bound by R.R. Donnelley & Sons Company.
The cover was printed by Phoenix Color Corp.

Cover illustration:
Elena Climent, *Balcony with View of Altea*, 1999.
Oil on canvas, 27 $9/_{16}$ × 36 $1/_4$ inches. Photo provided courtesy of
Mary-Anne Martin/Fine Art, New York. Reproduced with permission.

This book is printed on acid free paper.

Library of Congress Cataloging-in-Publication Data
Gilman, Graciela Ascarrunz de.
 Horizontes: repaso y conversación / Graciela Ascarrunz Gilman . . . [et al.].-- 5. ed.
 p. cm.
 Includes index
 ISBN 0-471-47600-5 (pbk.)
  1. Spanish language--Grammer. 2. Spanish language--Textbooks for foreign
speakers--English. I. Title

PC4112.G49 2004b
468.2′421--dc22

2004053838

Printed in the United States of America
10 9 8 7 6 5 4 3 2 1

Contenido

Preface   ix

LECCIÓN 1   *¡Encantada de conocerlo!*   2

Enfoque: Cuba y los cubanos en EE.UU.   3

Vocabulario para la comunicación: Cortesías de la vida social   4

Perspectivas: Nuevas amistades   8

    ¿Necesita Ud. más amistades?   16

    Ibrahim Ferrer   23

Estructuras: Los interrogativos y las exclamaciones   10

    Los sustantivos y los artículos   17

    Los adjetivos   24

    Los demostrativos   28

¡Ojo con estas palabras!   31

Ampliación y conversación   33

¿Qué sabe Ud. de... Cuba?   35

Ampliación y composición: ¡Revise su ortografía!   37

    Enfoque: Una entrevista   38

LECCIÓN 2   *Vamos a hacer las maletas*   40

Enfoque: España   41

Vocabulario para la comunicación: ¡Buen viaje!   42

Perspectivas: El aeropuerto de Barajas   47

    La vida nocturna madrileña   51

    Un puesto de botones para toda la vida   66

Estructuras: Los pronombres personales   48

    El presente del indicativo   52

    El tiempo futuro   61

    Las comparaciones   68

¡Ojo con estas palabras!   74

Ampliación y conversación   76

¿Qué sabe Ud. de... España?   80

Ampliación y composición: ¡Revise su ortografía!   82

Enfoque: La descripción   83

LECCIÓN 3   *¿Cómo son los estudios en tu país?*   84

Enfoque: Perú   85

Vocabulario para la comunicación: La vida diaria   86

Perspectivas: El proceso de matriculación   91

¿Quiere estudiar en el extranjero?   97

Un semestre en Perú   103

¡Piensa en tu futuro!   108

Estructuras: Los verbos reflexivos   92

Los verbos **ser** y **estar**   98

Los verbos **haber, hacer** y **tener**   104

Expresiones de obligación y probabilidad   106

Las preposiciones **en** y **de**   109

¡Ojo con estas palabras!   111

Ampliación y conversación   114

¿Qué sabe Ud. de... Perú?   116

Ampliación y composición: ¡Revise su ortografía!   117

Enfoque: Ventajas y desventajas de las universidades
pequeñas y grandes   119

LECCIÓN 4   *¡Qué grande es tu familia!*   120

Enfoque: Bolivia   121

Vocabulario para la comunicación: En casa   122

Perspectivas: Una carta de Carmen   128

La pubertad en la sociedad de los antiguos incas   135

La hermana de Carmen se casa   138

Estructuras: Las formas del pretérito   130

Las formas del imperfecto del indicativo   136

El pretérito vs. el imperfecto   139

El verbo **hacer** en expresiones temporales   142

¡Ojo con estas palabras!   144

Ampliación y conversación   146

¿Qué sabe Ud. de... Bolivia?   150

Ampliación y composición: ¡Revise su ortografía!   152

Enfoque: Narración autobiográfica   153

LECCIÓN 5 *¡Cerremos el trato!* *154*

Enfoque: México   155

Vocabulario para la comunicación: Los negocios   156

Perspectivas: Las Pymes mexicanas   161

Hay que ganarse la vida   167

Breve historia de la Ciudad de México, capital de la
República Mexicana   180

Estructuras: El presente perfecto y el pluscuamperfecto   162

Los pronombres en función de complemento directo,
indirecto o de preposición   169

Construcción especial del verbo **gustar** y de otros verbos   174

Usos especiales del pronombre **se**   177

Las preposiciones **a** y **con**   180

¡Ojo con estas palabras!   182

Ampliación y conversación   184

¿Qué sabe Ud. de... México?   186

Ampliación y composición: ¡Revise su ortografía!   188

Enfoque: La carta   188

LECCIÓN 6 *¡Cuide su salud!* *190*

Enfoque: Chile   191

Vocabulario para la comunicación: El cuerpo y la salud   192

Perspectivas: La medicina alternativa   197

Termas de Chillán   208

Estructuras: El subjuntivo: forma y uso en cláusulas nominales   199

El imperativo formal (Ud., Uds.): forma y uso   205

El imperativo familiar (tú, vosotros)   209

El imperativo de **nosotros**   213

Más allá del aula   207

¡Ojo con estas palabras!   214

Ampliación y conversación   217

¿Qué sabe Ud. de... Chile?   220

Ampliación y composición: ¡Revise su ortografía!   222

Enfoque: Los viejos remedios familiares   223

LECCIÓN 7   *¿Conoces mi ciudad?*   224

Enfoque: Argentina   225

Vocabulario para la comunicación: En el centro   226

Perspectivas: En Mendoza se soluciona un problema urbano   233

Ir de compras en Buenos Aires   241

Estructuras: El subjuntivo en cláusulas adjetivales   233

El subjuntivo en cláusulas adverbiales   236

El imperfecto del subjuntivo   243

El subjuntivo en oraciones independientes   248

Los adverbios   249

Más allá del aula   240

¡Ojo con estas palabras!   251

Ampliación y conversación   253

¿Qué sabe Ud. de... Argentina?   255

Ampliación y composición: ¡Revise su ortografía!   257

Enfoque: La moda   258

LECCIÓN 8   *Hispanoamérica: ¡Qué diversidad!*   260

Enfoque: Puerto Rico   261

Vocabulario para la comunicación: Nuestro mundo   262

Perspectivas: Noticias de última hora: ¿Habrá *un* idioma oficial
en Puerto Rico?   268

El alcohol: un problema grave   276

La contaminación en Puerto Rico   280

El elemento indígena   285

Estructuras: El tiempo condicional   269

Las cláusulas condicionales con *si*   272

El presente perfecto del subjuntivo   278

Expresiones afirmativas y negativas   281

La voz pasiva   286

Más allá del aula   288

¡Ojo con estas palabras!   289

Ampliación y conversación   290

¿Qué sabe Ud. de... Puerto Rico?   293

Ampliación y composición: ¡Revise su ortografía!   295

Enfoque: El resumen   296

LECCIÓN 9   *¡Hoy nos vamos de pachanga!*   *298*

Enfoque: Colombia   299

Vocabulario para la comunicación: Las fiestas   300

Perspectivas: Juanes   305

Las Navidades en Colombia   311

La piñata   317

Halloween en Colombia   323

Estructuras: Los usos del infinitivo   306

Las preposiciones **por** y **para**   312

Otras preposiciones   318

Los diminutivos y los aumentativos   324

Más allá del aula   326

¡Ojo con estas palabras!   327

Ampliación y conversación   328

¿Qué sabe Ud. de... Colombia?   331

Ampliación y composición: ¡Revise su ortografía!   333

Enfoque: Narración en tercera persona   334

LECCIÓN 10   *¿Cómo consigo la información?*   *336*

Enfoque: Honduras   337

Vocabulario para la comunicación: Los medios de comunicación   338

Perspectivas: El revendedor de boletos   343

¡Volveré a Honduras!   349

Correo electrónico: ¡Déjenme en paz!   353

Un reportaje inolvidable   357

Estructuras: El gerundio   345

El futuro perfecto y el condicional perfecto   350

El pluscuamperfecto del subjuntivo   354

Los pronombres relativos   358

Más allá del aula   363

¡Ojo con estas palabras!   364

Ampliación y conversación   366

¿Qué sabe Ud. de... Honduras?   370

Ampliación y composición: ¡Revise su ortografía!   372

                                  Enfoque: El ensayo   372

Apéndices   375

Vocabulario   399

Índice   421

Preface

The **Horizontes** program is designed to help you move from elementary to advanced Spanish at the college level. The main text is **Horizontes: Repaso y conversación**. The reader, **Horizontes: Cultura y literatura,** is also a conversation and activity guide. The *Activities Manual* is accompanied by a series of audio CDs. The entire program includes a complete review of what you have learned in beginning Spanish classes, as well as carefully chosen new materials that you will find engaging and effective.

As its title suggests, **Horizontes: Repaso y conversación** gives you a broader grasp of language concepts by presenting grammatical structures in real-life contexts. We strongly believe that class time should be reserved principally for oral practice. Over the years, instructors using **Horizontes** have reported that **Horizontes** has helped their students understand and remember the most important structures of the language as they developed the ability to communicate by listening, speaking, reading, writing, and interacting with the Hispanic world.

The following are hallmarks of the *Horizontes* program:

- Clear and in-depth grammar presentations, explanations and practice, taught in the target language and presented in culture-rich contexts. This allows you to study each structure independently before coming to class, thus providing more time in class to dedicate to clarification, practice, communication and interaction. The all-Spanish text is a natural complement to a classroom in which only Spanish is spoken. This approach encourages you to free yourself from dependence on English, and to quickly and effectively acquire Spanish language proficiency. This is the most direct and natural way to master the Spanish language and learn about Hispanic culture.
- The in-depth and fully integrated culture component provides high-interest cultural readings that reflect the latest trends in the Hispanic world as well as historical, geographic and literary information. Authentic materials, photographs, maps and other visual materials are used actively to enhance the presentation and assimilation of new information. The culture component is fully integrated into all aspects of each lesson, and is geographically and thematically consistent. This allows you to have an extensive understanding of the unique customs and traditions of individual areas of the Hispanic world, as well as recognition of those traditions that are shared by various regions. In this way you can appreciate the diversity of the Hispanic world.
- Thematic, functional vocabulary presentations supported by a variety of exercises and activities facilitate development of communication skills.

- Task-based communicative exercises and activities, and suggestions for involvement in Latino communities both real and virtual, help you to actualize new grammar and vocabulary and to perform using authentic Spanish. Graded activities guide you logically as you develop a broader base of Spanish language skills and become a confident communicator and cultural connoisseur.
- Writing activities provide an integrative format that helps you express yourself correctly and creatively in writing.
- Use of authentic reading materials exposes you to real language and prepares you to read at higher levels.

To accelerate your Spanish language acquisition, we have written **Horizontes: Repaso y conversación** entirely in Spanish. Don't feel intimidated by this. We want you to feel encouraged to acquire a genuine command of the language and to free yourself from dependence on English. Even if you have previously used texts written in English, you will not be at a disadvantage. You will find that the clear and concise presentation of grammar structures in **Horizontes** effectively eliminates your need for English explanations.

Our program is designed to give you opportunities to use the language in contexts that are as close as possible to what you would encounter in a Spanish-speaking society. This also implies giving you most of the responsibility for your learning. Make a genuine attempt to absorb the underlying grammatical concepts on your own. Take advantage of class time to ask questions (in Spanish of course!), to understand what your instructor is saying, and to communicate with your classmates and participate in activities that, we believe, will inspire you to share your ideas and to become immersed in the target culture.

TEXT ORGANIZATION

In the fifth edition text, you will find the material divided into ten lessons, each of which is organized as follows.

Enfoque

This section highlights a specific geographic region of the Hispanic world and serves as an invitation to visit. This lesson opener contains a map of the area and colorful photographs that reflect the theme of the lesson as well as the target country. A series of warm-up questions immediately involves you in discussions related to the lesson theme.

Vocabulario para la comunicación

The drawing at the beginning of each lesson depicts a scene from everyday life (such as **Primer día de clase, En el aeropuerto, Los quehaceres domésticos, En la sala de espera**). It is followed by a list of high-frequency vocabulary words to help you concentrate immediately on speaking. We won't overload you with new words and we will make sure the vocabulary we give you is appropriate for conversation about the topic presented in the corresponding chapter. A series of exercises follow, to offer you ample opportunity to master your new words and phrases.

Perspectivas

Reading—and understanding what you read—is important in order to learn to speak fluently. For **Perspectivas** we have chosen topics with your interests in mind. You'll find they combine cultural, practical, and contemporary issues with aspects of Spanish and Latin American life. After these cultural readings we'll ask you some questions and invite you to find a partner for more extensive discussion.

Estructuras

Studying the grammar at home will pay off when you do the class activities that are designed to help you put grammar concepts to practical use.

Reading selections help you see all-important grammar concepts employed in authentic material from newspapers, magazines, advertisements, and so forth. Here you will see "textbook Spanish" translated into daily interchanges among Spanish speakers. This is how verbs, pronouns, prepositions, and other grammatical items become genuine tools of communication. Grammatical presentations will give you concise explanations of several related points in the paragraphs you have read.

The **Práctica** exercises are based on real-life situations and contain a variety of formats. Some of these have specific answers; others are more open-ended and call for your creative input. All are closely related to the lesson theme and geographic area. The idea is to give you repeated opportunities to practice the same vocabulary and grammar so that by the end of a lesson you can express yourself in certain contexts with natural confidence.

Más allá del aula

This new section appears once in each lesson starting in lesson six. It is a way to get you out into the community to practice your language skills with the more than forty million Spanish speaking people in the United States. **¡Adelante!**

¡Ojo con estas palabras!

This section urges you literally to keep a sharp eye out for tricky Spanish words whose meanings can fool the English speaker. Good Spanish speakers do not confuse **saber** and **conocer**, though both are literally translated as *to know* in English, and they will select automatically the correct way to say *to take*, choosing between **llevar** and **tomar**. They will not assume that **actualmente** means *actually*, but instead *presently*, *right now*. Take this section seriously and commit these words and expressions to memory.

Ampliación y conversación

The activities in this section are designed to "put it all together" for you. You have a chance to practice in still more sophisticated exercises the vocabulary, grammatical, and cultural topics that you have been learning in progressive steps from the beginning of the lesson. As always, the emphasis is on oral practice in activities such as **Encuestas**, **Mesas redondas**, and **Minidramas**. We have found that students particularly like these activities because they bring out the actor—and the philosopher—who lives in each of us.

The final **¿Qué saben Uds. de... ?** activities provide a wealth of suggestions for investigating important aspects of the highlighted country's culture.

Ampliación y composición: ¡Revise su ortografía!

This section provides basic spelling rules to help improve your writing skills in Spanish. While necessary to every student of Spanish, this section is particularly useful to native speakers or heritage language learners who have had little or no Spanish language instruction.

Enfoque

We like to talk about the art of writing at this stage. In assignments that may ask you to compose a letter, an opinion essay, or a detailed description, you are given an opportunity to say what you think and put your feelings into words, without the pressure of pronouncing words correctly or speaking off the top of you head. You can—and should—take the care of an artist with these creations, and polish them, revise them, and retouch them before handing them in.

The *Table of Contents* doesn't mention a section called **¡Que te diviertas!** That's because there isn't one. We are hoping that everything else mentioned there adds up to an enjoyable experience. It's a cliché to say that learning should be fun, but popular sayings have their origin in truth. That's the reality we had in mind when we created this learning program for Spanish students. We've demanded that you work hard at home and participate energetically in class precisely because we know that hard work nets results. If the product of your diligence in this instance is a vastly improved ability to communicate in the real world of Spanish, we know that you are going to be thrilled with yourself. **¡Buen viaje hacia nuevos horizontes en español!**

New to this edition:

- Two-page lesson openers that include a map of the target region, a photo that reflects the geographic location and a photo that reflects the lesson theme within the geographic region. Icebreaker questions will foster warm-up conversations between students and serve as an advance organizer for vocabulary and theme to come.
- Complete sets of vocabulary exercises and activities designed to promote acquisition of target lexicon.
- Task-based activities help students to actualize new grammar and vocabulary and to perform authentically in Spanish.
- Suggestions for involvement in Latino communities both real and virtual.

Restructured for clarity and consistency in this edition:

- The **¿Sabía Ud. que... ?** section introduces each reading and has a photo to illustrate one of the culture capsules. These sections are now geographically and culturally consistent.
- New readings added to each lesson reflect the chapter geography and cultural theme while highlighting target grammar structures.
- Edited vocabulary lists. Lists have been reorganized and pared down.
- Revised grammar presentations (rewritten and reorganized) to facilitate independent student learning.
- Exercises and activities reflect the cultural themes and geographic locations of each lesson. They are graded from directed to open-ended.
- Many communicative, task-based, pair and group exercises have been added (80% are new). **Ampliación y conversación** activities have also been revised to practice grammar, integrate the vocabulary, and present target culture information. These activities offer ample opportunities for proficiency-based communication.
- Each lesson focuses squarely on the target region, and presents new information throughout the lesson via readings, culture capsules, exercises and activities, visuals, *realia*, and grammar examples.

DEDICAMOS esta quinta edición de *Horizontes* a todos aquellos, lectores y estudiantes, que continuamente se esfuerzan por mejorar su dominio del idioma español, enriqueciendo con ello su conocimiento de las culturas hispanas.   NRL-K
                                                                                    KMD

Acknowledgments

We are grateful to the many students and colleagues who have helped shape **Horizontes** with their feedback. We thank them for their perceptive comments and suggestions. We would also like to thank our developmental editor, Mariam Rohlfing, for her valuable input, her precise editing, and her patient guidance. We thank our publisher, Anne Smith, for helping to make a good match.

We would like to thank Acquisitions Editor Helene Greenwood for her support and encouragement of this project, and a special thanks to Editorial Assistant Christine Cordek, who helped to tie up all of the loose ends and to "interface" between our many computer programs.

Once again we thank Richard Lindley for his seasoned and thorough copyediting, his careful reading, and his helpful suggestions. Thank you to Gordon Laws at Pre-Press Company, Inc. for his valuable contributions to the production of our work. A special thank you to Elena Climent whose beautiful image graces the cover of *Horizontes,* Fifth Edition.

We are very grateful to the following reviewers for their many insightful suggestions on this and previous editions of the **Horizontes** program:

Chad Everett Allan
Diane Andrew
Yvette Aparicio
Elise Araujo
Kathleen Costales
Marius Cucurny
Mary Docter
María Falcón
Luisa García-Verdugo
Norma Grasso
Garrett Gregg
Jeanette Harker
Francisco Íñiguez
Saúl Jiménez S.
Juergen Kempff
April Koch
Kimberly Kowalczyk
Esther Marion
Sergio Martinez

Timothy McGovern
Elina McPherson
Manuel Medina
Olga Marina Moran
Michelle Natan
Judith Nemethy
Ted Peebles
Regina Roebuck
Yolanda Rosas
Jennifer Ryan
Bradley Shaw
Samuel Sommerville
Sally Stokes Stefami
Carmen Urioste Azcorra
Guillermina Walas
Andrea Warren Hamos
Eisa Zambosco
Nelly Zamora

LECCIÓN 1

¡Encantada de conocerlo!

▼ *Unos amigos se saludan.*

¡CHARLEMOS!

 Preséntese a uno(a) de sus compañeros de clase. Consulte la lista de cortesías de la vida social en las páginas 4–5 si es necesario. Después, hágale las siguientes preguntas. Use siempre la forma familiar (tú) al hablar con sus compañeros. Trate de obtener la mayor información posible.

1. ¿Cómo te llamas?
2. ¿Cuántos años tienes?
3. ¿Dónde vives y con quién(es)?
4. ¿Qué estudias?
5. ¿Por qué estudias español (historia, matemáticas, literatura)? ¿Te gusta estudiar en grupo o prefieres estudiar solo(a)?
6. ¿Qué haces en tu tiempo libre? ¿Te gusta ir al cine? ¿a la playa? ¿de compras? ¿a conciertos? ¿Qué tipo de música te gusta? ¿Te gustan los videojuegos? ¿Cuál es tu película preferida? ¿Practicas algún deporte? ¿Te gusta leer las tiras cómicas? ¿Cuál te gusta más?

ENFOQUE: Cuba y los cubanos en EE.UU.

La Habana, Cuba

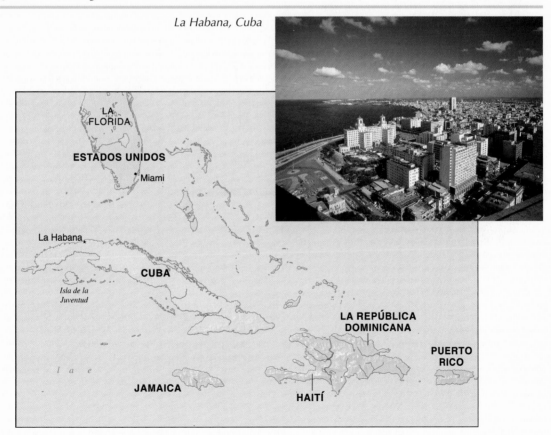

Primer día de clase

Para presentar a alguien

Quiero (Quisiera[1]) presentarle(te) a... *May I introduce you to . . .*

Me gustaría presentarle(te) a... *I would like you to meet . . .*

Mucho gusto en conocerlo/la (conocerte). *Pleased to meet you.*

El gusto es mío. *The pleasure is mine.*

Encantado(a). *Pleased to meet you.*

Es un placer. *It is a pleasure.*

Gusto de conocerlo(la). *It has been nice meeting you.*

---

[1] **Quisiera** *(I would like to, May I?)* es una forma más cortés que **Quiero**.

Para conocer a alguien

¿Cómo se (te) llama(s)? *What is your name?*
Me llamo... *My name is . . .*

¿Qué tal? *How are you?*
¿Cuál es su (tu) apellido? *What is your last name?*

Al entrar en una oficina

¿Puedo pasar? *May I (come in)?*
Pase (Pasa), por favor. *Please, come in.*
¡Adelante! *Go ahead!*

¿En qué puedo servirle(te)? *What can I do for you?*
Siéntese (Siéntate), por favor. *Please, sit down.*

Al recibir a alguien en su casa

¡Bienvenido(a)! *Welcome!*
¡Qué alegría { **verlo(la)** / **verte!** } *How nice to see you!*

Tome(a) asiento, por favor. *Please, sit down.*
Está(s) en su (tu) casa. *Make yourself at home.*

Para solicitar información

¿Cómo se dice... ? *How do you say . . . ?*
¿Qué quiere decir... ? *What does . . . mean?*
¿Qué es esto? *What is this?*
Dígame (Dime)... *Tell me . . .*
Para empezar... *To begin with . . .*
Me gustaría saber... *I would like to know . . .*
¿Podría[1] hablar con... ? *Could I speak to . . . ?*
Quisiera hacerle(te) una pregunta. *I would like to ask you a question.*
¿Me puede(s) (podría[s]) decir... ? *Can (Could) you tell me . . . ?*
explicar... ? *explain . . . ?*

Quisiera decirle(te) que... *I would like to tell you that . . .*
¿Qué le (te) parece si... ? *What do you think about . . . ?*
¿Qué opina (opinas) de... ? *What is your opinion about . . . ?*
¿Qué hace(s) en su (tu) tiempo libre? *What do you do in your free time?*

Para solicitar (pedir) ayuda

Quisiera pedirle(te) un favor. *I would like to ask you a favor.*
¿Me puede(s) ayudar? *Can you help me?*
Mil gracias. *Thank you very much.*

Un millón de gracias. *Thanks a lot.*
Muchísimas gracias (por...). *Thanks a lot (for . . .).*
No hay de qué. *You're welcome.*
De nada. *You're welcome.*

Para pedir disculpas o pedir permiso para pasar o interrumpir

Lo siento (mucho). *I am (very) sorry.*
¡Perdone! (¡Perdona!)
¡Disculpe! (¡Disculpa!) } *Excuse me.*

Con permiso. *Excuse me (when passing through a crowd).*

Para despedirse

Adiós. *Good-bye.*
Cuídese (Cuídate). *Take care.*
Hasta luego. *See you later.*

Hasta la vista. *So long.*
Hasta pronto. *See you soon.*

---

[1] **¿Podría... ?** (*Could I*) . . . ? es una forma de cortesía como **Quisiera.**

Algunas exclamaciones

¡No me diga(s)! *You don't say!*

¡Claro que sí!
¡Cómo no!
¡Pero claro! } *Of course!*
¡Por supuesto!
¡Desde luego!

¡Estupendo! ¡Magnífico! *Wonderful! Magnificent!*

¡Súper! ¡Fantástico! *Super! Fantastic!*

¡Qué sorpresa (verte por aquí)! *What a surprise (to see you around here)!*

¡Qué bien! *Fine!*

¡Vale!
¡De acuerdo! } *O.K.!*

¡Qué lástima!
¡Qué pena! } *What a pity!*

¡Qué (mala) suerte! *What (bad) luck!*

¡No lo puedo creer! *I can't believe it!*

¡Ya era hora! *It was about time!*

¡Ni hablar!
¡Qué va! } *No way!*

PRÁCTICA

A. Una situación incómoda. Las siguientes oraciones describen una pequeña situación. Consulte la sección **Algunas exclamaciones** en la sección de vocabulario y responda a cada oración con una exclamación apropiada.

1. Una amiga que Ud. no ha visto en mucho tiempo lo/la llamó por teléfono. Ud. dijo...

2. Ella le preguntó si podía usar su calculadora. Ud. aceptó y contestó...

3. Ella dijo...

4. Le dijo que le devolvería su calculadora en dos horas. Ud. respondió...

5. ¡Tardó dos semanas en devolvérsela! Ud. comentó...

6. Ese mismo día ella le preguntó si podía usar su diccionario. Ud. le dijo...

B. Mucho gusto. Su padre, que sabe hablar español, está de visita y Ud. quiere presentárselo a su profesor de español. Complete el párrafo con las expresiones de cortesía apropiadas.

Ud. está en la oficina de su profesor y acaba de presentarle a su padre, Roberto Echeverría. El profesor responde...

Mucho gusto en _____, señor Echeverría, y _____ a nuestra universidad. _____ por favor y _____ asiento. _____ saber qué _____ del campus pero tengo una reunión en cinco minutos. _____ mucho. _____ de conocerlo y _____ la vista.

C. ¿Salimos a divertirnos? Complete el diálogo con un(a) compañero(a) de clase.

—¡Hola! ¿Qué tal?

—

—¿Cómo te llamas?

—

—¿Qué estudias?

—

—¿De dónde eres?

—

—¿Cuánto tiempo llevas aquí?

—

—Me gustaría salir esta noche. Oye, ¿qué te parece si salimos juntos?

—

—¿Conoces alguna discoteca o algún lugar para divertirse?

—

—¿A qué hora quieres que pase a buscarte?

—

—Entonces, hasta más tarde.

VOCABULARIO PARA LA COMUNICACIÓN: CORTESÍAS DE LA VIDA

D. Tengo que hablar con mi profesor.

1. Hola, profesor, ¿puedo pasar?
2. ¿Podría hablar con Ud. un momento?
3. Primero, me gustaría presentarle a mi novio Marcos.
4. También, quisiera decirle que me siento enferma. No voy a poder hacer el examen hoy.
5. Gracias, profesor y hasta pronto.

D. Tengo que hablar con mi profesor. Su profesor(a) va a leer una serie de preguntas y comentarios. Escuche e indique la respuesta correcta.

1. ¡Adelante! / ¡Disculpe!
2. ¡Ni hablar! / ¡Claro que sí!
3. Encantado. / De acuerdo.
4. ¡Qué va! / Lo siento.
5. Cuídese. / ¡Perdone!

E. Primer día de clase. Las clases comienzan hoy y todos desean hacer nuevas amistades o encontrarse con sus compañeros del año anterior. Con un(a) compañero(a) de clase, observen el dibujo en la página 4 y completen los pasos siguientes. Consulten el **Vocabulario para la comunicación,** si es necesario.

1. Substituyan los minidiálogos en el dibujo con diálogos originales. Usen expresiones de la lista para crear situaciones nuevas.
2. Describan:
   a. el lugar y el ambiente en general
   b. el número de estudiantes
   c. el aspecto físico y las expresiones de la cara de cada estudiante
   d. la ropa que llevan
3. Contesten las siguientes preguntas.
   a. ¿Qué profesión tiene el muchacho del Diálogo A? ¿Qué hace en su tiempo libre? Él le hace tres preguntas a la muchacha. Usen su imaginación y las expresiones de la sección **Para solicitar información** y escriban las preguntas.
   b. ¿Qué otra pregunta quisiera hacer el joven del Diálogo C?
   c. ¿Los estudiantes del Diálogo B acaban de conocerse o son amigos del año anterior? Expliquen. ¿Qué más creen que quisiera decirle el joven a la muchacha?

PERSPECTIVAS

PREPARATIVOS

1. Lea la sección **¿Sabía Ud. que... ?**
2. Mire las palabras interrogativas que están en negrita en el diálogo, "**Nuevas amistades**". ¿Qué significa cada una? ¿Qué otros interrogativos usa cuando hace preguntas en español?
3. Para Ud. ¿es fácil hacer amigos? ¿Por qué? ¿Qué técnicas usa para iniciar una amistad?

¿Sabía Ud. que en Cuba... ?

barracks

- En julio de 2003 se celebró en **Cuba** el 50 aniversario del ataque al cuartel° Moncada en la ciudad de Santiago. El ataque fue dirigido por **Fidel Castro** y comenzó la revolución contra el gobierno de Fulgencio Batista. El pueblo cubano estaba ilusionado con Castro y con sus promesas de paz y justicia.

▲ *Fidel Castro Ruz*

- En los años cincuenta 2.000.000 de cubanos huyeron de la isla y del gobierno comunista de Fidel Castro y buscaron refugio en EE.UU., principalmente en **Florida**. Catorce mil exiliados murieron en el intento. Hoy para vivir "bien" en Cuba hay que pertenecer a la clase política o tener dólares estadounidenses. Hace casi cincuenta años que la población cubana trata de sobrevivir° en medio de la

▲ *El Malecón*

to survive
provides

pobreza y la represión con una libreta de racionamiento que les proporciona° cupones de alimento. A pesar de los enormes obstáculos, muchos quieren salir de la isla. Para hacerlo, tienen que reunir miles de dólares para pagar a los contrabandistas, y arriesgar° su vida en un mar lleno de graves peligros.

risk

- En la isla, **discotecas** como la Tropicana y el Palacio de la Salsa son sólo un sueño para muchos cubanos porque cobran en dólares para entrar. En La Habana los clubes nocturnos, los salones de baile y los restaurantes están llenos de turistas extranjeros. Entonces, ¿qué hacen los cubanos en la capital para divertirse? Al empezar la noche, después de cenar en casa y ver el noticiero, niños, mayores y enamorados salen a la calle a pasear, al **Malecón** a gozar del mar o a **Coppelia** para tomar un helado de sabor tropical.

Nuevas amistades

María Elena Martínez (ME) acaba de llegar a Madrid y está viviendo en un colegio mayor.[1] En este momento está en la cafetería, desayunando a toda prisa. Armando Bonilla (A), un muchacho español, se acerca a la mesa.

A: Hola, ¿**qué** tal?

ME: ¡Hola!

A: ¿Estudias aquí?

ME: Sí, este año empiezo ciencias políticas.

profession

A: ¡Qué bien! Creo que te va a gustar. Tengo varios amigos que estudian esa carrera°. ¿**Cómo** te llamas?

---

[1] En España, un colegio mayor es una residencia para estudiantes que depende de una universidad. Para poder vivir allí es necesario solicitar una plaza con bastante anticipación, ya que muchos estudiantes españoles viven en colegios mayores hasta que terminen la carrera.

	ME:	María Elena. ¿Y tú?
	A:	Armando, Armando Bonilla. **¿De dónde** eres, María Elena?
	ME:	Soy de Florida. Mis padres son de Cuba.
have you been	A:	**¿Cuánto** tiempo llevas° en Madrid?
	ME:	Casi una semana. Llegué el viernes.
Listen	A:	Oye°, ¿no te gustaría salir una noche y conocer Madrid? Es una ciudad divertidísima.
	ME:	Lo siento, Armando. No he venido a España a divertirme, sino a estudiar.
	A:	Así nunca vas a llegar a conocer bien la vida en España.
	ME:	**¿Por qué** dices eso?
dates	A:	Bueno… pues… no todo es el estudio. Me refiero a… experiencias nuevas, diversiones, ligues°. Todo eso también forma parte de la vida, ¿no? A los estudiantes aquí les gusta salir por la noche. Así uno puede conocer a mucha gente interesante, digo yo.
	ME:	Bueno, quizás tienes razón y yo debería tratar de hacer amistad con chicos españoles.
take a walk	A:	Oye, **¿qué** te parece si esta noche vamos de tapas, a dar una vuelta°, a bailar a una discoteca; en fin, a divertirnos…?
	ME:	Me has convencido. **¿Por qué** no pasas por el colegio mayor a las ocho?
	A:	¡Vale! Hasta luego.

COMPRENSIÓN Y PRÁCTICA

A. Preguntas. Conteste las siguientes preguntas.

1. ¿Cómo comienza la amistad entre María Elena y Armando?
2. ¿Cuál es la primera reacción de María Elena cuando Armando le propone salir por la noche?
3. ¿Qué argumentos usa Armando para convencer a María Elena?
4. ¿Por qué decide María Elena salir a divertirse?

B. Ahora, practiquen. En parejas, usen el diálogo entre Armando y María Elena como modelo para tener su propia conversación.

C. ¡Charlemos! ¿Qué pretende (intenta conseguir) Armando Bonilla? Conteste las siguientes preguntas sobre las intenciones de Armando, compare sus respuestas con las de su compañero(a) de clase y presenten sus conclusiones a la clase.

1. ¿Cómo se imagina Ud. a Armando Bonilla? ¿Cree que es un buen estudiante? ¿Y cómo es María Elena?

2. ¿Qué tipo de relación busca Armando con María Elena? ¿Busca una simple amistad? Explique.

3. Según Armando, ¿qué otros aspectos, además de los estudios, son también parte de la vida? ¿Está Ud. de acuerdo?

4. Si fuera a España o a otro país hispano, ¿le gustaría vivir en un colegio mayor estudiantil o preferiría compartir un apartamento con otros estudiantes? Explique.

ESTRUCTURA 1: Los interrogativos y las exclamaciones

LOS INTERROGATIVOS

Para solicitar información	Ejemplos
¿Cómo? *How?*	—¿**Cómo** te llamas? —Me llamo Herlinda Ramírez.
¿Cuál? ¿Cuáles? *Which one(s)? What?*	—¿**Cuál** es tu nacionalidad? —Soy cubana.
¿Cuánto? ¿Cuánta? ¿Cuántos? ¿Cuántas? *How much? How many?*	—¿**Cuántos** años tienes? —Tengo veintidós años.
¿Cuándo? *When?*	—¿**Cuándo** naciste? —Nací el 26 de marzo.
¿Quién? ¿Quiénes? *Who?*	—¿**Quiénes** son tus padres? —Raúl Ramírez y María José García.
¿De dónde? *Where from?*	—¿**De dónde** son? —Mi padre es de Santiago de Cuba y mi madre es de Camagüey.
¿Dónde? *Where?*	—¿**Dónde** viven ahora? —En La Habana.
¿Adónde? *Where to?*	—¿**Adónde** vas de viaje? —A Veracruz, México.
¿Qué? *What? Which?*	—¿**Qué** documentos llevas? —El pasaporte y la tarjeta de identidad.
¿Por qué? *Why?*	—¿**Por qué**[1] deseas ir a Veracruz? —Porque quiero estudiar periodismo en la Universidad Veracruzana.
¿Para qué? *Why? For what reason?*	—¿**Para qué**? —Para escribir sobre el mundo americano.

---

[1] ¿**Por qué?** *(Why?)* como pregunta se escribe en dos palabras y lleva el acento escrito en **qué**. **Porque** *(Because)* como respuesta se escribe en una sola palabra y no lleva acento ortográfico.

El acento escrito

Una oración declarativa implica a veces una pregunta. En estos casos hay que usar la palabra interrogativa con acento.

No sé **quién** es el director de la película *Antes de que anochezca*.	I don't know who is the director of the movie *Before Night Falls*.
Me pregunto **por qué** Javier Bardem trabaja en el cine norteamericano.	I wonder why Javier Bardem works in the North American film industry.

¿Qué? vs. ¿Cuál(es)?

Con el verbo **ser** el pronombre interrogativo **¿qué?** se emplea para pedir definiciones. **¿Cuál?** se usa para seleccionar uno entre varios.

¿Qué?: Definición o explicación	**¿Cuál (es)?: Selección**
¿**Qué** es el amor para ti?	¿**Cuál** es el país que más te gusta?
¿**Qué** quieres hacer esta noche?	En tu opinión, ¿**cuáles** son las mejores películas de este año?

Como adjetivo interrogativo (es decir, cuando precede a un sustantivo), se prefiere el uso de **¿qué?,** aun cuando el sentido sea de selección.

¿Qué...? como adjetivo	
¿**Qué** día es hoy?	*What day is today?*
¿**Qué** carrera sigues?	*What career are you studying for?*
¿**Qué** país te gusta más?	*Which country do you like most?*

Algunas expresiones interrogativas	
¿Qué hora es? *What time is it?*	—¿Qué hora es? —Son las diez menos cuarto.
¿A qué hora... ? *At what time . . . ?*	—¿A qué hora comienza tu clase? —A las diez en punto.
¿Cuántos años tiene(s)? ¿Qué edad tiene(s)? } *How old are you?*	—¿Qué edad tienes? —Tengo dieciocho años.
¿De qué color es (son)? *What color is it (are they)?*	—¿De qué color es tu coche? —Es verde.
¿Cuánto cuesta... ? *How much is . . . ?*	—¿Cuánto cuesta el boleto? —Quince dólares.
¿Cuánto tarda... ? *How long does it take . . . ?*	—¿Cuánto tarda el autobús de Miami a Coral Gables? —Media hora.

PRÁCTICA

A. ¿Qué preguntaría... ? Armando y María Elena hacen planes para salir otra vez. Empareje las respuestas de la columna A con las preguntas de la columna B.

A

1. —
   —Muy bien, gracias.
2. —
   —Tengo muchas ganas de ver una película.
3. —
   —*Antes de que anochezca.*
4. —
   —Javier Bardem. Es un actor español muy bueno.
5. —
   —Es sobre el autor cubano Reinaldo Arenas.
6. —
   —En el cine Rex.
7. —
   —En la Plaza de España.
8. —
   —A las ocho y media.
9. —
   —No te preocupes. Yo te invito.

B

a. ¿De qué se trata?
b. ¿Qué película?
c. ¿En qué cine pasan esa película?
d. ¿Cuánto cuesta la entrada?
e. Hola, ¿qué tal?
f. ¿Quién es el actor principal?
g. ¿A qué hora la pasan?
h. ¿Qué piensas hacer esta noche?
i. ¿Dónde está el cine Rex?

B. Una manera de conocerse mejor. Para conocerse mejor, María Elena y Armando hablan de películas, libros y música. Complete sus preguntas con **¿qué?, ¿cuál?** o **¿cuáles?** Después, en parejas, escriban un segmento más del diálogo sobre el tema de los deportes o de la comida. Practíquenlo y represéntenlo frente a la clase.

1. ME: ¿ _Cuál_ es la película que quieres ver?
   A: No lo sé. Quiero ver una película divertida.

2. ME: ¿ _Cuáles_ son tus comedias favoritas?
   A: Dime, en tu opinión, ¿ _Qué_ es una comedia?
   ME: Una comedia es una película que te hace reír.
   A: Entonces, mis comedias favoritas son las del director español, Pedro Almodóvar.

3. ME: ¿También te gustan los libros cómicos?
   A: No, ésos no me gustan. Y a ti, ¿ _Cuáles_ libros te gustan?
   ME: Los libros de comentario social.
   A: ¿ _Cuál_ es tu escritor favorito?
   ME: Guillermo Cabrera Infante. Es cubano y es el ganador del muy prestigioso Premio Miguel de Cervantes.

A: ¿ _Cuál_ libro de Cabrera Infante prefieres?

ME: *Tres tristes tigres,* sin duda.

A: ¿ _Qué_ sabes de su vida?

ME: Participó en la vida intelectual cubana. Fue encarcelado por su oposición a Batista. Más tarde se apartó del regimen de Castro y fue a vivir a Londres.

4. ME: Y en música, ¿ _Qué_ te gusta escuchar?

A: Música cubana, igual que a ti, me imagino.

ME: ¿ _Cuál_ es tu CD favorito?

A: *Buena Vista Social Club.*

ME: ¿ _Cuáles_ canciones te gustan más?

A: "Chan Chan" y "Candela".

ME: A mí me gustan ésas también... Entonces, ¿vamos al cine ahora?

A: Sí, vamos.

C. Hablemos de las noticias. Se puede iniciar una buena conversación hablando de las noticias que salen en el periódico. En parejas y, basándose en la lectura, completen esta entrevista usando los interrogativos necesarios. Luego contesten las preguntas.

MILES DE TURISTAS DE EE.UU. VIOLAN EL EMBARGO Y VAN A CUBA

Cerca de 27.000 viajaron a la isla el año pasado, vía México o Canadá. Enfrentan multas° e incluso la cárcel° en su país. Hay presión en el Congreso para que se levanten las restricciones.

fines
prison

En marzo del año pasado Dan Snow, un tejano de 63 años, aterrizó° con su avioneta privada en Cuba. Recorrió° La Habana vieja y bebió un par de mojitos°, el trago° típico cubano. Pero la diversión terminó abruptamente cuando, al regresar a su país, las autoridades lo encarcelaron°. "Me convertí en el primer delincuente turístico", recuerda ahora Snow.

Sin llegar tan lejos hoy hay miles de norteamericanos que, como Snow, transgreden° regularmente el embargo

landed
traveled around
drinks (of rum with lime, sugar and mint)
drink (alcoholic)
imprisoned

transgress

impuesto contra Cuba, que prohíbe los viajes estadounidenses a la isla.

Ahora, el lugar de moda es el Hotel Nacional, en cuyas habitaciones se han alojado en los últimos años Woody Allen, Arnold Schwarzenegger, Naomi Campbell y Oliver Stone.

—Ana Baron, Washington.
Corresponsal de *El Clarín*

1. ¿ _____ violan los turistas?
2. ¿ _____ prohíbe el embargo?
3. ¿ _____ turistas estadounidenses viajaron a Cuba el año pasado?
4. ¿ _____ es Dan Snow?
5. ¿ _____ hizo el Sr. Snow?
6. ¿ _____ es la bebida típica de Cuba?
7. ¿ _____ viajaron los turistas a Cuba?
8. ¿ _____ es el hotel muy de moda ahora?
9. ¿ _____ son algunas de las estrellas estadounidenses que han viajado a Cuba?

LAS EXCLAMACIONES

Los siguientes interrogativos se usan para formar frases exclamativas.

¡Qué... ! *What a(n) . . . ! How . . . !*

¡**Qué** lastima!   ¡**Qué** sueño tengo!
¡**Qué** idea más interesante!   ¡**Qué** bonito!
¡**Qué** horror!   ¡**Qué** bueno!
¡**Qué** horrible!   ¡**Qué** hermoso!
¡**Qué** aburrido!

¡Cómo... ! *How . . . ! (in what manner)*

¡**Cómo** llueve!   ¡**Cómo** se divierte Arturo!

¡Cuánto(a, os, as)... ! *How much . . . !*
                          How many . . . ! (to what extent), (quantity)

¡**Cuánto** siento tu partida *(departure)*!   ¡**Cuánto** ruido! ¡**Cuánto** jaleo *(uproar)*!
¡**Cuánto** dinero tiene!   ¡**Cuánta** gente!
¡**Cuántas** preguntas al mismo tiempo!

PRÁCTICA

A. Una noche especial. Armando y María Elena han formado una buena amistad y Armando se siente muy contento. Complete sus comentarios con la exclamación indicada.

1. ¡ _Qué_ muchacha más interesante!
2. ¡ _Cómo_ me gusta charlar con ella!
3. ¡ _Cómo_ nos divertimos cuando salimos anoche!
4. ¡ _Qué_ contento estoy de ser su amigo!
5. ¡ _Cuántos_ deseos tengo de verla nuevamente!
6. ¡ _Cuántas_ sorpresas agradables hay en la vida!

B. ¿Cómo reaccionaría Ud.? Imagínese que está en Miami para visitar a María Elena, y diga cómo reaccionaría en cada situación. Complete las exclamaciones que están en la segunda columna y emparéjelas con las situaciones de la primera columna.

	I		*II*
_b_	1. Su casa está en Key Biscayne, una linda zona residencial.	a.	¡ _Qué_ deliciosa!
_h_	2. Su familia hace una gran fiesta de bienvenida al estilo cubano.	b.	¡ _Qué_ casas tan bonitas!
_a_	3. ¡Su abuela prepara la mejor comida cubana de Miami!	c.	¡ _Cómo_ trabaja!
_f_	4. Su pobre abuelo está enfermo y no puede asistir a la fiesta.	d.	¡ _Qué_ buena película!
_g_	5. No salen a conocer Miami porque hace muy mal tiempo.	e.	¡ _Qué_ talento!
_d_	6. Una noche sacan un video de Blockbuster.	f.	¡ _Qué_ lástima!
_c_	7. El hermano, quien es médico, trabaja día y noche.	g.	¡ _Cómo_ llueve!
_e_	8. Su hermana es bailarina de ballet clásico.	h.	¡ _Cuánta_ sorpresa!

PERSPECTIVAS

PREPARATIVOS

1. Lea la sección **¿Sabía Ud. que... ?**

2. La lectura, "**¿Necesita Ud. más amistades?**" contiene varios artículos definidos e indefinidos. Mire los artículos definidos que están en negrita y diga si el artículo se usa en inglés en el mismo contexto. Ahora, mire los artículos indefinidos que están en negrita y digan por qué son femeninos.

3. ¿Tiene mucho tiempo para socializar? ¿Es una prioridad en su vida? Explique.

¿Sabía Ud. que en Cuba...?

- **Los saludos** suelen ser más íntimos y cariñosos que los de los estadounidenses. El hispano normalmente estrecha la mano y en muchas ocasiones abraza a sus amigos. Besarse en las dos mejillas es otra costumbre común entre amigas.
- **La vida social** de una persona hispana está estrechamente relacionada con la vida familiar. Cuando hay fiestas y reuniones familiares todos los familiares están invitados. A una fiesta van los niños de cinco años y los abuelos de ochenta años, y todos bailan con todos. Las diferencias de edad no importan.
- Parece extraño pero hay muchos cubanos que preferirían tener menos contacto con ciertos familiares. Cuba tiene **la tasa de divorcio** más alta de los países hispanos, y una de las razones es la convivencia obligatoria de matrimonios jóvenes con otros parientes. Más del 50 por ciento de la gente vive en grupos familiares formados por varias parejas y en viviendas de espacio muy reducido. Pasan tanto tiempo peleándose sobre la escasez° de comida y otras necesidades que muchos terminan separándose.

shortage (margin gloss for escasez°)

¿Necesita Ud. más amistades?

Para muchas personas el hacer amistades resulta muy difícil. Además, si viven en ciudades grandes, **los** contactos entre las personas son ocasionales y generalmente nadie tiene mucho tiempo para tener **una** vida social activa.

¿Qué hacer? Pues, ¿sabe Ud. que **las** personas adquieren un aspecto más atractivo e interesante cuando están absortas en **una** actividad que las motiva mucho? Por supuesto, debe ser una actividad que a Ud. le interese genuinamente, donde emplee su talento e inteligencia. Además, es importante que establezca asociaciones con aquellas personas que realizan **las** mismas actividades, coincidiendo con Ud. en **los** mismos lugares y a **las** mismas horas. Digamos, por ejemplo, en su propio trabajo. Tenga presente que Ud. no vive aislado... vive en **una** sociedad con otras personas. Tener un buen amigo puede aliviar **la** soledad que conduce a **la** depresión. El saber iniciar y cultivar amistades es considerado por muchos como un arte.

COMPRENSIÓN Y PRÁCTICA

A. ¿Qué recuerda? Basándose en la lectura anterior, termine las oraciones.

1. En ciudades grandes...
2. Una persona parece más atractiva...
3. Es más fácil establecer relaciones...
4. Una persona puede sentirse deprimida...

B. ¡Charlemos! Conteste las preguntas siguientes. Compare sus respuestas con las de un(a) compañero(a) de clase y presenten sus conclusiones a la clase.

1. Acaba de mudarse a otra ciudad donde no conoce a nadie. ¿Qué hace para conocer a personas que comparten sus intereses en...
   a. los deportes?
   c. el arte?
   b. la religión?
   d. la música?

2. Ha seguido todos los consejos del artículo, pero sin resultados. ¿Qué otros métodos, tradicionales o extraordinarios, hay para conocer a gente interesante?

3. Una vez que ha establecido una amistad, ¿qué hace para mantenerla?

ESTRUCTURA 2: Los sustantivos y los artículos

LOS SUSTANTIVOS

Los sustantivos se clasifican en masculinos y femeninos. Los sustantivos masculinos llevan los artículos definidos e indefinidos **el** y **un (los/unos)** y los sustantivos femeninos llevan los artículos definidos e indefinidos **la** y **una (las/unas)**.

El género de los sustantivos

1. Generalmente los sustantivos que terminan en **–o**, **–al**, **–or**, **–ente** y **–ante** son masculinos.

–o	**–al**	**–or**	**–ente, –ante**
el pelo	el animal	el color	el accidente
el domicilio	el hospital	el amor	el presente
el nacimiento	el carnaval	el calor	el diamante

Algunas excepciones

la mano	la catedral	la labor	la gente
	la señal	la flor	la corriente
			la serpiente

2. Los sustantivos que terminan en **–a**, **–ión (–ción, –sión)**, **–umbre**, **–ie**, **–d (–dad, –tad, –ud)** y **–z** generalmente son femeninos.

–a	**–ión**	**–umbre**
la fecha	la canción	la costumbre
la entrevista	la situación	la incertidumbre
la cara	la ilusión	la muchedumbre

–ie	**–d**	**–z**
la serie	la amistad	la luz
la especie	la ciudad	la paz
	la actitud	la rapidez

Algunas excepciones

el día, el tranvía, el mapa, el avión, el lápiz *y varias palabras que terminan en* **–ma**: el sistema, el problema, el clima, el tema, el programa, el idioma, el drama, el poema

3. Los sustantivos que terminan en **–ista** son masculinos o femeninos, según el sexo de las personas.

Hombre	**Mujer**
el periodista	la periodista
el turista	la turista
el artista	la artista

El plural de los sustantivos

1. Si el sustantivo termina en vocal, se añade **–s**.[1]

Singular	Plural
la mano	las manos
el pie	los pies
la hora	las horas

2. Si el sustantivo termina en consonante, se añade **–es**.

Singular	Plural
la ocasión	las ocasiones[2]
el papel	los papeles
la vez	las veces[3]
el joven	los jóvenes[4]

3. Si el sustantivo es de más de una sílaba y termina en **–s**, la forma plural no cambia.

Singular	Plural
el lunes	los lunes
el tocadiscos	los tocadiscos
el paraguas	los paraguas

El artículo definido

El artículo definido es más frecuente en español que en inglés. Sirve para indicar lo siguiente.

1. una persona o cosa específica

   El periodista desea hablar con Ud.
   La película de Marcos Sánchez es buena.

2. algo genérico o abstracto

   Queremos **la** libertad.
   El motociclismo es un deporte peligroso.

Formas del artículo definido

	Singular	Plural
Masculino	**el** actor	**los** actores
Femenino	**la** pregunta	**las** preguntas

---

[1] Algunas palabras que terminan en **–í** forman el plural con **–es**: el rubí, los rub**íes**; el ají, los aj**íes**.

[2] Con el aumento de una sílaba, el acento escrito no es necesario. (Ver Apéndice pág. 379.)

[3] **Z** cambia a **c** delante de **e**.

[4] Con el aumento de una sílaba, el acento escrito es necesario. (Ver Apéndice pág. 379.)

Atención:

- Se emplea **el** (artículo masculino singular) delante de sustantivos femeninos que comienzan con **a** o **ha** acentuada para facilitar la pronunciación.

  Mi madre tiene **el a**lma bondadosa.
  El agua de la piscina está fría.
  El hada es un ser fantástico del sexo femenino que tiene poderes mágicos.

Pero:

  Las aguas del mar Caribe son claras.

- Cuando el artículo definido **el** sigue a la preposición **a** o **de**, la contracción es necesaria.

  a + el = **al**   Vamos **al** cine.
  de + el = **del**   Vuelven **del** mercado.

El artículo definido se usa...

1. delante de los nombres o títulos cuando se habla **de** la persona y no **a** la persona (excepto con **don** y **doña**, que nunca llevan artículo).

   La señora Ortega llega mañana porque tiene una cita con **el** doctor Vega.

Pero:

   Buenas tardes, señor Marcos. ¿Cómo está doña María?

2. con los nombres de algunos países. Sin embargo, la tendencia hoy es de no usar el artículo.

   Viví en **(el)** Perú dos años y después pasé un año en **(los)** Estados Unidos.

3. con los nombres de personas y de países cuando están modificados.

   La pobre María sólo tiene una semana de vacaciones.
   La Cuba de hoy atrae a muchos turistas europeos y canadienses.

4. delante de las partes del cuerpo y la ropa en lugar del adjetivo posesivo.

   Lávese **los** dientes.
   Se pusieron **el** abrigo.[1]
   Los niños levantaron **la** mano.

5. con los días de la semana y las estaciones del año. (Se omite después del verbo **ser** para identificar el día de la semana.)

   Voy de compras **los** sábados.

---

[1] Se usa el singular del objeto aun cuando la acción sea de dos o más personas: Se pusieron **el** abrigo. Pero: Se pusieron **los** guantes.

Pero:

> Hoy es lunes.

6. con las fechas y las horas.

> La fiesta es **el** 3 de mayo, a **las** ocho y media.

7. con los nombres de idiomas. (Se omite después de los verbos **hablar, aprender, estudiar, enseñar** y **entender** y las preposiciones **de** y **en.**)

> Me gusta mucho **el** italiano; **el** alemán también es interesante.

Pero:

> Quiero estudiar portugués. Sólo hablo español. Háblame en francés.

El artículo indefinido

Formas del artículo indefinido

	Singular	Plural
Masculino	**un** coche	**unos** coches
Femenino	**una** casa	**unas** casas

El artículo indefinido plural **unos/unas** corresponde al inglés *some/a few* y generalmente se omite. Tenemos **(unos)** amigos muy buenos.

El artículo indefinido se omite...

1. después del verbo **ser** con nombres que indican profesión, religión o nacionalidad, excepto cuando están modificados.

> ¿Es cubana tu madre? Sí, es cubana y mi padre es español.
> Mi hermano es mecánico. Es **un** mecánico excelente y su esposa es **una** maestra muy buena.

2. con los verbos **tener, llevar** y **haber** cuando no expresan cantidad, especialmente en frases negativas.

> ¿Tienes coche? No, pero tengo bicicleta.
> Hace frío y no llevas abrigo.
> Para mañana no hay tarea.

3. con las palabras **otro** *(another),* **medio** *(half),* **cien(to), mil** y ¡**Qué**... !

> ¡Qué chaqueta más bonita! Cuesta sólo cien dólares.
> Voy a comprar una para mí y otra para mi hermana.

PRÁCTICA

A. Pequeñas encuestas. En parejas, túrnense para completar el diálogo, usando el artículo definido, el artículo indefinido o la contracción **del** o **al.**

1. —¿Qué haces cuando tienes _____ problema serio?

   —Le pido _____ consejo a _____ buen amigo.

2. —¿Qué dices si estás cenando en casa de _____ amigas y unos frijoles se caen _____ plato _____ suelo?

   —Recojo _____ frijoles y le pido disculpas a _____ señora de la casa.

3. —¿Cuáles son _____ cualidades que más te gustan en _____ persona?

   —_____ sinceridad, _____ sensibilidad y _____ ingenio.

4. —¿Y cuáles son _____ peores defectos de algunos estudiantes?

   —_____ inseguridad y _____ pereza.

5. —¿Qué haces si le pides _____ coche a tu amigo para ir _____ cine y te dice que él lo necesita?

   —¡Voy _____ cine caminando!

6. —¿Qué piensas de _____ telenovelas?

   —Pienso que _____ son buenas y otras son malas.

B. Una charla familiar. En parejas, túrnense para completar el diálogo, usando el artículo indefinido cuando sea necesario.

ESTUDIANTE A: ¿Tienes _____ familia grande?

ESTUDIANTE B: Regular. Somos cuatro. Mi padre, mi madre, _____ hermano pequeño y yo.

ESTUDIANTE A: ¿A qué se dedican tus padres?

ESTUDIANTE B: Mi padre es _____ médico famoso y mi madre es _____ abogada.

ESTUDIANTE A: ¿Dónde viven?

ESTUDIANTE B: Vivimos a _____ media cuadra *(block)* de aquí.

   —Y... ¿qué hacen Uds. en las vacaciones?

ESTUDIANTE A: Nos gusta mucho viajar porque tenemos _____ amigos en México, Guatemala y El Salvador. El año pasado _____ amiga mexicana vino a vernos. ¡Qué _____ mujer más simpática! Se quedó con nosotros _____ días. Aunque le gustó mucho su visita, no estaba acostumbrada a nuestro clima. Para salir a la calle, ella siempre llevaba _____ abrigo de lana y _____ botas porque decía que aquí hace mucho frío.

ESTUDIANTE B: Yo también tengo _____ amigo en México. Él nos escribió diciendo que piensa hacer _____ viaje a Estados Unidos para comprar computadoras para _____ negocio que tiene con _____ japoneses que viven en Guadalajara. ¡Qué sorpresa se va a llevar cuando sepa que yo no tengo _____ computadora en casa! ¡Qué atrasada estoy!

PERSPECTIVAS

PREPARATIVOS

1. Lea la sección **¿Sabía Ud. que... ?**

2. La lectura, "**Ibrahim Ferrer**" contiene varios adjetivos calificativos y algunos están en negrita. Mírelos y diga cuáles son los sustantivos que califican. En la línea: "Este gran cantante de 76 años...", ¿por qué el adjetivo *gran* precede al sustantivo?

3. La carrera de Ferrer se desarrolló bajo condiciones difíciles. ¿Conoce Ud. a otras figuras famosas que tengan historias semejantes?

¿Sabía Ud. que en Cuba... ?

- El famoso álbum de música cubana, **Buena Vista Social Club**, es el fruto de una reunión espontánea de varias generaciones de músicos y el talento del compositor norteamericano Ry Cooder. Cooder tenía planeada una sesión de grabaciones con un grupo de músicos en La Habana en 1996. Cuando algunos de los artistas no pudieron participar, Cooder buscó a otros. Así nació el disco que lanzó a Ibrahim Ferrer y a otros músicos a la fama internacional.

- *Buenos hermanos* es otro álbum del reconocido cantante cubano **Ibrahim Ferrer**. Ferrer considera este trabajo un tributo a todos los grandes compositores, cantantes y músicos que crearon la legendaria música cubana.

▲ *La capital de la bicicleta*

- **La Habana**, la capital de Cuba, está situada a 90 millas de Cayo Hueso, Florida y cuenta con una población de dos millones de habitantes. La magia de esta ciudad tropical ha atraído a escritores, descubridores y aventureros a través de su historia y sigue haciéndolo.

- No sólo es La Habana la capital del país, sino que también se ha convertido en **la capital de la bicicleta**. Una quinta parte de la población tiene bicicleta y los números siguen creciendo. Muchas son viejos modelos de Rusia o de Francia. Estas bicicletas, algunas pintadas con los colores brillantes del trópico, son el medio de transporte preferido por muchas razones: cuestan poco, sirven como ejercicio, son fáciles de estacionar y reducen la contaminación atmosférica. El uso de la bicicleta en Cuba beneficia el medio ambiente y la economía del país.

Ibrahim Ferrer

tasted

"**M**i vida es **inmensa**!" Éstas son las palabras de Ibrahim Ferrer, el artista **cubano** cuya maestría **vocal** llena los salones de concierto más **famosos** del mundo. Este **gran** cantante de 76 años de edad saboreó° el éxito por primera vez con su trabajo en *Buena Vista Social Club*, un álbum de música **cubana** que ganó un Grammy en 1997. Dos años después salió el documental del mismo nombre.

orphan

shine shoes

recording

La vida de Ibrahim Ferrer está **llena** de recuerdos **dolorosos** también. De niño quedó huérfano° de padre y madre y tuvo la necesidad de ganar dinero. Inició su carrera **musical** a muy temprana edad y llegó a ser famoso en los importantes círculos **musicales** de su país. No se sabe por qué lo hizo, pero un día dejó su casa y su carrera y se puso a bolear° en las calles de La Habana. Gracias a sus amigos que lo obligaron a salir de ese retiro **inexplicable** y al talento de productores musicales que lo "descubrieron", Ibrahim Ferrer está nuevamente grabando° canciones que deleitan al mundo.

Hace ya seis años que Ibrahim tiene su propia orquesta. Aunque los conciertos y las giras **internacionales** no le dejan mucho tiempo para descansar y estar con su familia, no se está quejando y mucho menos está pensando en retirarse. Dice Ibrahim Ferrer, "Uno debe retirarse unos días antes de morirse. Mientras tenga voluntad y me sienta con espíritu pienso seguir cantando."

COMPRENSIÓN Y PRÁCTICA

A. Preguntas. Conteste las preguntas siguientes.

1. ¿Cómo era la vida de Ibrahim Ferrer cuando era niño?
2. ¿Qué circunstancias iniciaron su carrera artística?
3. ¿Qué papel jugaron sus amigos en su vida?
4. ¿Qué evento lanzó a Ibrahim Ferrer a la fama internacional?
5. ¿Piensa retirarse algún día? Explique.

B. ¡Charlemos! Complete los pasos siguientes y compare sus respuestas con las de un(a) compañero(a) de clase.

1. En la exclamación, "¡Mi vida es inmensa!", sustituya un adjetivo por "inmensa" que describa la vida de Ud. y explique su selección. ¿Conoce a alguien que tenga una "vida inmensa"? ¿Quién es? Describa la vida de esa persona.
2. Cambie la frase de Ferrer para reflejar la filosofía de la vida de Ud.: "Uno debe retirarse _____."
3. Para describir el carácter y la personalidad de Ud., ¿qué adjetivos usarían las personas que mejor lo (la) conocen?

ESTRUCTURA 3: Los adjetivos

LOS ADJETIVOS CALIFICATIVOS

Los adjetivos calificativos describen personas, animales o cosas. Los adjetivos concuerdan en género y número con el sustantivo que modifican.

el baile **popular**
la residencia **universitaria**
un muchacho **simpático**
una universidad **pequeña**

los bailes **populares**
las residencias **universitarias**
unos muchachos **simpáticos**
unas universidades **pequeñas**

Las formas de los adjetivos calificativos

1. Los adjetivos que terminan en **–o**

Singular		Plural	
Masculino	*Femenino*	*Masculino*	*Femenino*
rojo	roja	rojos	rojas
americano	americana	americanos	americanas

2. Los adjetivos que terminan en **–dor, –ol** y **–uz** y los adjetivos de nacionalidad que terminan en consonante

Singular		Plural	
Masculino	*Femenino*	*Masculino*	*Femenino*
trabajador	trabajadora	trabajadores	trabajadoras
español	española	españoles	españolas
andaluz	andaluza	andaluces[1]	andaluzas
alemán	alemana	alemanes	alemanas

3. Los demás adjetivos

Singular		Plural	
Masculino	*Femenino*	*Masculino*	*Femenino*
importante	importante	importantes	importantes
difícil	difícil	difíciles	difíciles

La posición de los adjetivos calificativos

Como norma general, los adjetivos calificativos se colocan después del sustantivo y sirven para diferenciar las características de las personas, animales, cosas o ideas. Los que siguen al sustantivo son los que expresan:

1. nacionalidad y creencias políticas, sociales y religiosas.

José es un médico **cubano** que vive en Miami. Se opone al gobierno **comunista** de Fidel Castro. Vive cerca de la calle Ocho donde asiste a la iglesia **católica** cerca de su casa.

---

[1] Recuerde que **z** cambia a **c** delante de **e**.

2. tamaño, forma y color.

Compraron una casa **grande** en Coconut Grove y ahora necesitan muebles. Buscan una mesa **redonda** para la cocina y un sofá **azul** para la sala.

3. términos técnicos.

¡Cuántos instrumentos **electrónicos** venden en aquella tienda!

Algunos adjetivos cortos de uso muy común preceden al sustantivo.

En un breve año el **joven** escritor escribió un **buen**[1] cuento (*short story*) pero una **mala** novela.

---
[1] **Bueno** y **malo** pierden la **o** final cuando preceden a un sustantivo masculino singular.

Los adjetivos que cambian de significado

Los siguientes adjetivos cambian de significado según estén antes o después del sustantivo.

Adjetivo	Antes del sustantivo	Después del sustantivo
gran(de)	un **gran** libro (*great*)	un libro **grande** (*big*)
pobre	el **pobre** hombre (*unfortunate*)	el hombre **pobre** (*poor, penniless*)
nuevo	una **nueva** casa (*new, another*)	una casa **nueva** (*brand-new*)
viejo	un **viejo** amigo (*of long-standing*)	un amigo **viejo** (*old, elderly*)
antiguo	un **antiguo** coche (*former*)	un coche **antiguo** (*old, antique*)

PRÁCTICA

A. ¿Dónde quedarse en La Habana? Ud. va a Cuba con un grupo de estudiantes y buscan habitaciones para alquilar. Prefieren quedarse en el Vedado, un barrio popular en el centro de La Habana. Las siguientes casas particulares tienen habitaciones para alquilar. Complete las descripciones con los adjetivos de la lista, modificándolos según sea necesario.

El Vedado

básico	independiente	bello
céntrico	colonial	bueno
climatizado	doble	turístico

1. Casa Inés: Se ofrecen dos habitaciones _____ en una _____ casa de estilo _____.

2. Casa Blanca: Ésta es una _____ oportunidad de alojarse en una zona _____ y _____ de la capital.

3. Casa Carmen: Se ofrece habitación con baño y servicios _____ en el barrio de el Vedado.

4. Villa Babi: El calor de La Habana no le afectará en estas habitaciones _____.

5. Casa Miriam: Aquí hay alojamiento para dos en una habitación _____ con muchas comodidades.

 B. Mi amigo debe ser... Ponga en orden de preferencia las cinco cualidades que Ud. busca cuando hace una amistad y explique por qué son importantes. Después, compare sus preferencias con las de un(a) compañero(a) de clase para ver si son similares.

Modelo: Mi amigo(a) debe ser sincero(a) porque yo soy una persona sincera y no tolero las mentiras...

alegre	educado(a)	inteligente	romántico(a)
cariñoso(a)	extrovertido(a)	maduro(a)	sensible
cortés	fuerte	paciente	simpático(a)
culto(a)	guapo(a)	religioso(a)	sincero(a)
dinámico(a)	honesto(a)	rico(a)	tranquilo(a)
divertido(a)			

C. Personas famosas. En parejas describan a las siguientes personas. Incluyan no menos de cuatro adjetivos en cada descripción. Luego, cada estudiante debe pensar en otra persona famosa y describírsela a su compañero(a) para que él (ella) pueda adivinar quién es.

1. Shakira
2. Enrique Iglesias
3. Cameron Diaz
4. George López
5. Fidel Castro
6. Cristina Aguilera

Los adjetivos posesivos

Los adjetivos posesivos indican a quién(es) pertenecen ciertos sustantivos.

Las formas de los adjetivos posesivos

Singular	Plural
mi	mis
tu	tus
su	sus
nuestro(a)	nuestros(as)
vuestro(a)	vuestros(as)
su	sus

1. Los adjetivos posesivos concuerdan en número con los sustantivos a los que modifican. Sólo la primera y la segunda persona del plural tienen género masculino y femenino.

Con **nuestra** ambición y **tus** conocimientos, **nuestra** labor tendrá éxito.

2. Si se necesita aclarar el significado del adjetivo posesivo **su** o **sus,** se usa el artículo definido y una frase preposicional.

el (la)... de Ud. (Uds.) los (las)... de Ud. (Uds.)
el (la)... de él (ellos) los (las)... de él (ellos)
el (la)... de ella (ellas) los (las)... de ella (ellas)

Por ejemplo, para contestar la pregunta, "¿Es la casa de Juan o de los García?" indicando que la casa es de los García hay que decir, "Es la casa **de ellos**". Contestar simplemente, "Es su casa" no aclara la situación, porque *su casa* puede significar *la casa de él, de ella, de Ud, de ellos, de ellas* y *de Uds.*

PRÁCTICA

A. Tiene todas mis cosas. Todos tenemos amigos que no hacen más que pedir prestado (*borrow*): ropa, libros, bolígrafos, cosméticos, CDs y más, y nunca se acuerdan de devolver las cosas que se llevan. Haga una lista de las cosas que Ud. le prestó a este(a) amigo(a) y dígaselas a un(a) compañero(a) de clase.

> **Modelo:** Mi amigo(a)... tiene mi... y mis....

B. Me gustaría saber... Formule preguntas y hágaselas a su compañero(a) de clase para obtener información sobre las categorías siguientes. Después, resuma la información y preséntesela a la clase.

> **Modelo:** ¿Cuál es tu *país de origen*?
> Mi país de origen es...
> Voy a hablarles de mi compañero(a). Su país de origen es... y sus padres...

1. país de origen
2. casa de sus padres (¿Dónde / Cómo es... ?)
3. sus clases ¿Cuáles / Cómo son... ?)
4. esta universidad / clases / tecnología / deportes / residencias / compañeros (¿Cómo... ?)
5. tiempo libre/pasatiempos
6. otra

C. Intercambio. Un estudiante cubano va a pasar un mes con Ud. y su familia por medio de un programa de intercambio estudiantil. Escríbale una carta en la que describe a su familia, su casa, sus costumbres. Hágale cuatro preguntas sobre su vida en Cuba.

LOS ADJETIVOS DEMOSTRATIVOS

Los adjetivos demostrativos muestran la proximidad o la lejanía de ciertos sustantivos con relación a la persona que habla. Los adjetivos demostrativos concuerdan en género y número con el sustantivo al que modifican.

Forma y significado

Singular		Plural	
Masculino	*Femenino*	*Masculino*	*Femenino*
este	esta	estos	estas
ese	esa	esos	esas
aquel	aquella	aquellos	aquellas

- **Este** se refiere a lo que está cerca en tiempo o lugar de la persona que habla.

  Compré **este** disco compacto de los Orishas en *El Rincón Records* en Miami.

- **Ese** se refiere a lo que está cerca de la persona con quien se habla.

  Ese CD que tienes es el último de Celia Cruz, ¿no?

- **Aquel** se refiere a lo que está alejado en tiempo o lugar de las personas que hablan.

  En **aquella** tienda al otro lado de la calle se puede comprar toda clase de música latina.

Los pronombres demostrativos

Los pronombres demostrativos se forman con un acento escrito sobre la sílaba acentuada del adjetivo demostrativo. Se usan para reemplazar al sustantivo. Los pronombres demostrativos concuerdan en género y número con el sustantivo al que reemplazan.

Forma y significado

Singular		Plural		
Masculino	*Femenino*	*Masculino*	*Femenino*	*Neutro*
éste	ésta	éstos	éstas	esto
ése	ésa	ésos	ésas	eso
aquél	aquélla	aquéllos	aquéllas	aquello

¡Qué flores tan bonitas!
Éstas me gustan mucho, pero voy a comprar **ésas**, que son más baratas.
La casa donde viven mis abuelos no es **ésta**, es **aquélla**.

Atención:

- Los pronombres demostrativos neutros no llevan acento. Se refieren a algo no identificado o a una idea abstracta.

  —¿Qué es **esto**?
  —**Esto** es una fruta tropical.

  Todo **eso** que ves es el barrio residencial que está en construcción.
  Te prometo que **aquello** que me dijiste no se lo cuento a nadie.

PRÁCTICA

A. Equivocación. La noche que María Elena sale con Armando, dan una vuelta por Madrid. Más tarde están en un restaurante, listos (*ready*) para cenar. Armando hace los siguientes comentarios sobre el restaurante y la comida. Complételos con la forma correcta del adjetivo o pronombre demostrativo **esto, este(a, os, as), éste(a, os, as).**

1. _Este_ es mi restaurante favorito.

2. Si te gusta comer aquí, volveremos uno de _estos_ días.

3. _Esta_ noche hay un buen menú.

4. ¿Te gustaría probar _estas_ gambas que son la especialidad de la casa?

5. Te aconsejo también _esta_ ensalada de pimientos rojos.

6. Pero, ¿qué es _esto_ que me ha traído el camarero? _Este_ no es lo que he pedido.

7. _Este_ camarero sirve muy mal.

8. Además, creo que _esta_ cuenta está incorrecta.

9. _Esta_ es la última vez que venimos aquí.

B. En la discoteca. Después de cenar, Armando y María Elena van a una discoteca y ella está muy interesada en todo lo que ve. Complete los comentarios con la forma correcta del adjetivo o pronombre demostrativo **eso, ese(a, os, as), ése(a, os, as).**

1. Por lo visto, _esos_ muchachos saben bailar muy bien. _Ése_ me gusta mucho.

2. ¿Cómo se llama _ese_ actor que acaba de entrar?

3. Creo que conozco a _esa_ chica rubia que está allí.

4. ¡No lo puedo creer! Con _ese_ chico hablé hoy en la universidad.

5. Armando, _esa_ camisa que llevas es muy elegante. Te queda bien.

6. _Ese_ muchacho me está mirando con cara de pocos amigos. ¿Por qué hace _eso_?

7. _Esa_ canción me hace pensar en Cuba.

8. Casi no se puede ver con _esas_ luces.

9. No comprendo cómo la gente puede hablar con _eso_ ruido tan terrible.

10. Además, toda _esa_ gente que está allí fuma mucho y el tabaco es malo para la salud.

C. Regalos para todos. Las fiestas de fin de año se aproximan y Ud. está en un almacén decidiendo qué regalos va a comprar para su familia y sus amigos. Haga una lista de las seis personas más importantes, escoja uno de los regalos para cada una y explique su decisión.

> **Modelo:** vestido   rojo   azul
>
> A mamá voy a darle **aquel** vestido azul; **este** rojo no le va a gustar.

	este, éste	*aquel, aquél*
chaqueta	de cuero	de lana
dos discos compactos	de salsa	de rock
libros	de arte moderno	de cocina
florero	de porcelana	de plástico
aretes (pendientes)	de oro	de plata
camisa	a cuadros	de rayas
blusa	negra	blanca
jersey	de cachemir	de algodón

¡OJO CON ESTAS PALABRAS!

to ask
- pedir
- preguntar
- preguntar por
- hacer una pregunta
- preguntarse
- pregunta

pedir   *to ask for (something)*

Cuando tengo sed, **pido** agua y cuando tengo hambre, **pido** un sandwich.

preguntar   *to ask (a question)*

Me **preguntaron** si quería acompañarlos.
Yo les **pregunté** adónde iban.

preguntar por   *to ask (for someone)*

Fui a la casa y **pregunté por** Isabel, pero no estaba.

hacer una pregunta   *to ask (pose) a question*

¿Puedo **hacerte una pregunta** si hay algo que no comprendo?

preguntarse   *to wonder*

Me pregunto por qué no me llamó por teléfono.

question
- pregunta
- cuestión

pregunta   *(an interrogative) question*

Tengo sólo una **pregunta**: ¿Cómo piensas hacerlo?

cuestión   *an issue, matter, question*

Nos reuniremos hoy para discutir la **cuestión** financiera.

why, because, for
- ¿por qué?
- porque
- a causa de (por)

¿**por qué?** *why?*

> ¿**Por qué** no vienes a verme?

porque *because (used to introduce a clause)*

> No voy **porque** no tengo tiempo.

a causa de (por) *because of (used to introduce a noun or pronoun)*

> No puedo oírte **a causa del (por)** el ruido.

A. En casa de Maribel. Lea con atención el diálogo y complételo con las siguientes palabras que acaba de estudiar.

pedir	pregunta	pregunté
por qué	pregunté por	porque
hacer una pregunta	a causa del (de la)	me pregunto

ROBERTO: ¡Hola, Maribel! Casi no te reconozco.

MARIBEL: ¡Claro! Siempre me ves en clase con jeans, camisetas viejas y gafas.

ROBERTO: Esta noche estás preciosa. Llevas un vestido negro muy bonito y el pelo suelto te queda genial.

MARIBEL: ¡Gracias! Tú también estás muy guapo.

ROBERTO: El viernes, en clase, te quería _____ una invitación para tu fiesta, pero no tuve valor de hacerlo.

MARIBEL: Se me olvidó dártela, pero la tenía en mi mochila de libros. Pero entonces, ¿cómo sabías que vivo aquí?

ROBERTO: Yo le _____ a tu amiga dónde vivías y cuando llegué a la fiesta _____ ti.

MARIBEL: Yo _____ por qué me siento tan ruborizada *(awkward)* ahora.

ROBERTO: Supongo que yo también estoy rojo en este momento.

MARIBEL: ¿Te puedo _____?

ROBERTO: Sí, claro.

MARIBEL: ¿ _____ estás tan rojo?

ROBERTO: _____ vine a tu casa sin invitación y también _____ me gusta mucho estar contigo. Y ahora, yo también tengo una _____ para ti. ¿Quieres salir conmigo?

MARIBEL: ¿Qué dices? No puedo oírte _____ el ruido. ¿Puedes repetir la _____?

 B. Imaginen. Ahora, en parejas, imagínense cómo termina la conversación entre Maribel y Roberto y preparen un minidrama para presentarlo en clase.

AMPLIACIÓN Y CONVERSACIÓN

A. Cuando Uds. salen por primera vez. En parejas, llenen los espacios y terminen las frases.

Cuando salgo con un(a) muchacho(a) por primera vez...

1. nunca quiero ir _____ porque...
2. es divertido _____ porque...
3. _____ a la biblioteca porque...
4. no _____ porque es aburrido.
5. insisto en _____ porque...

B. ¿Están Uds. de acuerdo? En grupos de tres o cuatro personas, discutan sus opiniones sobre los siguientes comentarios.

1. La mejor manera de sentirse feliz es tener muchas amistades.
2. No es normal sentirse nervioso antes de ir a una fiesta.
3. Una persona es tímida porque se cree inferior a los demás.
4. Se pueden captar características de una persona como la inteligencia, el humor y la lealtad con la primera impresión.

C. Aconséjeme. Necesita ayuda para tener más éxito en las fiestas y para conocer a gente nueva. Siga estos pasos.

1. Escríbale una carta a la consejera sentimental de un periódico pidiéndole su ayuda. Para que la consejera entienda la gravedad de su problema social, debe darle *tres* ejemplos.
2. Ahora, intercambie su carta con un(a) compañero(a) que va a darle recomendaciones:
   a. Es importante...
   b. Si se siente nervioso(a) en una fiesta, trate de...
   c. Recuerde que la gente que va a una fiesta no quiere escuchar...
   d. A nadie le gusta estar con gente pesimista, entonces...
   e. ¿...?
3. Comparta su problema y las recomendaciones de "la consejera" con la clase.

D. Preguntas. Intercambie sus opiniones con otro(a) estudiante acerca de las siguientes cuestiones.

1. Si quieres conocer a un(a) muchacho(a), ¿adónde vas? ¿Qué haces? ¿Qué le dices para iniciar una conversación?
2. Si no conoces muy bien a un(a) muchacho(a) y te invita a salir, ¿aceptas su invitación de inmediato? Si no, ¿qué haces para conocerlo(la) mejor?
3. Si alguien te invita a salir y no quieres, ¿qué haces? ¿Dices la verdad o buscas pretextos para no salir? Explica.
4. ¿Cómo defines la palabra "amistad"?
5. ¿Qué criterio usas para escoger a tus amigos? ¿Son tus amigos variados?

E. Amistades. Una forma de iniciar una amistad o una relación es poner un anuncio en el periódico o en Internet.

HOLA, SOY UNA CHICA DE 17 AÑOS, me gustaría conocer gente de toda España. Me apasiona salir de marcha, la lectura y aprovechar cada minuto para pasarlo bien. Si eres igual y piensas igual, escríbeme. Ana (Mallorca).

HOLA, ME LLAMO LAURA, tengo 18 años. Me gustaría contactar con chicos sensibles, románticos, simpáticos y divertidos, de Barcelona, que deseen amistad o relación. Escribid a: Laura, Barcelona.

DOS CHICOS DE 20 AÑOS, buscan a su media naranja. Si sois románticas, simpáticas y de Valencia o alrededores, escribid a Javier, Valencia.

HOLA, ME LLAMO ADOLFO, tengo 18 años, soy alto, moreno, de ojos marrones. Me considero simpático, sincero y muy romántico. Busco a una chica de semejantes características de entre 16 y 19 años, que viva en Madrid, para mantener una relación sentimental seria. Escribe a: Adolfo, Madrid.

---

1. En parejas, lean los precedentes anuncios y comenten:
   a. qué les llama la atención en las descripciones.
   b. si encuentran que los anuncios son interesantes y si tienen suficiente información.
   c. si conocen a alguien que sea compatible con estos chicos.

2. Digan si piensan que se puede iniciar una amistad de esta manera. Expliquen.

3. Escriban un anuncio de unas veinticinco palabras solicitando una amistad o relación.

F. Mesa redonda. En grupos de tres o cuatro compañeros, formen una mesa redonda e intercambien ideas sobre las expresiones de cortesía. Después de haber intercambiado sus ideas, un(a) estudiante de cada grupo debe informar a la clase sobre los aspectos tratados, los diferentes puntos de vista y las posibles conclusiones.

1. ¿Cree Ud. que las presentaciones formales son necesarias entre los jóvenes o deben eliminarse? (Por ejemplo: "Te presento a...", "Mucho gusto", "El gusto es mío".) Si se eliminan estas formalidades, ¿cómo deberían presentarse los jóvenes? ¿Por qué?

2. ¿Debe un hombre tener las siguientes manifestaciones de cortesía con una mujer? Explique.
   a. abrirle la puerta al entrar a un lugar
   b. ayudarla a sentarse a la mesa para comer
   c. comprarle flores
   d. pagar su entrada al cine
   e. ¿...?

3. ¿Qué formas de cortesía debe esperar un hombre de una mujer? ¿Por qué?

G. ¡Los aguafiestas! *(Party poopers)* Ud. acepta ir a una fiesta con un(a) compañero(a) de clase y esa persona resulta ser un(a) terrible aguafiestas. Tiene una actitud muy negativa, se queda pegado(a) *(stuck)* a la pared y no quiere hacer nada. Ud. intenta usar una variedad de técnicas para sacar a su compañero(a) de su actitud pesimista y estimularlo(la) a divertirse en la fiesta. En parejas, inventen esta situación y represéntenla para la clase.

¿Qué sabe Ud. de... Cuba?

CUBA

Santiago, Cuba

En Cuba las puertas están abiertas. Para conocer esta maravillosa isla caribeña ya no hay que depender de anticuadas guías turísticas o teledocumentales aburridos. La pequeña isla de 110.000 kilómetros cuadrados está convirtiéndose en el primer destino turístico del Caribe. Playas de aguas cristalinas, arquitectura única, ciudades coloniales, un pasado histórico fascinante y un presente político controvertido atraen a viajeros de todas partes del mundo.

Hasta° las puertas de los cementerios están abiertas. Miles de visitantes extranjeros que buscan más que playas y plantaciones de azúcar contratan guías y visitan los camposantos interesantes de las ciudades principales. Allí, mientras escuchan leyendas y observan ritos funerarios, aprenden sobre las tradiciones y las costumbres de la gente cubana. En La Habana, el cementerio de Colón alberga° supuestamente los restos° del famoso almirante°. Cuenta con 56 hectáreas de jardines, panteones, edificios de arquitectura barroca, extraordinarios monumentos dedicados a héroes nacionales y palmeras que se mecen° en la brisa tropical. El cementerio de Colón es el más grande de América. En la ciudad de Santiago, en el cementerio de Santa Ifigenia, está enterrado el mártir y apóstol de la revolución, José Martí. Recientemente los restos del famoso Che Guevara llegaron a Cuba y quedarán enterrados al lado de varios de sus compañeros revolucionarios en Santa Ifigenia. Aunque hay muchísimo turismo que hacer en la isla de Cuba, una visita a los cementerios es casi una actividad obligatoria.

houses
remains
admiral

sway

Even

A. Recordar lo que sabemos. En esta lección de **Horizontes: Repaso y conversación** y en la correspondiente de **Horizontes: Cultura y literatura** hay varias menciones sobre Cuba. En parejas, repasando y recordando lo que leyeron, respondan a las siguientes preguntas:

1. ¿Cuántos nombres de ciudades cubanas recuerdan? ¿Cuáles son?
2. ¿Cuántos nombres de escritores(as) cubanos(as) recuerdan? ¿Quiénes son?
3. ¿Cómo se llama el presidente de Cuba? ¿Por qué denuncia el embargo?
4. ¿Cuándo rompieron sus relaciones Cuba y Estados Unidos? ¿Quién era el presidente de Estados Unidos en aquel momento?
5. ¿Conocen a algún(una) cantante de origen cubano? ¿Y a algún actor (alguna actriz) o director(a) de cine? ¿Cómo se llaman?

B. Ampliar lo que sabemos. ¿Les gustaría aprender más sobre Cuba? Reúnanse en grupos de tres o cuatro personas y preparen una presentación sobre uno de los siguientes temas. Elijan el que más les interese, u otro que no aparezca en la lista:

- La diversidad de la población cubana. Las minorías étnicas de Cuba. La aportación de la comunidad africana a la cultura cubana.
- La historia de Cuba: la época precolombina, la época colonial, la época contemporánea desde la Independencia hasta hoy. Las relaciones con España y con Estados Unidos.
- La naturaleza: la flora, la fauna y los ecosistemas de la isla de Cuba y del mar Caribe.
- Los sistemas de educación y de salud pública en Cuba: los logros y los retos.
- La literatura cubana: los (las) grandes escritores(as) cubanos(as) de prosa y los poetas. La literatura revolucionaria y la literatura en el exilio.
- La música cubana: la música colonial, la música clásica (Lecuona), la música tradicional (*Vieja trova santiaguera, Compay Segundo*, etc.), la nueva trova cubana (Pablo Milanés, Silvio Rodríguez), la música cubana en Nueva York (Celia Cruz) y en Miami (Gloria Estefan).
- El cine cubano: la proyección internacional de Néstor Almendros, los éxitos de la última década de *Fresa y chocolate* y de *Guantanamera*.
- La influencia de los inmigrantes cubanos en Estados Unidos, especialmente en Florida.
- El urbanismo: las ciudades coloniales y las modernas. La conservación de los edificios históricos de La Habana.
- La cocina cubana.

C. Compartir lo que sabemos. ¿Cómo preparar la presentación?

1. Utilicen todo tipo de fuentes de información para investigar sobre el tema elegido: libros, prensa, Internet, etc.
2. Incluyan en su presentación todos los medios audiovisuales que crean convenientes: fotografías, mapas, dibujos, videos, cintas o discos de música, etc.
3. Presenten primero un esquema *(outline)* de todos los puntos que van a desarrollar en su presentación.

AMPLIACIÓN Y COMPOSICIÓN

¡REVISE SU ORTOGRAFÍA!

En esta sección vamos a repasar aspectos básicos de ortografía muy importantes en el momento de escribir. En el alfabeto español hay dos letras más que en el inglés: **ñ** y **rr.**

A. Separación de palabras en sílabas. La sílaba puede consistir en:

1. una sola vocal (**a**-bri-go, **e**-ne-ro, le-**a**-mos)
2. una vocal y una consonante (**al**-to, **Es**-pa-ña)
3. una o más consonantes y una vocal (**pro-gre-so**, a-**le-gre**)
4. una consonante y dos vocales que forman un diptongo (**cien, pien**-sas, **bai**-la-mos)

B. Las consonantes

1. Una consonante entre dos vocales se une a la vocal siguiente (**rr** forma una sola consonante).

   e-**ne-r**o   za-**pa-t**o   pe-**c**a-do   ca-**s**as   fe-**rro**-ca-**rri**l

2. Dos consonantes juntas generalmente se separan.

   co-men-**z**ar   al-**mor-z**ar   tiem-**p**o   per-so-na   ac-**c**ión

3. No se separan los grupos de consonantes: **b, c, f, g** y **p** seguidas de **l** o **r**, ni los grupos **dr** y **tr.**

   a-**bri**-go   a-**pren**-der   ha-**bl**ar   a-**gra**-da-**bl**e

4. Si hay tres o más consonantes entre dos vocales, sólo la última consonante se une a la vocal siguiente, a menos que la última consonante sea **l** o **r.**

   i**ns-pi**-ra-ción   co**ns**-ti-tuir   i**ns**-tan-te

   Pero: a**bs-tr**ac-to   ex-**pl**i-ca-ción

C. Las vocales

1. El hiato es la combinación de dos vocales abiertas (**a, e, o**). Las vocales abiertas se separan así.

   le-**e**-mos   em-ple-**a**-do   **ma-e**s-tro

2. El diptongo es la combinación de dos vocales cerradas (**i, u**) o de una abierta y una cerrada. Los diptongos no se separan.

   es-**cue**-la   **Lui**-sa   siem-pre   no-**via**

ENFOQUE: Una entrevista

Imagínese que Ud. trabaja para el periódico de la universidad y está escribiendo un artículo sobre los estudiantes. Va a entrevistar a un(a) estudiante para obtener información.

¡Prepárese a escribir!

Prepare algunas preguntas para su entrevista, como por ejemplo: ¿Cómo te llamas? ¿De dónde eres? ¿Cuántos años tienes? ¿Qué estudias? ¿Por qué elegiste esta universidad? ¿Qué haces en tu tiempo libre? ¿Qué carrera piensas seguir? Después entreviste a un(a) estudiante.

¡Organice sus ideas!

Antes de comenzar a escribir su informe, organice la información obtenida.

- el nombre y los datos biográficos del (de la) entrevistado(a)
- sus preferencias y opiniones
- sus planes para el futuro

Considere también:

- el tipo de lectores a quienes está dirigido el informe
- la claridad y el estilo informativo para el lector

A escribir

Escriba un artículo para el periódico de la universidad sobre el (la) estudiante que Ud. entrevistó. Escriba parte de su artículo desde su punto de vista, pero también trate de incorporar algunos intercambios *(exchanges)* entre Ud. y el (la) entrevistado(a).

Recuerde lo siguiente

Antes de pasar en limpio su informe, repase los siguientes puntos.

1. Toda composición debe llevar un título. El título va en el centro de la primera línea. Escriba con mayúscula sólo la primera palabra del título y los nombres propios.

   Músico cubano asiste a nuestra universidad.

2. Recuerde que los nombres de personas y lugares se escriben con mayúscula. Los días de la semana, los meses del año y los adjetivos de nacionalidad se escriben con minúscula.

   Gabriel Menéndez es un estudiante **cubano** que viene de **La Habana.**

3. No se olvide de usar oraciones completas y de organizar sus ideas por párrafos.

Modelo: **Músico cubano asiste a nuestra universidad**

Gabriel Menéndez es uno de los 400 estudiantes extranjeros que asisten a esta universidad. Es un muchacho que viene de La Habana, Cuba. Gabriel toca la conga, un antiguo instrumento de percusión. Además,...

Al hablar de sus primeras impresiones en Estados Unidos, nos dice que le gusta mucho...

Su deseo es continuar sus estudios doctorales bajo la dirección del famoso musicólogo Rafael Balcázar. Sus planes para el futuro son...

LECCIÓN 2

Vamos a hacer las maletas

▼ *En el aeropuerto internacional,*
Madrid-Barajas

¡CHARLEMOS!

 Trabaje con un(a) compañero(a) de clase. Háganse por turno las siguientes preguntas.

1. ¿Te gusta viajar? ¿Prefieres viajar en coche, en tren o en avión? ¿Por qué?

2. ¿Cuáles son las ventajas de viajar en avión? ¿Prefieres sentarte en el asiento de la ventanilla o en el asiento del pasillo? ¿Por qué? ¿Cómo te entretienes cuando estás en el avión? ¿Hablas con tu compañero(a) de viaje? ¿Lees una revista? ¿Miras la película?

3. ¿Conoces algún país extranjero? ¿Cuál? ¿Tienes pasaporte?

4. ¿Es fácil pasar por la aduana al entrar a Estados Unidos? ¿por el detector de metales? ¿Qué hay que hacer?

5. ¿Cuáles son los peligros asociados con viajar por avión? ¿por tren? ¿por coche?

6. ¿Te gustaría trabajar en una agencia de viajes? ¿Cuáles son algunas ventajas de trabajar en una agencia de viajes?

ENFOQUE: España

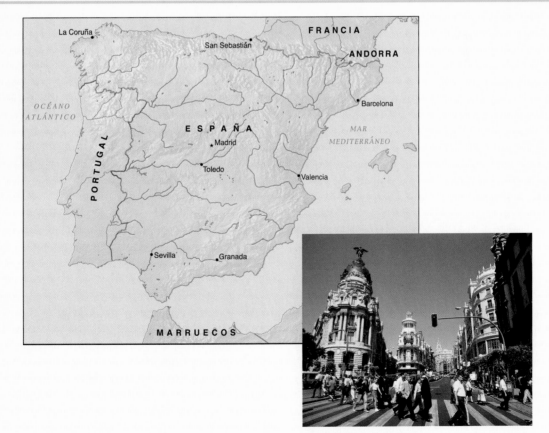

Puerta del Sol, Madrid

41

▶ *En el aeropuerto*

El (La) agente de viajes

¿En qué puedo servirle(s)? *How may I help you?*

¿Le(s) interesa visitar... ? *Are you interested in visiting . . . ?*

¿Desea(n) Ud(s). viajar en avión (tren, barco, coche)? *Do you want to travel by plane (train, boat, car)?*

¿Desea(n) un billete (boleto) de ida y vuelta? *Do you want a round-trip ticket?*

Debe(n) estar en el aeropuerto a la(s)... *You should be at the airport at . . .*

El tren sale de la estación del ferrocarril. *The train leaves from the railroad station.*

El (La) turista

Por favor, ¿me puede decir si hay un vuelo directo a... ? *Can you please tell me if there is a direct flight to . . . ?*

¿A qué hora sale el vuelo? *What time does the flight leave?*

¿A qué hora llegamos a... ? *What time do we arrive in . . . ?*

¿Cuánto cuesta el pasaje a... ? *How much is the fare to . . . ?*

¿Debemos pasar por la aduana? *Do we have to pass through customs?*

¿Se necesita pasaporte? ¿visa? *Is a passport (visa) necessary?*

hacer (cancelar) las reservaciones *to make (cancel) reservations*

posponer el viaje *to postpone the trip*

perder el vuelo *to miss the flight*

El aeropuerto

abordar el avión *to board the airplane*

abrocharse el cinturón de seguridad *to fasten one's seatbelt*

el asiento de la ventanilla (del pasillo) *window seat (aisle seat)*

el aterrizaje (forzoso) *(forced) landing*

aterrizar *to land*

el (la) auxiliar/asistente de vuelo *flight attendant*

la clase turística (primera clase) *economy class (first class)*

despegar *to take off*

el despegue *takeoff*

el detector de metales *metal detector*

estrellarse *to crash*

facturar el equipaje *to check the luggage*

hacer escala *to make a stop/have a layover*

el mostrador de las líneas aéreas *airline counter*

pagar el exceso de equipaje *to pay for excess luggage*

el (la) piloto(a) *pilot*

quedarse con el equipaje de mano *to keep the carry-on luggage*

la sala de espera *waiting room*

las salidas y las llegadas de vuelos *flight departures and arrivals*

la sección de cambio (de moneda) *currency exchange window*

el vuelo nacional/internacional *domestic/international flight*

En la aduana

abrir la maleta/el maletín *to open the baggage/hand baggage*

encontrar contrabando *to find illegal goods*

el (la) inspector(a) de aduana *customs inspector*

mostrar el pasaporte *to show one's passport*

pasar por la aduana *to go through customs*

revisar el equipaje *to inspect the baggage*

En la estación del ferrocarril

el coche-cama *sleeping car*

el coche-comedor *dining car*

el (la) pasajero(a) *passenger*

Hace una parada en... *It stops at . . .*

¡Pasajeros al tren! *All aboard!*

El tren sale del andén número... *The train leaves from platform number . . .*

En el hotel

el botones *bellman*

dar una propina *to tip*

dejar la llave de la habitación *to leave the room key*

el (la) gerente *manager*

la habitación doble (sencilla) *double (single) room*

inscribirse (en el hotel) *to register (at the hotel)*

la lista de huéspedes *guest list*

pagar la cuenta *to pay the bill*

la planta baja *street floor*
el primer (segundo, tercer) piso *first (second, third) floor*
la recepción *lobby*
subir (bajar) el equipaje *to bring up (bring down) the luggage*

verificar (confirmar) las reservaciones *to confirm reservations*
el (la) viajero(a) *traveler*

PRÁCTICA

A. Al contrario. Complete las respuestas con el antónimo de las palabras o expresiones subrayadas en la pregunta.

1. ¿Tiene un <u>vuelo directo</u> de Boston a Madrid? No, yo _hago escala_ en Nueva York.
2. ¿Busca el monitor para verificar <u>las llegadas</u>? No, quiero verificar _las salidas_
3. ¿Llama para <u>confirmar</u> su vuelo? No, llamo para _cancelar_ el vuelo.
4. ¿Le molesta mucho <u>el aterrizaje</u>? Sí, pero me molesta más _el despegue_
5. ¿Cuesta mucho <u>el billete de ida</u>? Sí, pero cuesta más _el billete_ de _vuelta_

VOCABULARIO PARA LA COMUNICACIÓN:
¡Buen viaje!

B. ¿Quién?
1. ¿Quién debe pasar por la aduana?
2. ¿Quién sube el equipaje en el hotel?
3. ¿Quién deja la llave de la habitación?
4. ¿Quién pierde su vuelo a Madrid?
5. ¿Quién factura su equipaje?

B. ¿Quién? Su profesor(a) va a leer una serie de preguntas. Escuche e indique la respuesta correcta.

> **Modelo:** ¿Quién atiende a los pasajeros en el avión? *el auxiliar de vuelo*/el agente

1. el inspector/el viajero
2. el huésped/el botones
3. el huésped/el gerente
4. el piloto/el turista
5. el agente/el pasajero

C. ¿Dónde se oye? Relacione la expresión de la primera columna con el lugar correspondiente de la segunda.

I

1. _d_. Su pasaporte, por favor.
2. _f_ Abróchense el cinturón de seguridad.
3. _b_ ¡Pasajeros al tren!
4. _a_ ¿Tiene servicio de habitación?
5. _c_ Buen viaje.
6. _e_ ¿Va a facturar su equipaje?

II

a. la recepción del hotel
b. el andén de la estación del ferrocarril
c. la sala de espera
d. la aduana
e. el mostrador de las líneas aéreas
f. el avión

D. En el hotel. Ud. llega al hotel después de un largo vuelo. Complete las oraciones con las palabras de la lista. Luego, arregle la secuencia en orden lógico.

huéspedes	verificar	botones
propina	sube	llave
habitación		

_____2_____ a. Voy a la recepción y hablo con la gerente para _verificar_ mi reservación.

_____4_____ b. Afortunadamente encuentra una _habitación_ sencilla para mí en el tercer piso.

_____5_____ c. El botones _sube_ mi equipaje.

_____3_____ d. Dice que mi nombre no está en la lista de _huéspedes_

_____1_____ e. Al llegar al hotel el _botones_ me saluda cordialmente y me abre la puerta.

_____7_____ f. Al desocupar mi habitación, dejo la _llave_ en la recepción.

_____6_____ g. Le doy una _propina_ al botones por sus atenciones.

E. ¡Problemas en el viaje! Escoja uno de los problemas siguientes y escríbale una tarjeta postal a su amigo explicando por qué:...

a. tuvo que posponer el viaje por una semana.

b. pagó exceso de equipaje.

c. perdió el vuelo.

F. En el aeropuerto. En parejas, observen el dibujo de la pág. 42. Usen el **Vocabulario para la comunicación,** si es necesario, para contestar las siguientes preguntas.

1. ¿Creen Uds. que es un aeropuerto internacional o sólo de vuelos nacionales? ¿Por qué?

2. ¿Cuántos anuncios de salidas de vuelos hay? ¿Cuántos de llegadas?

3. ¿A qué hora sale el avión para Madrid? ¿y para Los Ángeles?

4. ¿A qué hora llega el avión de Buenos Aires? ¿de Nueva York? ¿de Lima?

5. ¿Qué hacen los pasajeros que están en la sección de equipajes? ¿De quién puede ser la maleta que está abierta en el suelo?

6. ¿Cómo se ven los niños? ¿Contentos? ¿Cansados? ¿Aburridos?

7. ¿Qué idiomas se hablan en la sección de cambio?

8. ¿Con quién habla el viajero que lleva sombrero? ¿Qué hace? ¿Por qué?

9. ¿Qué lee el muchacho que está sentado? ¿Quién está a su lado? ¿Creen Uds. que se conocen? ¿Por qué?

10. ¿Por qué los dos jóvenes se abrazan?

G. En la agencia de la línea aérea Iberia. En grupos de cuatro, completen la actividad a continuación.

Uno de Uds. es agente de viajes de la línea aérea Iberia y sus compañeros son clientes. Uno quiere viajar a México, otro a Chile y otro a Costa Rica. Cuando les llega el turno, le piden al (a la) agente la siguiente información. ¡Atiéndalos, por favor!

a. el precio del billete de ida y vuelta

b. la hora de salida del vuelo

c. el número de escalas

d. la hora de aterrizaje

e. qué hacer si tienen exceso de equipaje

◈ PERSPECTIVAS

PREPARATIVOS

1. Lea la sección **¿Sabía Ud. que... ?**
2. Identifique los pronombres personales en el minidiálogo de la página 47. Mire los verbos de la lectura que están en negrita. ¿Cuál es el infinitivo de cada uno?
3. Escriba tres características de los grandes aeropuertos internacionales.

¿Sabía Ud. que en España... ?

- **El café con leche** consiste en una taza llena de leche con sólo un poco de café.

- **Los churros** son el equivalente del *doughnut* norteamericano. Tienen forma cilíndrica y se venden en la mañana para comerlos con el desayuno. Se venden también en las fiestas populares.

- **El vino con gas** es una mezcla de vino y gaseosa muy popular entre la gente joven.

- **La tortilla española** se prepara con huevo batido y otros ingredientes. La más corriente es la tortilla de patatas, pero hay también tortillas de espárragos, de espinacas o de jamón.

churros con chocolate

la tortilla española con vino con gas

El aeropuerto de Barajas

Barajas, el aeropuerto de Madrid, está situado a nueve millas (15 kilómetros) del centro de Madrid. Diariamente **llegan** miles de pasajeros de diversos países. Los aeropuertos de las grandes ciudades europeas **son** bastante similares. Sin embargo, el turista que llega a España por Barajas **tiene** la oportunidad de conocer, allí mismo, una serie de detalles que después podrá identificar como costumbres del pueblo español.

En la cafetería del aeropuerto, uno **puede** darse cuenta de° que los camareros tienen su modo particular de hablar. Con frecuencia, una vez que el cliente ha pedido lo que desea, el camarero que **sirve** en las mesas **pide**, normalmente a gritos°, al camarero que está detrás de la barra°, la bebida o comida solicitada por el cliente. El turista que ha estudiado español notará enseguida° que el camarero, al hacer el pedido°, no **repite**° la orden con todas las palabras. Ésta, por ejemplo, **suele**° ser la conversación entre dos clientes y un camarero en el aeropuerto de Barajas.

realize — darse cuenta de
yelling / counter — gritos / barra
right away — enseguida
order / repeat — pedido / repite
tends — suele

CAMARERO: Buenos días. ¿Qué van Uds. a tomar?

CLIENTE 1: Yo voy a tomar un café con leche y una ración° de churros. — *portion*

CAMARERO: ¿Y Ud.?

CLIENTE 2: Lo mismo.

CAMARERO: ¿Algo más?

CLIENTE: No, de momento eso es todo. Gracias.

CAMARERO: (dirigiéndose al que atiende detrás de la barra) Manolo, ¡dos con leche y dos de churros!

MANOLO: ¡Marchando°! — *I'm on my way!*

Así, será fácil darse cuenta de que si el camarero dice "dos solos y dos con gas" se estará refiriendo obviamente a vino; si grita "uno con jamón, uno de tortilla y dos de queso" se referirá a bocadillos°. — *sandwich on a Spanish baguette*

COMPRENSIÓN Y PRÁCTICA

A. Preguntas. Conteste las preguntas siguientes.

1. ¿Dónde se encuentra el aeropuerto de Barajas? ¿Por qué es importante?

2. ¿Qué costumbre española se puede observar en la cafetería del aeropuerto?

3. ¿Qué pide un camarero del aeropuerto cuando dice: "dos con leche y dos de churros"? ¿y "uno solo y tres con gas"?

4. ¿De qué palabra se deriva **bocadillos**? ¿Qué tipos de bocadillos se mencionan en la lectura?

B. Observaciones. Mire el dibujo del aeropuerto de Barajas de la página 48 y diga...

1. cuáles son las diferencias entre las dos terminales.

2. qué se hace en la "zona de facturación".

3. qué se hace en "equipajes".

4. en qué terminal se tiene que pasar por la aduana.

AEROPUERTO INTERNACIONAL MADRID-BARAJAS

TERMINAL NACIONAL

TERMINAL INTERNACIONAL

SALA VIP

SALA VIP

SALIDAS

LLEGADAS

SALIDAS

LLEGADAS

P PLANTA SUPERIOR   P PLANTA BAJA

ZONA DE EMBARQUE   EQUIPAJES (LLEGADAS)   ZONA DE FACTURACIÓN

5. desde qué terminal hay vuelos a Sevilla y a Barcelona.

6. si se necesita pasaporte en la terminal nacional.

C. ¡Charlemos! Cuéntele a su compañero(a) de clase cómo se siente y qué hace cuando está en la sala de espera del aeropuerto, después de haber pasado por el detector de metales.

1. ¿Se siente nervioso(a) o tranquilo(a)?

2. ¿Se distrae leyendo?

3. ¿Habla con los otros pasajeros?

4. ¿Compra todo lo que ve para matar el tiempo?

5. ¿Hace llamadas telefónicas?

ESTRUCTURA 1: Los pronombres personales

Singular		Plural	
yo	hablo	nosotros(as)	hablamos
tú	comes	vosotros(as)	coméis
él, ella, Ud.[1]	escribe	ellos, ellas, Uds.	escriben

Tú es la forma familiar que se usa entre amigos y familiares. **Usted (Ud.)** se usa cuando una persona habla con personas que no conoce, personas mayores o para mostrar respeto. En los últimos años, sin embargo, hay una tendencia a usar más la forma familiar **tú,** sobre todo en España.

---

[1] En el español escrito, **usted** y **ustedes** se abrevian **Ud.** y **Uds.**

Como en español el verbo indica la persona y el número, los pronombres personales generalmente se omiten.

Pago los derechos de aduana.
Abrimos las maletas.

Sin embargo, hay casos donde debe usarse el pronombre personal.

1. Los pronombres **Ud.** y **Uds.** se usan con más frecuencia como norma de cortesía.

   ¿Quiere **Ud.** un boleto de primera o de turista en el avión?
   ¿Qué piensan **Uds.** del nuevo gerente de la compañía?

2. Se usa el pronombre personal para aclarar o dar énfasis al sujeto.

   —¿Quién ha perdido la maleta?
   —**Ella** la ha perdido.
   —¿Quiénes deben hacer el viaje?
   —**Vosotros** debéis hacerlo.

3. Para dar aún más énfasis al sujeto se puede usar **mismo(a, os, as)** después del pronombre personal.

   Toma el maletín y llévalo **tú misma.**
   Uds. mismos pensaron cancelar el viaje.

4. Los pronombres son necesarios al contrastar dos sujetos.

   Yo perdí el vuelo, pero **él** no.
   Yo quisiera esperar hasta el verano, pero **ellos** desean visitar México ahora.

5. A veces los pronombres personales son necesarios para evitar confusiones con las personas.

   Los dos vinieron juntos, pero **ella** tuvo que regresar de inmediato.

6. Con el verbo **ser,** en casos enfáticos, el pronombre va después del verbo.

   —¿Eres **tú** el representante de la agencia de viajes?
   —Sí, soy **yo.**

7. Después de las palabras **según, como, entre, menos, excepto** e **incluso,** se usa el mismo pronombre personal que se usa como sujeto.

   Entre tú y **yo** no hay secretos.
   Todos lo sabían **menos yo.**
   Según ellas, el botones subió las maletas al segundo piso.

PRÁCTICA

A. Un posible viaje a Sevilla. Al oír que llaman a la puerta (*someone is at the door*), Lucía contesta. Es su hermano José Ignacio. Complete el diálogo con el pronombre personal solamente si es necesario.

LUCÍA: ¿Eres _____, José Ignacio?

JOSÉ IGNACIO: Sí, soy _____.

LUCÍA: Hola, José Ignacio.

JOSÉ IGNACIO: Hola, Lucía. Ya veo que mamá no está. ¿Sabes dónde está _____ ?

LUCÍA: Supongo que de paseo, pero creo que _____ viene pronto. _____ Veo que la cena está lista, así es que _____ voy a poner la mesa.

JOSÉ IGNACIÓ: Lucía, ¿qué pasa? ¿_____ estás nerviosa?

LUCÍA: Un poco. _____ Acabo de recibir una carta de los abuelos. Quieren que _____ los visite en Sevilla. _____ prefiero esperar hasta el otoño, pero _____ quieren que viaje de inmediato. Mira, toma la carta y léela _____ mismo.

B. Lucía está en Sevilla. Los abuelos de Lucía han preparado una fiesta para su llegada a Sevilla. Hace diez años que Lucía no está en España y como no se acuerda mucho de las personas, le pide ayuda a la abuela. En parejas, hagan minidiálogos según el modelo.

Modelo: Roberto
—¡Es Roberto?
—¡Claro que es él!
—¡No lo puedo creer!
—Pues, sí, es él mismo.

1. los tíos
2. las hermanas Gómez
3. Carlos

4. Sara y Guillermo
5. La tía Matilde
6. La hija de Carla

PERSPECTIVAS

PREPARATIVOS

1. Lea la sección **¿Sabía Ud. que... ?**

2. Mire los verbos de la lectura que están en negrita. ¿Cuál es el infinitivo de cada uno? Dé la forma "yo" de cada verbo.

3. En la ciudad donde Ud. vive, ¿hay una diferencia entre la vida nocturna durante el verano y durante el invierno? Explique.

4. ¿Cuál es la diferencia entre una persona callejera y una persona casera? ¿Cuál es Ud.? ¿Por qué?

- **Las verbenas** son fiestas y bailes populares que se celebran al aire libre y que duran hasta la madrugada.

- **Las tertulias** son reuniones de personas que se juntan con frecuencia en un café o a la puerta de las casas para conversar.

En un café en Madrid ▶

La vida nocturna madrileña

Madrid, como todas las grandes ciudades españolas, **ofrece** numerosas posibilidades de diversión nocturna. La vida no se paraliza con la llegada de la noche, sino que simplemente **cambia** sus zonas de actividad. Las **hay** para todos los gustos y para todas las edades.

En verano abundan los espectáculos al aire libre: conciertos, bailes, verbenas, representaciones de actores y músicos callejeros°, que **se prolongan** hasta altas horas de la noche. En las zonas más antiguas y menos urbanizadas de la ciudad, aún se acostumbran las tertulias entre vecinos, cada uno con su propia silla, a la puerta de la casa, tomando el fresco. La gente joven **prefiere** como punto de reunión las terrazas de los cafés. Algunas de estas terrazas **tienen** banda de música, otras **ofrecen** como atracción la presencia de espontáneos patinadores° que sortean° hábilmente botes° de cerveza colocados en el suelo.

En invierno, la actividad nocturna **se concentra** principalmente en los distintos pubs, bares y cafés. En ellos **se puede** oír desde música clásica interpretada en vivo hasta *heavy metal*, *hip hop* y *rap* y se puede ver desde un video de Eminem hasta un partido de baloncesto. Para los partidarios° de mayor movimiento **están** las discotecas, que **ofrecen** al mismo tiempo más posibilidades de ligar°. En las

street

skaters
avoid, cans

those who favor
to meet new people

de público adulto predomina la música lenta y en algunas, incluso, **hay** orquesta. Las de gente joven, sin embargo, **son** imperio de la música americana y de lo que **es** más popular de la música española. En ellas se encuentran jóvenes de todas las tendencias, "rockeros", "rappers", "posmodernos". Muchos **dicen** que para conocer Madrid **hay** que visitarla de noche.

COMPRENSIÓN Y PRÁCTICA

A. Preguntas. Conteste las preguntas siguientes.

1. ¿Cómo es la vida nocturna en Madrid para la gente joven durante el verano? ¿Cómo es para la gente que vive en las zonas menos urbanizadas de la ciudad?

2. ¿Cómo es la vida nocturna durante el invierno? ¿Hay posibilidades de conocer gente?

3. ¿A Ud. le gustaría visitar Madrid en verano o en invierno?

B. ¿Está de acuerdo? Diga si Ud. está o no de acuerdo con las siguientes afirmaciones y exprese sus razones.

1. Los locales nocturnos en Estados Unidos deben permanecer abiertos hasta las cuatro de la mañana, como en España.

2. La ciudad no puede permitir que los músicos callejeros toquen música en las calles ni en las plazas sin un permiso especial.

3. Las discotecas son sólo para los jóvenes, la gente mayor debe ir a otros establecimientos.

 C. ¡Charlemos! En parejas, comparen la vida nocturna de su ciudad con la que existe en Madrid o en otra ciudad grande. Hablen de los espectáculos, los conciertos, las discotecas, los pubs y las posibilidades de diversión nocturna.

> **Modelo:** *En tu ciudad o pueblo, ¿suele ir la gente a las discotecas los fines de semana?*

ESTRUCTURA 2: El presente del indicativo

LAS FORMAS DEL PRESENTE DEL INDICATIVO

Los verbos regulares

comunicar		comprender		abrir	
comunic	-o	comprend	-o	abr	-o
	-as		-es		-es
	-a		-e		-e
	-amos		-emos		-imos
	-áis		-éis		-ís
	-an		-en		-en

Verbos irregulares en la primera persona del indicativo

–go

caer(se) to fall	(me) cai**go**
hacer to do, make	ha**go**
poner to put, set	pon**go**
traer to bring	trai**go**
salir to go out	sal**go**

c → –zco

agradecer to thank	agrade**zco**
conocer to know someone	cono**zco**
(des)aparecer to (dis)appear	desapare**zco**
(des)obedecer to (dis)obey	obede**zco**
conducir to drive	condu**zco**
producir to produce	produ**zco**
traducir to translate	tradu**zco**

–gu → –go

distinguir to distinguish	distin**go**
seguir to follow	si**go**

g → jo

coger to pick, take	co**jo**
escoger to choose	esco**jo**
proteger to protect	prote**jo**
dirigir to manage	diri**jo**
exigir to demand	exi**jo**

Otros verbos irregulares:

saber   to know   **sé**
ver   to see   **veo**

Verbos con cambios en el radical

Muchos verbos cambian la vocal del radical a un diptongo en el presente del indicativo y del subjuntivo. Este cambio no afecta las formas de **nosotros** y **vosotros**.

Cambio e → ie	–ar	–er	–ir
empezar to start	cerrar to close	defender to defend	advertir to warn
emp**ie**zo	comenzar to start	encender to light, turn on	divertir(se) to have a good time
emp**ie**zas	despertar(se) to wake	entender to understand	mentir to lie
emp**ie**za	someone (to wake up)	perder to lose	preferir to prefer
empezamos	negar to deny	querer to like, want, love	sentir to feel (sorry)
empezáis	pensar to think		
emp**ie**zan	quebrar to break		

Cambio o → ue	–ar	–er	–ir
poder to be able,	acordar to agree	devolver to give back	dormir to sleep
can	almorzar to have lunch	mover to move	morir to die
p**ue**do	contar to tell, count	resolver to solve	
p**ue**des	encontrar to find, meet	soler to be used to, tend to	
p**ue**de	jugar to play	volver to come back	
podemos	mostrar to show		
podéis	probar to try, taste		
p**ue**den	recordar to remember		
	soñar to dream		

Cambio e → i				–ir	
servir *to serve*				pedir *to ask for*	
sirvo				reír *to laugh*	
sirves				repetir *to repeat*	
sirve				seguir *to follow*	
servimos				sonreír *to smile*	
servís					
sirven					

Cambio ui → uy				–ir	
distribuir *to distribute*				construir *to build*	
distribuyo				destruir *to destroy*	
distribuyes				huir *to run away*	
distribuye				incluir *to include*	
distribuimos					
distribuís					
distribuyen					

Verbos irregulares

dar *to give*	doy	das	da	damos	dais	dan
decir *to say*	digo	dices	dice	decimos	decís	dicen
estar *to be*	estoy	estás	está	estamos	estáis	están
ir *to go*	voy	vas	va	vamos	vais	van
oír *to hear*	oigo	oyes	oye	oímos	oís	oyen
oler *to smell*	huelo	hueles	huele	olemos	oléis	huelen
ser *to be*	soy	eres	es	somos	sois	son
tener *to have*	tengo	tienes	tiene	tenemos	tenéis	tienen
venir *to come*	vengo	vienes	viene	venimos	venís	vienen

PRÁCTICA

A. Un vuelo internacional. El aterrizaje de un avión es siempre un momento de muchos preparativos y todos se sienten muy nerviosos. Complete las oraciones con el presente del indicativo del verbo indicado.

El avión 1. (empezar) _____ a descender. Yo 2. (coger) _____ mi maletín. Los auxiliares de vuelo 3. (ir) _____ y 4. (venir) _____, controlando que que todo esté en orden. Algunos pasajeros 5. (reírse) _____ porque están muy nerviosos. El piloto 6. (anunciar) _____ la llegada. Los auxiliares de vuelo 7. (distribuir) _____ las declaraciones de aduana. Yo 8. (tener) _____ que declarar la cámara que 9. (traer) _____ para mi hermano. Yo le 10. (ofrecer) _____ ayuda a una señora que no 11. (hablar) _____ español. Ella pregunta, "¿Tú me 12. (poder) _____ decir a qué hora 13. (llegar) _____ el avión a Madrid? 14. ¿(Conocer) _____ tú la ciudad?" Algunos pasajeros 15. (continuar) _____ el viaje de Madrid a Barcelona.

B. Para estar cómodos. Use los verbos siguientes u otros originales para decir qué comodidades exigen *(require)* los siguientes pasajeros de una línea aérea. Explique sus respuestas.

> **Modelo:** un hombre o una mujer de negocios *pide* una conexión a Internet *porque quiere trabajar durante el vuelo.*

pedir	preferir	insistir en
requerir	necesitar	querer
exigir		

1. un hombre o una mujer de negocios
2. una famosa figura pública
3. una madre con niños pequeños
4. un matrimonio que va de viaje

a. películas
b. bebidas gratuitas
c. música estereofónica
d. una visita del ratón Mickey
e. vinos selectos
f. mucho espacio entre asientos
g. tranquilidad
h. tarifas bajas
i. cabina con mucha amplitud
j. reserva anticipada del asiento
k. tapones *(plugs)* para los oídos

¿Qué cosas exige Ud. cuando viaja en avión? Pregúnteles a dos compañeros de clase cuáles son las dos comodidades más importantes que ofrecen las líneas aéreas.

C. En la estación del ferrocarril. Una viajera llega a la estación de trenes de Atocha en Madrid pensando que todavía puede tomar el tren expreso para Segovia, pero se equivoca *(is mistaken).* Lea el diálogo y complete lógicamente las oraciones. Use estos u otros verbos.

▶ *Estación de trenes Atocha, en Madrid, España*

deber	agradecer	salir	desear	poder
hacer	querer	tener	ser	hay

EL AGENTE: ¿En qué _puedo_ servirle?

LA VIAJERA: _Quiero_ un boleto para el expreso a Segovia.

EL AGENTE: A esta hora ya no _hay_ trenes expresos. El próximo tren _tiene_ varias paradas (*stops*).

LA VIAJERA: ¿A qué hora _sale_ mañana el primer expreso?

EL AGENTE: A las ocho de la mañana, pero Ud. _debe_ estar en la estación a las siete y media.

LA VIAJERA: De acuerdo. ¿ _Puede_ Ud. decirme si el tren _tiene_ coche comedor?

EL AGENTE: ¡Por supuesto! El servicio de comedor _es_ muy bueno.

LA VIAJERA: Le _agradezco_ mucho su ayuda.

D. Cuando llegan las vacaciones. Complete las siguientes oraciones según el modelo.

> **Modelo:** Si tengo que seleccionar un lugar de vacaciones (yo escoger)... porque...
> ...*yo escojo un lugar tranquilo en las montañas porque me gusta caminar y admirar el paisaje.*

1. Si tengo que seleccionar un lugar de vacaciones (yo/escoger)... porque...
2. Si voy a ir a un espectáculo nocturno (yo/preferir)... porque...
3. Si quiero bailar y divertirme (yo/ir a)... porque...
4. Si me invitan a una discoteca en Madrid (yo/tener que)... porque...

Los usos del presente del indicativo

El presente habla generalmente de **ahora, en este momento, actualmente.** Sin embargo, el concepto del presente se extiende para cubrir un futuro pensado como presente (n° 3) o un pasado visto como presente (n° 4). El uso del tiempo presente es mucho más frecuente en español y equivale en inglés al presente simple, al presente enfático y al presente progresivo. (**Hablo** = *I speak, I do speak, I am speaking.*)

El presente del indicativo expresa...	Ejemplos
1. una acción que ocurre al momento de hablar.	Como **llueve** tanto el vuelo no **puede** despegar.
	En este momento **estudiamos** el mapa de la ciudad.
2. acciones generales o habituales.	Le **gusta** leer libros de viajes.
	Los muchachos **se reúnen** en el café todos los viernes.
3. una acción en un futuro cercano.	**Vuelven** a la una para almorzar.
	Mañana **salimos** para Chile.

4. el presente histórico: hace más vívida la narración de acciones pasadas.

En agosto de 1945 **estallan** las primeras bombas atómicas sobre las islas del Japón. Las explosiones **causan** un gran número de muertes y **traen** la destrucción de ciudades enteras.

PRÁCTICA

A. Viajeros expertos. En parejas, intercambien ideas sobre los hábitos que todos tenemos cuando hacemos un viaje. Las siguientes preguntas pueden ayudarles a iniciar la conversación.

1. Cuando decides viajar, ¿preparas las maletas varios días antes de tu viaje o las dejas para el último momento? ¿Por qué? ¿Llevas mucho o poco equipaje? ¿Cuáles son las cosas que consideras más importantes para llevar en tus viajes?

2. Cuando estás de vacaciones y decides hacer un viaje, ¿prefieres comprar un boleto de ida y vuelta o de ida solamente? ¿Por qué? ¿Escoges un hotel o un motel o prefieres acampar? ¿Por qué?

3. ¿Llegas generalmente temprano al aeropuerto/a la estación? Si tu vuelo/autobús/tren sale a las 2:30 p.m., ¿a qué hora llegas al aeropuerto/a la terminal/a la estación?

4. ¿Prefieres llevar cheques de viajero o dinero en efectivo? ¿Cuáles son las ventajas de llevar cheques de viajero? ¿Y del dinero en efectivo?

B. Mi ciudad natal. Muchas personas piensan que la ciudad donde pasaron la infancia es muy atractiva. Sigan los siguientes pasos.

1. **Estudiante A:** Piense un momento en su ciudad natal y dígale a su compañero(a) lo siguiente.
   a. de qué ciudad/pueblo es Ud.
   b. en qué mes del año hay que visitarla(lo)
   c. qué lugares de diversión debe conocer y a qué hora debe ir a ellos
   d. cuáles son los edificios principales de este lugar
   e. una pregunta original

2. **Estudiante B:** Informe a la clase sobre la ciudad natal de su compañero(a).

C. Encuesta. Llene la siguiente encuesta, usando una equis (X) para completar cada pregunta. Después compare sus respuestas con las de su compañero(a).

ENCUESTA

1. Tu medio de transporte preferido es...
    a. _____ ¿el avión?
    b. _____ ¿el tren?
    c. _____ ¿la carretera?

2. El número de maletas que te gusta llevar en un viaje en avión es...
    a. _____ ¿una?
    b. _____ ¿dos?
    c. _____ ¿más de dos?

3. Cuando vas de vacaciones, te gusta viajar...
    a. _____ ¿solo(a)?
    b. _____ ¿con un(a) compañero(a)?
    c. _____ ¿con un grupo turístico organizado?

4. Cuando viajas en avión,...
    a. _____ ¿lees revistas?
    b. _____ ¿hablas con las personas que están a tu lado?
    c. _____ ¿ves la película que pasan y que posiblemente ya has visto?

5. Cuando el avión aterriza, te gusta...
    a. _____ ¿ser el/la primero(a) en salir?
    b. _____ ¿esperar tu turno para salir?
    c. _____ ¿que todos salgan antes que tú?

Si tienes 4 o 5 equis (X) para **a.**, eres una persona solitaria que prefiere no hacer amistades en un viaje.

Si tienes 4 o 5 equis (X) para **b.**, eres una persona amigable y cortés a la que le gusta la compañía en los viajes.

Si tienes 4 o 5 equis (X) para **c.**, eres a veces una persona poco práctica o que está dispuesta a aceptar lo que ofrecen sin protestar.

 D. Si esto le sucede a Ud. Cuando viajamos al extranjero, nos pueden pasar muchas cosas imprevistas *(unforeseen)*. En parejas, refiéranse al siguiente anuncio y completen los pasos a continuación.

1. Antes de leer el párrafo sobre *Europ Assistance,* usen las palabras siguientes para describir lo que ofrece esta compañía.

proteger   atención médica   enfermedad
accidente   ayudar   asistencia
hospital

58 • *Horizontes: Repaso y conversación*

Esta noche han empezado a darme unos calambres en el estómago. Luego comenzaron los vómitos. Teresa sintió los mismos síntomas un poco más tarde y ahora, a las 6 de la madrugada, estamos encendidos de fiebre. El niño duerme tranquilo. No cenó lo mismo que nosotros. Ni siquiera sabemos cómo pedir un médico. En este hotel sólo hablan alemán. Supongo que comprenderán que estamos enfermos pero, ¿adónde nos llevarán?, ¿cuándo?, ¿qué nivel de cuidados médicos vamos a recibir?... ¿qué será del niño?...

Hechos como éste pueden ocurrir. Ocurren. Problemas de enfermedad, accidentes, robos y una multitud de incidentes de viaje. En todo el mundo y también en nuestro país. *Europ Assistance* es una compañía de asistencia al viajero. Es la primera, la inventora, la mayor y más experimentada de las compañías de asistencia.

Europ Assistance actúa, paga, resuelve sobre el terreno, en el momento en que está ocurriendo el contratiempo°. Está con el viajero abonado° y no lo deja hasta que éste pueda seguir el viaje o haya sido repatriado a su lugar de origen.

mishap
subscribed

2. Contesten las preguntas según el artículo.
   a. Identifiquen a las personas en el artículo. ¿Dónde están? ¿Por qué están allí?
   b. Describan los síntomas que sienten. ¿Por qué no se siente mal el niño?
   c. ¿Cuáles son dos preocupaciones de estas personas?
   d. ¿Qué es *Europ Assistance*? Comparen su respuesta con la que dieron antes de leer el artículo. ¿Tenían razón? ¿Cuáles son tres de los servicios que ofrece *Europ Assistance*?

e. ¿Cuáles son algunos de los problemas que pueden surgir *(arise)* durante un viaje al extranjero? ¿Qué medidas *(measures)* se pueden tomar para evitar que surjan?

f. ¿Cuáles son los problemas más graves que Uds. han tenido al viajar? ¿Cómo los resolvieron?

 E. Los secretos de la noche en Madrid. Ud. y su compañero(a) acaban de llegar a Madrid y quieren conocer la vida nocturna madrileña. Deciden consultar el periódico *El País*, que tiene una sección especial esta semana, "Los secretos de la noche, Madrid".

1. Primero, pregúntele a su compañero(a) lo siguiente.
   a. a qué hora quiere salir
   b. cuánto desea gastar
   c. qué ropa piensa llevar

LOS SECRETOS DE LA NOCHE MADRID

	LA MEJOR HORA	CUÁNTO CUESTA	UNIFORME	ESTILO DE GENTE	QUÉ TOMAR	EN RESUMEN
El Almendro El Almendro, 2	Las diez. Mucha gente y poco sitio.	6 € por barba.	Vaqueros y deportivas.	Jóvenes, turistas, estudiantes.	Rosca de carne, huevos con jamón y patatas.	Económico y sin pretensiones.
Antigua Concha Espina, 39	De once a cuatro de la madrugada. Reservar.	Menú, 9 € Cena, 15 € Copas, 5 €	Ropa informal pero de marca.	Variopinto, tirando a pijo. Chicos bien y niñas monas.	Pasta Antigua, pollo Jamaica, ensaladas.	Inédito. Al mando de José Coronado
Caripen Plaza de la Marina Española, 4	Cenas hasta las tres de la madrugada.	20-25 € Dejarse aconsejar.	Todo vale: traje oscuro; minifalda con alzas; pelucas.	Elegante y extravagante.	*Foie*, mejillones, raya. Buena bodega.	Ver y dejarse ver.
Cock La Reina, 16	A las dos de la madrugada hierve.	6 € los combinados.	Evitar el desarreglo. Nada de *grunge* o rock.	Famosos, intelectuales, curiosos.	Mojito.	Elegante a diario. Repleto en fin de semana.
Swing San Vicente Ferrer, 23	La hora punta, las 0.30.	Entrada conciertos, 7 € Cerveza, 4 €	No hay nada escrito. Nadie desentona.	Mezclado, según el concierto de esa noche.	Combinados.	Desenfadado. Conciertos a las 22.30 y a las 23.30.
Corazón Negro Colmenares, 5	Antes de la una, para sentarse.	Combinados, 9 € Cervezas, 7 €	Lo mejor, prendas sacadas de cualquier baúl.	Modernos, famosos, *gays*.	Combinados.	Original. Bajo la sombra de Paola Dominguín.
Ku Princesa, 1	A partir de las tres de la madrugada.	Entrada, 9 € Combinados, 7 €	Siempre con marcas a la vista.	De todo entre 25 y 35 años.	Daiquiri.	El novísimo invento de Pepe Barroso.
Kapital Atocha, 125	Las tres. Fiestas, los domingos por la tarde.	Entrada, 9 € Copas, 6 €	Según la planta, clásico o moderno.	Siete plantas con ambientes muy dispares.	Cóctel especial.	Gigante.
Goa Mesonero Romanos, 13	A partir de las siete de la mañana.	Combinados, 5 €	Provocativo: gorras, camisetas, *shorts*.	Los más resistentes de la ciudad.	Coronitas con limón.	Demoledor.

d. qué tipo de gente desea ver (estudiantes, turistas, gente famosa o extravagante, etc.)

e. si quiere cenar

2. Después consulten "Los secretos de la noche, Madrid" y decidan a cuál de los establecimientos pueden ir y por qué.

ESTRUCTURA 3: El tiempo futuro

LAS FORMAS DEL FUTURO

El futuro de los verbos regulares se forma con el infinitivo y las siguientes terminaciones.

Infinitivo + Terminación = Futuro		
viajar	–é	viajaré
	–ás	viajarás
	–á	viajará
	–emos	viajaremos
	–éis	viajaréis
	–án	viajarán

Los verbos regulares que terminan en **–er** e **–ir** forman el futuro de la misma manera:

volver: volveré, volverás, volverá, volveremos, volveréis, volverán
subir: subiré, subirás, subirá, subiremos, subiréis, subirán

Algunos verbos son irregulares en el futuro. El radical cambia, pero las terminaciones son las mismas que las de los verbos regulares.

Cambio[1]	Infinitivo	Radical del futuro	Futuro
Cae la **e** del infinitivo.	caber	cabr–	cabré
	haber	habr–	habré
	poder	podr–	podré
	querer	querr–	querré
	saber	sabr–	sabré
La **d** reemplaza la **e** o **i** del infinitivo.	poner	pondr–	pondré
	salir	saldr–	saldré
	tener	tendr–	tendré
	valer	valdr–	valdré
	venir	vendr–	vendré
Irregular	decir	dir–	diré
	hacer	har–	haré

---

[1] Los verbos compuestos como **mantener, suponer,** y **deshacer** se conjugan con la misma terminación en el futuro: **mantendré, supondré, desharé,** etc.

PRÁCTICA

A. El horóscopo del mes. Complete el horóscopo con el futuro del verbo indicado.

Capricornio
Ud. _____ (salir) de todas sus deudas mediante la oferta de trabajo que le _____ (ser) ofrecida muy pronto.

Cáncer
Un amigo _____ (venir) a buscarlo con planes para el futuro. _____ (Valer) la pena considerar su oferta.

Acuario
Busque la compañía de sus amigos. Ellos le _____ (ayudar) con sus problemas y su vida social _____ (comenzar) un nuevo ciclo.

Leo
Ud. _____ (sufrir) una traición _____ (Tener) que cuidar sus actos al hablar con parientes y amigos.

Piscis
Ud. _____ (sentir) que el estudio es aburrido y _____ (tener) dificultades, pero muy pronto _____ (poder) resolverlas.

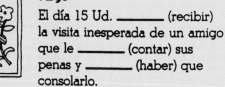

Virgo
El día 15 Ud. _____ (recibir) la visita inesperada de un amigo que le _____ (contar) sus penas y _____ (haber) que consolarlo.

Aries
Ud. _____ (recibir) dinero. Aproveche para dar fiestas. Muy buenos amigos _____ (buscar) su compañía.

Libra
Uno de sus pasatiempos le _____ (producir) dinero y _____ (firmar) grandes contratos con compañías muy importantes.

Tauro
Sus planes _____ (empezar) a dar frutos. Ud. _____ (ganar) más dinero y _____ (hacer) el viaje soñado.

Escorpión
Sus planes de viaje _____ (tomar) un rumbo positivo. _____ (Conocer) Sudamérica y _____ (encontrar) la felicidad y el amor.

Géminis
Ud. _____ (tener) momentos de duras luchas interiores. No se desanime; no _____ (ser) nada muy grave.

Sagitario
Piense antes de aceptar un trabajo; de lo contrario _____ (tener) muchos problemas que lo _____ (poner) en dificultades.

B. En un pequeño hotel de la Costa del Sol. El gerente está al teléfono explicando a una posible cliente las ventajas que tendrá si selecciona el hotel Pez de Oro. Complete la conversación, poniendo los verbos entre paréntesis en el futuro.

1. —¿Cómo es su hotel?

   —El hotel Pez de Oro es pequeño, pero en él Ud. (encontrar) _____ todas las comodidades de los grandes hoteles.

2. —Las habitaciones, ¿tienen vista al mar?

   —¡Cómo no! Desde su habitación Ud. (tener) _____ una maravillosa vista de la playa.

3. —Y, dígame, ¿hay muchos turistas?

   —Para esa época del año ya no (haber) _____ muchos turistas y Ud. y su familia (poder) _____ tener mucha tranquilidad.

4. —¿Es fácil llegar al hotel?

   —Ud. no (tener) _____ ningún problema para llegar al hotel y nosotros (estar) _____ atentos a su llegada.

5. —¿Qué otros servicios ofrece el hotel?

   —Nuestro servicio de comedor es excelente; ya lo (ver) _____ Ud. Y si desea, el camarero le (llevar) _____ el desayuno a su habitación. Ud. y su familia (estar) _____ como en su casa. Recuerde que si viene con su familia nosotros le (hacer) _____ un buen descuento.

6. —¿(Poder) _____ mis hijos usar el gimnasio? Son menores de 18 años.

   —Sí, (tener) _____ acceso a nuestro gimnasio entre las ocho y las 10 de la mañana. También (poder-ellos) _____ participar en el mini-club, que ofrece muchas actividades para los nenes. Les (gustar) _____ mucho el club.

7. —Bueno, cuando reciba los folletos, los (leer-yo) _____. Si a mi familia le gusta la idea, yo le (llamar) _____ y (hacer) _____ reservaciones para la primera semana de junio.

 Basandose en la conversación anterior, en parejas escriban y representen un diálogo. Esta vez resulta que el hotel es una pesadilla *(nightmare)* y el gerente no intenta esconder la verdad.

C. El viaje ideal. Ud. tiene la oportunidad de hacer el viaje de sus sueños. También tiene un presupuesto *(budget)* ilimitado. ¿Adónde irá? Use algunos de los verbos y las expresiones siguientes en el tiempo futuro y use su imaginación para decirnos qué hará.

ir	hacer escala	dar una propina	poder
viajar	aterrizar	comprar	visitar
salir	inscribirse	ver	
tener	pasar	verificar (hacer) las reservaciones	

Los usos del futuro

Usamos el futuro para expresar...	Ejemplos
1. una acción que se predice o anticipa desde el momento presente.	El auxiliar de vuelo **servirá** bebidas despúes del despegue. El piloto anuncia que el vuelo **llegará** a tiempo a Málaga.
2. un sentido de mandato.	Te digo que **viajarás** mañana. Uds. **saldrán** conmigo.
3. una conjetura o probabilidad en el presente. Este uso del futuro se distingue del uso regular sólo por el contexto. No indica una acción que va a ocurrir, sino la probabilidad de una acción que en inglés se expresa con *must be* o *probably*.	—¿Qué hora es? —**Serán** las nueve. (*It is probably nine.*) —¿Por qué viaja tanto? —Le **gustará**. (*He must like it.*)

Frecuentemente expresamos también la idea del futuro con...	Ejemplos
1. el presente, cuando la acción va a tener lugar en un futuro inmediato, a menudo con adverbios de tiempo.	Mañana **salimos** para Málaga. **Hago** la maleta inmediatamente.
2. **ir a + infinitivo.** Se usa mucho en la conversación como equivalente de *to be going to.*	**Van a quedarse** con el maletín.
3. el presente del verbo **querer + infinitivo.** Se usa para pedir o solicitar algo. (inglés: *will*)	**¿Quieres ayudar?** (*Will you help?*)

PRÁCTICA

A. Cuando llegue ese día. Ud. está planeando un viaje al sur de España. Use el tiempo futuro para completar las siguientes oraciones. Fíjese en el uso del presente del subjuntivo con la conjunción *cuando.*

> **Modelo:** Cuando tenga un momento libre, *iré a la agencia de viajes.*

1. Cuando hable con el agente de viajes...
2. Cuando llegue al aeropuerto...
3. Cuando tome asiento en el avión...
4. Cuando despegue el avión...
5. Cuando venga el asistente de vuelo...
6. Cuando hagamos escala en Madrid...
7. Cuando revisen el equipaje en la aduana...
8. Cuando por fin esté en mi hotel...

B. Planes. Ud. viaja al extranjero y tiene mucho que hacer para prepararse. ¿Qué cosas hará y cuándo? ¿Cuáles son cuatro actividades más que Ud. hará para prepararse?

> **Modelo:** el mes antes del viaje/llamar a la agencia...
>
> El mes antes del viaje *llamaré a la agencia de viajes para conseguir información sobre paquetes especiales.*

pedir información sobre...	comprar ropa nueva	cancelar el periódico
conseguir el pasaporte	leer las guías turísticas	ir al banco
hacer reservaciones	verificar el vuelo	llamar a la línea aérea

1. el mes antes del viaje
2. una semana antes del viaje
3. un día antes del viaje
4. el día del viaje

C. En la agencia de viajes. Ud. trabaja en una agencia de viajes y se pregunta por qué hoy precisamente todos los clientes desean confirmar, posponer, cambiar o cancelar sus reservaciones. Atienda las llamadas telefónicas de los clientes. Cambie los verbos entre paréntesis a la forma del futuro.

Primera llamada

—¡Aló! ¿Es la agencia de viajes?

—...

—Soy... Llamo para posponer mi reservación. En vez de partir el 15 de septiembre,... (yo/partir) el 18.

—...

Segunda llamada

—Señor(ita), necesito cambiar la fecha de salida de mi vuelo.

—...

—Tengo que salir dos días antes. ¿Cree Ud. que... (yo/poder) salir el 3 de noviembre?

—Lo siento, pero...

—...

Tercera llamada

—Tengo un pequeño problema y por el momento necesito cancelar mi viaje a las islas Canarias. Mañana lo (la)... (yo/llamar) para darle mi próximo itinerario.

—No se preocupe,...

—...

Cuarta llamada

—Buenos días, lo (la) llamo para confirmar mi viaje a... Hoy le (yo/enviar) un cheque por la suma total del viaje.

—¡Vale! Recuerde que...

—...

PREPARATIVOS

1. Lea la sección **¿Sabía Ud. que... ?**

2. Fíjese en el uso de la forma superlativa en la frase siguiente de la lectura: Mi mujer está **enfadadísima** de tanto esperar. ¿Cuándo está Ud. enfadadísimo(a)? ¿Felicísimo(a)? ¿Nerviosísimo(a)? ¿Preocupadísimo(a)?

3. Al terminar su carrera en la universidad, ¿espera conseguir un trabajo para toda la vida o piensa cambiar de trabajo de vez en cuando?

4. ¿Cree Ud. que los estadounidenses suelen "trabajar para vivir" o "vivir para trabajar"? Explique.

¿Sabía Ud. que en España... ?

■ **El botones** es un empleado del hotel que hace diferentes trabajos. Generalmente está delante del hotel para ayudar a los clientes a llevar las maletas, abrir las puertas, conducirlos a sus habitaciones, etc. El término "botones" viene de los muchos botones que tradicionalmente se encuentran en los uniformes que lleva.

Un puesto de botones para toda la vida

disturbs   Una de las preocupaciones que con mayor frecuencia perturba° la vida del ciudadano español es la de conseguir un trabajo para toda la vida. Al español le gustan poco las aventuras dentro del mundo del trabajo, quizá *unemployment* por el problema universal del desempleo° o quizá porque le gusta **más** "trabajar *endearing oneself* para vivir" **que** "vivir para trabajar". En ocasiones uno acaba encariñándose° con el ambiente familiar del trabajo y pueden ocurrir situaciones tan complicadas como la siguiente.

GERENTE: Don Pedro, hágame el favor de subir las maletas a la 309.

BOTONES: Pero... si hace más de diez minutos que las he subido.

GERENTE: ¿Está Ud. seguro de lo que dice?

accident	**BOTONES:** Naturalmente, ¡hombre! Hace más de cuarenta años que estoy en este oficio y todavía no he tenido ni un percance°.
	GERENTE: Asegúrese Ud. bien porque no quiero **más** problemas **de** los que tengo.

(El cliente de la 309 llama por teléfono a la recepción.)

CLIENTE: Por favor, ¿cuándo van a subir nuestras maletas? Mi mujer está **enfadadísima** de tanto esperar.

GERENTE: No se preocupe señor, dentro de unos minutos las tendrá en su habitación. *(De nuevo hablando con el botones.)* Don Pedro, ¿es que no es Ud. capaz de

where the heck recordar dónde demonios° ha metido las maletas?

raise your voice **BOTONES:** Mire, jefe, ya le he dicho que no me alce la voz°, que soy **el más** viejo **de** esta casa y sé muy bien lo que hago.

GERENTE: Puede Ud. decir todo lo que quiera, pero si no aparecen esas maletas, ya veremos qué es lo que pasa.

BOTONES: ¡Esta juventud! ¡Lo que tengo que ver a mis años! Si en lugar de un niño

bossy mandón° como Ud. estuviera su padre, ya se habrían encontrado las maletas que yo he subido a la 309. Con su manía de que estoy viejo y que tengo que

retire jubilarme°, Ud. va a acabar volviéndome loco.

I resign **GERENTE:** El único que se va a volver loco aquí soy yo. Mañana mismo pido la baja°...

(El cliente de la 309 llama por teléfono a la recepción otra vez.)

CLIENTE: Eh... por favor, disculpe Ud. El error ha sido el nuestro. Es que acabo de notar que estamos en la habitación 306, no la 309.

COMPRENSIÓN Y PRÁCTICA

A. ¿Verdadero o falso? Indique si cada oración es cierta o falsa. Si la oración es falsa, diga por qué.

1. V _____ F _____ El español suele cambiar de trabajo con frecuencia.
2. V _____ F _____ La filosofía laboral de muchos españoles es "trabajar para vivir".
3. V _____ F _____ El botones en la lectura es mayor que su jefe.
4. V _____ F _____ Hace treinta años que don Pedro trabaja de botones.
5. V _____ F _____ Don Pedro y su jefe se tratan el uno al otro con respeto.
6. V _____ F _____ El cliente de la habitación 309 quiere su equipaje.

B. ¿Y Ud. qué opina? Conteste las siguientes preguntas.

1. ¿Por qué cree Ud. que a los españoles les gusta tener un trabajo para toda la vida? ¿Qué opina Ud. de esta manera de pensar?
2. ¿En qué tipo de hotel piensa Ud. que trabaja don Pedro? ¿Por qué?
3. ¿Qué le parece la relación entre el gerente y el botones? ¿Piensa Ud. que puede existir una relación de trabajo similar en Estados Unidos?
4. ¿Qué es un hotel de cinco estrellas? ¿Piensa Ud. que hay grandes diferencias entre un hotel de cinco estrellas y uno de dos estrellas? ¿Cuáles?
5. ¿Cuál es la diferencia entre un hotel y un motel?

C. ¡Charlemos! En parejas o en grupos, completen los pasos a continuación.

1. Con un(a) compañero(a) hagan los papeles del cliente y su esposa en la lectura anterior. En el vestíbulo *(lobby)* del hotel Uds. se quejan *(complain)* en voz alta a don Pedro de la condición de su habitación, del servicio y de los precios en el menú del restaurante.

2. ¿Qué es lo que dicen los empleados cuando los clientes no están presentes? En grupos, representen una escena en la cocina o en la oficina central del hotel.

> **Modelo:** Cocinero: *Otra vez me traes paella de la señora esa. ¿De qué se queja esta vez?*
>
> Camarero: *Lo siento, pero esta vez pide más pollo.*

ESTRUCTURA 4: Las comparaciones

LAS COMPARACIONES DE SUPERIORIDAD E INFERIORIDAD

Para expresar comparaciones de superioridad e inferioridad se usa **más** o **menos** en las fórmulas siguientes.

más/menos +	adjetivo + **que**	Los aviones del futuro serán **más** cómodos **que** los aviones de hoy. (adjetivo)
	adverbio + **que**	El Porsche va **más** rápido **que** el Taurus. (adverbio)
	sustantivo + **que**	En este autobús cabrán **menos** pasajeros **que** en el primero. (sustantivo)
verbo + **más/menos que**		Tú viajas por avión **más que** yo pero viajas por tren **menos que** yo.
más/menos de +	número cantidad	La compañía gastará **más de** 5 millones en este proyecto.
		Creo que lo compraron por **menos de** la mitad del precio.

Atención:

1. La palabra comparativa *than* se expresa con **que**. Delante de un número o una cantidad se expresa con **de**.

2. Al contrario del inglés, después de **más que** y **menos que** se usan los negativos **nunca, nadie, nada** y **ninguno**.

> Necesito dinero **más que nunca.**   *I need money more than ever.*
> Yo trabajo **más que nadie.**   *I work more than anyone.*

Ciertos adjetivos y adverbios muy comunes no emplean **más** o **menos** en las comparaciones. Las siguientes formas son irregulares.

Las comparaciones irregulares

Adjetivo	Adverbio	Forma comparativa
bueno (buen)	bien	mejor
malo (mal)	mal	peor
poco	poco	menos
mucho	mucho	más
pequeño		menor
grande (gran)		mayor

Atención:

1. Cuando **bueno** y **malo** se refieren al carácter de una persona y no a la calidad de una cosa, se usan las formas regulares.

   CARÁCTER: Jorge es **mucho más bueno** que tú: no se enfada nunca.

   Esa mujer es aún **más mala** que las otras.

   CALIDAD: La segunda película fue **mejor** que la primera.

   Mi salud está **peor** que ayer.

2. Cuando los adjetivos **grande** y **pequeño** se refieren a tamaño y no a edad, se usan las formas regulares.

   TAMAÑO: Esa maleta es **más grande** que aquélla.

   Este aeropuerto es **más pequeño** que el aeropuerto de Valencia.

   EDAD: Soy **mayor** que tú por un día.

   Mi tía es **menor** que mi papá.

PRÁCTICA

A. Hay muchas opciones. Cuando Ud. va de viaje tiene varias opciones. Compare lo siguiente según el modelo.

Modelo: viajar en coche/viajar en tren (¿flexible? ¿rápido? ¿interesante?)
Me gusta más viajar en coche que viajar en tren porque es más rápido. Puedo parar cuando quiero.

Me gusta más viajar en tren porque es más interesante que viajar en coche. Puedo conocer a mucha gente en el tren.

1. hacer turismo (*sightsee*) en autobús/hacer turismo a pie (¿divertido? ¿económico? ¿aburrido?)
2. hacer un viaje en grupo/hacer un viaje independiente (¿limitado? ¿eficiente? ¿flexible?)
3. quedarse en un hotel/quedarse en una pensión (¿económico? ¿cómodo? ¿grande?)
4. comer en un restaurante/comer en una cafetería (¿caro? ¿interesante? ¿conveniente?)

B. Elegir un hotel en Marbella, España. Ud. y su compañero(a) están en Marbella y no saben qué hotel elegir. Lean los siguientes anuncios del Hotel Crillón y del Hotel Orillas del Mar y escriban seis oraciones en las que comparen: a. el precio, b. la cercanía al mar, c. las comodidades, d. el tamaño de ambos hoteles. Luego, informen a la clase de qué hotel seleccionaron y expliquen por qué.

Verbos útiles: estar, ofrecer, contar con, costar, hay, tener, ser, encontrarse

Modelo: El Hotel Crillón está más lejos del mar, pero ofrece...

Hotel Crillón	*Hotel Orillas del Mar*
a cinco kilómetros de la playa	en la playa
250 habitaciones cómodas	100 habitaciones de lujo
restaurante y cafetería	dos restaurantes de lujo
cancha de tenis	dos canchas de tenis
una piscina olímpica	tres piscinas grandes
200 euros al día	350 euros al día

Las comparaciones de igualdad

Para expresar una comparación de igualdad usamos **tan** o **tanto(a, os, as)** en las fórmulas siguientes.

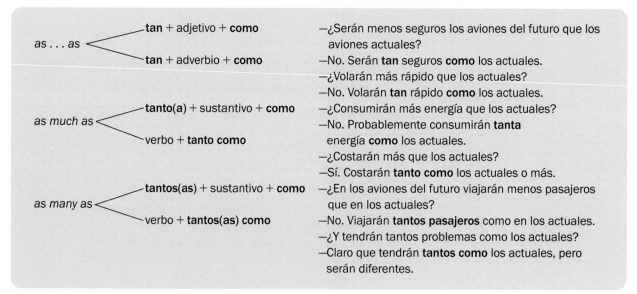

as . . . as
— **tan** + adjetivo + **como**
— **tan** + adverbio + **como**

as much as
— **tanto(a)** + sustantivo + **como**
— verbo + **tanto como**

as many as
— **tantos(as)** + sustantivo + **como**
— verbo + **tantos(as) como**

—¿Serán menos seguros los aviones del futuro que los aviones actuales?
—No. Serán **tan** seguros **como** los actuales.
—¿Volarán más rápido que los actuales?
—No. Volarán **tan** rápido **como** los actuales.
—¿Consumirán más energía que los actuales?
—No. Probablemente consumirán **tanta** energía **como** los actuales.
—¿Costarán más que los actuales?
—Sí. Costarán **tanto como** los actuales o más.
—¿En los aviones del futuro viajarán menos pasajeros que en los actuales?
—No. Viajarán **tantos pasajeros** como en los actuales.
—¿Y tendrán tantos problemas como los actuales?
—Claro que tendrán **tantos como** los actuales, pero serán diferentes.

PRÁCTICA

A. Todo igual. Dos turistas comentan su experiencia en un hotel en Marbella. Exprese comparaciones de igualdad según el modelo.

Modelo: Los huéspedes son simpáticos. (el personal)
Sí, los huéspedes son tan simpáticos como el personal.

1. Ofrece varias excursiones en barco. (autobús)

2. Hay muchos norteamericanos en el hotel. (españoles)

3. El restaurante es muy económico. (la cafetería)

4. Los jardines son bonitos. (los patios)

5. Venden revistas internacionales en la tienda. (periódicos)

B. Avianca, Iberia y Aeroméxico. Lea con atención los servicios que ofrecen las compañías de aviación Avianca, Iberia y Aeroméxico y exprese una comparación de igualdad.

> **Modelo:** Avianca e Iberia tienen treinta y seis vuelos diarios. Aeroméxico tiene treinta.
> *Avianca tiene tantos vuelos como Iberia, pero Aeroméxico no tiene tantos vuelos como Avianca o Iberia.*

1. Avianca y Aeroméxico tienen quince pilotos. Iberia tiene dieciséis.

2. Los aviones de Iberia y Aeroméxico son modernos. Los de Avianca son menos modernos.

3. Avianca y Aeroméxico tienen cuarenta aviones. Iberia tiene cincuenta.

4. Los asistentes de vuelo de Aeroméxico e Iberia trabajan diez horas al día. Los asistentes de vuelo de Avianca trabajan sólo ocho horas al día.

El superlativo

Para formar el superlativo de...

1. adjetivos, se añade el artículo definido (**el, la, los, las**) a la forma comparativa.

Adjetivo	Comparativo	Superlativo	
pesado *(heavy)*	más pesado	el más pesado	Esta maleta es **la más pesada**.
bueno	mejor	el mejor	Son **las mejores ofertas** de viaje. (calidad)
malo	peor	el peor	Éstos son **los peores** asientos del avión. (calidad)

2. adverbios, se usa la construcción **lo más + adverbio**.

Adverbio	Comparativo	Superlativo	
claramente	más claramente	lo más claramente	Repite el mensaje **lo más claramente** posible.
bien	mejor	lo mejor	Hágalo **lo mejor** que pueda.

Para expresar...

1. el superlativo en relación con otros elementos, se usa la forma superlativa seguida de la preposición **de** (inglés: *in* o *of*).

artículo + **más** + adjetivo + **de**	Este viaje es **el más barato de** todos.
o	Marta es **la menos alta de** las chicas.
menos	Uds. son **los más inteligentes de** la clase.

2. un superlativo independiente, se puede usar la siguiente construcción.

| muy <br> sumamente <br> extraordinariamente <br> extremadamente } + | adjetivo <br> o <br> adverbio | Este viaje es **muy** barato.
 Marta es **sumamente** alta.
 Ana es **extraordinariamente** inteligente.
 Vive **extremadamente** lejos. |

adjetivo + **–ísimo(a, os, as)**[1]

Es una ciudad **hermosísima.**
Me compró un regalo **carísimo.**

adverbio + **–ísimo**[2]

Esta visita fue **muchísimo** más corta que la de ayer.
Me acosté **tempranísimo.**

PRÁCTICA

A. Los planetas que nos rodean. Es posible que en el futuro no muy lejano, Ud. pueda planear un viaje interplanetario. Por eso es importante informarse sobre los planetas. Complete las oraciones con una expresión de inferioridad, superioridad, igualdad o con el superlativo. Cada espacio en blanco requiere una palabra.

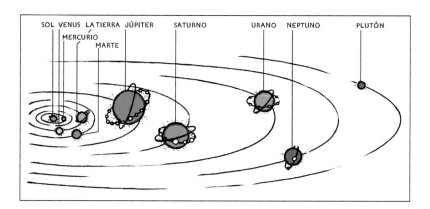

1. De todos los planetas, Júpiter es ____el____ ____más____ grande.
2. Mercurio es ____más____ pequeño ____que____ Saturno.
3. Júpiter tiene ____más____ lunas ____que____ la Tierra; tiene más ____de____ once lunas.

---

[1] Se suprime la vocal final del adjetivo y se añade **–ísimo(a, os, as)**. Algunas formas sufren cambios.

| z → c: | feliz → **felicísimo** | c → qu: | rico → **riquísimo** |
| g → gu: | largo → **larguísimo** | ble → bil: | amable → **amabilísimo** |

[2] Se suprime la vocal final del adverbio y se añade **–ísimo**. Algunas formas sufren los mismos cambios que los adjetivos.

z → c:	veloz → **velocísimo**		
c → qu:	poco → **poquísimo**	cerca → **cerquísima**
ble → bil:	posible → **posibilísimo**		

4. La temperatura de la Tierra es 59°F; la de Marte, 55°F. Es decir, Marte es casi __tan__ caliente como la Tierra. En 1970 los científicos rusos midieron una temperatura de 885°F en Venus, comprobando que este planeta es __el__ __más__ caliente __de__ todos.

5. El "día" de un planeta es el tiempo que dura una rotación sobre su eje. Un día en Júpiter dura un poco menos __que__ diez horas; mientras que un día en Venus dura más __de__ 243 días terrenales. Un día en la Tierra es __más__ largo que uno en Júpiter, pero __menos__ largo que uno en Venus.

6. El "año" de un planeta es el tiempo que dura una revolución alrededor del sol. Un año en Mercurio dura casi ochenta y ocho días; una revolución de Plutón dura 249 de nuestros años terrenales. Un año en Mercurio es muchísimo __más__ corto __que__ un año en Plutón. Un hecho interesante: una rotación de Venus sobre su eje dura 243 días, mientras una revolución alrededor del Sol dura sólo 225 días. Es decir, su "día" dura __tanto__ tiempo __como__ su "año".

B. El mejor y el peor de todos. En parejas, intercambien ideas sobre el mejor y el peor en estas categorías.

> **Modelo:** un cómico de la televisión
> —¿Quién crees que es el mejor cómico de la televisión?
> —David Letterman.
> —¿Por qué?
> —Porque tiene mucho humor cuando entrevista a personas famosas.
> —Y... ¿quién o qué crees que es el (la) peor en estas categorías?

1. una película que has visto
2. el (la) cantante del año
3. la canción del momento
4. un libro que has leído
5. un grupo musical
6. un viaje que has hecho

C. Un viaje interesantísimo. Ud. ha estado en lugares que le han llamado mucho la atención. Escriba una descripción de un país, una ciudad o un pueblo que Ud. conoce y que le ha fascinado. No se olvide de emplear los superlativos (**el/la/los/las más, muy, sumamente, extraordinariamente, –ísimo**) para expresar su admiración.

> **Modelo:** Bolivia es un país sumamente interesante. Su capital es La Paz. La ciudad está a 12.000 pies de altura. Es la capital más alta del mundo. Las montañas que rodean la ciudad son altísimas. La Paz es una ciudad colonial de calles muy estrechas que tienen un encanto muy especial.

$$time \begin{cases} \text{tiempo} \\ \text{vez (veces)} \\ \text{hora} \\ \text{rato} \\ \text{época} \end{cases}$$

En español hay varias maneras de expresar la palabra *time.*

tiempo   *a period or duration of time*

>—¿Cuánto **tiempo** estarás en Cuba?
>—Voy por poco **tiempo.**

>   *time in the abstract*

>—¿Tienes **tiempo** para acompañarme a la agencia de viajes?
>—¡Claro que sí!

una vez   *once, one time*

cada vez   *each time*

otra vez   *once again*

>—Sólo **una vez** me dijiste que me querías.
>—**Cada vez** que quiero decírtelo, estás ocupada.
>—Bueno, dímelo **otra vez,** ¿quieres?

veces   *times*

a veces   *sometimes*

>—¿Ha estado Ud. muchas **veces** en Málaga?
>—Sí, **a veces** voy por negocios, pero hace mucho tiempo que no voy.

hora   *time of day*

>—¿Qué **hora** es? / ¿Tiene Ud. la **hora?**
>—Es la una en punto.

hora (de)   *the proper time to do something*

>—¿Ya es **hora de** comer?
>—¡Claro que ya es **hora!**

rato   *a short time, a while*

>—¿Cuándo vuelven?
>—Volvemos dentro de **un rato.**

época   *time during a season, historical time*

>En esta **época** los vuelos son más baratos.
>En la **época** de nuestros abuelos no se podía viajar por avión.

Atención: To express the concept of *to have a good time use the expressions*

divertirse and **pasarlo bien.**

—Las vacaciones son para **divertirse,** ¿verdad?
—¡Pero si tú **te diviertes** todo el año!
—Bueno, hay que decir que me gusta **pasarlo bien.**

PRÁCTICA

¿A qué hora llegamos? Primero complete las oraciones con las palabras y expresiones **tiempo, vez, otra vez, cada vez, veces, hora, rato** o **época.** Después empareje los diálogos.

1. ¿ _tiempo_ _otra vez_ de viaje?
2. ¿Por qué te gusta viajar en esta _época_ del año?
3. ¿Estuviste alguna _vez_ en el restaurante Casa Botín?
4. ¿Sabes qué _hora_ es?
5. ¿A qué _hora_ sale tu vuelo?
6. ¿Quieres que me quede un _tiempo_ contigo?
7. ¡Cuánto _tiempo_ está atrasado el vuelo!

a. A la una y cuarenta y cinco. Es _hora_ de despedirnos.
b. Sí, muchísimas _veces_. La comida es estupenda.
c. Sí, dentro de un _rato_ salgo para Barcelona.
d. Porque hay pocos turistas y es la _época_ de conciertos.
e. No te impacientes por tu vuelo. _Cada vez_ que vuelas te pones nerviosa.
f. Por favor, quédate conmigo hasta que sea _hora_ de abordar.
g. Es la una en punto. ¡Cómo pasa el _tiempo_!

AMPLIACIÓN Y CONVERSACIÓN

A. ¿En qué puedo servirle? Muchos turistas están en la agencia de viajes *Véalo Todo*. En grupos, túrnense para hacer el papel de agente de viajes y sus clientes en varias situaciones.

1. Un matrimonio quiere visitar a su hijo(a), que está pasando el año estudiando en España con un programa de intercambio.
   a. Digan a qué ciudad desean viajar.
   b. Pregunten por el día y la hora de salida del vuelo.
   c. Averigüen si es un vuelo directo o si hace escalas. Si hace escalas, pregunten dónde las hace.
   d. Averigüen el precio del vuelo y si se puede pagar con tarjeta de crédito.
   e. Averigüen si hay paquetes especiales con hotel y comidas incluídos.
   f. Despídanse cordialmente.

2. Ud. es un(a) agente de viajes en Madrid. Una pareja de recién casados desea hacer su viaje de luna de miel a Acapulco, México. Salude a la pareja con mucha cortesía y ofrézcales sus servicios.
   a. Pregúnteles adónde y cuándo desean viajar, el tiempo que piensan estar en Acapulco y la clase de hotel en el que desean alojarse.
   b. Explíqueles las ventajas y desventajas de los diferentes hoteles.
   c. Ofrézcales un paquete especial que incluya recepción en el aeropuerto, paseos por la ciudad y cupones de descuento para los mejores restaurantes. Trate de vender este paquete turístico y de convencer a sus clientes de que viajar por su agencia es viajar barato.

B. Es mejor en tren. En parejas, lean el siguiente anuncio sobre las ventajas de viajar en tren y completen los pasos a continuación.

Cuando se va a viajar hay que ir a lo seguro: El tren. Un medio de comunicación moderno, confortable, que nos deja las manos libres para ocuparnos de nuestros asuntos, de nuestros libros.

Cuando se viaja, es preferible hacerlo intentando descubrir al asesino de la novela, y no preocupándose de no ser la víctima de la carretera.

1. Contesten las siguientes preguntas y compartan sus respuestas con la clase.
   a. Expliquen el significado del título del anuncio "Déjese de sustos (*fears*) y vaya de miedo". ¿A qué se refiere? ¿Qué significa *"Mejora tu tren de vida"*? ¿Son efectivos estos anuncios? ¿Por qué?
   b. En Europa es más común viajar en tren que en EE.UU. ¿Por qué será? ¿En qué partes de EE.UU. se suele viajar en tren?
   c. ¿Qué hacen Uds. para no aburrirse cuando hacen un viaje largo?
   d. ¿Qué modo de transporte es más: cómodo? seguro? divertido? aburrido?
2. Escriban un minidrama sobre la siguiente situación. Ud. no podía hacer reservas para el coche-cama del tren. Tiene mucho sueño y sólo quiere dormir pero el (la) pasajero(a) a su lado no quiere cooperar. Representen las siguientes situaciones. El (La) pasajero(a)...
   a. está muy nervioso(a) e inventa mil pretextos para hablar con Ud.
   b. ronca (*snores*) ruidosamente sin darse cuenta.
   c. es un(a) niño(a) muy travieso(a) (*naughty*).

C. En la estación del ferrocarril. Ud. está en la estación de trenes en Barcelona. Trabaje con otro(a) estudiante, que hará el papel de empleado(a).

1. Explíquele al (a la) empleado(a) que Ud. tiene un billete para Madrid a las seis de la tarde pero que preferiría salir en el próximo tren porque...
2. Pregúntele...
   a. la hora de salida del próximo tren.
   b. si sale del mismo andén que el tren de las seis.
   c. si es un tren expreso.
   d. si...

D. En la aduana. Ud. es inspector(a) de aduana. Delante de Ud. hay un(a) viajero(a) que le parece muy sospechoso(a). Trabaje con otro(a) estudiante.

1. Salúdelo(la) cordialmente.
2. Pregúntele por el lugar de procedencia y el de destino.
3. Pídale que abra las maletas.
4. Interróguele sobre el contenido de unas cajas.
5. Acepte la explicación y déjelo(la) pasar.

E. Mesa redonda. En grupos de tres o cuatro compañeros formen una mesa redonda e intercambien ideas sobre los siguientes temas de discusión. Después, un(a) estudiante de cada grupo debe informar a la clase sobre el tema discutido.

1. **La piratería aérea.** Hace algunos años no corríamos tantos riesgos como hoy al tomar un vuelo internacional. Sencillamente, el tráfico en el aire no era tan intenso, el mantenimiento de los aviones era mucho mejor y no existía la piratería aérea que pone en peligro la vida de tantas personas. ¿Qué piensa Ud. al respecto? ¿Cómo se explican los secuestros de aviones? ¿En qué medida ayudan los detectores de metales a prevenir estos problemas? ¿Cuáles son otras soluciones?

2. **Alternativas.** ¿Cómo se sienten Uds. cuando viajan en avión? ¿en tren? ¿en autobús? ¿en coche? ¿en barco? En su opinión, ¿qué modo de transporte es más seguro? ¿Por qué? En general, ¿cuáles son las ventajas y las desventajas de estas diversas formas de viajar?

3. **El contrabando.** Todos tenemos que pasar por la aduana al viajar al extranjero. ¿Qué es lo que buscan los inspectores cuando nos piden que abramos las maletas? ¿Cuál es la mejor manera de pasar por la aduana? Cada vez que nos encontramos delante de un inspector no sabemos si sonreír o llorar. A veces pasamos por la aduana sin ninguna dificultad, otras veces tenemos que abrir todas nuestras maletas y la revisión toma muchísimo tiempo. ¿Es que el inspector piensa que somos contrabandistas o narcotraficantes? ¿Por qué revisan unas maletas y otras no? ¿Qué piensan Uds. al respecto?

 F. ¡No llegaron nuestras maletas! Después de un largo viaje de vacaciones por Europa, Ud. y su novio(a) están esperando en el aeropuerto John F. Kennedy a que les entreguen las maletas. Después de una larga espera se dan cuenta de que su equipaje no ha llegado. En grupos, escriban los dos diálogos siguientes. Representen las breves escenas delante de la clase. Sean originales y creativos.

Primer acto

Conversación con el agente de la línea aérea. En el mostrador de la línea aérea correspondiente los viajeros presentan su queja.

Segundo acto

Conversación telefónica. Son las siete de la mañana del día siguiente. Suena el teléfono. Es el agente de la línea aérea que desea informarles de que sus maletas están en Hong Kong.

G. Euskadi (el País Vasco). Para aprender sobre el País Vasco, en el norte de España, hagan las siguientes actividades en grupos.

1. Lean la información turística sobre Euskadi (el País Vasco) que apareció en la revista *Viajar*.

2. Ahora planeen un viaje de cinco días a Euskadi. Utilicen los siguientes verbos y otros que Uds. quieran, en el futuro:

llegar   volar   comer   dormir   hacer surfing (correr las olas)
visitar   ir   divertirse salir   tomar

3. Entre toda la clase, escriban un folleto de información turística sobre la ciudad donde Uds. estudian. Para ello dividan la clase en cinco grupos. Cada grupo trabajará en una de estas secciones:

   A. **Cómo llegar:** expliquen cómo pueden llegar los turistas a la ciudad, indicando los medios de transporte disponibles.
   B. **Qué ver:** mencionen los lugares más atractivos y las actividades que se pueden hacer.
   C. **Hoteles:** hagan una lista de los hoteles y comenten las características más importantes de cada uno. Indiquen si son adecuados para jóvenes y estudiantes.
   D. **Restaurantes:** mencionen los restaurantes más típicos y los más exóticos. Comenten las especialidades de cada uno.

EUSKADI

Qué ver

En **Vizcaya** destaca por su belleza la cornisa marítima. **Sopelana, Plencia** y **Gorliz** presentan hermosas playas a pocos kilómetros de **Bilbao.** Hacia el Este merecen visitarse la *ría de Gernika* y sus marismas; la desembocadura, a la altura de **Mundaka,** es un buen lugar para la práctica del *surfing.* El interior es propicio para la práctica del montañismo, presentando alturas de cierta dificultad. **Gorbea** y **Anboto** son los techos de la provincia.

San Sebastián y la costa de **Guipúzcoa** es una visita obligada para quien se acerca al Norte. **Zumaia, Zarautz** y **Getaria** son tres enclaves muy próximos que permiten asomarse a la Euskadi moderna y tradicional a la vez. Pero donde mejor se conserva la cultura vasca autóctona es en el **Gohierri,** en medio de un bellísimo paisaje: **Azkoitia, Azpeitia, Bergara, Urretxu** y numerosos pueblos.

En **Álava,** los lagos próximos a la frontera de esta provincia con la vecina Guipúzcoa permiten la práctica de deportes náuticos. Quienes gustan del arte disfrutarán con una visita a la zona del románico en el *valle de Cuartango* —poblaciones de **Suazo, Arriano** y **Catadiano**— y a la llanada alavesa, donde destacan el *castillo del Mendoza* y el *santuario de Estíbaliz.*

Hoteles

Vizcaya: *Villa de Bilbao* (5 estrellas), Gran Vía, 87, ☎ (94) 441 60 00; *Ercilla,* (4 estrellas), Ercilla, 37, ☎(94) 443 88 00; *Avenida* (3 estrellas), Avda. Zumalacárregui, 40, ☎ (94) 412 43 00.

Guipúzcoa: *María Cristina* (5 estrellas), Paseo República Argentina, s/n, ☎ (943) 29 33 00; *Londres y de Inglaterra* (4 estrellas), Zubieta, 2, ☎ (943) 42 69 89; *Monte Igueldo* (4 estrellas), Monte Igueldo, s/n ☎ (943) 21 02 11; *Gran Hotel Balneario de Cestona* (3 estrellas), Paseo de S. Juan, s/n (Cestona), ☎ (943) 86 71 40; *Jaúregui* (3 estrellas), S. Pedro, 31 (Fuenterrabía), ☎ (943) 64 21 40; *Zarauz* (3 estrellas), Avda. de Navarra, 26 (Zarauz), ☎(943) 83 02 00.

Álava: *Gasteiz* (4 estrellas), Avda. de Gasteiz, 19. ☎ (945) 22 81 00; *Canciller Ayala* (4 estrellas), Ramón y Cajal, 5, ☎ (945) 13 00 00; *San Andrés Etxea,* Bebedero, 8 (El Ciego), ☎ (945) 10 60 30; *Jatorrena,* Florida, 10 (Labastida), ☎ (945) 33 10 50.

Restaurantes

Vizcaya: *Guría,* Gran Vía, 66, ☎(94) 441 90 13; *Bermeo,* Ercilla, 37-39, ☎ (94) 443 88 00. Sin olvidar los del Casco Viejo y los que trepan por el *monte Artxanda.*

Guipúzcoa: Visita imprescindible a las *sidrerías de Astigarraga* y los asadores repartidos por toda la provincia. Excelentes las *chuletas a la brasa de Erretegi Basusta* en *Patxita Etxezarreta,* 25 (Zumaia).

Donostia: Es una de las capitales gastronómicas de Europa. *Arzak,* Alto de Miracruz, 21, ☎ (943) 27 84 65; *Akelarre,* Barrio Igueldo s/n, ☎ (943) 21 20 52; *Nicolasa,* Aldamar, 4, ☎ (943) 42 15 72; *Urepel,* Paseo de Salamanca, 3, ☎ (943) 42 40 40; *Patxiku Kintana.* ☎ (943) 42 63 99. Imprescindible también ir a *Roteta* en Hondarribia (Fuenterrabía), Irún, s/n, ☎ (943) 64 61 93.

Álava: La especialidad de la provincia son los asados de cordero. Destacan el restaurante *Guría-bi* en la carretera Madrid-Irún, kilómetro 345 (a siete kilómetros de Vitoria); *La Parrilla,* también en la carretera Madrid-Irún, kilómetro 356.

Fiestas

De las tres capitales es **Vitoria** la que inicia el calendario festivo estival, el 4 de agosto, con una semana en honor a la Virgen Blanca. **Bilbao** comienza la *Semana Grande* el 15 de agosto, día de la patrona Virgen de Begoña. Estas fiestas empalman con las de **San Sebastián,** cuyos alardes de fuegos artificiales son tal vez lo más característico y esperado. Ya en los primeros días de septiembre destacan las fiestas de **Lekeitio** en Vizcaya, especialmente el 5, *día de los gansos.*

También merece nombrarse la *Tamborrada* del 19 al 20 de enero en **Donostia,** así como los *carnavales de Tolosa* (Guipúzcoa).

Teléfonos de interés

Centro de Iniciativas Turísticas de Bilbao: ☎ (94) 424 48 19.

Cuerpo Consular de Bilbao: ☎ (94) 424 96 30.

Aeropuerto de Foronda: ☎ (945) 27 40 00.

Aeropuerto de Sondika: ☎ (94) 453 06 40.

Aeropuerto de Hondarribia: ☎ (943) 641 12 67.

Información de carreteras: ☎ (945) 25 42 00.

RENFE Vizcaya: ☎ (94) 423 86 36.

RENFE Guipúzcoa: ☎(943) 28 35 99.

RENFE Álava: ☎ (945) 23 20 30.

Centro de Atracción y Turismo de San Sebastián: Reina Regente, s/n. ☎ (943) 42 10 02. San Sebastián.—**M. A.**

E. **Fiestas:** expliquen cuáles son las fiestas locales más importantes y cómo se celebran.

¡No se olviden de incluir el plano de la ciudad y una buena selección de fotografías!

¿Qué sabe Ud. de... España?

ESPAÑA

El Rastro, Madrid

La canción *No hay marcha en Nueva York*, del compositor y cantante Nacho Cano, trata de un joven español que se va para Nueva York en busca de acción. Termina dándose cuenta de que el lugar de más "marcha" no es esa metrópolis americana, sino su propio Madrid. "Estoy loco por irme a Madrid", dice en la última línea de la canción, y cada año miles de turistas de todas partes del mundo están locos por ir allí también. Madrid cuenta con una población de unos cuatro millones de habitantes y se ha convertido en uno de los centros urbanos más dinámicos del mundo. Hay de todo en Madrid: arquitectura que refleja las épocas históricas de la ciudad, magníficos monumentos, castillos, fuentes y palacios y deliciosa gastronomía regional e internacional. Esta gran capital europea cuenta con museos que deslumbran al visitante más sofisticado. Un imponente edificio neoclásico alberga el famosísimo Museo del Prado con obras de artistas españoles como El Greco, Velázquez, Murillo y Goya y colecciones de pinturas italianas, flamencas, alemanas, francesas y holandesas. El *Guernica* de Pablo Picasso, pinturas de Miró y Dalí y otras obras maestras del arte contemporáneo se encuentran en El Museo Nacional Centro de Arte Reina Sofía. En cuanto a la vida nocturna, hay que experimentarla para creerla. Clubs, pubs, discotecas, restaurantes y cafés al aire libre abundan y son un imán para la gente de todas edades. De día o de noche, siempre hay muchísma marcha en Madrid.

A. Recordar lo que sabemos. En esta lección de **Horizontes: Repaso y conversación** y en la correspondiente lección de **Horizontes: Cultura y literatura** hay varias menciones sobre España. Repasando y recordando lo que leyeron, respondan a las siguientes preguntas:

1. ¿Cuál es la capital de España? ¿Qué otras ciudades españolas conocen?

2. ¿A qué estado estadounidense equivale la extensión de España? ¿Creen que es un país grande o pequeño?

3. Además del español, ¿qué otras lenguas se hablan en España? ¿En qué zonas se hablan? ¿Cómo está dividido el territorio español?

4. ¿Dónde está Santiago de Compostela? ¿Por qué era famoso en la Edad Media? ¿Les gustaría a Uds. andar o recorrer en bicicleta el Camino de Santiago? ¿Por qué? ¿Qué ciudades latinoamericanas llamadas Santiago conocen? ¿Cuál es el nombre inglés de Santiago?

5. ¿Quién es Camilo José Cela? ¿Conocen a otros(as) escritores(as) españoles(as)?

6. ¿Cuándo tuvo lugar la Guerra Civil española? ¿Quiénes lucharon en esa guerra? ¿Qué sistema político hubo en España desde el fin de la guerra hasta 1975? ¿Qué sistema político hay ahora? ¿Les gustaría tener un rey o una reina en Estados Unidos? ¿Por qué?

B. Ampliar lo que sabemos. ¿Les gustaría aprender más sobre España? Reúnanse en grupos de tres o cuatro personas y preparen una presentación sobre uno de los siguientes temas. Elijan el que más les interese, u otro que no aparezca en la lista.

- La diversidad lingüística y cultural de España. Las comunidades históricas nómadas: los gitanos.
- Aspectos de la historia de España. Hispania bajo el dominio de Roma. El reino visigodo. La conquista musulmana y su influencia en la cultura española. La reconquista cristiana: los reinos medievales y las comunidades judías. La dinastía de los Austrias: el dominio español en Europa y en América y la leyenda negra. La independencia de los territorios americanos en el siglo XIX y la crisis española de 1898. La Guerra Civil y la dictadura de Franco.
- La literatura española. Escritores(as) del pasado y del presente. Don Quijote.
- El cine español posmoderno: Pedro Almodóvar. Las últimas generaciones de directores.
- La música tradicional: el flamenco; la renovación de las músicas tradicionales de las periferias a través del fenómeno fusión. La música clásica: el redescubrimiento de la música medieval, renacentista y barroca; los grandes compositores de los siglos XIX y XX; los cantantes de ópera. La música pop: Julio Iglesias. Las bandas de rock y de la nueva música.
- El toreo: una tradición tan popular como controvertida. El machismo y el feminismo en torno al toreo. El trato a los animales.
- El arte. La pintura española de Velázquez a Picasso. Los grandes museos españoles. Los nuevos arquitectos: Calatrava, Moneo, Bohigas, Sainz de Oiza.

C. Compartir lo que sabemos. ¿Cómo preparar la presentación?

1. Utilicen todo tipo de fuentes de información para investigar sobre el tema elegido: libros, prensa, Internet, etc. Por ejemplo, para saber más sobre el arte español, pueden visitar el sitio web: museoprado.mcu.es

2. Incluyan en su presentación todos los medios audiovisuales que crean convenientes: fotografías, mapas, dibujos, videos, cintas o discos de música, etc.

3. Presenten primero un esquema de todos los puntos que van a desarrollar en su presentación.

AMPLIACIÓN Y COMPOSICIÓN

¡REVISE SU ORTOGRAFÍA!

La acentuación

1. En cada palabra hay una sílaba que se pronuncia con mayor fuerza. Es la sílaba tónica.

| per-**so**-na | re-**cuer**-do | u-ni-ver-si-**dad** |

a. Si la palabra termina en consonante, excepto **n** y **s,** el acento tónico cae en forma natural en la última sílaba:

| pre-gun-**tar** | ciu-**dad** | fe-**liz** |

b. Si una palabra termina en **vocal (a, e, i, o, u)** o en consonante **n** o **s,** el acento tónico cae en forma natural en la penúltima sílaba:

| ma-**ña**-na | **ha**-blan | **co**-ches |

2. Las palabras que se pronuncian de acuerdo a las dos formas naturales (1a y 1b) no llevan acento ortográfico. Todas las palabras que no se pronuncian de acuerdo a estas normas **llevan acento ortográfico sobre la vocal de la sílaba acentuada.**

	última	penúltima	antepenúltima
forma natural	hos-pi-**tal**	**ca**-sa	[El acento tónico no cae en la antepenúltima sílaba sin acento ortográfico.]
	re-**loj**	pre-**gun**-tan	
	pa-**red**	a-**pe**-nas	
con acento ortográfico	pa-**pá**	**ár**-bol	**pá**-ja-ro
	co-lec-**ción**	Gon-**zá**-lez	es-**pé**-ra-me
	sa-lu-da-**rás**		**miér**-co-les

3. Las palabras de una sílaba (monosilábicas), por norma general no llevan acento. Sin embargo, en algunos casos se usa el acento ortográfico para indicar una diferencia de significado entre dos palabras que se pronuncian de la misma manera.

artículo definido	**el**	**él**	pronombre de tercera persona singular
preposición	**de**	**dé**	modo subjuntivo e imperativo formal del verbo **dar**
adjetivo posesivo	**mi**	**mí**	pronombre preposicional
adjetivo posesivo	**tu**	**tú**	pronombre personal
pronombre	**te**	**té**	*tea*
pronombre	**se**	**sé**	primera persona del indicativo del verbo **saber**
if	**si**	**sí**	*yes,* afirmación
adjetivo *alone*	**solo**	**sólo**	**(solamente)** adverbio *only*

4. Las palabras interrogativas y exclamativas llevan acento ortográfico en la sílaba acentuada.

| ¿**Qué** hora es? | ¿**Cómo** estás? | ¡**Cuánto** lo quiero! |

ENFOQUE: La descripción

Observe la foto de Puerta del Sol en la ciudad de Madrid en la página 41 y comente, con un(a) compañero(a) de clase, lo que ve y lo que le llama la atención. Prepárese para escribir un párrafo que describa la escena.

¡Prepárese a escribir!

1. Usualmente las descripciones comienzan con un comentario general.

   Ésta es una foto tomada en España en una tarde de primavera.

2. Después de escribir un comentario general, comience a dar detalles sobre la plaza. Escriba...
   a. oraciones que describan el lugar.
   b. oraciones que describan a las personas.

Recuerde que en una descripción son importantes...

Los adjetivos. Haga una lista de adjetivos que describan lo que Ud. ve, por ejemplo:

- la calle
- los edificios
- la gente
- otro

Recuerde que en español los adjetivos...

concuerdan en género y en número con el sustantivo.
van generalmente después del sustantivo.

Revise el uso de los adjetivos en la Lección 1.

Las preposiciones. Relacione las cosas con las personas, por ejemplo, lo que está...

- en el centro.
- a la derecha.
- a la izquierda.
- debajo de...
- al lado de...
- frente a...

A escribir

Ordene las oraciones que usó para describir la escena. Añada su propia opinión sobre la escena.

Recuerde lo siguiente

Ahora lea su párrafo con mucho cuidado y verifique...

a. si ha seleccionado adjetivos interesantes que describan bien la foto.
b. si necesita cambiar el orden de las oraciones.
c. si ha conectado bien las oraciones.
d. si toda la descripción está en el tiempo presente.
e. si ha conjugado bien los verbos.

LECCIÓN 3

¿Cómo son los estudios en tu país?

▼ *Estudiantes en Cuzco, Perú*

¡CHARLEMOS!

Trabaje con un(a) compañero(a) de clase. Háganse por turno las siguientes preguntas.

1. ¿Qué carrera estudias o piensas estudiar? ¿Qué asignaturas te parecen fáciles? ¿Encuentras alguna asignatura muy difícil? ¿Cuál? ¿Por qué?

2. ¿Te gustaría ser profesor(a)? ¿Cuáles son las ventajas y desventajas de esta profesión?

3. ¿Te gusta la universidad? ¿Qué piensas de los profesores? ¿de los estudiantes? ¿del ambiente?

4. ¿Qué deportes practicas? ¿Tenis? ¿Natación? ¿Qué haces en tu tiempo libre? ¿Qué haces cuando tienes que estudiar pero no tienes ganas?

5. ¿Vives en una residencia estudiantil o en un apartamento? Si tienes compañero(a) de cuarto, ¿cómo es él (ella)? ¿Tienen los mismos hábitos y rutinas? Explica.

ENFOQUE: Perú

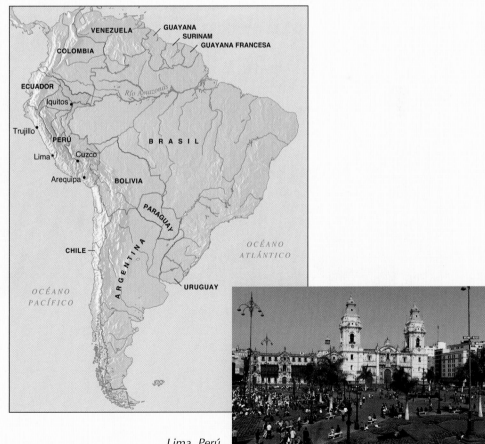

Lima, Perú

85

Mi horario de clases

	lunes	martes	miércoles	jueves	viernes
8:15	matemáticas	–	matemáticas	–	matemáticas
9:15	inglés	historia	inglés	historia	inglés
10:15	–	historia	–	historia	–
11:15	francés	francés	francés	francés	laboratorio
12:15	–	–	–	–	–
1:15	natación	tenis	natación	tenis	–
2:15	–	–	–	–	–
3:15	–	–	–	–	–

La rutina personal

Cada mañana hay que... *Each morning one has . . .*

    afeitarse *to shave (oneself)*
    bañarse *to bathe (oneself)*
    cepillarse los dientes *to brush one's teeth*
    desayunar *to eat breakfast*
    ducharse *to take a shower*
    lavarse el pelo (las manos) *to wash one's hair (hands)*
    levantarse temprano / tarde *to get up early / late*

maquillarse *to put on makeup*
peinarse *to comb one's hair*
quedarse *to stay*
secarse con una toalla *to dry off with a towel*
vestirse (i) / desvestirse (i) *to get dressed / undressed*

a menudo, frecuentemente, muy seguido *often, frequently, repeatedly*
por (en) la mañana *in the morning, a.m.*
por (en) la tarde *in the afternoon, p.m.*

Requisitos para ser estudiante

asistir a clases (todos los días, tres veces por semana) *to attend classes (every day, three times a week)*
graduarse *to graduate*
ingresar en la universidad *to enroll in the university*
llenar los impresos / formularios (una solicitud) *to fill out forms (an application)*

matricularse *to register*
ponerse en la (hacer) cola *to stand in line*
preparar el horario de clases *to prepare one's class schedule*
solicitar ayuda financiera (una beca) *to apply for financial aid (a scholarship)*

Los estudios

la asignatura / la materia *subject*
el bachillerato *high school (diploma)*
las calificaciones / notas *grades*
la carrera *profession*
el curso *course; period of classes*
la especialización *major*
la facultad *school (of a university)*
el horario (de clases) *(class) schedule*
la lectura *reading*

la licenciatura *university degree*
la matrícula *registration (fee)*
optativo(a) *elective*
el plazo de matrícula *registration period*
la tarea *homework*
el título *diploma, title*
las ventajas / desventajas de... *advantages / disadvantages of . . .*

Las tareas del (de la) profesor(a)

dar un curso de... *to teach a course on . . .*
dar (dictar) una conferencia *to give a lecture*

enseñar las asignaturas *to teach classes*
pasar lista *to call the roll*

Las tareas del (de la) estudiante

aprender / repasar la materia *to learn / review the material*
aprobar (ue) el curso *to pass the course*
presentarse al examen *to take an exam*

prestar atención *to pay attention*
reprobar (ue), suspender *to flunk, fail*
resolver (ue) problemas *to solve problems*
sacar buenas / malas notas *to get good / bad grades*
tomar apuntes, apuntar *to take notes*

Los funcionarios de la universidad

el (la) **catedrático(a)** *full professor*
el (la) **consejero(a)** *scientist*
el (la) **decano(a)** *dean*

el (la) **profesor(a)** *teacher, professor*
el (la) **rector(a)** *chancellor*

Carreras y profesiones

Estudiar en la facultad de... *To study in the*
department of . . .

para ser...

    arquitectura *architecture*
    bellas artes *arts*
    biología *biology*
    ciencias *sciences*
    (ciencias) físicas *physics*
        económicas *economics*
        químicas *chemistry*
    derecho, leyes *law*
    filosofía *philosophy*
    ingeniería *engineering*
    informática *computer science*
    letras *humanities*
    medicina *medicine*
    sicología *psychology*
    sociología *sociology*

    arquitecto(a) *architect*
    artista[1] *artist*
    biólogo(a) *biologist*
    científico(a) *scientist*
    físico(a) *physicist*
    economista *economist*
    químico(a) *chemist*
    abogado(a) *lawyer*
    filósofo(a) *philosopher*
    ingeniero(a) *engineer*
    programador(a) *programmer*
    profesor(a) / escritor(a) *teacher / writer*
    médico(a) *doctor*
    sicólogo(a) *psychologist*
    sociólogo(a) *sociologist*

Lugares y edificios importantes

la **biblioteca** *library*
la **cafetería** *cafeteria*
la **clase, el aula** *classroom*
el **estacionamiento** *parking lot*
el **gimnasio** *gym*

los **laboratorios** *laboratories*
la **librería** *bookstore*
la **parada de autobús** *bus stop*
la **piscina** *swimming pool*
el **teatro** *theater*

Algunas expresiones

¡Anda! / ¡Hombre! / ¡Venga ya! *Come on!*
¡Ni hablar! *No way!*
¡Ostras! *What the heck!*

¡Qué lata! *What a nuisance!*
¡Qué lío! *What a mess (problem)!*
¡Qué tontería! *What nonsense!*

PRÁCTICA

A. ¿A qué se refiere? Diga a qué palabras y expresiones de la lista se refieren
las siguientes oraciones.

ayuda financiera	clases	formularios
decana	tarea	buenas notas

1. Asisto a dos los martes y los jueves por la tarde.

2. Necesito estudiar mucho para sacarlas en la clase de química.

---

[1] Se usa el artículo definido para indicar si se refiere a un hombre o a una mujer: el artista / la
artista.

3. Hay que llenar muchos para ingresar en la universidad.

4. La solicité pero desgraciadamente me ofrecieron muy poco dinero.

5. Como en este curso hay mucha, paso tres o cuatro horas en la biblioteca todos los días.

6. Tengo que hablar con ella para poder cambiar de carrera.

Ahora escriba definiciones de: librería, artista, cafetería.

En parejas escojan cinco palabras y escriban definiciones. La clase tiene que adivinar *(guess)* qué son.

B. Mi último semestre. A este estudiante le queda un semestre para terminar su carrera en la universidad. Consulte la lista de vocabulario para completar los siguientes párrafos.

Cuando inicié mis estudios en la universidad, ingresé en la _____ de arquitectura porque mi padre es _____ y su carrera siempre me había interesado. Pero para mi sorpresa, terminé cambiando mi _____ varias veces, y en junio yo _____ de licenciado en biología. ¡Qué cambio más grande!

    Creo que mi último semestre será muy bueno porque tengo un _____ de clases que combina bien con mis horas de trabajo. Voy a _____ a clases tres veces _____ semana y trabajar en el laboratorio los martes y los jueves. Cumplí con los requisitos hace dos años, entonces puedo tomar cursos _____ tales como literatura hispana y una clase de fotografía. Como nunca me ha gustado _____ temprano _____ la mañana, mi primera clase es a las tres. No me _____ en la biblioteca muy tarde para hacer la _____.

VOCABULARIO PARA LA COMUNICACIÓN:
La vida diaria

D. Ud. escoge.

1. Si Ud. quiere recibir ayuda financiera, debe...
2. Para no preocuparse más de sus problemas, debe...
3. Si quiere saber bien el material, debe...
4. Si quiere tener un buen horario de clases, debe...
5. Si quiere tener dientes sanos y fuertes, debe...

C. Ud. escoge. Su profesor(a) va a leer una serie de oraciones incompletas. Escuche e indique la terminación correcta.

1. solicitarla / sacarla   2. resolverlos / reprobarlos   3. repasarlo / llenarlo

4. prepararlo / prestarlo   5. secárselos / cepillárselos

D. La rutina diaria del profesor Gutiérrez. Para describir un día típico de este catedrático, complete las oraciones con los verbos de la lista. Luego, ponga las oraciones en orden cronológico.

dictar	quedarse	cepillarse	desayunar
levantarse	pasar	repasar	

Todos los días el profesor Gutiérrez...

_____ _____ cereal y un café.

_____ _____ una conferencia sobre la historia de la lengua castellana.

_____ _____ los dientes.

_____ _____ sus apuntes para la clase.

_____ _____ lista en la sala de clase.

_____ _____ en la biblioteca hasta muy tarde en la noche.

_____ _____ muy temprano porque tiene clase a las ocho.

E. ¿Qué hay que hacer? Describa dos pasos que hay que dar para...

1. sacar buenas notas.
2. recibir ayuda financiera.
3. aprobar este curso.
4. resolver un problema con su profesor(a).
5. matricularse.
6. poder prestar atención en una clase a las nueve de la mañana.

 F. El plazo de matrícula. En parejas, describan cómo es el plazo de matrícula en su universidad. Digan...

1. cuánto tiempo dura.
2. cuáles son las responsabilidades de los estudiantes.
3. por qué puede ser frustrante.
4. cómo se sienten los estudiantes.
5. qué recomiendan para mejorar el sistema.

 G. ¿Cuál será mi horario de clases? En parejas, observen el dibujo de la página 86. Usen el **Vocabulario para la comunicación,** si es necesario, para contestar las siguientes preguntas.

Raúl Pineda es un estudiante peruano que acaba de ingresar en una universidad norteamericana. En Lima, preparar el horario de clases no era un problema para Raúl porque solamente había uno para todo el año. Ahora, en la residencia estudiantil, Raúl trata de preparar por primera vez su horario de clases.

1. ¿Raúl se siente contento o preocupado? ¿Por qué?
2. ¿Cuántas clases quiere seguir en la universidad? ¿Cuáles son?
3. ¿Cuántas horas de historia piensa tomar? ¿Qué días?
4. ¿A qué hora son las clases de matemáticas? ¿y las clases de francés?
5. ¿Cuántas horas de clase tiene Raúl los viernes? ¿Cuáles son y a qué hora?
6. ¿A qué piensa dedicar Raúl las tardes? Expliquen.
7. ¿Podrían describir la habitación de Raúl? ¿Es un muchacho ordenado o desordenado? Expliquen.
8. Por la ropa y los objetos que tiene Raúl en su habitación, ¿cuáles pueden ser algunos de sus pasatiempos favoritos?

◈ PERSPECTIVAS

PREPARATIVOS

1. Lea la sección **¿Sabía Ud. qué... ?**

2. Mire los verbos reflexivos de la lectura, "**El proceso de matriculación.**" que están en negrita. ¿Qué significan? ¿Cuál es la forma *yo* de cada uno? ¿Cuáles se usan frecuentemente en forma no reflexiva?

3. ¿En qué facultad estudia Ud.? ¿Tuvo que presentarse a un examen en esa facultad antes de ingresar en la universidad? En su opinión, ¿qué aspecto de matricularse en la universidad es el más difícil?

¿Sabía Ud. que en Perú... ?

▶ *Machu Picchu*

- El pasado indígena y colonial se combina con lo moderno para hacer de **Perú** uno de los países más asombrosos del mundo. Ofrece el misterio de sus civilizaciones desaparecidas, las impresionantes ruinas incas de **Machu Picchu** y Cuzco, el colorido ancestral de los pueblos indígenas y mucho más. El turismo se ha convertido en una carrera con futuro en este país que atrae a miles de viajeros cada año.

- **Lima**, capital de la nación, fue fundada por Francisco Pizarro en 1535. Está situada en las orillas del océano Pacífico a pocos kilómetros de fascinantes sitios arqueológicos.

- **El proceso de matricularse** en todas las universidades peruanas conlleva° el llenar formularios y presentar documentos. Los estudiantes deben presentar el documento de identidad, la partida° de nacimiento oficial, el certificado de secundaria, la solicitud de ingreso, el recibo de pago cancelado y varias fotografías.

  brings with it
  certificate

- Con sólo dos facultades, Letras y Jurisprudencia, la **Pontificia Universidad Católica del Perú** fue fundada en 1917 como una institución de enseñanza privada. Actualmente° la PUCP cuenta con once facultades, 14.500 estudiantes de pregrado, 800 de posgrado y aproximadamente 200 estudiantes extranjeros.

  Nowadays

- Perú cuenta con más de veinticinco universidades. En 1961, con sólo dos facultades, una pequeña instalación y 120 estudiantes, fue fundada la **Universidad de Lima**. El espíritu abierto y de comunidad de esta institución fue muy atractivo y la universidad realizó un rápido crecimiento. Ahora cuenta con casi 11.000 estudiantes, numerosas facultades, un Instituto de Investigación, una Escuela de Posgrado y muchos servicios para los estudiantes y para la comunidad.

El proceso de matriculación

El proceso para **matricularse** en la universidad es una experiencia que **se queda** grabada en la memoria de cualquier estudiante. En Perú este proceso tiene distintas formas. Por ejemplo, para ingresar a la prestigiosa Pontificia Universidad Católica los jóvenes tienen que **presentarse** al examen de la facultad a la que quieren asistir y esperar ansiosamente los resultados. Generalmente este examen de talento y aptitud se ofrece dos veces al año, en febrero y julio. Otra forma es el ingreso directo. La PUCP tiene un Centro de Estudios Preuniversitarios y los mejores estudiantes del centro pueden ingresar directamente a la universidad. Un sistema parecido existe en la Universidad de Lima.

El sistema de la PUCP **se parece** mucho al proceso para matricularse en las universidades españolas. En España los jóvenes se matriculan directamente en las facultades, y en ambos sistemas sólo hay un horario de clases para cada año de carrera. Por lo tanto ni el estudiante peruano ni el español tiene que preparar su propio horario. En España los estudiantes **se enteran** del horario un par de días antes de comenzar el curso cuando los asistentes oficiales de las facultades lo ponen en el tablón de anuncios. ¡Parece poco conveniente! El horario de cada uno de los cinco años necesarios para la licenciatura se establece de acuerdo a la *availability* disponibilidad° de los profesores y a las obligaciones de los alumnos. Como todos los sistemas, éste tiene sus ventajas y desventajas.

COMPRENSIÓN Y PRÁCTICA

A. Completar. Basándose en la lectura, complete las siguientes oraciones.

1. Para ingresar a la PUCP...
2. Si un estudiante se graduó con honores del Centro de Estudios Preuniversitarios de la PUCP...
3. En España...
4. En Perú el horario de clases no es un problema porque...
5. En mi opinión, una ventaja del sistema peruano es... y una desventaja del sistema es...

 B. ¡Charlemos! Conteste las siguientes preguntas. Luego, compare sus comentarios con los de otros miembros de la clase.

1. En sus propias palabras, explique qué es el Centro de Estudios Preuniversitarios. ¿Hay un equivalente en Estados Unidos?
2. ¿Es para Ud. un problema preparar su propio horario de clases? ¿Le gustaría no tener que hacerlo? ¿Por qué?
3. ¿Cuáles son los requisitos para matricularse en esta universidad?
4. Para ingresar en algunas de las facultades de la PUCP es necesario entrevistarse. ¿Qué opina de este aspecto del proceso de matriculación?

ESTRUCTURA 1: Los verbos reflexivos

1. Los verbos reflexivos indican que la acción del verbo vuelve a la persona que efectúa la acción. El verbo reflexivo lleva el pronombre **se** al final del infinitivo: despertar**se**, lavar**se**, duchar**se**. Al conjugar un verbo reflexivo, el pronombre cambia de acuerdo con el sujeto.

Singular	Plural
(yo) **me** levanto	(nosotros) **nos** levantamos
(tú) **te** lavas	(vosotros) **os** laváis
(él, ella, Ud.) **se** peina	(ellos, ellas, Uds.) **se** peinan

Muy temprano **me** levanto, **me** ducho y **me** afeito rápidamente.

Si no **te** acuestas ahora, **me** enfado.

2. Muchos verbos transitivos se usan también de forma reflexiva.

Forma no reflexiva	Forma reflexiva
aburrir *to bore*	**aburrirse** *to get bored*
acostar (ue) *to put to bed*	**acostarse** *to go to bed*
calmar *to calm*	**calmarse** *to calm down*
casar *to marry*	**casarse** *to get married*
despertar (ie) *to awaken, wake someone*	**despertarse** *to wake up*
mover (ue) *to move something*	**moverse** *to make a movement*
mudar *to change*	**mudarse** *to move (change address)*
preparar *to prepare*	**prepararse** *to get ready*
reunir *to gather*	**reunirse** *to get together*
sentar (ie) *to seat*	**sentarse** *to sit down*
sentir (ie) (+ sustantivo) *to feel*	**sentirse** (+ adjetivo) *to feel*

Compare:

Primero **me baño** y después **baño** al bebé.

Primero **me pongo** el sombrero y después **le pongo** (al niño) el suéter.

3. Algunos verbos toman un significado algo diferente al hacerse reflexivos.

Forma no reflexiva	Forma reflexiva
acordar (ue) *to agree*	**acordarse de** *to remember*
beber *to drink*	**beberse** *to drink something all up*
comer *to eat*	**comerse** *to eat something all up*
despedir (i) *to dismiss, fire*	**despedirse** *to say good-bye*
dormir (ue) *to sleep*	**dormirse** *to fall asleep*
ir *to go*	**irse** *to leave; to go away*
llamar *to call*	**llamarse** *to be named*
parecer *to seem*	**parecerse** *to resemble*
perder (ie) *to lose*	**perderse** *to get lost; to miss out on something*
poner *to put, place*	**ponerse** *to put on*

Compare:

Si no **duermo** más de siete horas, al día siguiente **me duermo** en las clases.

4. Hay ciertos verbos que se usan siempre de forma reflexiva. Frecuentemente van seguidos de las preposiciones **a, de** o **en**.[1]

> **Forma reflexiva**
>
> | | |
> |---|---|
> | **acercarse a** *to approach* | **darse cuenta de** *to realize* |
> | **alegrarse de** *to be glad* | **decidirse a** *to make up one's mind to* |
> | **apresurarse a** *to hasten to* | **empeñarse en** *to insist on; to persist* |
> | **atreverse a** *to dare to* | **enterarse de** *to find out* |
> | **burlarse de** *to make fun of* | **fijarse en** *to notice* |
> | **convertirse en (ie)** *to become* | **quejarse de** *to complain about* |
>
> —¿Te has fijado en esa muchacha?
> —No me atrevo a mirarla.
> —¿Por qué no nos acercamos a ella?

5. Los pronombres reflexivos **nos**, **os** y **se** pueden usarse para expresar una acción recíproca equivalente a *each other* o *one another* en inglés.

   Mi amiga y yo **nos** hablamos por teléfono todos los días y **nos** vemos los lunes y los jueves.

   A veces para aclarar se añade *uno a otro (una a otra, unos a otros, unas a otras).*

   Llenos de felicidad **se** miran **uno a otro** sin decir una sola palabra.

6. Hay algunos verbos que al usarse de forma reflexiva en inglés toman el significado de *to become.*
   a. **Hacerse:** Expresa un cambio basado en el esfuerzo personal.

      Trabajo mucho para hacerme abogado.
      Nos haremos dueños de este negocio.

   b. **Ponerse:** Expresa un cambio físico o emocional.

      Cuando lo veo me pongo roja.
      ¿Por qué te pones tan triste?

   c. **Volverse:** Expresa un cambio de un estado a otro. No hay esfuerzo personal.

      Se está volviendo loco.

7. La posición de los pronombres reflexivos depende de la forma del verbo.

   - con un verbo conjugado: **Me** acuerdo siempre de ti.
                                             Te has puesto nerviosa.
   - con el infinitivo: **Se** quiere sentar. Quiere sentar**se**.
   - con el gerundio: **Nos** estamos despidiendo. Estamos despidiéndo**nos**.
   - con el mandato afirmativo: Levánte**se**.
   - con el mandato negativo: No **se** levante.

---

[1] Para una lista más completa de los verbos reflexivos que llevan preposición, consulte el **Apéndice 5: Los verbos: ¿Lleva el verbo una preposición?**, págs. 393–398.

PRÁCTICA

A. ¡Tantas preguntas! Consulte la lista de verbos y complete las preguntas que están en la primera columna basándose en las respuestas correspondientes de la segunda columna.

casarse	empeñarse en	quejarse	reunirse
dormirse	ponerse	irse	mudarse

to complain (handwritten note above quejarse)

I

1. ¿Por qué *te duermes* en la clase?

2. ¿Por qué *se queja* tanto de la clase?

3. ¿Por qué *se empeña* en llamar a Sara?

4. ¿Por qué *se reúne* con esos chicos?

5. ¿Por qué *te pones* esa camiseta?

6. ¿Por qué *se casaron* Ana y Pablo?

7. ¿Por qué *te mudas* a otra residencia?

8. ¿Por qué *te vayas* ahora?

II

Estoy cansado a las ocho de la mañana.

No me gusta.

Me cae bien y quiero conocerla mejor.

Estudiamos en grupo para el examen.

Voy al gimnasio después de estudiar.

Se aman y quieren estar juntos.

Prefiero vivir solo.

¡Me he cansado de tantas preguntas!

B. Mi hora favorita. Escoja el verbo reflexivo o no reflexivo entre paréntesis y escriba la forma correcta. Luego, conteste las preguntas que siguen.

Por lo general yo no 1. (sentir, sentirse) muy motivada para 2. (despertar, despertarse) temprano en la mañana. Me gusta mucho 3. (dormir, dormirse) y prefiero 4. (quedar, quedarse) tranquila y cómoda en la cama hasta que mi compañera de cuarto me saque con gritos y reclamos. Pero este semestre es diferente. Tengo una motivación muy fuerte para 5. (levantar, levantarse). 6. (Llamar, Llamarse) Sergio Aparicio y es un nuevo compañero de clase. Normalmente las clases de historia me 7. (aburrir, aburrirse), pero *Historia medieval 101* se ha convertido en mi asignatura favorita. Tres veces por semana, a las nueve de la mañana, nosotros 8. (reunir, reunirse) en una pequeña aula, y durante una hora intento prestarle atención al profesor. ¡No es nada fácil! 9. (Parece, Parecerse) que le gusto a Sergio porque, aunque todavía no se ha atrevido a invitarme a salir, él 10. (sentar, sentarse) junto a mí y siempre 11. (acordar, acordarse) de traerme algún detalle ... un cappuccino, un bagel, un yogurt. ¿Faltar a esta clase? ¡Ni hablar! Tengo que aprobar este curso para poder tomar *Historia medieval 102*.

1. ¿Por qué esta muchacha jamás va a *dormirse* en su clase de historia medieval?

2. ¿Cree Ud. que Sergio *se da cuenta de* sus sentimientos?

3. En su opinión, ¿por qué Sergio no *se atreve a* invitarla a salir?

4. ¿Cree que el profesor y los otros estudiantes *se fijan en* lo que está pasando entre Sergio y ella?

5. ¿Por qué ella *se empeña en* tomar otra clase de historia?

C. ¿Qué haces entre estas horas? Use los verbos en la lista para decir qué hace entre las horas indicadas. Puede añadir otras actividades si es necesario. Luego, compare su horario con el de su compañero(a) de clase y comenten las semejanzas y diferencias entre sus horarios.

Modelos: *Entre las siete y las ocho de la mañana salgo de casa para llegar a clase a tiempo.*
Entre las ocho y las nueve me levanto, me ducho y después me afeito.

| 7:00 a.m. – 8:00 a.m. |
| 8:00 a.m. – 9:00 a.m. |
| 9:00 a.m. – 10:00 a.m. |
| 7:00 p.m. – 8:00 p.m. |
| 9:00 p.m. – 10:00 p.m. |
| 10:00 p.m. – 12:00 p.m. |

acostarse
afeitarse o maquillarse
almorzar
bañarse
despertarse
divertirse
dormirse
ducharse

estar en clases
estudiar
hacer tareas
irse a la escuela
lavarse
leer el periódico
ver la tele
vestirse

 D. ¡Charlemos! Conteste las siguientes preguntas sobre sus hábitos y hágale las mismas preguntas a su compañero(a) de clase, usando la forma familiar (tú). Después informe a la clase de lo que recuerda de la conversación.

1. ¿A qué hora se despierta? ¿Se queda en la cama o se levanta inmediatamente?

2. ¿Desayuna en casa? ¿Qué desayuna?

3. ¿Se ducha antes o después de desayunar?

4. ¿En cuánto tiempo se viste? ¿Qué se pone generalmente para ir a la universidad?

5. ¿Se afeita / se maquilla más de una vez al día?

6. ¿Llega a tiempo a sus clases? ¿A qué hora es su primera clase? ¿la última?

7. ¿Qué hace después de terminar sus estudios?

8. ¿Se preocupa mucho por sus estudios?

PERSPECTIVAS

PREPARATIVOS

1. Lea la sección de **¿Sabía Ud. que en Perú... ?**

2. Mire los verbos que están en negrita en la lectura. ¿Entiende la selección de **ser** o **estar** en cada ejemplo? ¿Puedes explicar los dos usos de **es** en la primera oración del segundo párrafo?

3. ¿Qué tipo de becas ofrece su universidad? ¿Estudia Ud. con beca?

¡Sabía Ud. que en Perú... ?

- Cada año muchos estudiantes peruanos solicitan becas para estudiar en el extranjero. Además de acudir a organismos internacionales tales como OEA, UNESCO y la Comisión Fullbright, estos postulantes solicitan becas a gobiernos extranjeros. México, Ecuador, Israel, Japón y Cuba figuran entre los países que más becas otorgan a extranjeros.

- Los estudiantes peruanos que piensan estudiar en un programa de intercambio en un país extranjero entienden la importancia de tener conocimientos de su lengua. *offers* — <u>Universia.net</u>, la red de universidades más grande del mundo, brinda° una selección de cursos de 37 idiomas que se ofrecen gratis en Internet. Lecciones de croata, checo, danés, polaco, turco, cherokee, tibetano, quechua, por nombrar sólo algunas, *within reach* — ya están al alcance° de quienes las necesiten. El mundo es cada vez más pequeño.

¿Quiere estudiar en el extranjero? Hay muchas opciones.

Al igual que en todas las grandes universidades del mundo, los estudiantes de diversas facultades de la Pontificia Universidad Católica del Perú tienen la opción de solicitar becas para estudiar en el extranjero. La PUCP **es** muy consciente de la importancia que tienen estos programas académicos internacionales en la formación profesional de sus estudiantes. Por eso la universidad se empeña en ampliar el proceso de internacionalización y **está estableciendo** nuevos programas de intercambio con universidades de todo el mundo. Los estudiantes que **están** interesados pueden seguir cursos por créditos que **son** aceptados en su universidad.

Un programa que ahora **es** muy popular **es** el programa de intercambio de corto plazo. La contraparte de la universidad y la PUCP intercambian un número predeterminado de estudiantes durante las vacaciones correspondientes a cada país. Los participantes en estos programas **son** estudiantes que han cursado al menos tres años de estudios en la PUCP. Los que **están realizando** la tesis no pueden participar. La universidad receptora **es** responsable de los gastos de *housing* — alojamiento° de los estudiantes extranjeros. En este programa no hay *offering* — otorgamiento° de créditos ya que no **son** cursos académicos.

COMPRENSIÓN Y PRÁCTICA

A. Completar. Basándose en la lectura, complete las siguientes oraciones.

1. Según la PUCP, estudiar en el extranjero...
2. Esta universidad tiene programas de intercambio...
3. El programa de intercambio de corto plazo...
4. Para poder participar en el programa de corto plazo, el estudiante...
5. Los participantes en este programa no reciben créditos porque...

 B. ¡Charlemos! Conteste las siguientes preguntas. Luego, compare sus comentarios con un(a) compañero(a) de clase.

1. ¿Le gustaría estudiar en el extranjero? ¿En qué país? ¿En qué universidad? ¿Por qué?

2. ¿Cuáles son las ventajas de participar en un programa de corto plazo? ¿Cuáles son las ventajas de participar en un programa de un semestre o de un año?

3. Según la PUCP, los programas de intercambio en el extranjero tienen importancia en la formación profesional de los estudiantes. ¿Está de acuerdo? Justifique su respuesta.

ESTRUCTURA 2: Los verbos *ser* y *estar*

LOS USOS DE *SER* Y *ESTAR*

Los verbos **ser** y **estar** expresan *to be*. Se debe prestar mucha atención al uso de estos verbos.

ser + *adjetivo*	**estar** + *adjetivo*
Expresa las características esenciales del sustantivo.	Expresa una condición o estado especial en un determinado momento.
El estudiante **es** guapo. El profesor Ulloa **es** viejo.	El estudiante **está** guapo hoy. ¡Qué viejo **está** el profesor Ulloa!
ser de	**estar de**
Expresa propiedad, origen o material.	Es equivalente a "trabajar como..." *(to be working as . . .).*
Ese coche **es de** Carlos. Esos estudiantes **son de** Lima. Aquel bolígrafo **es de** plata.	En octubre Luis **estaba de** cocinero. Ahora **está de** mesero en un restaurante.
ser para	**estar para** + *infinitivo*
Expresa destino, propósito o la fecha en que termina un plazo.	Es equivalente a "listo para..." *(to be about to . . .).*
Aquellos libros **son para** Juan. La tarea **es para** mañana. El lápiz **es para** tomar apuntes.	Después de recibir mis notas **estaba para** llorar.
sustantivo o pronombre + **ser** + *sustantivo*	**estar** + *sustantivo o pronombre*
Iguala el sujeto al sustantivo.	Se refiere a: ***listo, aquí, allí, en casa.***
Ellos **son** estudiantes. El colegio **es** una institución privada.	¿**Está** Juanita? *(Is Juanita there / here / at home?)* Fui a su despacho, pero el profesor no **estaba** (allí). ¿Ya **están** las tareas (listas)?

ser *y el tiempo cronológico*

Expresa el día, la fecha y la hora.

> Hoy **es** lunes.
> Mi cumpleaños **es** el 3 de enero.
> **Eran** las dos menos cuarto.

ser = *tener lugar*

(to take place [an event])

> La fiesta **será** en mi casa.
> Las reuniones **son** a las ocho.

sujeto+ **ser** + *adjetivo de nacionalidad (región) o religión*

Expresa origen o religión.

> Todos **somos** católicos.
> ¿Uds. **son** peruanos?

ser *en expresiones impersonales*

Expresa una idea general.

> **Es** muy importante para mi carrera.
> ¿**Es** necesario tomar tantas notas?

estar *y el tiempo atmosférico*

Expresa el estado del tiempo.

> Hoy **está** muy nublado.
> El día **está** lluvioso.

estar *en*

Expresa el lugar de las personas o cosas.

> La niña **está** en la casa.
> Los libros **están** en la mesa.

estar + *gerundio* (**–ando, –iendo**)

Expresa una acción en progreso.[1]

> **Estás estudiando** mucho.
> Ellas no **están escuchando** al profesor.

estar + *participio*[2] *pasado*

Expresa el resultado de una acción anterior.

> La comida ya **está preparada**.
> ¿**Está abierta** la ventana?

Expresiones con el verbo **estar**

estar atrasado(a) *to be late, be behind*	**Estoy atrasado** en mis estudios.
estar de buen / mal humor *to be in a good / bad mood*	¿Por qué **están** todos **de mal humor**?
estar de acuerdo con *to be in agreement with*	¿**Estás de acuerdo** conmigo?
estar de regreso *to be back*	**Estaré de regreso** en media hora.
estar de vacaciones *to be on vacation*	Clara **estuvo de vacaciones**.
estar de viaje *to be on a trip*	¿Cuánto tiempo **estarás de viaje**?
estar equivocado(a) *to be wrong*	No es así. **Estás** muy **equivocado**.
estar harto(a) de *to be fed up with*	**Estoy harto de** los exámenes.
estar listo(a) para *to be ready to (for)*	¿**Estás lista para** ir a clase?

---

[1] Vea la Lección 10 para estudiar más sobre el gerundio. Recuerde que los verbos que terminan en –**ar** forman el gerundio en –**ando** (caminar → caminando) y los verbos en –**er** y en –**ir** en –**iendo** (comprender → comprendiendo, escribir → escribiendo).

[2] Después de **estar** el participio pasado funciona como adjetivo y concuerda en género y en número con el sustantivo. Para la formación del participio pasado vea la Lección 5, pág. 163.

PRÁCTICA

A. Encuesta para mejorar el sistema educativo. Llene el siguiente formulario. Si la respuesta a las preguntas 1–4 es **no**, dé sus propias sugerencias al final de la encuesta. Después compare sus sugerencias con las de su compañero(a) de clase.

sí	no	
_____	_____	1. ¿Está Ud. satisfecho(a) con la enseñanza que recibe en esta universidad?
		2. ¿Está Ud. de acuerdo con el establecimiento de los siguientes cursos con carácter obligatorio?
_____	_____	a) idiomas extranjeros
_____	_____	b) estudios étnicos
_____	_____	3. ¿Piensa Ud. que la matrícula es muy alta?
_____	_____	4. Para Ud., ¿es mejor el sistema de trimestres?
_____	_____	¿de semestres?
		5. ¿Le gustaría que el semestre terminara...
_____	_____	a) antes de las fiestas de fin de año?
_____	_____	b) después de las fiestas de fin de año?

Sugerencias: _____

B. ¿Dónde está y cómo es? Es su primer día en la universidad y quiere saber dónde están los edificios principales y cómo son. En parejas, sigan el modelo y háganse por turnos las preguntas. Usen el vocabulario útil si es necesario.

Modelo: la cafetería:
—¿Dónde está la cafetería?
—Está a la derecha de la biblioteca.
—¿Y cómo es?
—Es muy agradable. Está abierta casi todo el día. El servicio comienza a las siete de la mañana.

Vocabulario útil

la biblioteca	cerca de...	alto(a)
la cafetería	a la derecha...	amplio(a)
las canchas de tenis	a la izquierda...	bajo(a)
el estadio	al lado de...	cómodo(a)
la librería	lejos de...	incómodo(a)
la piscina	al norte / sur / este / oeste de...	interesante
el gimnasio	a una (dos) cuadra(s) de...	limpio(a)
el teatro	a una (dos) milla(s) de...	moderno(a)
las residencias		nuevo(a)
la oficina administrativa		pequeño(a)
		sucio(a)
		viejo(a)

C. *Ser, estar* y las preposiciones. El año académico en la Universidad de Lima va a terminar muy pronto. Kelly, una estudiante norteamericana, quiere conocer Machu Picchu antes de volver a Estados Unidos. Consulte las listas de las páginas 98 y 99 y complete el siguiente diálogo con el presente del verbo **ser** o **estar** y la preposición apropiada.

JOSÉ LUIS: Kelly, _estás_ _de_ muy mal humor. ¿Qué te pasa?

KELLY: El año _está_ _para_ terminar y aún no he visto Machu Picchu. No puedo volver a casa sin ver ese asombroso santuario inca.

JOSÉ LUIS: No te puedo acompañar porque no _estoy_ _de_ vacaciones. ¿Por qué no vas con Miguel y Sandra? Ahora Miguel _está_ _de_ guía turístico y sabrá muy bien orientarte en Machu Picchu. Sandra _está_ _en_ _la es de_ ciudad de Cuzco, que no está muy lejos de las ruinas. De Cuzco salen muchos trenes diarios para Machu Picchu. ¿No te parece una excelente idea?

KELLY: _Estoy_ _de_ acuerdo contigo, José Luis. Sandra _está_ _de_ clase ahora, pero va a _estar_ _de_ regreso en una hora más o menos. Entonces hablaré con ella sobre el viaje. Hoy es tu cumpleaños, ¿no es cierto, José? Este regalo _es_ _para_ ti, amigo. ¡Feliz cumpleaños!

JOSÉ LUIS: Gracias. ¡Qué suéter más interesante! _estar_ _de_ lana peruana, ¿sí? _Es de_ Me gusta mucho.

D. Minidiálogos. Prepare los siguientes minidiálogos. Llene los espacios con la forma apropiada de **ser** o **estar** y use su imaginación para terminar las oraciones. Compare sus diálogos con los de su compañero(a), hagan los cambios necesarios y escojan uno para presentar a la clase.

1. **La ducha no funciona.**

   —Oiga, la ducha no funciona desde hace tres días, no puedo _estar_ sin ducharme...

   —Lo siento muchísimo. Voy a ver qué es lo que _está_ roto y vuelvo...

   —Ésta es la segunda vez que... ¿Cree Ud. que para la noche... ?

   —...

2. **En busca de alojamiento.**

   —¡Estoy harta de _estar_ aquí!

   —¿_Estás_ pensando en buscar otra residencia?

   —Sí, _es_ mejor para...

   —¿Crees que _es_ difícil... ?

   —Francamente no lo sé, pero si quieres...

   —...

3. **Una llamada telefónica.**

   —¡Aló!, ¿... ? ¿Qué _estás_ haciendo?

   —Estoy esperando a un amigo para...

   —¿_Estás_ seguro de que irá por ti?

   —...

   —Bueno, en ese caso...

   —...

4. **¿Por qué tan serio(a)?**

—¿Qué te pasa, chico(a)? ¡ _estás_ muy serio(a)!

—Creo que mi novia(o) _estás_ saliendo con otro(a).

—¡No puede ser! ¿Por qué?

—...

PERSPECTIVAS

PREPARATIVOS

1. Lea la sección **¿Sabía Ud. que en Perú... ?**

2. Mire los verbos en la lectura que están en negrita. Los verbos **haber, tener** y **hacer** son importantes y se usan para formar muchas expresiones en español. ¿Cuál es la diferencia entre "tienes frío" y "hace frío"? ¿Qué significan las expresiones "No hay tiempo" y "No tengo tiempo"? Parece que los estudiantes universitarios siempre tienen prisa. ¿Por qué? ¿Tiene hambre ahora? ¿Tiene sed? ¿Qué quiere tomar?

3. ¿Qué imagen tiene de Perú? ¿Le gustaría hacer un viaje a ese país? ¿Cuáles serían las ventajas de estudiar allí?

¿Sabía Ud. que en Perú... ?

▶ *Chan-Chan*

betrayal
deception

■ En 1532 cuando Francisco Pizarro y sus soldados llegaron a Perú encontraron al imperio inca debilitado por una larga guerra civil. En un acto de traición° y engaño°, los conquistadores atraparon a Atahualpa, el último emperador, y conquistaron a los incas. Luego de tres años fundaron la ciudad de **Lima** y desde allí gobernaron toda la América del Sur española por casi tres siglos. En 1991 Lima fue declarada patrimonio de la humanidad por su gran número de edificios históricos.

■ Abundan las ruinas de las civilizaciones perdidas. Cerca de Lima hay ruinas en **Pachacámac**, en **Chan-Chan** que está en la costa cerca de Trujillo, y por supuesto en el famoso santuario de los incas, **Machu Picchu**. En esos lugares, iglesias, conventos y edificios civiles están levantados sobre las bases de los antiguos templos y construcciones indígenas.

Un semestre en Perú

*V*anessa, una estudiante de Estados Unidos, va a pasar un semestre en Perú para estudiar español.

SARA: Un semestre en Perú, y con beca. ¡Felicidades, amiga! **Tienes** muchísima **suerte**.

VANESSA: Sé que conoces Perú porque **tienes** familiares allí. Cuéntame. ¿Cómo es?

SARA: Muy pronto verás que **hay** mucho que ver y hacer en ese maravilloso país. ¡**Tengo** muchas **ganas** de volver! Cuzco **tiene** una altura impresionante, 4.300 metros sobre el nivel del mar. Fue allí donde los incas establecieron su imperio. En la Plaza de Armas, el corazón de la ciudad, **hay** una catedral preciosa cuyo altar principal está hecho de plata, y **tiene** una figura de un dragón formada con una sola esmeralda. No siempre **hace** muy **buen tiempo**, pero si **tienes frío** te puedes comprar uno de esos famosos suéteres peruanos de lana o de alpaca. Lima, la capital, es una ciudad cosmopolita que **tiene** varios museos, eventos culturales y universidades excelentes. Está situada en la costa pacífica. Arequipa está situada sobre las faldas de dos enormes volcanes. Muchos de los edificios están construidos con piedra volcánica blanca, por eso Arequipa se conoce como "la ciudad blanca".

VANESSA: Me gustaría ver el río Amazonas, pero **tengo miedo** de cruzar los Andes en avión. Y Machu Picchu. Ojalá que **tenga** la oportunidad de ver esa asombrosa ciudad-fortaleza de los incas. Sé que estaba escondida encima de una montaña y que los conquistadores jamás pudieron verla.

SARA: Sí, fue descubierta por un ex-senador de Connecticut en 1911. Hay que ver Machu Picchu para creerlo. Es una experiencia inolvidable. En Iquitos, a lo largo del río Amazonas, se encuentran pequeños pueblos indígenas. **Hace calor** y **llueve** con frecuencia, pero la selva del Amazonas es un lugar fascinante y tienes que aprovechar tu tiempo en Perú para visitarla.

VANESSA: **Tienes razón**, Sara. Voy a hacer todo... visitar museos en Lima, contemplar las ruinas en Cuzco y en Machu Picchu, navegar por el río Amazonas, sacar fotos de las casas blancas en Arequipa... ¡No **habrá** tiempo para estudiar! Y ahora no **hay** más tiempo para charlar porque **tengo** mucha **prisa**. ¡**Tengo** clase en cinco minutos! Hasta luego.

COMPRENSIÓN Y PRÁCTICA

A. Empareje. Empareje cada una de las ciudades de la primera columna con una o más de las características de la segunda columna.

I	*II*
1. En Lima...	a. llueve mucho.
2. En Cuzco...	b. hace frío por la altura.
3. En Arequipa...	c. hay muchos estudiantes universitarios.
4. En Machu Picchu...	d. el visitante puede tener calor por el clima selvático.
5. En Iquitos...	e. hay muchas actividades culturales.
	f. la catedral tiene una escultura única.
	g. se encuentra uno de los ríos más famosos del mundo.
	h. se inició el imperio de los incas.
	i. se usa piedra volcánica para construir casas y edificios.
	j. hay ruinas incas que están en la cumbre de una montaña.

B. ¡Charlemos! Conteste las siguientes preguntas. Luego, compare sus comentarios con un(a) compañero(a) de clase o con los de los otros miembros de la clase.

1. En su opinión, ¿cuál es más importante para Vanessa, dedicarse a sus estudios o aprovechar su tiempo en Perú viajando y conociendo la cultura? Explique.

2. Suponga que Ud. va a ir a Perú por un mes. Basándose en la lectura, prepare un itinerario. ¿Adónde va primero, segundo, etc.? Justifique su respuesta.

3. ¿En qué ciudad encontrará Vanessa una vida nocturna más intensa? ¿Por qué? ¿A Ud. le interesaría experimentar la vida nocturna en un país extranjero como Perú? Explique.

ESTRUCTURA 3: Los verbos *haber*, *tener* y *hacer*

HABER

Haber, en la tercera persona del singular, expresa existencia.

hay *(there is / are)*	En España **hay** muchas universidades.
hubo *(there was / were; took place)*	Anoche **hubo** un accidente de coches terrible.
había *(there was / were)*	**Había** unos tipos muy extraños en la residencia.

HACER Y TENER

Hacer y **tener** se usan en expresiones de tiempo en los siguientes casos.

hacer	tener
En la tercera persona singular, expresa el tiempo meteorológico: **hace frío, hace calor, hace buen / mal tiempo, hace viento, hace sol.**	Expresa el efecto de la temperatura en las personas y animales: **tener frío, tener calor.**
—¿Qué tiempo **hace** en Granada? —**Hace** buen tiempo.	Si **tienes frío,** ponte el abrigo.

Otros verbos que describen el tiempo son **nevar** y **llover.** Estos verbos siempre se usan en la tercera persona singular. Observe que tienen cambios en el radical.

nevar	llover
Nieva mucho en los Andes.	No me gusta salir cuando **llueve.**

Otras expresiones con el verbo **tener.**

tener cuidado *to be careful*	**tener prisa** *to be in a hurry*
tener ganas de... *to be in the mood for, to feel like . . .*	**tener razón** *to be right*
tener hambre *to be hungry*	**tener sed** *to be thirsty*
tener miedo de *to be afraid of*	**tener sueño** *to be sleepy*
	tener suerte *to be lucky*

—¿**Tienes ganas de** salir con esta nieve?
—Ni hablar, hace mucho frío.

PRÁCTICA

A. ¿Qué tiempo hace en Perú? Diga qué tiempo hace en este momento en las siguientes ciudades peruanas. Luego, pregúntele a su compañero(a) de clase sobre el tiempo en varias ciudades.

> **Modelo:** Lima
>
> —*¿Qué tiempo hace en Lima?*
> —*Hace sol. / Está despejado.*

Arequipa
Cuzco
Trujillo
Machu Picchu
Iquitos
Huancayo

B. ¿Qué haces... ? En parejas, creen pequeños diálogos según el modelo.

> **Modelo:** hacer buen tiempo
> —¿Qué haces cuando hace buen tiempo?
> —Voy a la piscina a nadar. ¿Y tú?
> —Salgo con mi novio a caminar por la playa.

1. hacer buen tiempo
2. tener hambre
3. llover
4. estar de buen humor

5. tener miedo
6. estar furioso(a)
7. hacer calor
8. estar atrasado(a)

ESTRUCTURA 4: Expresiones de obligación y probabilidad

1. **Tener que + infinitivo** *(to have to, must)* expresa una fuerte obligación personal.

   Ellos **tienen que tomar** muchos apuntes porque no tienen buena memoria.
   El maestro **tuvo que suspender** al muchacho porque no había estudiado.
   Mi compañero de cuarto **tendrá que matricularse** pronto.

2. **Haber (hay) que + infinitivo** expresa una necesidad u obligación impersonal *(one must, it is necessary to . . .).*

   Hay que aprovechar las vacaciones.
   Había que corregir los exámenes con mucho cuidado.
   Habrá que resolver el problema.

3. **Deber (de) + infinitivo** y **haber de + infinitivo** expresan...
   a. obligación moral *(to be supposed to, should).*

   Debo preparar mi horario de clases.
   Ahora que estamos aquí, **hemos de aprovechar** las vacaciones.

   b. probabilidad *(must, probably).*

   Debe (de) ser muy rico.
   Ha de tener mucho dinero.

PRÁCTICA

A. Sé muchas cosas. En parejas, creen diálogos según el ejemplo.

> **Modelo:** la rectora / el decano
> —¿Qué sabes de la rectora?
> —Sé que **tiene que** dar una conferencia.
> —¿Y del decano?
> —El decano **está** de viaje por Europa.

los profesores	tener	prisa por salir
la consejera	tener que	muy equivocado(a)
el ingeniero	deber (de)	de vacaciones
los hombres	estar	repasar la materia
el filósofo		mucha hambre
la abogada		ser muy talentoso(a)
los estudiantes		ayudar a sus clientes
esa estudiante		miedo de los exámenes
nosotros		solicitar una beca
		pensar en el futuro

 B. En la clase de español. Ud. estuvo enfermo(a) y no ha podido asistir a los primeros días de clase. Pregúntele a su compañero(a) lo siguiente.

> **Modelo:** los requisitos para estar en la clase
> —*¿Cuáles son los requisitos para estar en la clase?*
> —***Tenemos que** asistir a cuatro clases semanales y **hay que** ir una vez al laboratorio.*

1. los requisitos para estar en la clase
2. los libros
3. el número de pruebas
4. el día del examen final
5. el número de estudiantes matriculados en la clase
6. las horas de consulta del (de la) profesor(a)
7. la hora a la que comienza y termina la clase
8. el horario del laboratorio

PERSPECTIVAS

PREPARATIVOS

1. Lea la sección **¿Sabía Ud. que en Perú... ?**

2. Mire las preposiciones que están en negrita en la lectura, "**¡Piensa en tu futuro!**" ¿Sabe qué significan en estos contextos? Mire el título de la lectura y diga qué significa "Piensa en". ¿En qué piensa Ud. en este momento?

3. ¿Cómo se siente al pensar en su futuro? ¿Optimista? ¿Pesimista? ¿Ansioso(a)? Explique.

¿Sabía Ud. que en Perú... ?

- En Perú **las carreras** con futuro siguen siendo las tradicionales como derecho, medicina, las de administración, mercadeo y economías. El boom de Internet ha convertido la informática en una carrera fuerte para el futuro, haciendo que el ingeniero de sistemas y el ingeniero de telecomunicaciones sean elementos fundamentales de las empresas. La biotecnología, las ciencias ambientales y el comercio por Internet son carreras muy prometedoras.

- **Universia Perú** (www.universia.edu.pe), la red de universidades más grande del mundo, ofrece 15 áreas de contenidos y servicios relacionadas con la vida universitaria tales como becas, asociaciones estudiantiles, tablones de anuncios, admisión, recreo y mucho más. Cuenta con una congregación de 640 universidades de todas partes de España y Latinoamérica, 60 de las cuales están en Perú. Se empeña en crear nuevas plataformas de comunicación e innovaciones en educación y tecnología para servir a las comunidades universitarias de habla española y portuguesa.

- Aunque es importante tener **un currículum vitae** impresionante y poder entrevistar bien, la experiencia cuenta más en el mercado ocupacional. El egresado° cuya *graduate* familia está muy bien relacionada tiene más posibilidades de conseguir empleo. Tener enchufe es la llave que sigue abriendo más puertas profesionales en los países hispanos.

¡Piensa en tu futuro!

¿**T**odavía no tienes definida la carrera que quieres estudiar? ¿Te gustaría tomar tus propias decisiones y no sentirte presionado por los demás? ¿Te preguntas si tienes las aptitudes necesarias para el estudio **de** una profesión? ¡¡Socorro!! Si tienes dudas, Universia.Perú (www.universia.edu.pe) te invita a desahogarte° y a aprender **de** expertos **de** las mejores universidades **del** mundo.

vent

Según uno **de** sus artículos cibernéticos, *Cinco consejos para prepararlos y... ¡suerte!*, es importante que tú pienses **en** tu futuro... ahora. Los años que pasas **en** la universidad valen muchísimo y no debes malgastarlos°. Seguramente has escuchado decir a muchas personas que no aprendieron nada **de** valor **en** la universidad. Dicen que lo que se aprende **en** las clases universitarias es pura teoría y que está muy lejos de lo que se tiene que hacer **en** el mundo real. Pues, acuérdate de que la realidad **del** mundo está **en** un estado continuo **de** cambio y para poder entender estos cambios hay que tener conocimiento **de** los fundamentos teóricos.

waste them

Un gran impulso es darte cuenta de que el estudio universitario te da lo necesario para conseguir un buen empleo y aumenta tu aptitud **de** asimilación y comprensión. No te olvides de que todo lo que haces ahora amplía tu currículum vitae para el futuro. ¡Tu futuro está **en** marcha ahora!

COMPRENSIÓN Y PRÁCTICA

A. Completar. Basándose en la lectura, complete las siguientes oraciones.

1. Universia Perú ofrece servicios...
2. Muchos creen que estudiar en la universidad...

3. Los fundamentos teóricos son importantes porque...

4. La persona que tiene dudas sobre la importancia del estudio universitario...

5. Un buen currículum vitae está basado en...

B. ¡Charlemos! En parejas, comenten las siguientes afirmaciones, diciendo si están de acuerdo con ellas o no. Luego, comparen sus comentarios con los de los otros miembros de la clase.

1. La experiencia abre más puertas profesionales, cualquiera que sea la universidad.

2. En EE.UU. al igual que en Latinoamérica es muy importante estar bien relacionado.

3. La universidad está preparando bien a los estudiantes para encontrar un buen trabajo.

4. El típico estudiante universitario suele desperdiciar (*waste*) su tiempo en la universidad más que valorarlo.

5. Las lecciones de mayor valor se aprenden fuera de la sala de clase.

ESTRUCTURA 5: Las preposiciones *en* y *de*

En se usa...	Ejemplos
1. para designar el lugar donde algo ocurre o se localiza (*in, at*).	La fiesta se celebra **en** Arequipa. La escultura está **en** el museo.
2. con el significado de **encima de** (*on*).	Los papeles están **en** la mesa. El pájaro está **en** la rama.
3. en expresiones de tiempo para designar lo que ocurre en un momento dado (*at, in*).	**En** aquel momento decidí quedarme. Regresan a su país **en** diciembre.

De se usa...	Ejemplos
1. para indicar posesión (*of*).	Es el sombrero **del** muchacho. El libro no es **de** Marta; es mío.
2. para indicar origen o nacionalidad (*from*).	Es un árbol **de** esta región. Estos hombres son **de** Chile.
3. con un sustantivo para indicar la materia de que está hecho algo (*of*).	Me regalaron un reloj **de** oro. La mesa no es **de** madera.

4. para designar una hora específica *(in)*.

Son las cinco **de** la tarde.
Llegarán a las nueve **de** la mañana.

5. para designar el lugar al que pertenecen personas o cosas *(in, on)*.

Lo compré en el almacén **de** la esquina.
Me refiero al chico **de** la calle Sol.

6. seguido de un sustantivo, para indicar la condición, la función o el estado de algo. Expresa la idea de **como** *(as a)*.

El muchacho se vistió **de** vaquero.
Está con nosotros **de** consejero.
De niño, jugaba conmigo.

7. después de un adjetivo para expresar la causa de un estado o una acción *(of, with)*.

Vienen muertos **de** sed.
Estoy contento **del** trabajo que hizo.

8. para describir el uso práctico o el contenido de un objeto *(of)*.

Compraron un libro **de** recetas.

PRÁCTICA

 La fiesta de despedida del profesor Azpillaga. Luis Bonilla está estudiando un máster en economía. A la salida de clase, su compañera le invita a tomar un café en *Amadeux*. En parejas, completen la conversación entre los dos amigos, utilizando **en, de** o **del**.

—¿Dónde es la fiesta ___de___ los estudiantes para el profesor Azpillaga?

—Es ___en___ casa de Juan Carlos.

—Es una pena que el profesor se jubile ___en___ junio. ¿No crees?

—Sí, la verdad es que es un profesor excelente. Yo, ___de___ viejo, quisiera ser como el profesor Azpillaga.

—¿Sí? ¿Por qué dices eso?

—Porque es un hombre ___de___ gran corazón y gran cabeza. Uno de los reporteros ___del___ periódico *El Mundo* ha escrito hoy un artículo sobre su vida.

—¿En serio? ¿Qué periodista?

—Ése que siempre lleva pantalones ___de___ cuero negro.

—Pero, volviendo al tema ___de___ la fiesta para el profesor Azpillaga, ¿vamos a comprarle algo entre todos los estudiantes del máster?

—Creo que es una buena idea. El otro día vi, ___en___ la mesa ___de___ su despacho, un librito ___de___ poesía ___de___ Mario Benedetti. Podemos ir a la librería que está ___en___ la esquina para preguntar qué otros libros ___de___ Benedetti tienen.

—Perfecto. ___En___ este momento no tengo nada que hacer. ¡Vamos!

to fail	fracasar	
	suspender / reprobar	
	dejar de	
	faltar (a)	

fracasar   *to fail, to come to ruin*

Si tienes confianza en ti misma, no podrás **fracasar.**
Los estudiantes **fracasaron** en el examen.

suspender / reprobar (a alguien)   *to fail (someone)*

Los profesores lo **suspendieron** en tres materias.
Juanita fue **reprobada** en matemáticas porque no se presentó al examen.

dejar de   *to fail (to do something); to stop*

No **dejes de** apagar la luz cuando te acuestes.
Dejamos de tomar notas cuando vimos que todas las explicaciones estaban en el libro.

faltar (a) *to fail (to fulfill); to be lacking; to miss (an appointment)*

Nunca **falto a** mis clases.
Faltan veinte minutos para las ocho.

to take	tomar	
	llevar	
	llevarse	

tomar   *to take; to get hold of; to drink; to take (a bus, cab, etc.)*

Tomó los papeles y se fue.
¿**Toma** Ud. leche en el almuerzo?
Tomaron el tren de la medianoche.

llevar[1]   *to take (a person somewhere); to take or carry (something)*

Esta tarde **llevaré** a mi mamá al teatro.
Pienso **llevar** una ensalada de frutas a la fiesta.

llevarse   *to take away, carry off*

Llévese esas revistas viejas, **por favor.**

Algunas expresiones idiomáticas:

to take (a course)   **seguir un curso, estudiar**

Estudio matemáticas y geografía.
¿Qué curso **sigues** este año?

to take an exam   **examinarse (de)**

Nos examinamos de los verbos reflexivos.

---

[1] **Llevar** se usa también con el significado de *to wear:* La novia **llevaba** un vestido de seda.

to take off (clothing)   **quitarse**

    Se quitó la chaqueta porque tenía mucho calor.

to take out   **sacar**

    Los estudiantes **sacaron** los libros y empezaron a estudiar.

to take place   **tener lugar, suceder**

    El campeonato **tuvo lugar** ayer a las ocho.

expressions with the verb "acabar"
— acabar
— acabarse
— acabar de + *infinitivo*

acabar   *to finish*

    Acabó su tarea y salió a ver una película.

acabarse   *to run out; to terminate*

    Después de tantas dificultades **se** le **acabó** la paciencia.
    No quiero verte más: entre tú y yo todo **se acabó.**

acabar de + infinitivo   *to have just . . . ; (past tense) had just . . .*

    Acabo de graduarme.
    Acabábamos de cenar cuando llegaste anoche.

A. A escoger. Subraye la expresión que corresponda.

1. Los muchachos (se llevarán/tomarán) un vuelo directo a Lima.
2. En este momento te (llevo/tomo) al aeropuerto. Debes (llevar/tomar) el avión del mediodía.
3. No (faltes a/dejes de) llamarnos por teléfono cada mañana.
4. ¿Sabes si Ricardo piensa (llevar/llevarse) a Marta a la cena?
5. El profesor me (fracasó/suspendió) en historia.
6. (Faltan/Toman) dos minutos para que comience el programa.
7. Cuando entra a la sala (suspende/se quita) el abrigo y (deja de/falta a) hablar.
8. Si estudias todo el año no podrás (fracasar/faltar).

B. El Campeonato Mundial de fútbol. Complete el siguiente diálogo con el verbo indicado en el tiempo presente o el tiempo futuro.

    acabar de   acabarse   faltar   llevar   tener lugar

1. —¿Sabes que sólo __falta__ una semana para el Campeonato Mundial de fútbol?
2. —¡Ni me lo digas! Por la tele (TV) el reportero __acaba de__ decir que el "diablo" Etcheverry no jugará para la selección nacional de Bolivia.

3. —¿Dónde _tienen_ ~~tienen lugar~~ los partidos?

4. —En los estadios que _acaban de_ construir en varias ciudades por Europa. Iremos todos en grupo y _llevaremos_ a varios amigos para que hagan barra _(to cheer)_ con nosotros.

5. —En ese caso, avísame si vas a _llevar_ a tu primo. Tenemos que comprar los boletos cuanto antes. Ya sabes que si _acaban_ los boletos tendremos que comprarlos de los revendedores, y eso, hermano, nos va a costar muy caro.

faltaren ?

AMPLIACIÓN Y CONVERSACIÓN

A. La historia que nunca acaba. Cuando Luis Bonilla se graduó, después de cinco años de estudio para obtener el título de licenciado, su mejor amiga le envió esta postal. En aquel momento Luis comprendió que la carrera académica es una historia que nunca acaba. Prepare una postal de enhorabuena *(congratulations)* para alguno de sus amigos o compañeros de clase que vaya a graduarse muy pronto. Presente su trabajo a la clase.

B. Mi rutina diaria. Use las palabras indicadas y forme oraciones completas. Luego póngalas en el orden de su rutina diaria y añada expresiones como **generalmente, a menudo, después, luego, en seguida, casi siempre, de vez en cuando, a veces, alguna vez, nunca.**

> **Modelo:** Los domingos me levanto muy tarde. Generalmente tomo el desayuno a las diez, me visto y voy a la iglesia.

1. acostarse a las...
2. ponerse...
3. secarse con...
4. levantarse muy...
5. lavarse los...
6. desayunar...
7. despedirse de...
8. desvestirse...
9. ir a...
10. llegar de... (a...)
11. dormir...
12. estudiar...
13. bañarse...

C. Situaciones cotidianas. Ud. acaba de llegar a la universidad y está en la Facultad de Letras solicitando la siguiente información de la secretaria. Hable con su compañero(a), haciendo los papeles de secretario(a) y estudiante.

1. requisitos para entrar al programa
2. cuándo se abre / se cierra el plazo de la matrícula

3. las posibilidades de solicitar ayuda financiera / una beca

4. formularios que se deben llenar

5. cursos de orientación

6. residencias para estudiantes

7. ¿ ... ?

D. ¡Charlemos! En parejas, háganse por turnos las siguientes preguntas. Después, comparen sus respuestas.

1. En Estados Unidos, ¿es importante tener un título para obtener trabajo? ¿Qué tipo de trabajo se puede obtener con un título de bachiller en artes (B.A.) o en ciencias (B.S.)? ¿con un máster? ¿con un doctorado?

2. ¿Es importante saber hablar muchos idiomas si se vive en EE.UU.? Explica. ¿Qué quiere decir "tener buenos conocimientos de un idioma" y "dominio y fluidez de una lengua"? ¿Cuáles son dos idiomas muy útiles (aparte del inglés)? Explica.

3. ¿Crees que con una fuerte preparación en idiomas se puede conseguir un buen trabajo? Explica.

4. ¿Qué opinas del movimiento político en Estados Unidos que quiere exigir que el inglés sea la lengua oficial? ¿Qué opinas de la educación bilingüe?

E. Mesa redonda. Pónganse de acuerdo tres o cuatro compañeros para formar una mesa redonda e intercambiar ideas sobre algún tema de educación que les interese o, si prefieren, sobre alguno de los siguientes temas.

1. **Filosofía de la enseñanza**

   Se dice que la filosofía de la enseñanza está cambiando día a día. ¿Cree Ud. en esta afirmación? ¿Podría Ud. explicar qué le gusta del sistema de enseñanza de hoy? ¿Qué no le gusta? ¿Qué tipo de enseñanza le gustaría tener para sus hijos? ¿Más estricto? ¿Más liberal? ¿Cuáles son algunas ventajas o desventajas de un sistema de educación más liberal o más estricto? Se dice también que los estudiantes de ciencias ya no estudian humanidades. ¿Opina Ud. que deben hacerlo o no?

2. **Rebelión contra los padres**

   Hay un problema que encontramos frecuentemente hoy día en las familias. Éste es que los hijos se rebelan contra los deseos de sus padres y algunos se niegan a matricularse en la universidad. Prefieren comenzar a trabajar y a ganar dinero inmediatamente o deciden viajar para conocer el mundo. ¿Es éste un problema? ¿una ventaja? ¿A qué diferencia de valores personales podemos atribuir este problema? ¿Pueden los padres exigir que los hijos sigan una carrera universitaria?

F. Minidrama. Creen una situación entre cuatro estudiantes. Tres padres de alumnos de la escuela primaria hablan con el (la) director(a) y reclaman para sus hijos una educación bilingüe. El (La) director(a) les explica que no hay fondos, que no es conveniente para los niños y que no hay suficientes maestros bilingües. Además...

Los estudiantes, en su papel de padres y madres de familia, deben dar razones poderosas para establecer los programas que desean para sus hijos.

¿Qué sabe Ud. de... Perú?

PERÚ

▶ *Mujeres indígenas bordando*

Mientras Isabel de España y Cristóbal Colón planeaban viajes a América, y el gran humanista Erasmo intentaba reformar la Iglesia Católica, Túpac Yupanqui gobernaba el imperio de los incas desde la magnífica ciudad de Cuzco. Durante su reinado de 22 años, Túpac Yupanqui, nombre que significa "el Resplandeciente", acumuló tantos méritos que al morir se le concedieron honores dignos de un dios. Se hizo famoso por ser un genio de la guerra, por crear el actual mapa de Perú y por encabezar la expedición marítima que resultó en el descubrimiento de Oceanía.

En esa época había un sistema de educación bien desarrollado para los hijos de la alta nobleza inca. Los varones recibían su educación en uno de los palacios de Cuzco. Esta escuela formal se llamaba el Yachayhuasi o la Casa del Saber, y durante cuatro años rigurosos los varones estudiaban retórica, religión, historia, matemáticas y estrategia militar. Las hijas nobles asistían a su propia escuela, el Acllahuasi, donde tomaban clases de religión y de artes textiles y culinarias. La gente común no tenía las mismas ventajas, pero no se quedaba sin una educación, aunque ésta tenía lugar dentro del hogar.

Hoy Cuzco es una mezcla de las civilizaciones inca y española y es el centro arqueológico más importante del mundo. Cada año miles de turistas acuden a esta hermosa ciudad para ver conventos, iglesias y otros monumentos del pasado colonial español. También hacen excursiones a las ruinas sagradas para contemplar los antiguos imperios de Túpac Yupanqui, de Manco Capac y de otros grandes emperadores incas.

A. Recordar lo que sabemos. En esta lección de **Horizontes: Cultura y literatura** hay varias menciones sobre Perú. Repasando y recordando lo que leyeron, respondan a las siguientes preguntas:

1. ¿Cuál es la capital de Perú? ¿Qué otras ciudades peruanas conocen?

2. ¿Quién fue Hiram Bingham? ¿Por qué es famoso?

3. ¿Pueden nombrar al menos a dos escritores peruanos contemporáneos? ¿Saben Uds. si hay diferencias de ideología entre ellos?

4. ¿Qué comparaciones pueden hacer entre lo que saben de las universidades peruanas y lo que aprendieron en este libro sobre las universidades de España y de México?

5. ¿Cuál es la moneda de Perú? ¿Por qué creen Uds. que se llama así?

B. Ampliar lo que sabemos. ¿Les gustaría aprender más sobre Perú? Reúnanse en grupos de tres o cuatro personas y preparen una presentación sobre uno de los siguientes temas. Elijan el que más les interese, u otro que no aparezca en la lista.

- La diversidad étnica, cultural y lingüística de Perú: el variado componente original precolombino; la minoría criolla; los descendientes de los esclavos africanos; las migraciones europeas y asiáticas.
- El imperio inca: su historia, extensión geográfica y organización social. Cuzco y Machu Picchu. La literatura y la mitología incaica. Otras culturas precolombinas del Perú: los aimarás, los mochicas, los indígenas de la Amazonia, etc.
- La historia de Perú: la situación del imperio inca cuando los europeos llegan a América; la conquista española; dominio y sublevación en la colonia; el papel del general San Martín en la independencia; la creación del estado peruano contemporáneo.
- Los problemas de convivencia en el Perú contemporáneo: el empobrecimiento y marginación de las clases populares y la guerrilla de Sendero Luminoso.
- La variedad de la geografía, la flora y la fauna peruanas: los desiertos de la costa, el altiplano andino y las selvas amazónicas.
- Las literaturas peruanas: la tradición oral de las culturas indígenas y su situación actual; la literatura colonial; la literatura moderna y contemporánea: la importante presencia de las mujeres.
- Las músicas peruanas: la música andina, la música de los negros del Callao, la música criolla. El *pop* y el *rock* peruanos.
- El cine peruano: Amauta Films, el cine de Cuzco, el cine campesino, el grupo Chaski.
- La riqueza histórico-cultural de Perú. Los yacimientos arqueológicos de Machu Picchu, las tumbas reales de Sipán, las líneas de Nazca, las Huacas de Moche.
- Las bellas artes en Perú: los (las) artistas coloniales y los (las) contemporáneos(as). El interés artístico de las ciudades: Cuzco, Lima, Arequipa, etc. Los grandes museos peruanos.
- La gastronomía peruana. El ceviche, plato nacional. Las diferencias entre la cocina costeña y la del interior.

C. Compartir lo que sabemos. ¿Cómo preparar la presentación?

1. Utilicen todo tipo de fuentes de información para investigar sobre el tema elegido: libros, prensa, Internet, etc.

2. Incluyan en su presentación todos los medios audiovisuales que crean convenientes: fotografías, mapas, dibujos, videos, cintas o discos de música, etc.

3. Presenten primero un esquema de todos los puntos que van a desarrollar en su presentación.

AMPLIACIÓN Y COMPOSICIÓN

¡REVISE SU ORTOGRAFÍA!

El uso de la *b* y la *v*

En español las letras **b** y **v** se pronuncian igual. Esto hace que a veces el estudiante se confunda al escribir. La siguiente información le ayudará en su escritura.

1. Se escriben generalmente con **b** las siguientes categorías de palabras.
   a. Muchas palabras que en inglés llevan la letra **b** la llevan también en español.

probable	**obligación**	**distribuir**
brillante	**responsable**	**colaborar**

   b. **mb:** La letra **b** siempre sigue a la letra **m** (**mb**).

   El ho**mb**re ca**mb**ia de costu**mb**res.

   c. **–bir:** Todas las formas de los verbos que terminan en **–bir**, como escri**bir** y reci**bir**, se escriben con **b**, menos **hervir, servir** y **vivir**.

   Reci**b**í una carta de Rosabel y dice que te escri**b**irá a ti mañana.

   d. **bl** y **br:** La letra **b** combina con las consonantes **l** y **r**.

   Me ha**bl**ó de una **bl**usa **bl**anca.
   Al a**br**irse la puerta, apareció Tatiana con el a**br**igo de piel **br**illante en el **br**azo.

   e. **bu, bur, bus:** La letra **b** combina con la vocal **u** para formar las sílabas **bu**, **bur** o **bus**.

   Estamos a**bu**rridos de los di**bu**jos **bur**gueses.
   Buscamos obras que muestren los a**bus**os de la **bur**ocracia.

2. Se escriben generalmente con **v** las siguientes categorías de palabras.
   a. **nv:** La **v** siempre sigue a la letra **n** (**nv**).

   Este i**nv**ierno en el co**nv**ento e**nv**enenaron a una religiosa.

   b. **div:** Se usa la **v** después de la sílaba **di** (**di-v**), menos en la palabra **dibujo**.

   Fue una comedia muy **div**ertida sobre una pareja que se **div**orcia y pide la **div**isión de los hijos.
   Me pareció **div**ina.

   c. **pre, pri, pro:** Se usa la **v** después de las sílabas **pre**, **pri** y **pro**, menos en **probar** y **probable**.

   En **pri**vado me **pre**vino sobre nuestros **pri**vilegios que podrían **pro**vocar problemas.

   d. **–uve** y **–uviera:** Se usa la **v** en las formas verbales que terminan en **–uve** (**–uviste, –uvo,** etc.) y **–uviera** (**–uvieras, –uviera,** etc.) excepto con el verbo **haber** (hubo, hubieras ido).

   Est**uve** muy triste.
   T**uv**imos que salir temprano.

e. Se usa la **v** en las formas del verbo **ir** que empiezan con el sonido /b–/, pero no cuando /–b–/ está en posición media (**í**b**amos**):

¿**V**as de compras?
Vaya a verla a su oficina.

ENFOQUE: Ventajas y desventajas de las universidades pequeñas y grandes

Antes de matricularse en la universidad, Ud. probablemente ya ha considerado las ventajas y desventajas de las universidades pequeñas y grandes. Ahora es el momento de organizar sus pensamientos y escribir una composición al respecto.

¡PREPÁRESE A ESCRIBIR!

En parejas, intercambien ideas sobre este tema y decídanse a favor de las universidades grandes o de las pequeñas. Después, sigan individualmente los siguientes pasos.

¡Organice sus ideas!

1. A la izquierda, escriba una lista de ventajas y desventajas del tipo de universidad que Ud. escogió como tema.
2. A la derecha, escriba algunas razones para cada una de sus opiniones.

Modelo:

Ventajas de una universidad pequeña	Razones
El número de estudiantes por profesor es razonable.	*Se puede conocer mejor a los profesores.*
Todos los estudiantes se conocen.	*Se aprende mejor en clases pequeñas.*
	Es más fácil hacer amigos.
	Se puede estudiar y colaborar más entre estudiantes que se conocen.

3. Ponga las ventajas por orden de la importancia que tienen para Ud. y escriba un párrafo sobre cada una de ellas.
4. Lea el trabajo con atención y verifique los tiempos verbales; los usos de **ser, estar, tener** y **haber;** la puntuación, los acentos y las mayúsculas.

LECCIÓN 4

¡Qué grande es tu familia!

▼ *Una fiesta familiar*

120

¡CHARLEMOS!

Trabaje con un(a) compañero(a) de clase. Háganse por turno las siguientes preguntas.

1. ¿Tienes una familia grande o pequeña? ¿Es muy tradicional? ¿Podrías describir a tu papá? ¿a tu mamá?

2. ¿Tienes hermanos? ¿Son mayores o menores que tú? ¿Trabajan o estudian?

3. ¿Tienes muchos tíos? ¿Cómo son? ¿Podrías describir a tu tío(a) favorito(a)?

4. ¿Cuántos abuelos tienes? ¿Los visitas frecuentemente?

5. Cuando vives con tu familia, ¿cómo están distribuidos los quehaceres domésticos? ¿Quién arregla la casa? ¿Quién prepara las comidas? ¿lava los platos? ¿saca la basura? ¿hace las compras? ¿riega las plantas?

6. ¿Cuándo arreglas tu cuarto? ¿Haces la cama todos los días, una vez por semana o no la haces nunca? ¿Dónde cuelgas la ropa?

7. ¿Podrías describir cómo es tu cuarto?

ENFOQUE: Bolivia

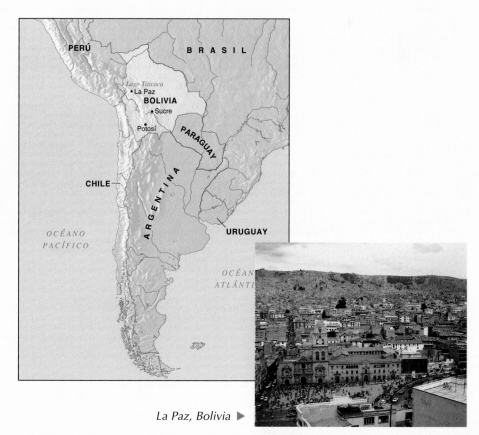

La Paz, Bolivia ▶

121

Los quehaceres domésticos

La casa de la familia Vasallo

La casa

arreglar/limpiar la casa *to straighten up/to clean the house*

el cuarto/la habitación *room*

en casa *at home*

el jardín *garden*

la puerta principal *front door, entrance*

los quehaceres domésticos (las tareas domésticas) *household chores*

regar (ie) las plantas *to water the plants*

el tejado/techo *roof*

el timbre *the doorbell*

El dormitorio

la almohada *pillow*
el armario/el ropero *closet, armoire, cabinet*
la cama *bed*
la colcha *bedspread*
colgar (ue) la ropa *to hang the clothes*

la cómoda *dresser*
descansar *to rest*
hacer/tender (ie) la cama *to make the bed*
la manta *blanket*
las sábanas *sheets*

La sala

la alfombra, la moqueta *rug, carpet*
apagar *to turn off; to turn out (the light)*
la chimenea *fireplace*
el cuadro *painting, (framed) picture*
dar la bienvenida *to greet, welcome*
encender (ie) *to turn on; to light (a fire)*
enterarse (de) *to find out (about)*

la lámpara *lamp*
mirar/ver la tele(visión) *to watch TV*
las noticias *news*
el sillón *armchair*
el sofá *sofa*
el televisor *television set*

El baño

el botiquín *medicine cabinet*
el cepillo de dientes *toothbrush*
la ducha *shower*
el inodoro *toilet*
el jabón *soap*

el lavabo *sink*
la máquina de afeitar *electric razor*
el papel higiénico *toilet paper*
la pasta de dientes *toothpaste*
la tina/la bañera *bathtub*

El comedor

desayunar (el desayuno) *to eat breakfast (breakfast)*
almorzar (ue) (el almuerzo) *to eat lunch (lunch)*

cenar (la cena) *to eat dinner (dinner, supper)*
poner la mesa *to set the table*
recoger la mesa *to clear the table*

La cocina y los electrodomésticos (appliances)

barrer *to sweep*
el batidor *beater; blender*
batir huevos *to beat eggs*
la cafetera *coffee pot*
cocinar *to cook*
la escoba *broom*
la estufa *stove*
el exprimidor *juicer*
exprimir *to squeeze*
el fregadero *kitchen sink*
el horno *oven*
hornear una torta *to bake a cake*
la lavadora y la secadora *washer and dryer*
el lavaplatos *dishwasher*
lavar y secar los platos *to wash and dry dishes*

la licuadora *blender; juicer*
el microondas *microwave oven*
la nevera (el refrigerador) *refrigerator*
la olla *pot*
pasar la aspiradora *to vacuum*
la plancha *iron*
planchar *to iron*
la radio/el "walkman" *radio, walkman*
la sartén *frying pan*
el teléfono (celular, móvil) *(cell, mobile) telephone*
la tostadora *toaster*
tostar *to toast*
el ventilador *vent; fan*

El equipo audiovisual y de sonido

el contestador automático *answering machine*
el despertador *alarm clock*
el equipo de sonido (de video) *sound system
(video recorder)*

la grabadora *tape recorder*
la videocasetera *VCR*

La familia

el (la) abuelo(a) *grandfather (grandmother)*
amar (querer) *to love*
casado(a) *married*
divorciado(a) *divorced*
enamorarse de *to fall in love with*
estar celoso(a) de (tener celos de) *to be jealous of*
los gemelos (los mellizos) *twins*
el (la) hermano(a) *brother (sister)*
el (la) hijo(a) *son (daughter)*
el padre (la madre) *father (mother)*

mayor *older*
menor *younger*
el (la) nieto(a) *grandson (granddaughter)*
el (la) novio(a) *boyfriend (girlfriend)*
el (la) primo(a) *cousin*
soltero(a) *single*
tenerle cariño (afecto) a alguien *to have affection
for somebody*
el (la) tío(a) *uncle (aunt)*
el (la) viudo(a) *widower (widow)*

PRÁCTICA

A. La familia de Juan Ruiz León. Juan Ruiz León es un muchacho de
diecinueve años que vive en La Paz, Bolivia. Observe el árbol genealógico de
Juan y conteste las siguientes preguntas.

La familia de Juan Ruiz León

1. ¿Quiénes son los padres de Juan Ruiz León?

2. ¿Cuántos hermanos tiene Juan? ¿Cuántas hermanas?

3. ¿Cómo se llama la abuela de Juan?

4. ¿Quién es Elvira?

5. ¿Cuántos tíos tiene? ¿Quiénes son?

6. ¿Cuántos primos tiene Juan? ¿Cómo se llaman?

7. ¿Quiénes son Techi, Carmina y Panchito? ¿Quién es el menor de los tres?

B. Los apellidos. Por lo general, los hispanos tienen dos apellidos. Juan Ruiz León tiene el apellido paterno de su padre, Ruiz, seguido por el apellido paterno de su madre, León. Legalmente la mujer conserva su nombre de familia cuando se casa y algunas nunca usan el apellido del marido. Observe el árbol genealógico y conteste las preguntas.

1. Observe los dos apellidos de la madre de Juan y los de todas las mujeres casadas de la familia. ¿Por qué se llaman así? ¿Qué opina Ud. de este sistema?

2. La novia de Juan se llama Silvia Castro Villarreal. Si se casan, ¿qué apellido(s) puede llevar Silvia?

3. Si Juan y Silvia se casan y tienen una hija llamada Cristina, ¿cuál será su apellido?

C. Una familia unida. Observe el árbol genealógico y complete el párrafo con las palabras apropiadas.

La familia de Juan Ruiz León es muy unida y Juan les tiene mucho _____ a todos los familiares. Carlos y José son sus _____. Carlos tiene veinte años y José tiene veinticuatro. Cuando Juan era niño estaba _____ de ellos porque, siendo _____ que él, tenían más privilegios y más libertad personal en la familia. Ahora no hay conflictos y se llevan muy bien. Hace ya tres años que José es _____. Intentó resolver sus problemas con su ex exposa, pero no pudo. Dice que jamás volverá a casarse. Su _____ Raúl quedó _____ muy joven cuando su esposa murió en un accidente hace cinco años. Él y su _____ Ángela piensan casarse el próximo año. Este semestre Juan _____ de Silvia Castro Villarreal, una compañera de clase de la universidad. Él la _____ mucho y está ansioso por casarse con ella y formar una familia.

VOCABULARIO PARA
LA COMUNICACIÓN:
En casa

D. La vida de todos los días
1. Para enterarse de las noticias, la señora Ruiz de Camacho...
2. Después de desayunar ella...
3. El señor Camacho lava los platos y la señora...
4. Los dos sacan la ropa de la lavadora y...
5. Antes de irse a trabajar, la señora saca la carne congelada de la nevera y...
6. Les gusta dejar el dormitorio arreglado y por eso siempre...
7. Para mantener sus plantas bonitas y verdes nunca salen de la casa sin...

D. La vida de todos los días. Los señores Camacho siguen la misma rutina todas las mañanas. Su profesor(a) va a leer una serie de frases. Escuche e indique la terminación correcta.

1. enciende el televisor / apaga el televisor

2. pone la mesa / recoge la mesa

3. los cuelga / los seca

4. la cuelgan / la riegan

5. la deja para congelar / la deja para descongelar

6. hacen la cama / hacen una llamada

7. regarlas / arreglarlas

E. Los señores León. En parejas, lean el párrafo, observen el dibujo, *usen su imaginación* y hagan las actividades.

Hace muchos años, cuando los señores León se casaron, tenían mucho amor pero pocas comodidades. Los tiempos han cambiado y ahora tienen una casa llena de muebles y electrodomésticos.

1. Digan…
   a. qué dice el papelito que está pegado a la nevera.
   b. por qué dejaron la aspiradora en la cocina.
   c. por qué la señora León lleva gafas de sol en la casa.
   d. por qué la manopla *(potholder)* está colgada tan alto.
   e. por qué se necesita un cuchillo eléctrico para cortar el pan.
   f. qué otras cosas extrañas notan.

2. Contesten las preguntas.
   a. Con el presupuesto *(budget)* limitado de pareja recién casada, ¿cuál fue el primer… que los señores León compraron?

      1. mueble   2. electrodoméstico   3. lujo *(luxury)*

   b. Escojan cuatro de los electrodomésticos que aparecen en el dibujo y digan para qué se usa cada uno.
   c. En su opinión, ¿que mueble, accesorio o electrodoméstico todavía les hace falta a los señores León?

3. Escriban y representen el siguiente diálogo.

El señor León insiste en regalarle a su esposa electrodomésticos para su cumpleaños, aunque ella preferiría algo de uso más "personal". Ha llegado el día de su cumpleaños y él le da el mismo tipo de regalo. ¿Cómo justifica el señor León su selección y cómo reacciona su esposa?

4. Comparen el dibujo de los señores León con la siguiente fotografía. ¿Hay semejanzas entre los dos? ¿Cuáles son las mayores diferencias? ¿Con cuál se identifica Ud. más y por qué?

5. Ahora, usando su imaginación, describan el dormitorio y el cuarto de baño de los señores León. Intenten usar el tiempo imperfecto para describir como *eran* en el pasado, y el tiempo presente para describir como *son* ahora.
   a. Hace muchísimos años, cuando los señores León se casaron, en su dormitorio sólo…
   b. Hace muchísimos años, cuando los señores León se casaron, en el cuarto de baño…

 PERSPECTIVAS

PREPARATIVOS

1. Lea la sección **¿Sabía Ud. que en Bolivia… ?**

2. Mire los verbos en la lectura, **"Una carta de Carmen"** que están en negrita. ¿Qué significan? ¿Sabe por qué se usa el tiempo pretérito? ¿Cuál es la forma *tú* de los verbos? ¿y la forma *nosotros*?

3. ¿Existe en Estados Unidos alguna tradición de llevar sombreros, gorros o tocados? ¿De dónde viene esta tradición? ¿Hay alguna prenda de vestir de la cual Ud. no puede prescindir?

¿Sabía Ud. que en Bolivia... ?

- **El sombrero** boliviano no es sólo una cuestión de tradición sino que también es signo de la posición económica de la persona. Hasta en las casas más modestas se puede ver una increíble variedad de sombreros colgados en las paredes a la vista de todo el mundo. Algunos, viejos y gastados,° han sido heredados de generación en generación; otros son nuevos y se mantienen limpios para lucirlos° los días de fiesta o en ocasiones especiales.

worn out

wear them

▲ *Una mujer boliviana con bombín*

- **Las poblaciones indígenas** comprenden el 60% de los habitantes de Bolivia. Los aymaras, quienes viven en la región de los Andes, y los quechuas, quienes son descendientes de los antiguos incas, son los grupos principales de amerindios bolivianos. Ambos° hablan las lenguas precolombinas del mismo nombre, aunque los hombres suelen hablar español también. Se dedican a la agricultura, al cuidado de animales y a la fabricación de artesanía. Su religión es una mezcla del catolicismo y de los antiguos ritos indígenas. Aunque ha habido avances en la lucha por los derechos humanos del pueblo indígena, todavía tienen una vida marginada con muchas dificultades.

Both

- **Francisco Pizarro** nació en Trujillo, España en 1478. Participó con Vasco Núñez de Balboa en la expedición que terminó con el descubrimiento del océano Pacífico. Llegó a América y luego de la conquista del imperio inca en Perú se dirigió al sur y se apoderó° del territorio de Bolivia en 1535. El conquistador murió en 1541.

took possession of

- **La Paz** es la capital de la república, sede° del gobierno y con una altitud de 3.636 metros, es la capital más alta del mundo. Su catedral es una de las iglesias más grandes de todo el continente, y sus mercados y fiestas indígenas son algunos de sus mayores atractivos. (Vea la foto de La Paz en la pág. 121).

seat

- Las mujeres indígenas empiezan a llevar el **bombín** en la niñez y no es extraño ver a niñas de cuatro o cinco años jugando en la calle con un bombín puesto. Las mujeres llevan el sombrero con elegancia, desafiando° la ley de gravedad.° La habilidad con que los sombreros se mantienen en su sitio es asombrosa; uno llega a pensar que están fijos con cola.°

challenging / gravity

glue

Una carta de Carmen

Carmen y su amiga Charo acaban de licenciarse en una universidad española y ahora están de viaje en Sudamérica. Desde Bolivia, Carmen le envía una carta a su hermana Ana. La siguiente lectura es un fragmento de la carta.

Querida Ana,

¿Sabes qué, hermanita? Este país es una maravilla. Al llegar a Bolivia **quedé** tan impresionada con una de sus tradiciones que **decidí** dedicar unas líneas para describírtela. ¡Es el sombrero! No me vas a creer pero la gente indígena, tanto los niños como los adultos, usa más de 300 estilos de sombreros, gorros y tocados. Ojalá estuvieras aquí para verlos.

Hace casi 500 años que Francisco Pizarro y sus hombres **desembarcaron** en este continente y **conquistaron** el imperio inca, primero en Perú y luego en Bolivia. Hoy se ven indígenas que llevan cascos° similares a los usados por los conquistadores, aunque ya no son de acero° sino de cuero con adornos de lana. El otro día en el mercado de una pequeña población **pude** ver los más extraordinarios sombreros y gorros°. La variedad de colores y de formas eran infinitas y tan impresionantes como cualquier desfile de modas de París. Cuando **fui** a La Paz en seguida **me di cuenta** de que el compañero inseparable de las mujeres era el bombín londinense.° Mientras **estuve** allí no **vi** a ninguna mujer indígena que no llevara bombín. Nuestro guía turístico nos **dijo** que en el pasado los hombres se los daban a las mujeres indígenas a cambio de favores. **Explicó** que ninguna mujer saldría a la calle sin él y que ningún hombre se atrevería° a llevarlo. Hay más bombines en La Paz que los que ha habido en Londres en cualquier época.

Cariños,

Carmen

helmets
steel

caps

British bowler

would dare

COMPRENSIÓN Y PRÁCTICA

A. Completar. Basándose en la lectura, llene los espacios con la(s) palabra(s) correcta(s).

1. Carmen es de _____ pero está de _____ en Sudamérica. Le escribe una carta a Ana, su _____.

2. Algo que le impresionó mucho a Carmen es la costumbre boliviana de llevar _____.

3. Hay más de 300 _____.

4. Para las mujeres bolivianas, el estilo más popular es el _____.

5. Dicen que hace más de _____ años cuando Francisco Pizarro llegó a Sudamérica.

   Ahora, conteste las preguntas.
   a. ¿Cómo quedó Carmen al llegar a Bolivia? Como resultado, ¿qué decidió hacer?
   b. Según Carmen, ¿cuándo desembarcó Francisco Pizarro en Bolivia?
   c. ¿Qué hicieron Pizarro y sus hombres?
   d. ¿Qué vio Carmen cuando estuvo en el mercado?
   e. ¿Qué le dijo su guía turístico?

 B. ¡Charlemos! Conteste las siguientes preguntas. Luego, compare sus comentarios con los de su compañero(a) de clase.

1. ¿Existe en Estados Unidos alguna tradición de sombreros, gorros, o tocados? Explique.

2. ¿Qué países se suelen asociar con la tradición del sombrero? ¿Cómo son los sombreros?

3. ¿Suele Ud. llevar algún tipo de sombrero? ¿En qué ocasiones? ¿Por qué?

ESTRUCTURA 1: Las formas del pretérito

Los verbos regulares tienen las siguientes terminaciones en el pretérito:

cenar (–ar)		barrer (–er)		batir (–ir)	
cen–	é	barr–	í	bat–	í
	aste		iste		iste
	ó		ió		ió
	amos		imos		imos
	asteis		isteis		isteis
	aron		ieron		ieron

Los verbos completamente irregulares en el pretérito son tres:

ir/ser		dar	
fui	fuimos	di	dimos
fuiste	fuisteis	diste	disteis
fue	fueron	dio	dieron

Hay muchos verbos que en el pretérito tienen dos aspectos en común:

(1) las terminaciones
(2) la acentuación de la primera y de la tercera persona, que recae en la penúltima (*second to last*) sílaba en lugar de la última como en los verbos regulares. Por eso, no llevan un acento escrito. (Ejemplo: **estuve, estuvo** en vez de **hablé, habló**.)

Cambio	Infinitivo	Radical	Terminación
–u–	andar	anduv–	e
	caber	cup–	iste
	estar	estuv–	o
	haber	hub–	imos
	poder	pud–	isteis
	poner	pus–	ieron
	saber	sup–	
	tener	tuv–	

Cambio	Infinitivo	Radical	Terminación
–i–	hacer	hic–[1]	e
	querer	quis–	iste
	venir	vin–	o
			imos
			isteis
			ieron

Cambio	Infinitivo	Radical	Terminación
–j–	decir	dij–	e
	producir[2]	produj–	iste
	traer	traj–	o
			imos
			isteis
			eron

Los verbos regulares de la primera y de la segunda conjugación (**–ar** y **–er**) que cambian la vocal del radical (*stem*) en el presente **no** tienen ese cambio en el pretérito.

---

[1] Atención: hice, hiciste, **hizo**, hicimos, hicisteis, hicieron.

[2] Todos los verbos que terminan en **–ducir** se conjugan como **producir: traducir, conducir, reducir, seducir**, etc.

pensar		encender		volver	
pens–	é aste ó amos asteis aron	encend–	í iste ió imos isteis ieron	volv–	í iste ió imos isteis ieron

Los verbos regulares de la tercera conjugación (**–ir**) que cambian el radical en el presente, sufren en el pretérito un cambio en la vocal de la tercera persona del singular y del plural.

e → i		o → u	
divertirse[1]		*dormir (morir)*	
me divertí	nos divertimos	dormí	dormimos
te divertiste	os divertisteis	dormiste	dormisteis
se divirtió	se divirtieron	durmió	durmieron

Los verbos que terminan en **–car, –gar** y **–zar** tienen un cambio ortográfico en la primera persona (yo) del pretérito.

c → qu		g → gu		z → c	
buscar	(yo) busqué	llegar	(yo) llegué	comenzar	(yo) comencé
sacar	(yo) saqué	pagar	(yo) pagué	almorzar	(yo) almorcé
		jugar	(yo) jugué	gozar	(yo) gocé

Oír, caer y los verbos que terminan en **–eer** y **–uir** tienen el siguiente cambio ortográfico en la tercera persona del singular (**él, ella, Ud.**) y del plural (**ellos, ellas, Uds.**) del pretérito: **i → y**. Todas las otras personas llevan un acento ortográfico sobre la **í**.

oír	oí	oíste	oyó	oímos	oísteis	oyeron
caer	caí	caíste	cayó	caímos	caísteis	cayeron
leer	leí	leíste	leyó	leímos	leísteis	leyeron
huir[2] *(to flee)*	huí	huíste	huyó	huímos	huíste	huyeron

---

[1] Otros verbos que sufren estos cambios: **conseguir, corregir, despedir, elegir, pedir, preferir. reír, repetir, seguir, sentir, servir, sugerir, vestirse.**

[2] Otros verbos que sufren estos cambios: **construir, contribuir, destruir, distribuir, excluir, incluir, substituir.**

PRÁCTICA

A. Quehaceres domésticos. Haga las siguientes actividades.

1. Complete los minidiálogos con la forma correcta del pretérito.
   a. ¿Qué _hiciste_ (hacer, tú) ayer?

   (Estar) _estuve_ todo el día en casa haciendo muchos quehaceres domésticos.

   b .¿Por dónde _comenzaste_ (comenzar, tú)?

   ¡Por la cocina, por supuesto! _lavé_ (lavar, yo) los platos y _ordené_ (ordenar) los estantes. Con la ayuda de mamá _pusimos_ (poner, nosotros) todo en orden.

   c. ¿ _Barraste_ (Barrer, tú) el piso?

   No sólo _barrí_ (barrer, yo) el piso, sino que lo _lavé_ (lavar, yo) con un nuevo producto que es una maravilla.

   d. ¿ _Pusiste_ (Poner, tú) también en orden mi habitación?

   ¡Qué va! Si tú no la _arreglaste_ (arreglar), ¿por qué tenía que hacerlo yo? Yo _hice_ (hacer) mi cama, _cambié_ (cambiar) las sábanas y _anduve_ (andar) de un lugar a otro ordenando mi dormitorio.

   e. Con tantos quehaceres, ¿ _pudiste_ (poder, tú) salir de casa?

   No, pero papá _fue_ (ir) a hacer las compras y _llevó_ (llevar) a Pepito a la escuela.

2. En parejas, miren el dibujo en la pág. 122 y usen el pretérito para decir qué hicieron los varios miembros de la familia Vasallo.

B. ¡Por fin terminó la boda! Su hermana acaba de casarse. ¿Cómo fue la boda? Ponga el siguiente relato en el pretérito.

1. La fiesta es estupenda.
2. Los invitados a la boda se divierten muchísimo.
3. Todos bailan y cantan sin parar.
4. Mamá no puede hablar de la emoción.
5. El abuelo invita a bailar a la abuela.
6. Papá recibe a los invitados en la sala.
7. Yo saco muchas fotos de los novios.
8. Tú traes un regalo magnífico.
9. Los novios tienen muchos regalos.
10. Como siempre, llega la hora de irse.

C. ¡Charlemos! Cuéntele a su compañero(a): a) cómo, dónde y cuándo fue la última vez que Ud. estuvo en una boda, b) si fue una boda grande o pequeña, c) si asistieron muchas personas, d) si fue una ceremonia religiosa, e) si sacaron fotos, f) si tuvieron muchos regalos, g) si...

D. Una tarjeta postal. Ud. acaba de ingresar a la universidad. Escríbale una tarjeta postal a un(a) amigo(a) contándole cuándo llegó y a qué se dedicó los primeros días. Después, lea la tarjeta a la clase.

Modelo:

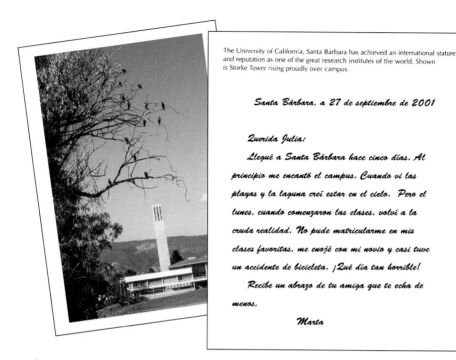

The University of California, Santa Barbara has achieved an international stature and reputation as one of the great research institutes of the world. Shown is Storke Tower rising proudly over campus.

Santa Bárbara, a 27 de septiembre de 2001

Querida Julia:

Llegué a Santa Bárbara hace cinco días. Al principio me encantó el campus. Cuando vi las playas y la laguna creí estar en el cielo. Pero el lunes, cuando comenzaron las clases, volví a la cruda realidad. No pude matricularme en mis clases favoritas, me enojé con mi novio y casi tuve un accidente de bicicleta. ¡Qué día tan horrible!

Recibe un abrazo de tu amiga que te echa de menos,

Marta

Julia Morales
Avda. Simón Bolívar 15
28080 Caracas
Venezuela

PERSPECTIVAS

PREPARATIVOS

1. Lea la sección **¿Sabía Ud. que en Bolivia... ?**

2. Mire los verbos en la lectura que están en negrita. ¿Qué significan? ¿Sabe por qué se usa el tiempo imperfecto. ¿Cuál es la forma *tú* de los verbos? ¿y la forma *nosotros*?

3. ¿Qué es la pubertad? En la cultura de Ud., ¿cuáles son algunos problemas relacionados con la llegada de la adolescencia?

¿Sabía Ud. que en Bolivia... ?

■ Los estudios sobre los **incas** están basados mayormente en información que ha llegado por transmisión oral. Se sabe que el imperio, cuya capital era Cuzco, Perú, tuvo sus inicios en el siglo XII y que su dominio llegó a extenderse desde el sur de Colombia hasta el norte de Chile y Argentina. Su imperio fue desmantelado° en el siglo XVI por Francisco Pizarro y su ejército.

dismantled

- Para los antiguos incas la familia era la unidad económica. Por lo tanto, **el matrimonio**, el paso definitivo hacia la formación de una familia, tenía mucha importancia en la sociedad incaica. El estatus social dictaba° el carácter del matrimonio. Para una pareja del pueblo la monogamia era obligatoria, mientras el matrimonio de las clases privilegiadas era polígamo. La ceremonia nupcial variaba según las regiones pero en general solía ser solemne y duraba varios días.

determined

- **El maíz** fue cultivado hace miles de años por las civilizaciones precolombinas. Hoy sigue siendo uno de los productos más importantes para el consumo nacional y un ingrediente importante en la gastronomía boliviana. En las celebraciones muchos indígenas toman bebidas fermentadas de maíz.

- En la sociedad inca había varias tradiciones relacionadas con **la residencia de una pareja recién casada**. No se permitía cambiar de residencia. Según Garcilaso de la Vega en sus *Comentarios reales: el origen de los incas*, "No era lícito° casarse de una provincia en otras, ni de un pueblo en otro... Tampoco les era lícito irse a vivir de una provincia a otra, ni de un pueblo a otro, ni de un barrio a otro." Si el matrimonio era del pueblo, tenía una casa sencilla, sin muebles y construida por sus familiares. En la casa de una pareja de clase alta había adornos hechos de metales preciosos y muchas comodidades.°

legal

comforts

La pubertad en la sociedad de los antiguos incas

En la sociedad de los antiguos incas la llegada oficial de la pubertad **significaba** que los jóvenes ya **se convertían** en adultos y que **avanzaban** hacia el matrimonio y la formación de una familia. El inicio de la pubertad **traía** un cambio radical en la vida de los jóvenes, ¡por fin **recibían** un nombre definitivo! Para celebrar este paso en la vida de una chica, **había** una ceremonia tradicional y varios ritos correspondientes. Antes de la fecha de la ceremonia, la muchacha **se abstenía** de comer durante dos días y **comía** un poquito de maíz el tercer día. El cuarto día la chica **se daba** un baño, **se ponía** ropa nueva, **se trenzaba**° el cabello y **recibía** su nombre permanente. Fuera de esto,° muy poco **cambiaba** para ella. **Seguía** ocupándose de los quehaceres de la casa al lado de su madre hasta los 18 años cuando se le **permitía** casarse.

braided / outside of this

Había una excepción. Si al llegar a la pubertad la muchacha **mostraba** que **tenía** algún talento extraordinario, se le **concedía** la oportunidad de salir del pueblo para estudiar en una escuela especial. Allí **aprendía** los secretos de la religión y **se preparaba** para una vida aristocrática o para ser concubina del emperador.°

emperor

COMPRENSIÓN Y PRÁCTICA

A. Completar. Basándose en la lectura, complete las siguientes oraciones o llene los espacios con la(s) palabra(s) correcta(s).

En la sociedad de los antiguos incas...

1. La llegada oficial de la pubertad significaba...
2. Por fin los jóvenes recibían _____.
3. La ceremonia para la chica consistía en muchos ritos. Por ejemplo, la muchacha dejaba de _____ por _____ días. El _____ día comía un poco de _____
4. El _____ día se bañaba y se vestía de _____.
5. Aparte de estas actividades, ella seguía...
6. La única excepción era...

B. ¡Charlemos! Conteste las siguientes preguntas. Luego, compare sus comentarios con los de su compañero(a) de clase.

1. ¿Qué opina Ud. de la celebración incaica de la pubertad?
2. En la cultura de Ud., ¿cómo se celebra la llegada de la pubertad? ¿La celebró Ud.? ¿Por qué? Describa el evento.
3. De niño(a), ¿cuáles eran algunas de sus celebraciones favoritas? ¿Cómo celebraba su cumpleaños? Describa un cumpleaños muy especial.

ESTRUCTURA 2: Las formas del imperfecto del indicativo

Los verbos regulares del imperfecto tienen las siguientes terminaciones.

colgar (–ar)		querer (–er)		exprimir (–ir)	
colg–	aba	quer–	ía	exprim–	ía
	abas		ías		ías
	aba		ía		ía
	ábamos		íamos		íamos
	abais		íais		íais
	aban		ían		ían

Los verbos irregulares en el imperfecto son solamente tres.

ser	ir	ver
era	iba	veía
eras	ibas	veías
era	iba	veía
éramos	íbamos	veíamos
erais	ibais	veíais
eran	iban	veían

PRÁCTICA

A. Recuerdos de mamá. Complete el diálogo con las formas correctas del imperfecto.

—Te digo, hija, que los tiempos han cambiado. La abuela ___era___ (ser) la perfecta ama de casa (*housewife*).
—¿Por qué dices eso?
—Bueno, pues porque la abuela casi nunca ___salía___ (salir). Ella ___hacía___ (hacer) todos los quehaceres domésticos. Primero ___arreglaba___ (arreglar) los dormitorios: ___hacía___ (hacer) las camas, ___colgaba___ (colgar) la ropa en los armarios y ___pasaba___ (pasar) la aspiradora.
—Y..., ¿quién ___preparaba___ (preparar) las comidas?
—Ella, ella lo ___hacía___ (hacer) todo. ¿Ves cómo cambian los tiempos?
—Sí, pero creo que es para bien.

B. Momentos felices de la infancia. Piense en los momentos felices de cuando era niño(a) y dígale a su compañero(a) de clase algunas actividades que hacía Ud. o alguien de su familia.

> **Modelo:** Durante las vacaciones...
> *Durante las vacaciones nos gustaba viajar a las montañas. Mi papá conducía el coche. Yo me sentaba a su lado y miraba el camino.*

1. En la escuela primaria...
2. En mi cumpleaños...
3. Cuando iba a la casa de mis abuelos (tíos, primos)...
4. Durante las vacaciones de invierno...

PERSPECTIVAS

PREPARATIVOS

1. Lea la sección **¿Sabía Ud. que en Bolivia... ?**
2. Mire los verbos en la carta de la pág. 138 que están en negrita. ¿Entiende la selección de tiempos en cada caso? ¿Por qué se usan los primeros cinco verbos en el pretérito? En el segundo párrafo de la carta, ¿por qué el primer verbo se usa en el imperfecto y el segundo en el pretérito? En el tercer párrafo, ¿puede explicar el uso del imperfecto en esa oración? Fíjese bien en los verbos que están en negrita en el cuarto párrafo. ¿Qué explicación ofrece para el uso del imperfecto?
3. Para una boda de doscientos invitados, ¿cuáles son algunos de los preparativos necesarios? Se aproxima la boda y la novia tiene los nervios de punta (*on end*). Dé tres razones para explicar por qué se siente así.

¿Sabía Ud. que en Bolivia... ?

■ Septiembre es conocido como el mes del amor y de la primavera, y aunque hay muchas bodas, el mes de diciembre es el favorito para **casarse.** Muy pocos novios se casan en noviembre porque es la época en que recuerdan a sus queridos muertos. No es común casarse en enero y febrero por el exceso de lluvias y tampoco se realizan bodas en junio y julio por el frío del invierno. Algunos creen que los vientos fuertes de agosto pueden llevar al matrimonio por un mal camino, y que los números impares° traen mala suerte para la pareja. Según ellos hay más esperanza para un matrimonio feliz si se casa en un año, mes y día par.°

■ Antes de la ceremonia los novios jamás se ven el uno a la otra luciendo el vestuario° de la ceremonia, ella con el **vestido de novia** o él con su traje.

odd

even

clothing

▲ *Una novia boliviana*

line

ring finger

- Los novios bolivianos observan en sus **bodas** muchas de las tradiciones nupciales que se ven en otros países. La novia se viste de blanco porque simboliza la pureza; después de la ceremonia los novios y sus padres se colocan en una fila° para recibir a cada uno de los invitados; los invitados lanzan arroz a los novios como símbolo de la fertilidad; los novios y sus padres bailan el vals en la recepción. Sin embargo, los anillos de boda se llevan en el dedo anular° de la mano *derecha*.

La hermana de Carmen se casa

Carmen le **escribió** una carta a su amiga Graciela explicándole por qué **tuvo** que cortar su viaje por Sudamérica.

> Querida Graciela,
>
> Seguramente estás preocupada por mi silencio. **Pensé** enviarte unas líneas cuando **estuve** en Perú pero **sucedieron** muchas cosas.
>
> Después de licenciarme en la Universidad de Salamanca pude realizar uno de mis sueños: hacer un viaje largo por Sudamérica. Esta vez fui con mi amiga Charo. Decidimos ir a Brasil, Argentina, Chile, Perú y Bolivia. Todo **iba** muy bien hasta el día que **llegamos** a Lima. En lugar de enviar a mis padres la típica postal turística se me ocurrió llamar por teléfono a casa para saber cómo estaba la familia.
>
> Mi sorpresa fue grande al oír que mi hermana Ana, la menor de todos los hermanos, se había comprometido y **se casaba** muy pronto. Charo tuvo que continuar el viaje sola y a mí no me quedó más remedio° que volver a España.
>
> Cuando llegué a casa todos **estaban** muy nerviosos y ocupados. Mi madre **llevaba** un mes haciendo el vestido de novia y los trajes de gala de mis sobrinos. Mi padre **intentaba**, sin mucho éxito, mantener la calma y vigilar los preparativos de la boda. Mis primos, mis hermanos y yo nos pasamos los días que precedieron a la boda ayudando a mis tías que **ayudaban** a la abuela, que **ayudaba** a mi madre.
>
> Felizmente, todo salió bien. La boda fue muy bonita y los novios se veían muy contentos. Ya te enviaré algunas fotos.
>
> Escríbeme pronto,
>
> Cariños,
>
> Carmen

I had no choice

COMPRENSIÓN Y PRÁCTICA

A. Preguntas. Conteste las siguientes preguntas.

1. ¿Por qué estaba preocupada Graciela, la amiga de Carmen?
2. ¿Qué hizo Carmen después de terminar sus estudios?
3. ¿Por qué no les envió una tarjeta postal a sus padres?
4. ¿Por qué tuvo que interrumpir su viaje?
5. ¿Cómo estaba la familia días antes de la boda?
6. ¿Cómo fue la boda de Ana? ¿Cómo se veían los novios?

 B. ¡Charlemos! Conteste las siguientes preguntas. Hágale las mismas preguntas a su compañero(a) de clase y comparen sus respuestas.

1. ¿Piensa que Carmen hizo bien en volver a casa para el matrimonio de su hermana? ¿Por qué?
2. ¿Ha participado Ud. en los preparativos de una boda en su familia? ¿Quién era la persona más nerviosa? ¿Sabe por qué?
3. ¿Cuál es la mejor edad para casarse? ¿Cuánto tiempo de noviazgo (*courtship*) se necesita antes de casarse?
4. ¿Qué piensa de las bodas grandes? ¿Sueña con una boda grande o pequeña? ¿Por qué?

ESTRUCTURA 3: El pretérito vs. el imperfecto

En general, el pretérito narra las acciones que ocurrieron en un momento o en momentos precisos en el pasado.

El pretérito narra...	Ejemplos
1. una acción que se completa en un pasado preciso.	Mi primo Rafi **vino** a cenar anoche. Rafi **llegó** a las seis en punto.
2. acciones sucesivas que se consideran terminadas en el pasado.	Después de cenar, yo **barrí** el suelo, **lavé y sequé** los platos y **pasé** la aspiradora.

El imperfecto describe acciones que transcurrían (*were taking place*) durante un período de tiempo en el pasado. Estas acciones, que no se sabe exactamente cuándo empezaron ni cuándo terminaron, pueden expresarse de dos formas equivalentes.

Cuando **caminaba** por la calle...
Cuando **estaba caminando** por la calle...

El imperfecto describe...	Ejemplos
1. acciones que se repiten de forma habitual en el pasado (*would, used to*).	Rafi **venía** a cenar todos los martes. Siempre **llegaba** a las seis en punto.

2. acciones que ocurrían al mismo tiempo, sin precisar la duración.

Mientras yo **preparaba** el café, Ana **servía** la tarta.

3. escenas y condiciones que ocurrían en el pasado sin prestar atención a su duración o resultado *(was/were + –ing form of the verb)*.

Rafi nos **hablaba** de su nuevo trabajo.
Ana **llevaba** un vestido muy bonito.
Yo **estaba** muy contenta de poder pasar tiempo con mi primo favorito.

4. características de las personas o cosas y descripciones de condiciones físicas en el pasado.

Rafi **era** el más talentoso de la familia.
Era inteligente y **tenía** buen sentido del humor.

5. la hora y la edad en el pasado.

Eran las ocho cuando empezamos a cenar y **era** muy tarde cuando terminamos.

En la misma oración, el imperfecto puede describir el escenario o ambiente en el que otra acción (en el pretérito) parece ser una interrupción.

Después de la cena, **hablábamos** en el salón cuando **sonó** el teléfono.
Terminábamos el café cuando Rafi **anunció** que **estaba** comprometido.

Como resultado de la diferencia entre el pretérito y el imperfecto, algunos verbos se traducen al inglés usando palabras diferentes.

conocer	to know, be acquainted with; to meet	**Conocía** a Rafi desde niño. **Anoche Lisa conoció** a Rafi en la cena.
saber	to know	**Sabíamos** la verdad por muchos días.
	to find out	**Supimos** la verdad ayer.
poder	to be able	**Podía** hablar con ella a menudo.
	to manage to, succeed in	Por fin **pudo** hablar con ella.
querer	to want	**Quería** verla pero no tenía tiempo.
	to try to	**Quise** verla pero no la pude encontrar.
no querer	not to want	**No quería** venir a la cena, pero vino.
	to refuse	**No quiso** venir a la cena. Se quedó en casa.

PRÁCTICA

A. ¿Por qué no se casaron Diego y Eugenia? Complete el diálogo entre Diego y Manolo con el pretérito o el imperfecto.

M: Y tú, Diego, ¿dónde ___conociste___ (conocer) a Eugenia?

D: La ___conocí___ (conocer) en una fiesta, el verano pasado.

M: Cuando la conociste, ¿tú ___sabías___ (saber) que ella era tan rica?

D: ¡Para nada, Manolo! Lo ___supe___ (saber) un mes más tarde, el día que visité su casa.

M: Esa noche, ¿tú ___podría___ (poder) pedir la mano de Eugenia a sus padres?

D: ¡Claro que no! Yo ___quería___ (querer) hacerlo, pero como todavía no los ___conocíamos___ (conocer) muy bien, preferí esperar un tiempo.

pudiste

M: Finalmente, ¿ ~~podría~~ (poder) hablar con el padre?

D: ¡Qué va! Cada vez que _quería_ (querer) hablar con él, me decía que no _podía_ (poder). Al poco tiempo Eugenia se casó con otro.

M: ¿Nunca _supiste_ (saber, tú) por qué el padre no _quería_ (querer) hablar contigo?

D: Realmente no lo sé. Me imagino que él _supo_ (saber) que yo era divorciado y que
sabía
además no tenía una gran fortuna.

B. En el pasado. Forme oraciones completas con un elemento de cada columna. Use el pretérito y el imperfecto según sea necesario.

> **Modelo:** *Ayer me levanté tarde porque era día de fiesta.*

I

Anoche...
El otro día...
Esta tarde...
Esta mañana...
La semana pasada...
El domingo...
Ayer...
El año pasado...

II

...levantarme tarde...
...recoger la mesa...
...quedarme en casa...
...ir al mercado...
...llamar a mi amigo(a)... ..porque...
...ponerme el impermeable...
...limpiar la casa...
...encender el televisor...
...salir de casa a las siete...

III

no tener ganas de salir
ser día de fiesta
tener una cita a las 7:30
ser mi (su) cumpleaños
llover
acabar de almorzar
querer ver las noticias
venir mis padres a visitar
necesitar ir de compras
estar sucia

C. ¡Charlemos! Pregúntele a su compañero(a) qué hizo ayer.

> **Modelo:** por la mañana / por la tarde
> —*¿Qué hiciste ayer por la mañana?*
> —*Fui a la biblioteca y preparé un informe.*
> —*Y por la tarde, ¿qué hiciste?*
> —*Me fui al cine con Sara. Vimos una buena película.*

1. por la mañana / por la tarde
2. después del almuerzo / después de la cena
3. después de llegar a casa / antes de acostarse
4. antes del examen / después de clase

D. Chismes. En dos grupos, participen en el siguiente juego.

1. Los estudiantes de la clase forman dos círculos.
2. Un(a) estudiante comienza el juego en cada círculo diciendo que ayer (la noche anterior, la semana pasada) vio a uno de sus ídolos de la televisión (o a uno de sus compañeros) salir de un lugar.

3. El (La) segundo(a) compañero(a) repite lo que recuerda y añade algo más. Uno a uno, los estudiantes van ampliando la increíble historia hasta completarla.

Modelo: E1: *Escuchen lo que les voy a contar. Anoche vi a Jennifer López salir de un lugar muy extraño.*

E2: *Anoche vi a Jennifer López salir de un lugar muy extraño. Llevaba abrigo y pantalones negros.*

E3: *Anoche vi a Jennifer López salir de un lugar muy extraño. Llevaba abrigo y pantalones negros y estaba con un hombre que yo no reconocía.*

E. Para conocerse mejor. En un grupo de tres o cuatro compañeros de clase, cuenten algo interesante de su pasado. Por ejemplo: a) el día en que conoció a su novio(a), b) un viaje a Europa, c) una fiesta importante, etc. Fíjense en algunas de estas expresiones que les pueden servir para narrar una anécdota de su vida.

Para la comunicación:

A mí me gustaba...	*I liked to . . .*
Cuando tenía ... años...	*When I was . . . years old . . .*
Escuchen lo que les voy a contar...	*Listen to what I'm going to tell you . . .*
Fíjense que...	*Notice that . . .*
Fue algo espantoso...	*It was something frightening . . .*
Fue algo muy divertido...	*It was something very funny . . .*
Les cuento que...	*I'm telling you that . . .*
No me van a creer, pero...	*You are not going to believe me, but . . .*
¿Se pueden imaginar que... ?	*Can you imagine that . . . ?*

ESTRUCTURA 4: El verbo *hacer* en expresiones temporales

Para expresar el tiempo transcurrido (*that has passed*), se emplea **hacer** en la tercera persona singular. Se usa para expresar lo siguiente:

1. el tiempo transcurrido de una acción que comenzó en el pasado y que todavía continúa.

---

hace + tiempo + **que** + presente o presente progresivo

Hace dos horas que **estudio.**
Hace dos horas que **estoy estudiando.** } *I have been studying for two hours.*

---

2. el tiempo transcurrido de una acción que comenzó en el pasado y que continuó hasta otro momento en el pasado.

hacía + tiempo + que + imperfecto o pasado progresivo

Hacía dos horas que **estudiaba** (cuando me llamó).

Hacía dos horas que **estaba estudiando** (cuando me llamó).

I had been studying for two hours (when he called me).

3. el tiempo transcurrido desde que terminó una acción. (*ago*)

hace + tiempo + que + pretérito o imperfecto o pasado progresivo

Hace dos horas que **estudié.**

(**Estudié hace** dos horas).

I studied two hours ago.

Hace dos horas que **estudiaba.**

Hace dos horas que **estaba estudiando.**

I was studying two hours ago.

PRÁCTICA

A. ¿Cuánto tiempo hace que...? Pregúntele lo siguiente a su compañero(a). ¿Cuánto tiempo hace que...

1. no ves a tu familia?

2. no ves una película buena?

3. estudias español?

4. vives en tu residencia o apartamento?

5. conoces a tu mejor amigo(a)?

B. "Ago". El tiempo va pasando rápidamente. Siguiendo el modelo, forme preguntas, hágaselas a su compañero(a) de clase y contéstelas Ud. también.

> **Modelo:** salir de casa
> *¿Cuánto tiempo hace que saliste de casa?*
> *Hace dos meses. ¿Y tú?*
> *Hace _____ que salí de la casa de mis padres.*

1. aprender a conducir

2. llegar a la universidad.

3. conocer a tu mejor amigo(a)

4. empezar a estudiar español.

5. comer en tu restaurante favorito

6. hacer un viaje especial

C. Situaciones cotidianas. En una fiesta Ud. cree reconocer a un(a) muchacho(a). Acérquese a él (ella) y háblele del día en que se conocieron. Entre los dos traten de recordar su encuentro previo.

1. el lugar
2. la época del año
3. la ropa que llevaban
4. el tiempo que hace que no se ven

¡OJO CON ESTAS PALABRAS!

to know —— saber
—— conocer

saber   *to know something such as a fact, a language, and so forth; to know by heart; to know how to do something.*

Sé que estás cansada, pero tenemos que regar las plantas hoy.
Tú **sabes** los nombres de todas las flores en el jardín.
Marta **sabe** cuidar las plantas exóticas.

conocer   *to be acquainted with a person or place; to be familiar with; to meet (someone)*

¿Cuántos años hace que **conoces** a María?
Conozco Bolivia mejor que Perú, y **conozco** un buen restaurante boliviano que está cerca del centro.

to meet —— conocer
—— reunirse
—— toparse con
—— encontrarse

conocer   *to meet (someone) for the first time*
Jorge **conoció** a su futuro cuñado en una fiesta.

reunirse   *to meet with a group or club*
Nos reunimos esta mañana para discutir los planes para la boda.

toparse (tropezar) con   *to meet by accident; to run into*
Caminando por la Plaza San Francisco de La Paz, **nos topamos** con los novios.

encontrarse   *to meet by appointment or chance*
Nos encontramos a las ocho en el restaurante del hotel.

A. ¿Saber o conocer? Escoja el verbo correcto.

1. Hacía mucho tiempo que yo (conocía/sabía) a Cecilia y (conocía/sabía) que era boliviana.

2. No (conocía/sabía) su casa pero (conocía/sabía) que era muy cómoda y bonita.

3. Cuando Cecilia (conoció/supo) que mi hermana y yo estábamos de vacaciones en La Paz, nos invitó a su casa. Allí (conocimos/supimos) a toda su familia.

4. Yo (conocía/sabía) que a Cecilia le gustaba cocinar y, como era de esperar, la cena que preparó fue deliciosa.

5. Pasamos unos días muy bonitos en La Paz y en compañía de Cecilia (conocimos/supimos) muchos lugares interesantes.

6. Hoy recibí una carta de Cecilia. Dice que hace un mes (conoció/supo) a un muchacho boliviano y que no (conoce/sabe) si quiere casarse o no.

7. Yo (conocía/sabía) que tarde o temprano encontraría en su país al hombre de sus sueños.

 B. ¿Qué te ocurrió? En parejas, formen oraciones con cada verbo y cuéntense por turno lo que les pasó ayer. ¿Con quién(es) se reunieron y por qué? ¿A quién(es) conocieron y dónde?, etc.

reunirse   encontrarse   conocer   toparse

A. Una boda moderna. En parejas, observen atentamente el dibujo y traten de describir la boda, la iglesia, la ciudad, el tráfico, etc. Usen el imperfecto para describir las características de las personas, cosas o situaciones, siguiendo como guía las siguientes preguntas.

1. ¿Dónde era la boda? ¿En qué situación se celebraba la boda? ¿Cómo era la iglesia? ¿Cómo contrastaba la iglesia con el resto de la ciudad?

2. ¿Qué llevaba la novia el día de la boda? ¿Y el novio? ¿Cómo era el sombrero de la madrina (*godmother*)? ¿Cómo era el traje del padrino?

3. ¿Cómo era el tráfico esa mañana en el centro de la ciudad? Aparte de los coches, ¿qué otros vehículos estaban en el embotellamiento (*traffic jam*)?

4. Describa a los transeúntes (*passers-by*) del dibujo. ¿Estaban sonrientes? ¿enfadados? ¿estresados? ¿Por qué?

© Quino

B. Adiós, amor mío. ¡Anoche fue la noche más triste de su vida! Salió para cenar solo(a) en un restaurante y terminó enamorándose y despidiéndose.

1. Use el pretérito y el imperfecto para completar las siguientes oraciones.
    a. Anoche yo... y conocí a un(a) muchacho(a) muy... en... y...
    b. Él (Ella) era... , tenía... y le gustaba...
    c. Fuimos a... y allí... Todo...
    d. Durante toda la noche...
    e. Al final de la cena él (ella) me dijo que... y que...
    f. La despedida fue muy... Yo ... y él (ella)...

2. Ahora cuéntele la historia a un(a) compañero(a) de clase quien va a hacerle preguntas para obtener más información sobre lo que ocurrió anoche.

C. Julián y Elcira, ¡cincuenta y tres años de casados! Julián habla de los momentos más importantes de su vida. En grupos de tres estudiantes, lean los datos, calculen las fechas y respondan a las preguntas. ¡A ver cuál es el grupo más rápido de la clase!

- Hace cincuenta y tres años que Elcira y yo somos marido y mujer.
- Hace cuarenta y tres años que estamos viviendo en la misma casita en Bolivia.
- Hace cincuenta y cinco años que Elcira y yo nos conocimos en la clase de historia cuando los dos éramos estudiantes en la universidad en La Paz.
- Cuando nos conocimos, hacía tres años que yo estaba estudiando en La Paz y hacía sólo un año que Elcira estudiaba allí.
- Hace cincuenta y cinco años que terminé mi licenciatura y hace cincuenta y tres que Elcira terminó la suya. El mismo año en que Elcira terminó, nos casamos.
- Hoy es nuestro aniversario de bodas. Hace cincuenta y tres años que nos casamos y hace tres años que celebramos nuestras bodas de oro.
- Durante nuestros dos primeros años de casados, trabajábamos juntos en la biblioteca de la universidad.
- Dos años más tarde cambiamos de trabajo porque estábamos cansados de vivir entre libros.
- Por muchos años ahorramos para poder hacer un viaje largo. Hace un año hicimos nuestro sueño realidad cuando dimos la vuelta al mundo.

Ahora contesten las preguntas.

1. ¿En qué año se conocieron Julián y Elcira?

2. ¿En qué año comenzó Julián sus estudios universitarios? ¿Y Elcira?

3. ¿En qué año se casaron?

4. ¿Cuándo se mudaron a su casita? ¿En qué año?

5. ¿En qué año comenzaron a trabajar en la biblioteca? ¿En qué año terminaron?

6. ¿En qué año celebraron sus bodas de oro?

7. ¿Cuándo pudieron hacer el viaje de sus sueños? ¿En qué año fue?

D. ¿Casarse o quedarse soltero(a)? Para algunas personas es necesario tener en su vida un amor romántico para ser felices, mientras que para otras no lo es.

Use la imaginación para terminar las siguientes oraciones de una manera original. Luego, compare sus oraciones con las de un(a) compañero(a) de clase.

1. Ser soltero(a) es muy conveniente y significa...
   a. no tener que dar explicaciones a nadie si...
   b. poder dejar... amontonados (*piled up*) sin que le molesten a nadie.
   c. poder quedarse todo el día... o toda la noche...
   d. poder comer...
   e. nunca tener que...

2. Pero ser soltero(a) tiene sus desventajas y puede significar...
   a. que los fines de semana...
   b. tener que quedarse...
   c. que en la casa...
   d. no tener excusas para...
   e. no tener con quién...

3. ¿Cuáles son tres razones muy convincentes para quedarse soltero(a)? ¿Cuáles son tres razones convincentes para casarse?

 E. El plano de mi casa. En parejas, completen los pasos a continuación.

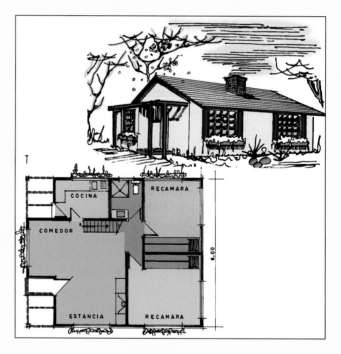

1. Por separado, miren el plano de la casa y díganle a su compañero(a) en qué se parece o se diferencia de la casa de su niñez. Comparen las habitaciones, el estilo, la arquitectura etc. y comparen las dos casas.

2. Ahora, comparen e intercambien ideas sobre la casa ideal. Digan qué muebles les gustaría tener en los dormitorios, la sala y el comedor y qué electrodomésticos para la cocina, etc.

3. Ud. va a mudarse de casa, pero antes de hacerlo va a vender varias cosas y muebles que piensa que no va a necesitar en su nueva casa.

a. Ponga un anuncio en el periódico para indicar qué es lo que vende y a qué precio.

Modelo: *Vendo: televisor a color $60, lámpara de pie $20, sofá $80, alfombra pequeña $35. Teléfono 682-4263.*

b. Atienda a la persona (su compañero(a) de clase) que llega a su casa para comprar los objetos o muebles que tiene anunciados en el periódico. Trate de venderlo todo.

F. Mesa redonda. Escoja tres o cuatro compañeros para formar una mesa redonda e intercambiar ideas sobre los siguientes temas. Después, un(a) estudiante de cada grupo debe informar a la clase sobre el tema discutido y sus conclusiones.

1. **La edad ideal para el matrimonio**

   Los muchachos de hoy en día no desean casarse muy jóvenes. ¿Cuál es la edad ideal para casarse? ¿Cuáles son algunas ventajas de casarse joven? ¿Es mejor vivir un tiempo con un(a) compañero(a) antes de casarse? ¿Qué ventajas hay en esta convivencia? ¿Qué desventajas?

2. **Cambios en la familia**

   ¿Creen Uds. que en una familia donde existen unión, afecto y diálogo los problemas se resuelven más rápido? ¿Saben Uds. cómo ha cambiado la familia en los últimos diez o veinte años? ¿Pueden Uds. ofrecer explicaciones para los cambios que hemos experimentado?

3. **El matrimonio como institución**

   ¿Piensan Uds. que el matrimonio ha pasado de moda? ¿Por qué hay tantos divorcios hoy en día? ¿Cómo han cambiado nuestras ideas sobre las obligaciones de los esposos? ¿Cómo ven Uds. el papel de la mujer y del hombre en la situación familiar?

G. Minidrama en dos actos. En grupos de tres personas, representen el siguiente minidrama.

Lugar: una vivienda modesta

Personajes: Paco Juárez, esposo de Josefina; Josefina Méndez de Juárez, esposa de Paco; Doña Matilde, madre de Josefina

Antecedentes: Paco y Josefina Juárez se casaron hace cinco años. Los primeros años de matrimonio fueron muy felices; por supuesto que reñían de vez en cuando, como todas las parejas jóvenes, pero muy pronto hacían las paces. Cuando Josefina dio a luz a su primer bebé, doña Matilde vino para ayudar con la niñita y con los quehaceres de la casa. Al principio Paco estaba muy contento con su suegra porque ella se encargaba de todo y ni él ni Josefina tenían que preocuparse de nada. Pero después de seis meses de hacer las cosas como quería la mamá de Josefina, Paco comienza a sentirse extraño en su propia casa y desde hace dos semanas busca la oportunidad de hablar con su esposa sobre esta situación.

Guía para la escenificación

   Primer acto: ¿Qué dirá Paco? ¿Cómo reaccionará la esposa? ¿Estará enojada con Paco? ¿O estará de acuerdo con él y tendrá ganas de independizarse de su madre y cuidar personalmente a su niña?

Segundo acto: Paco y Josefina han discutido el asunto y ahora están en presencia de doña Matilde. ¿Qué le dirán? ¿Le agradecerán todo y la devolverán a su propio hogar donde su esposo la necesita más? ¿Cuál será la reacción de la suegra?

¿Qué sabe Ud. de... Bolivia?

BOLIVIA

Potosí, Bolivia

Potosí es una preciosa ciudad situada en la parte suroeste de Bolivia. A 4.070 metros de altitud es la ciudad más alta del mundo entre las de su tamaño. Su espectacular belleza natural y su fisionomía colonial bien conservada atraen a miles de turistas nacionales y extranjeros cada año. Es reconocida por sus iglesias y sus espléndidas mansiones.

Al igual que los turistas de hoy, los conquistadores españoles se sentían atraídos por Potosí, pero por otras razones. Su cerro grande albergaba° una magnífica mina de plata y los españoles tenían una sed insaciable de riqueza y gloria. No fue un colonizador español quien descubrió la riqueza mineral de Potosí. Según cuentan, un indio pastor dormía en el campo lejos de su hogar. Al día siguiente se despertó y vio que había "hilos plateados" que brillaban entre las cenizas de su fogata. Esto ocurrió en 1544.

Cuando los españoles se enteraron del descubrimiento, se apoderaron del gran Cerro Rico, construyeron viviendas y otras edificaciones y convirtieron a Potosí en la capital de la plata. Moradores° españoles, sedientos° de riquezas, inundaron° la zona y para 1611 había una población de 160.000 habitantes. Era una de las cinco ciudades más grandes del mundo de esa época. De todas las ciudades establecidas por los conquistadores españoles en el Nuevo Mundo, fue Potosí la que les dio más fama. En 1546 el rey Carlos I de España nombró a Juan de Villarroel fundador de la ciudad de Potosí. Aún hoy se dice en español que una cosa "vale un potosí" para ponderar su imenso valor.

housed

residents
thirsty
flooded

A. Recordar lo que sabemos. En esta lección de **Horizontes: Repaso y conversación** y en la correspondiente de **Horizontes: Cultura y literatura** hay varias menciones sobre Bolivia. En parejas, repasando y recordando lo que leyeron, respondan a las siguientes preguntas.

1. ¿Cuántas capitales tiene Bolivia? ¿Cuáles son? ¿Saben Uds. si una de las dos es más importante que la otra?

2. ¿Qué otras ciudades bolivianas conocen? ¿Por qué es famosa Potosí?

3. Además del español ¿qué otras lenguas se hablan en Bolivia? ¿Qué porcentaje de la población boliviana habla lenguas amerindias?

4. Ahora Bolivia no tiene costa marina, pero ¿saben si la tuvo alguna vez? ¿Cuándo la perdió?

5. ¿Cuáles son las principales fuentes de ingresos de Bolivia?

6. Uds. saben que la cocaína es una droga muy destructiva, pero ¿qué saben de la hoja de coca y de sus efectos?

7. ¿Conocen a algún(una) escritor(a) boliviano(a)? ¿Cuál de sus obras leyeron?

8. ¿Qué más saben sobre Bolivia? ¿Qué más les gustaría saber?

B. Ampliar lo que sabemos. ¿Les gustaría aprender más sobre Bolivia? Reúnanse en grupos de tres o cuatro personas y preparen una presentación sobre uno de los siguientes temas. Elijan el que más les interese, u otro que no aparezca en la lista.

- La riqueza cultural y lingüística de los distintos grupos étnicos bolivianos.
- La turbulenta historia de Bolivia desde la Conquista hasta la Independencia y desde la Independencia hasta hoy. Dos grandes personalidades históricas relacionadas con Bolivia: Simón Bolivar y Ernesto "Ché" Guevara.
- La diversidad de la flora y la fauna bolivianas desde el Altiplano hasta la Amazonia. La vida en el lago Titicaca y en sus alrededores.
- Los yacimientos arqueológicos bolivianos, especialmente el de Tiwanaku (Tiahuanaco) y su relación con las culturas andinas precolombinas.
- El sincretismo de las culturas andinas y los elementos europeos. El carnaval de Oruro.
- Las músicas de las culturas andinas: instrumentos, grupos musicales, melodías. Las danzas de Bolivia.
- La producción textil en las culturas andinas de Bolivia. La revitalización de la artesanía textil en las comunidades nativas.
- La cultura religiosa en la época colonial: la arquitectura de las catedrales, las pinturas de ángeles y santos; la música de la misión de Chiquitos y de otras.
- La literatura boliviana: las obras más importantes y sus autores(as). Adela Zamudio y Ricardo Jaimes Freyre. Las generaciones jóvenes.
- La riqueza del subsuelo boliviano. La importancia de Potosí en la época colonial. Las explotaciones actuales de plata, estaño y otros metales.
- Los usos de la hoja de coca en la vida cotidiana y su importancia en la economía boliviana.
- La cocina boliviana. La enorme variedad de papas. La presencia del maíz (choclo). Las salteñas y las otras empanadas.

C. Compartir lo que sabemos. ¿Cómo preparar la presentación?

1. Utilicen todo tipo de fuentes de información para investigar sobre el tema elegido: libros, prensa, Internet, etc.

2. Incluyan en su presentación todos los medios audiovisuales que crean convenientes: fotografías, mapas, dibujos, videos, cintas o discos de música, etc.

3. Presenten primero un esquema de todos los puntos que van a desarrollar en su presentación.

¡REVISE SU ORTOGRAFÍA!

Las letras c *(ce, ci)*, s y z

En algunas zonas del sur de España[1] y en casi toda Hispanoamérica el sonido correspondiente a la letra **s** es el mismo que corresponde a las letras **c (ce, ci)** y **z**.

celoso	**z**apato	a**ce**ite	triste**z**a
ciudad	**s**ábana	divor**ci**o	de**s**can**s**ar

Para evitar la confusión en el momento de escribir, pueden seguirse estas reglas generales.

Dos guías prácticas

A. Las palabras que terminan en –*tion* en inglés se traducen en –*ción* al español.

nation	**nación**
circulation	**circulación**
celebration	**celebración**

B. Las palabras que terminan en –*sion* y –*ssion* en inglés se traducen en –*sión* al español.

television	**televisión**
conclusion	**conclusión**
admission	**admisión**

---

1. Se escriben con **c** las siguientes categorías de palabras.

   a. Palabras que terminan en **–ancia:**

      infancia   tolerancia   constancia   ignorancia   ganancia

   b. Palabras que terminan en **–encia, iencia:**

      herencia   ausencia   experiencia   paciencia

   c. Verbos que en el infinitivo terminan en **–cer** y **–cir** y sus formas derivadas. (¡Ojo con **coser** y algunos otros!)

co**cer**	Para co**cer** las papas el agua tiene que hervir.
cono**cer**	¿Cono**ces** a aquel muchacho?
conven**cer**	Estaba conven**cida** de que vendrías a verme.

2. Se escriben con **z** las siguientes categorías de palabras.

   a. Palabras que terminan en **–anza:**

      esperanza   alabanza   balanza

   b. Muchos verbos que en el infinitivo terminan en **–zar** y sus formas derivadas. (¡Ojo con **pensar** y otros!)

empe**zar**	Empe**z**aste bien el año.

---

[1] En el resto de España la **c** (**ce, ci**) y la **z** se pronuncian con el sonido *th* del inglés.

Nov. 15th

ENFOQUE: Narración autobiográfica

Después de practicar los tiempos verbales del pasado, Ud. está listo(a) para escribir sobre sus experiencias familiares. Pero antes de comenzar a escribir una narración autobiográfica, organice sus pensamientos. Seleccione la época de su vida que quiere contar y trate de contestar las siguientes preguntas.

1. ¿Qué acontecimientos importantes sucedieron en su vida? Escriba algunos de estos acontecimientos.

2. ¿Cuáles fueron sus grandes decisiones? ¡Escríbalas!

3. Ahora piense en cómo se sintió en esos momentos. ¿Se sintió aliviado(a)? ¿dudoso(a)? ¿triste? ¿feliz? ¿avergonzado(a)? ¿satisfecho(a)?

composición

Modelo:

Acontecimientos y decisiones	Sentimientos
1. Era la niña menor.	Era muy mimada (spoiled). Me gustaba jugar con mis hermanos mayores. Lloraba y gritaba por todo.
2. Fui a una escuela privada.	Me di cuenta de que no podía seguir con mis caprichos (whims). Era tímida. Leía mucho.
3. Recuerdo que cuando tenía quince años...	me sentía insegura. murió mi abuelo. no salía. tenía pocos amigos.

A escribir

Ahora, complete la composición del modelo de abajo. Luego, busque un título apropiado para su propia composición y escriba el primer párrafo. Tenga cuidado con los tiempos del pasado.

Modelo: *Caprichos de una niña mimada*

Como yo ___era___ (ser) la hija menor de una familia con cinco hijos, ___fui era___ (ser) muy mimada. Siempre ___tenía___ (tener, yo) alguien con quien jugar o a quien molestar con mis caprichos. Mi madre ___decía___ (decir) que yo le ___daba___ (dar) más trabajo que todos mis hermanos juntos. Cuando yo quería conseguir algo—caramelos, ropa, un juguete, etc.—___lloraba___ (llorar) y ___gritaba___ (gritar) porque ___sabía___ (saber) que mi madre, mi padre o alguno de mis hermanos me lo daría. Recuerdo una vez que mi madre le ___compró___ (comprar) un vestido rojo a mi hermana Margarita. Yo ___hice___ (hacer) tal escándalo que el día del cumpleaños de Margarita las dos llevábamos vestidos rojos.

Pero todo llega a su fin y al entrar en la escuela me di cuenta de que yo no ___podía___ (poder) continuar siendo el centro del mundo...

¡Ahora a escribir su propia composición!

LECCIÓN 5

¡*Cerremos el trato!*

▼ *En un banco mexicano*

¡CHARLEMOS!

Trabaje con un(a) compañero(a) de clase. Háganse por turno las siguientes preguntas.

1. Describe una entrevista en la cual causaste una impresión muy positiva. ¿Puedes describir una en la cual causaste una impresión negativa? ¿Has tenido una entrevista en la cual te sentiste muy incómodo(a)? ¿Alguna vez has hecho el papel de entrevistador(a)?

2. ¿Cuál fue tu primer trabajo? ¿Fueron tus experiencias agradables o desagradables? ¿Por qué? ¿Qué otros trabajos has tenido? ¿Prefieres el trabajo de media jornada o de jornada completa? ¿Por qué?

3. ¿Manejas bien tus cuentas personales? Explica. ¿Puedes vivir con el presupuesto mensual que tienes o gastas más dinero del que tienes? ¿Te gusta pagar al contado, con cheque o con tarjetas de crédito? ¿Por qué?

4. ¿Tienes dinero en una cuenta corriente o en una cuenta de ahorros? ¿Cuáles son las ventajas de poner dinero en una cuenta de ahorros? ¿Qué interés recibes en tu cuenta?

ENFOQUE: México

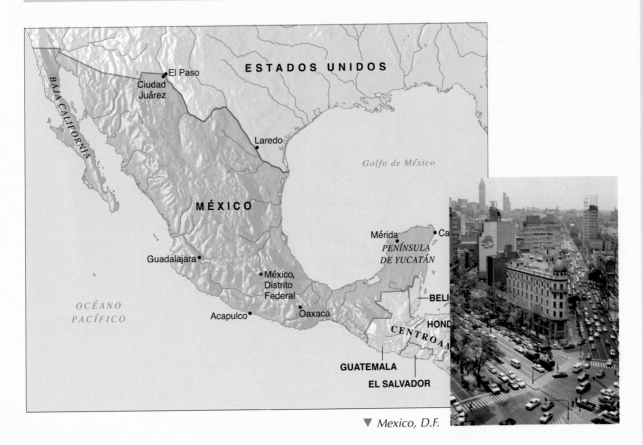

▼ *Mexico, D.F.*

En las oficinas de un banco

En una agencia de empleos

EL MUNDO BANCARIO

Las personas

el (la) banquero(a) *banker*
el (la) cajero(a) *teller*
el (la) cliente(a) *client*

el (la) gerente *manager*
el (la) jefe(a) *boss*
el personal *staff, personnel*

Vocabulario relacionado con clientes

abrir / cerrar (ie) una cuenta corriente (conjunta / de ahorros) *to open / close a checking account (a joint account / a savings account)*

ahorrar *to save* ~polupar~

el cambio *currency exchange; change*

la cuota mensual *monthly payment*

endosar un cheque *to endorse a check*

girar / firmar un cheque *to draw / sign a check*

el giro *money order*

ingresar (depositar) un cheque *to deposit a check*

pagar en efectivo (al contado) *to pay cash*

sobregirarse *to overdraw*

la tarjeta de crédito (de débito) *credit (debit) card*

usar el cajero automático *to use the ATM machine*

Vocabulario relacionado con banqueros

atender (ie) a los clientes *to take care of (wait on) the customers*

cobrar *to cash*

irritarse por *to get irritated about*

llevarse bien / mal con *to get along well / badly with*

pagar con billetes (con cheque) *to pay in bills (with a check)*

ponerse furioso(a) *to become enraged*

preocuparse por *to worry about*

resolver (ue) los problemas *to solve problems*

Los préstamos

deber al banco *to owe the bank*

la fecha de vencimiento *due date*

hacer el pago inicial / final *to make the first / last payment*

pagar un interés del ... por ciento *to pay an interest of . . . percent*

pedir (i) un préstamo *to apply / ask for a loan*

la tasa de interés *rate of interest*

EL MUNDO DE LOS NEGOCIOS

Las personas

el (la) comprador(a) *buyer*

el (la) ejecutivo(a) *executive*

el (la) empleado(a) *employee, clerk*

el (la) encargado(a) *person in charge, superintendent*

el hombre (la mujer) de negocios *businessman (woman)*

el (la) postulante/candidato(a) *job seeker*

el (la) socio(a) *partner; member*

el (la) trabajador(a) *worker*

el (la) vendedor(a) *salesperson*

Vocabulario relacionado con el empleo (el trabajo)

abrir la correspondencia *to open the mail*

contratar *to hire*

despedir (i) a *to dismiss, fire*

entrevistar a *to interview*

estar capacitado(a) para *to be skilled at*

ganar un sueldo de... *to earn a salary of . . .*

jubilarse/retirarse *to retire*

llenar la solicitud de empleo *to fill out the job application*

ofrecer posibilidades de ascenso *to offer possibilities for promotion*

el puesto de jornada completa (de media jornada) *full time (half time) position*

renunciar al empleo *to resign from the job*

solicitar un empleo *to apply for a position*

tener un contratiempo *to have a mishap or misunderstanding*

Vocabulario relacionado con los negocios

las acciones *shares*
el almacén *warehouse*
comprar a plazos *to buy in installments*
dárselo a... / dejárselo en... *to let you have it for . . .*
la empresa *company*
la fábrica *factory*
las ganancias *profits*

gastar *to spend (money, time)*
invertir (ie) dinero *to invest money*
ofrecer un descuento *to offer a discount*
las pérdidas *losses*
rebajar el precio *to lower the price*
regatear *to bargain*
la sucursal *branch*
vender la mercancía *to sell merchandise*

PRÁCTICA: EL MUNDO BANCARIO

A. La jefa de mi departamento. Ud. es cajero(a) en un banco internacional en Ciudad de México y le han pedido hacer la evaluación anual de la jefa de su departamento, Regina Montenegro. Use la forma correcta de los siguientes verbos y expresiones para completar este fragmento de la evaluación.

irritarse   atender
llevarse bien   preocuparse por
resolver   ponerse furiosa

...y la señora Montenegro _atiende_ a todos los clientes con la mayor cortesía. Es eficiente y está muy capacitada para _resolver_ cualquier problema que pueda surgir. En cuanto al personal, la señora Montenegro _se lleva bien_ con todos en el departamento; _se preocupa por_ nuestro bienestar, nunca _se irrita_ por los contratiempos inevitables que ocurren con frecuencia en un banco y sólo una vez la he visto _ponerse furiosa_ con un empleado y éste bien se lo merecía. Es un placer trabajar en este banco bajo la dirección de Regina Montenegro.

B. Así se hace. Ud. le da instrucciones a un amigo sobre cómo hacer trámites en el banco. Busque en la segunda columna las terminaciones de las oraciones en la primera columna.

I

1. No puedes cobrar este cheque porque...
2. Es mejor cerrar tu cuenta de ahorros porque...
3. Debes ingresar tu cheque cuanto antes porque...
4. No es necesario llevar mucho dinero en efectivo porque...
5. Piensa bien antes de pedir un préstamo porque...

II

a. sólo pagan un interés del dos por ciento.
b. la tasa de interés es muy alta.
c. puedes usar el cajero automático.
d. no lo has endosado.
e. estás sobregirado.

C. Ficha de depósito. Rosario Santos hizo el siguiente depósito en el Banco Mexicano Somex. Observe la suma de los depósitos y conteste las preguntas.

1. ¿En qué cuenta depositó la suma total?
2. ¿Cuántos cheques ingresó y por qué cantidades?
3. ¿Cuál es la cantidad total de los cheques?

BANCO MEXICANO SOMEX
SOCIEDAD NACIONAL DE CREDITO

COMPRUEBE SI LA CANTIDAD CERTIFICADA EN
ESTE RECIBO ES LA MISMA QUE UD. DEPOSITO

Este recibo solo será válido cuando muestre el sello del Cajero Recibidor y la impresión de nuestra máquina certificadora, que indique fecha el número de la oficina receptora, el de la entrega e importe del depósito o en su caso cuando esté firmado y sellado por el cajero que recibió el depósito.

ENTREGA PARA ACREDITARSE
EN LA CUENTA DE CHEQUES
MONEDA NACIONAL No. **7 5 4 8 3**

DE: *Rosario Santos*

DE CONFORMIDAD CON LAS CONDICIONES ESPECIFICADAS AL DORSO.

A_____ DE _____ DE 19____

ORIGINAL PARA EL BANCO

EFECTIVO ➡		
DETALLE DE DOCUMENTOS		
No.	A CARGO DE:	
428	portador	37,000. —
17523	"	750,000 —
96	"	42,162. —
(SUMA DEL REVERSO)		
TOTAL ➡ MONEDA NACIONAL		829,162. —

FIRMA DEL DEPOSITANTE

C-3124

D. En las oficinas de un banco. En parejas, observen el dibujo de la página 156. Usen el **Vocabulario para la comunicación,** si es necesario, para contestar las siguientes preguntas.

1. Según el número de personas que hay en el banco, ¿qué hora será?
2. ¿Cuántos de los empleados son hombres? ¿Cuántas son mujeres? ¿De qué se queja la señora que está en la cola de la sección de Cuentas? ¿Qué desea hacer la niña que la acompaña? ¿Qué lleva la niña en las manos? ¿En qué secciones no hay cola?
3. En este banco, ¿cuánto interés genera una cuenta a plazo fijo *(fixed rate)?* ¿Le parece poco o mucho? ¿Y cuánto interés genera una cuenta corriente?
4. ¿Cuáles son algunas ventajas de los depósitos rápidos?

E. Queremos saber. Conteste las siguientes preguntas. Luego, use la forma *tú* y hágale las preguntas a su compañero(a) de clase.

1. ¿Lleva bien sus cuentas o comete muchos errores?
2. Cada vez que hace un ingreso en su cuenta o gira un cheque, ¿suma o resta la cantidad en su libreta de cheques? ¿Revisa el estado de su cuenta que le envía el banco?
3. ¿Se sobregira de vez en cuando en su cuenta corriente? Si es así, ¿cómo resuelve el problema?

PRÁCTICA: EL MUNDO DE LOS NEGOCIOS

F. Los negocios. Use la forma correcta de los siguientes verbos, sustantivos y adjetivos para completar esta descripción del mundo de los negocios en México.

contratar	ascenso	encargado	sucursal
despedir	empleado	fábrica	sueldo
ganar	empresa	ganancias	capacitado
vender			

Las principales ciudades mexicanas cuentan con grandes ___empresas___ ___fábricas___ que tienen ___sucursales___ en muchas partes del país. Los empresarios ganan ___sueldos___ impresionantes y muchos se han hecho riquísimos. Sin embargo, la mayoría de las compañías mexicanas están en manos de pequeños y medianos empresarios cuya situación resulta difícil. Ellos _ganan_ lo necesario para sobrevivir y trabajan solos o con familiares como _empleados_. Hay MBAs con especializaciones en marketing que están _capacitados_ para sacar adelante estas pequeñas compañías, pero las _ganancias_ reducidas de los dueños no les permiten _contratar_ a estos especialistas.

Una situación aún más deprimente existe a lo largo de la frontera entre México y Estados Unidos. Allí ha surgido una larga cadena de compañías extranjeras en cuyas _fábricas_ trabajan miles de mexicanos que han venido para el norte en busca de empleo. La vida para estos mexicanos pobres suele ser muy difícil. Ellos _ganan_ un sueldo miserable, no existen posibilidades de _ascenso_ para ellos, y los _encargados_ están obligados a _despedir_ a las mujeres embarazadas. Es un callejón de miseria sin salida.

VOCABULARIO PARA LA COMUNICACIÓN: El mundo bancario / El mundo de los negocios

G. ¿Quién? Su profesor(a) va a leer una serie de descripciones. Escuche e indique la persona que corresponde a cada descripción.

1. la postulante / la encargada
2. el comprador / el socio
3. el postulante / el empleado
4. el vendedor / el comprador
5. la encargada / la trabajadora
6. la socia / la compradora
7. el ejecutivo / el trabajador

G. ¿Quién?
1. Una joven recién graduada viene a las oficinas para solicitar empleo.
2. Este señor acaba de invertir mucho dinero en la empresa.
3. La semana pasada el señor Camacho se jubiló después de cuarenta años de trabajo.
4. Roberto Vega decidió no rebajar el precio de la mercancía.
5. Susana Martínez tiene la responsabilidad de contratar a los empleados.
6. Esa señora puede regatear el precio con cualquier vendedor.
7. Marcos quiere cambiar su horario de media jornada a jornada completa.

H. Derivaciones. Escriba un sustantivo que corresponda a los siguientes verbos. Luego, escriba una oración que ejemplifique el sentido de la palabra.

> **Modelo:** ingresar > ingreso
> *Despidieron a muchos empleados porque los ingresos están muy reducidos.*

1. asociarse _____ _____
2. ascender _____ _____
3. comprar _____ _____
4. emplear _____ _____
5. encargarse _____ _____
6. fabricar _____ _____
7. ganar _____ _____
8. perder _____ _____
9. solicitar _____ _____
10. vender _____ _____

I. En una agencia de empleo. En parejas, observen el dibujo de la página 156. Usen el **Vocabulario para la comunicación,** si es necesario, para contestar las siguientes preguntas.

1. ¿Por qué es importante una agencia de empleo?
2. ¿Qué razones podrían tener las dos mujeres jóvenes para buscar trabajo de media jornada?
3. ¿Le parece lógico que uno de los empleados esté leyendo el periódico en horas de oficina? ¿Por qué?
4. En la ventana que está a la mano derecha, ¿qué hace el hombre? ¿Y la empleada que se ve en la habitación del centro?
5. Usen la imaginación y terminen los tres diálogos: el diálogo entre el empleado y la mujer, el diálogo entre el otro empleado y el señor y la conversación entre las dos mujeres.

PERSPECTIVAS

PREPARATIVOS

1. Lea la sección **¿Sabía Ud. que en México... ?**
2. Mire los verbos de la lectura que están en negrita. ¿Qué significa el segundo verbo? Éste y todos los demás verbos en negrita son ejemplos del tiempo presente perfecto. ¿Sabe formar el pluscuamperfecto de este verbo? ¿Cuál es el infinitivo del participio pasado "ascendido"? ¿Cuál es el participio pasado de los siguientes infinitivos: trabajar, ofrecer, gastar, escribir, poner?
3. En México las pequeñas y medianas empresas (Pymes) han crecido rápidamente. ¿Qué tipo de apoyo necesitan para poder competir con las grandes empresas nacionales e internacionales que abundan en el país?

¿Sabía Ud. que en México... ?

- Se **exportan** aproximadamente 225 productos. Entre ellos figuran productos farmacéuticos, manufacturas plásticas, máquinas y aparatos eléctricos. Algunos de los países que han jugado un papel importante en el creciente comercio entre México y Latinoamérica son Chile, Argentina, Venezuela, Brasil y Costa Rica.
- Hace más de diez años que México forma parte del **Tratado de Libre Comercio de América del Norte** (TLCAN/ NAFTA) con Estados Unidos y Canadá. México era entonces y sigue siendo un país atractivo para los inversionistas. Cuando se ratificó el TLCAN se esperaba que la economía siguiera aumentando y que se crearan nuevas oportunidades de trabajo para los mexicanos. Sin embargo°, algunos creen que los pobres del campo se han empobrecido más y que los empresarios se han hecho más ricos.

However

Las Pymes mexicanas

México no **se ha limitado** a tener un tratado comercial con Estados Unidos y Canadá. Últimamente el intercambio comercial entre México y los países de Latinoamérica **ha ascendido** a muchos millones de dólares, y el pronóstico económico para esta unión es excelente. En especial las *pequeñas y medianas empresas* (Pymes) mexicanas **han encontrado** un atractivo mercado de consumo e inversión y **se han aprovechado** enormemente de los beneficios de los diez tratados de libre comercio firmados entre ellos. Más de quince mil exportadores mexicanos venden sus productos a Latinoamérica, mientras que menos de seis mil operaciones comerciales se realizan con Europa y Norteamérica.

to increase

La red Fundes (Fundación para el Desarrollo Empresarial Sostenible) y Microsoft México son dos instituciones que **han propuesto** incrementar° la competitividad de las Pymes en México y en toda Latinoamérica. Fundes **ha creado** el portal de negocios mipyme.com para proveer servicios prácticos, información especializada, y apoyo de expertos para asegurar el futuro de las Pymes. El sitio web proporciona programas, software, contactos comerciales y otros apoyos. Para que las Pymes puedan aprovecharse de los beneficios de sus programas en su negocio, Microsoft México **ha lanzado** su campaña "Domina tu negocio". Las empresas pueden contar con un panorama de cursos, servicios y apoyo técnico para incursionarse° en el mundo tecnológico. ¡Adelante Pymes! ¡Adelante México!

to get involved

COMPRENSIÓN Y PRÁCTICA

A. Preguntas. Basándose en la lectura, conteste las preguntas siguientes.

1. ¿Qué significa "Pymes"?
2. ¿Qué tipo de relaciones comerciales existen entre México y Latinoamérica?
3. ¿Qué papel juega Microsoft México en las relaciones comerciales mexicanas?
4. ¿Qué hace Fundes para ayudar a las Pymes?
5. ¿Cuál es el pronóstico para el futuro de las Pymes?

B. Expansión. Complete los pasos a continuación.

1. Con la ayuda de Microsoft, Fundes y otras organizaciones las Pymes han formado parte de la era digital. ¿Qué tipo de negocios pueden hacer las Pymes a través de Internet? ¿Qué pueden hacer para sacarle el mayor provecho a Internet?
2. En la vida de Ud., comente las ventajas de Internet en las siguientes areas:
   - la educación
   - el entretenimiento
   - la búsqueda de información
   - las relaciones personales
   - otra

ESTRUCTURA 1: El presente perfecto y el pluscuamperfecto

LAS FORMAS DEL PRESENTE PERFECTO Y DEL PLUSCUAMPERFECTO

Los tiempos perfectos se forman con una forma del verbo **haber** *(to have)* y el participio pasado.

Recuerde que el participio pasado se forma con las siguientes terminaciones.

Infinitivo	Terminación	Participio pasado
ahorr**ar**	–ado	ahorr**ado**
vend**er**	–ido	vend**ido**
invertir[1]	–ido	invert**ido**

Algunos participios pasados son irregulares.[2]

Infinitivo	Terminación del participio pasado	Participio pasado
abrir	–to	abierto
cubrir		cubierto
describir		descrito
escribir		escrito
morir		muerto
poner		puesto
resolver		resuelto
romper		roto
ver		visto
volver		vuelto
decir	–cho	dicho
hacer		hecho
satisfacer		satisfecho
imprimir	–so	impreso

Formación del presente perfecto

El presente perfecto se forma con el presente de **haber** y el participio pasado.

Tiempo presente		
he		
has		abierto
ha	+	ahorrado
hemos		hecho
habéis		
han		

Yo **he abierto** una cuenta en ese banco, **he ahorrado** mil dólares y **he hecho** planes para un viaje a Cancún.

*I **have opened** an account in that bank, I **have saved** a thousand dollars and I **have made** plans for a trip to Cancun.*

---

[1] Note que los verbos con cambios en el radical no tienen cambios en la forma del participio pasado: **encontrar > encontrado, pedir > pedido.**

[2] Las formas compuestas de estos verbos llevan la misma irregularidad en el participio pasado: **suponer > supuesto, devolver > devuelto, descubrir > descubierto.**

Formación del pluscuamperfecto

El pluscuamperfecto se forma con el imperfecto de **haber** y el participio pasado.

Tiempo imperfecto

había		
habías		atendido
había	+	escrito
habíamos		resuelto
habíais		
habían		

Cuando mi jefa llegó a la oficina ayer, yo ya **había atendido** a dos clientes, **había escrito** tres cartas y **había resuelto** muchos problemas.

When my boss arrived at the office yesterday I had already waited on two clients, I had written three letters and I had resolved many problems.

LOS USOS DEL PRESENTE PERFECTO Y DEL PLUSCUAMPERFECTO

El presente perfecto expresa...

1. una acción que ha terminado en el pasado inmediato.[1]

   Me he jubilado y ahora puedo pasar más tiempo en mi casa en Acapulco.

2. una acción pasada que continúa o puede repetirse en el presente.

   Esta empresa siempre **ha contratado** a los mejores trabajadores.

El pluscuamperfecto expresa...

1. una acción pasada, anterior a otra acción también pasada.

   Decidí cancelar mi cuenta corriente porque el banco **había tenido** problemas en los últimos meses.

---

[1] En ciertas regiones de España y en algunos países hispanoamericanos se usa el presente perfecto en lugar del pretérito para expresar una acción terminada en un pasado no muy reciente.

   Este año **he abierto** (abrí) tres cuentas. *This year I have opened (I opened) three accounts.*

   Jaime **ha pedido** (pidió) un préstamo. *Jaime has requested (requested) a loan.*

PRÁCTICA

A. Hoy en la empresa. Hoy ha sido un día difícil en el Departamento de Recursos Humanos de una empresa. Empareje los fragmentos de las dos columnas para formar oraciones lógicas. Cambie los verbos entre paréntesis al presente perfecto.

I

1. El jefe del departamento (ponerse furioso) _se ha puesto / ~~no se puesto~~_
2. Silvia, muy ofendida, (renunciar) _ha renunciado_
3. Otra secretaria, Ana, (jubilarse) _se ha jubilado_
4. Dos candidatos capacitados (solicitar) _han solicitado_
5. El jefe (entrevistar) _ha entrevistado_
6. Pero no (contratar) _ha contratado_

II

a. su trabajo.
b. los puestos de Silvia y Ana.
c. a ninguno de ellos.
d. después de 30 años de servicio.
e. con su secretaria, Silvia.
f. a los dos candidatos para el puesto.

B. Minidiálogos. Complete los minidiálogos, usando el presente perfecto.

1. —¿Te _has fijado_ (fijar, tú) en Felipe?

—Sí, ¡cómo _ha cambiado_ (cambiar, él)! Parece más viejo. ¿Qué le _ha pasado_ (pasar)?

—Alguien me _ha dicho_ (decir) que le va mal con su negocio.

—¡Pobre hombre!

2. —¿_Se han casado_ (casarse) Lucía y Jaime? ¡No me digas!

—Pues sí, hombre, sí. Yo _he estado_ (estar) en la boda.

—¿Y qué tal les va?

—¡Estupendamente! _Se han puesto_ (Poner, ellos) un negocio de comida italiana y están ganando dinero.

—¡Cuánto me alegro!

3. —¡Otra vez _ha venido_ (venir) Ud. tarde al trabajo!

—¡Perdone! _He tenido_ (Tener, yo) varios contratiempos. ¿No _ha visto_ (ver) Ud. la nota que le dejé sobre su escritorio?

C. ¿Qué habían hecho todos ellos? Use las palabras **antes de** y **ya** y un elemento de cada columna para formar diez oraciones usando el pluscuamperfecto.

Modelo: *Antes de cumplir dieciocho años, yo **ya había aprendido** a conducir.*

ir al trabajo	yo	solicitar un empleo
pedir un préstamo	nosotros	comprar el coche
viajar a Guadalajara	el cajero	consultar varios bancos
ir de compras	los empleados	cerrar el contrato
volver a casa	la gerente	hablar con el gerente
renunciar al empleo	el postulante	entrevistar al candidato

contratar al empleado	el vendedor	ofrecer un descuento
salir del trabajo	los clientes	estudiar mucho
jubilarse	la compradora	hacer planes para viajar
	tú	encontrar un puesto mejor
		terminar el proyecto

D. Un regalo para mi madre. Complete el siguiente párrafo con el presente perfecto o el pluscuamperfecto, según sea necesario.

Ese día, antes de salir de la oficina, yo 1. _había cobrado_ (cobrar) mi sueldo y quería hacerle un regalo a mi madre. Ella me 2. _había dicho_ (decir) que le gustaría tener una blusa de seda. Sus amigas la 3. _habían invitado_ (invitar) a una fiesta y deseaba estar muy elegante.

Entré en un almacén pensando en una blusa que 4. _había visto_ (ver, yo) la semana anterior. Aún no la 5. _había encontrado_ (encontrar, yo) cuando oí a la vendedora que me decía:

—La compañía 6. _ha rebajado_ (rebajar) el precio de estas blusas y son muy bonitas. 7. _Hemos vendido_ (Vender, nosotros) muchísimas. ¿Las 8. _han visto_ (ver, Ud.)?

E. Estoy muy capacitado(a). Ud. va a solicitar trabajo en la empresa Microsoft México. Escríbale un párrafo al jefe de la empresa en el que describe su experiencia profesional anterior. Explique por qué está capacitado(a) para realizar el trabajo que busca, describiendo sus conocimientos y talentos especiales. ¡Use su imaginación! Incluya al menos tres ejemplos del tiempo presente perfecto y un ejemplo del pluscuamperfecto.

PERSPECTIVAS

PREPARATIVOS

1. Lea la sección **¿Sabía Ud. que en México... ?**

2. Mire los pronombres que están en negrita en la lectura, "**Hay que ganarse la vida.**" ¿Puede identificar los pronombres de complemento directo e indirecto? ¿Entiende por qué algunas veces estos pronombres preceden al verbo y otras veces están unidos al infinitivo?

3. ¿Las cadenas de comida rápida como *El Pollo Pepe* están creciendo en México. ¿Por qué será?

¡Sabía Ud. que en México...?

■ **El rebozo** es una manta° que lleva la
mujer mexicana para cubrirse del frío.
En ocasiones sirve para envolver a sus
niños pequeños.

shawl (banket)

■ **El tamal** es una comida de origen indígena
preparada con masa (*dough*) de maíz que
se rellena con carne o dulce. Se envuelve
en hoja de maíz o de plátano y se cuece°
al vapor. El tamal es un plato obligatorio
para Nochebuena y otras grandes
celebraciones tanto en México como en
muchos hogares mexicoamericanos de
Estados Unidos.

it is cooked

▲ *Un local de comida rápida*

■ **Nomás** es una expresión mexicana sinónima de *solamente* o *nada más que*.

■ **El chile** es un fruto (rojo o verde) de una planta que se usa como condimento en
muchos platos mexicanos. En la época precolombina su uso era amplio en todo el
territorio de México para condimentar y por sus poderes digestivos. Junto con la
vainilla, el maíz, el tomate y el chocolate, el chile era un producto muy cotizado° por los
conquistadores españoles. Hoy es un ingrediente principal en moles, salsas, tamales,
enchiladas, y para muchos mexicanos es un elemento imprescindible° en su dieta.

desired

necessary

■ **Marchantito(a)** es la palabra que se usa para dirigirse a la persona que está
comprando. Es diminutivo de **marchante**.

■ **El Pollo Pepe** es una cadena de restaurantes de comida rápida en la ciudad mexicana
de Guadalajara. Se especializa en pollos asados y ofrece una receta original, productos
de alta calidad y servicio rápido. La cadena fue fundada en 1979 y hoy es una empresa
exitosa con varias sucursales en la zona metropolitana de Guadalajara.

■ **El agua de horchata** es una bebida que se prepara con arroz, leche condensada, agua,
azúcar y canela°. También se puede elaborar con almendras y semillas° de melón. En
México la horchata es considerada una bebida nutritiva y se suele servir fría.

cinnamon
seeds

■ Para muchos habitantes de Guadalajara **el camión** es un popular vehículo de
transporte. En la república mexicana "camión" es sinónimo de autobús.

Hay que ganarse la vida

La tamalera

U na mujer, envuelta en su rebozo, recorre las plazas, calles y mercados de
Guadalajara ofreciendo su mercadería.

—¡Tamales! ¡Tamales verdes y colorados! ¡Cómpre**los** calientitos°! Nomás unos cuantitos.
¿Cuántos **le** doy, marchantita?

nice and hot

—Para **mí**, dos de chile. Al niño de**le** uno de dulce.

—Si **me** compra cuatro, **se los** dejo por menos. ¡Ay, marchantita! ¡Qué cara está la vida! Si
nos han subido el precio de todos los productos: la carne, la masa, la hoja. Ya casi no
ganamos nada.

Otros clientes se van acercando, atraídos por el olor de los ricos tamales, y la tamalera va sacándo**los** de la olla y poniéndo**los** en los platos, mientras se prepara para repetir su historia.

El Pollo Pepe

A unas cuadras° de la plaza donde la mujer vende sus tamales, un hombre entra en un local llamado *El Pollo Pepe* y se acerca al mostrador. **Lo** acompaña un niño de diez años. El empleado que está detrás del mostrador° **le** pregunta al cliente...

blocks

counter

—¿En qué puedo servir**les**, señor?

—Para **él** un Super Pepe con papas a la francesa y agua de horchata.

—¿Y para Ud?

—Un Combi Burger y una Pepsi. De postre, un pay de manzana, por favor.

head over, crowded

Diners

Padre e hijo se dirigen° a una mesa en el pequeño y atestado° restaurante. Comensales° no faltan en ese lugar. ¡Qué negocio! Hay que comer rápido, que viene el camión en unos minutos. Es el mediodía y se ha formado una larga cola en el mostrador. Se oye, "Dos Combi Pepes para nosotros, un Jr. Pepe para la niña y..."

COMPRENSIÓN Y PRÁCTICA

A. Preguntas.

1. ¿Cómo vende la tamalera su mercancía? ¿Gana mucho dinero?

2. ¿Qué tipos de tamales vende? ¿Cuál va a comer el niño?

3. ¿Ofrece rebajas la tamalera? ¿Cómo?

4. ¿De qué productos se hacen los tamales?

5. La comida mexicana se ha hecho popular en Estados Unidos. ¿A qué se debe su popularidad? ¿Qué come cuando va a un restaurante mexicano?

6. ¿Qué es *El Pollo Pepe*? ¿Dónde queda?

7. ¿Qué platos pide el señor que entra en el restaurante? ¿Es comida mexicana?

8. ¿Cómo es el ambiente en *El Pollo Pepe*?

B. Expansión. Conteste las siguientes preguntas. Hágale las mismas preguntas a su compañero(a) de clase y comparen sus respuestas.

1. Comente la inclusión de las dos lecturas, *La tamalera* y *El Pollo Pepe*. ¿Qué aspectos de la sociedad mexicana representa cada una?

2. En el restaurante el señor pide pay de manzana. ¿Por qué cree que se usa la palabra "pay" en lugar de *pastel*? ¿Qué otras comidas en el menú le llaman la atención?

3. En su opinión, ¿qué le gustaría más a un niño mexicano de diez años, comer un tamal en la calle o comer un Combi Burger? Justifique su respuesta.

ESTRUCTURA 2: Los pronombres en función de complemento directo, indirecto o de preposición

LOS PRONOMBRES DE COMPLEMENTO DIRECTO

me	nos
te	os
lo[1], la	los[1], las

1. El pronombre de complemento directo indica la persona o cosa sobre la que recae la acción del verbo.

   ¿Leíste $\boxed{\text{el informe del gerente}}$?   Conocí $\boxed{\text{a[2] los jefes de venta}}$.

   ¿ $\boxed{\textbf{Lo}}$ leíste? $\boxed{\textbf{Los}}$ conocí

2. Cuando el pronombre en función de complemento directo es ambiguo, o se desea aclarar a la persona además del pronombre, se menciona a la persona para evitar confusiones.

   Las vimos hoy ⟨ ¿a ellas? / ¿a Uds.?   **Los** vimos **a ellos** hoy.

3. Se usa **lo** como pronombre del complemento invariable...

   a. para referirse a una idea o a conceptos ya expresados. → past

      —¿Enviará Ud. la carta?

      —**Lo** pensaré esta noche.

      Me dijo que pagaría la factura pero no **lo** hizo.

   b. cuando una frase consta únicamente del verbo **ser** o **estar,** generalmente en respuesta a una pregunta.

      —¿Es mexicano el gerente?

      —Sí, **lo** es.

      —¿Están cerradas las puertas?

      —No, no **lo** están.

   c. con los verbos **decir, hacer, pedir, preguntar** y **saber** cuando no se expresa el complemento.

      —¡Eres tan inteligente!

      —Sí, **lo** sé.

      —Pídaselas, por favor.

      —Sí, **lo** haré.

LOS PRONOMBRES DE COMPLEMENTO INDIRECTO

me	nos
te	os
le	les

---

[1] En algunas regiones de España e Hispanoamérica se usa **le** y **les** en lugar de los complementos directos **lo** y **los** cuando se refieren a personas: —¿Atendiste al cliente? —Sí, **le** atendí. —¿Y viste a los compradores? —Sí, **les** vi.

[2] Recuerde que cuando la acción recae sobre una persona se usa la **a personal.** Ver la página 180 de esta lección.

(handwritten margin notes:)
i   d   ✓ en general
me lo da
(neg) no se las pida
(aff) pídaselas

1. El pronombre de complemento indirecto indica a quién o para quién se efectúa una acción.

   Le presté dinero a Juan.

   Le presté dinero.

   ¿Les dio un préstamo a los López?

   ¿**Les** dio un préstamo?

2. Cuando el pronombre en función de complemento indirecto es ambiguo, se menciona a la persona para evitar confusiones.

   Le dimos el descuento ── ¿a él?
   ── ¿a ella?
   ── ¿a Ud.?

   Le dimos el descuento al cliente.
   ¿**Te** di el dinero **a ti** o a Juan?

3. El pronombre de complemento indirecto se usa con verbos de comunicación como **decir, pedir, preguntar** y **rogar** y con verbos como **agradecer, ayudar, impedir, pagar** y **prohibir** para indicar a quién se dirige la acción.

   Le pregunté a Marcos si buscaba un puesto en el banco.
   Les agradecemos el regalo.

(handwritten margin note:) ID + OD + Verbo

Posición de los pronombres de complemento directo e indirecto

	Complemento directo	Complemento indirecto
Con verbo conjugado:	**Los** entregó.	*Nos los* **Nos** entregó los documentos.
Con verbo compuesto:	**La** he escrito. *(se la / la he → Le escrito)*	**Le** he escrito la carta.
Con infinitivo:	Quise pagar**la** ayer.	Quise pagar**le** lo que le debo.
Con gerundio:	Están cambiándo**lo** ahora.	Está cambiándo**le** dinero.[1]
	Lo están cambiando ahora.	**Le** está cambiando dinero.
Con mandato afirmativo:	Cómpre**las** hoy.	Cómpre**me** las acciones.
Con mandato negativo:	No **las** compres hoy.	No **me** compre las acciones.

Posición de dos pronombres en la misma oración

1. El pronombre de complemento indirecto precede al complemento directo.

   Me enviaron **los documentos** por correo aéreo. > **Me los** enviaron.

2. Se usa el pronombre **se** en lugar de **le** y **les** delante de los pronombres **lo, la, los** y **las**.

   Les mandaré **la mercadería** a Uds. > **Se la** mandaré a Uds.

---

[1] Recuerde Ud. que el gerundio exige un acento escrito cuando se añaden los pronombres. El infinitivo y el mandato afirmativo exigen acento escrito si se añaden dos pronombres.

3. El pronombre reflexivo siempre precede al pronombre de complemento directo o al complemento indirecto.

Me lavé **las manos.** > **Me las** lavé.

Se le rompió la pierna **a él.** > **Se le** rompió la pierna.

LOS PRONOMBRES DE COMPLEMENTO DE PREPOSICIÓN

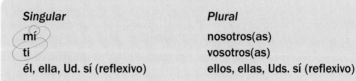

Singular	*Plural*
mí	nosotros(as)
ti	vosotros(as)
él, ella, Ud. sí (reflexivo)	ellos, ellas, Uds. sí (reflexivo)

1. Los pronombres preposicionales, con excepción de **mí** y **ti,** tienen las mismas formas que los pronombres personales. Se usan después de una preposición.

   Compré una calculadora **para ti** y otra **para él.**
   ¿Piensas en nuestro trabajo? No, no pienso **en él** si no es necesario.

2. Si el sujeto del verbo está en la tercera persona del singular o del plural o en la forma Ud., y la acción es reflexiva, se usa el pronombre **sí** después de la preposición.

   El candidato tímido vino para una entrevista pero prefirió no hablar **de sí.**
   Ellos ahorraron mucho dinero y lo guardaron **para sí.**

3. La preposición **con** seguida de **mí, ti** o **sí** tiene formas especiales:

   con + mí = **conmigo**   con + ti = **contigo**   con + sí = **consigo**

   ¿Quieres ir **conmigo** al salón de exhibiciones?
   Sí, me gustaría ir **contigo.** Juan vendrá también y llevará los documentos **consigo.**

4. Cuando el sujeto del verbo y el pronombre se refieren a la misma persona, es frecuente el uso de **mismo(–a, –os, –as)** después de los pronombres.

   Marta, investígalo por **ti misma.**
   Pienso **en mí mismo** y no en los demás.

5. Las preposiciones **entre, según, salvo, excepto** y **menos** usan pronombres personales en vez de preposicionales.

   Entre tú y **yo,** todos fueron invitados a la reunión menos **yo.** ¿Por qué será?

PRÁCTICA

A. Las instrucciones del gerente. Ud. es ejecutivo(a) de la empresa mexicana SIDEC S.A. Acaba de volver de un viaje de negocios y quiere saber si se cumplieron sus instrucciones durante su ausencia. Hágale las siguientes preguntas a su asistente.

> **Modelo:** —¿Recibió **mis instrucciones**?
> —Sí, las recibí.

los entrevisté
1. ¿Entrevistó a **los postulantes** para el puesto de secretario?

lo mandé
2. ¿Mandó **el documento** al banco en el D.F.?

los contraté
3. ¿Contrató a **los trabajadores** para el proyecto internacional?

los firmaron
4. ¿Los compradores firmaron **los contratos** de venta?

lo resolvieron
5. ¿Los abogados resolvieron **el problema** con la sucursal en Acapulco?

las conseguí
6. ¿Consiguió **las salas** para la reunión?

la aprobó
7. ¿El licenciado Soriano aprobó **la fecha** de la reunión?

Sí, le hice todo
8. ¿Hizo **todo lo que le pedí**?

Sí lo hice todo

B. Más dinero, por favor. Muchas personas necesitan un aumento de sueldo pero no saben cómo solicitarlo. Aquí tiene algunas recomendaciones de un consejero profesional. Complete la lectura con el pronombre de complemento directo o indirecto apropiado según el contexto.

El costo de la vida aumenta y sentimos la necesidad de ganar más y más dinero. Nuestros clientes siempre __nos__ preguntan, "¿Cómo podemos obtener __lo__? ¿Cómo __le__ decimos a nuestro jefe que necesitamos un aumento de sueldo?" Pues bien, a continuación __le__ sugerimos a Ud. algunos consejos útiles para estos casos.

- Primero, es importante que Ud. __le__ pida a uno de sus superiores que hable con el jefe sobre Ud. y que __le__ dé información positiva acerca de su trabajo.
- Demuéstre__le__ a su jefe que le gusta su profesión y que __la__ toma muy en serio.
- Tenga una actitud positiva. Ser optimista __te/le__ ayudará mucho con su jefe. El optimismo es contagioso.
- Si tiene problemas con algunos compañeros en la oficina, muéstre__les__ a todos que Ud. es capaz de resolver__los__.
- Si tiene ideas creativas, compárta__las__ con su jefe. Quizás él __te/lo__ __se lo__ agradecerá con un aumento de salario. *or le*

C. La nueva empleada. Complete la siguiente conversación con el pronombre de complemento directo apropiado.

Cecilia habla con Mauricio sobre la nueva empleada.

C: ¿Has conocido a Elena García ya?

M: Sí, claro que __la__ conocí.

C: ¿Dónde __la__ conociste?

M: __*la*__ conocí en la reunión el martes. Pero, ¡qué casualidad! Ella __*me*__ había visto (a mí) hace un mes cuando vino a la oficina para su entrevista. Resulta que ella quería conocer__*me*__ a mí, y le preguntó a Pablo si él sabía mi número de teléfono. ¡Claro que él __*lo*__ sabía! Es mi compañero de cuarto.

C: Y, ¿*te/la* llamó?

M: Sí. Ella __*te/me*__ llamó. Hablamos por una hora, y después yo __*la*__ invité a cenar.

C: ¿Vas a volver a ver__*la*__?

M: ¡Sí, __*la*__ voy a ver esta noche. Vamos a ver la nueva película de Salma Hayek. ¿__*la*__ has visto tú?

D. ¿Qué hicieron? Con un elemento de cada columna forme oraciones según el modelo para decir lo que hicieron las siguientes personas. Luego, vuelva a escribir cada oración con los pronombres de complemento directo e indirecto, según el modelo.

> **Modelo:** *Los artesanos vendieron **recuerdos a los turistas**.*
> *Los artesanos **se los** vendieron.*

I	II	III
Mi hermano(a)...	...presentar los trabajos...	...a los clientes.
El (La) jefe(a)...	...dictar una carta...	...al botones.
La compañía...	...querer vender sus productos... *se los / vendérselos*	...al (a la) gerente.
El (La) empleado(a)...	...enviar la mercadería...	...a las niñas.
Mi amigo(a)...	...desear escribir cartas... *escribírselas*	...a los viajeros.
La abuela...	...pedir un descuento...	...a su novio(a).
La azafata... *stewardess*	...dar un consejo...	...a los turistas.
El turista...	...hablar por teléfono...	...a mí.
Los estudiantes...	...mandar una tarjeta...	...al (a la) secretario(a).
	...dar una propina...	...a mi padre.
		...a nosotros.
		...al (a la) profesor(a).

E. Minidiálogos. En parejas, completen los minidiálogos con el pronombre preposicional apropiado. Luego, escriban dos o tres frases más de cada diálogo, incorporando pronombres preposicionales. Representen sus diálogos delante de la clase.

1. **Entre tú y yo**

   —Ya me has dicho muchas veces que no te gusta deber dinero y que para *ti* __~~tú~~__ es muy importante pagar en efectivo.
   —¡Ya lo creo! Los intereses de las tarjetas de crédito son muy altos.
   —Estoy de acuerdo con__*tigo*__. Más vale no tener deudas.

2. **Entre Ud. y yo**

   —¿Podría hablar con Ud.?
   —Si Ud. quiere hablar con__*migo*__, *pagar* le ruego que pase por mi despacho. Ud. sabe que las relaciones entre __*Ud.*__ y __*yo*__ han sido últimamente muy difíciles.
   —Ya lo sé. A __*mí*__ me parece que a Ud. le molestan mis ofertas. ¿No le interesa hacer negocios con __*migo*__?
   —Me interesan los negocios, pero no los malos negocios.

F. En un almacén de ropa. Trabaje con su compañero(a). Ud. está en un almacén de ropa y le pide al vendedor o a la vendedora lo que desea. Uds. deben inventar sus propios diálogos. Él (Ella) le pregunta sobre el color, la talla y el estilo de la mercadería.

Modelo: —Quisiera comprar una blusa.
—*¿De qué color la desea?*
—*La deseo blanca.*
—*Aquí la tiene.*

1. Deseo unos pantalones.
2. Busco un abrigo.
3. Necesito unas medias.

4. Quiero un buen paraguas.
5. Desearía ver camisas.
6. ...

ESTRUCTURA 3: Construcción especial del verbo *gustar* y de otros verbos

1. El verbo **gustar** tiene una construcción especial.

Este banco Estos bancos ↓ sujeto	**me** **me** ↓ complemento de objeto indirecto	**gusta.** **gustan.** ↓ verbo

2. Generalmente el orden de la oración se invierte.

Me **Me** ↓ complemento de objeto indirecto	**gusta** **gustan** ↓ verbo	este banco. estos bancos. ↓ sujeto

3. Aunque el verbo **gustar** es regular (gusto, gustas, gusta, gustamos, gustáis, gustan), se usa con más frecuencia en la tercera persona singular y plural.[1]

Forma singular	**Forma plural**
Si el sujeto (lo que gusta) está en singular o es un infinitivo o una serie de infinitivos, se usa el verbo **gustar** en la forma singular: **gusta.** Me **gusta** la vendedora. Te **gusta** bailar, ir al cine y jugar a las cartas.	Si el sujeto (lo que gusta) está en plural, se usa el verbo **gustar** en la forma plural: **gustan.** Me **gustan** las ganancias. No me **gustan** las pérdidas.

---

[1] Para expresar sentimientos de cariño entre personas se puede usar **gustar** en todas sus conjugaciones: **Tú me gustas. Yo te gusto,** etc.

4. Como los pronombres de objeto indirecto **le** y **les** son ambiguos, se puede usar la construcción **a + nombre** o **pronombre preposicional** apropiado.

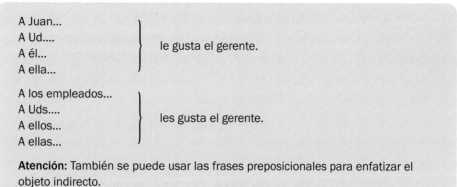

A Juan...
A Ud....
A él...
A ella...
} le gusta el gerente.

A los empleados...
A Uds....
A ellos...
A ellas...
} les gusta el gerente.

Atención: También se puede usar las frases preposicionales para enfatizar el objeto indirecto.

A mí me gusta pagar al contado pero **a ti te** gusta pagar con tarjeta de crédito.

5. Otros verbos que tienen esta construcción son:

caer bien / mal *to strike someone positively or negatively (used with people)*
 —¿**Te cae bien** el nuevo encargado?
 —Sí, pero **me cae mal** la nueva gerente. No me gusta nada.

convenir *to suit*
 —¿Te gusta pagar con tarjetas de crédito?
 —No sé si me gusta o no, pero **me conviene** pagar todo al fin de mes.

doler *to hurt*
 —¿Por qué no vino Raúl a trabajar?
 —Dice que **le duele** la cabeza.

encantar *to delight, to enchant*[1]
 —**Me encanta** ir de compras.
 —A mí también, pero no me gusta gastar tanto dinero.

faltar *to lack, to be missing*
 —¿Cuánto tiempo **les falta** para terminar el trabajo?
 —**Nos faltan** dos horas.

importar *to matter, to care*
 —Francamente, a mí no **me importa** lo que diga la gente.
 —Pues debería **importarte.**

interesar *to interest*
 —¿**Le interesa** este proyecto?
 —¡Ya lo creo que **me interesa**!

---

[1] Note las formas de expresar el concepto de *to like*. En mi tiempo libre **me gusta** leer, y **me gusta mucho** ir al cine, pero **me encanta** viajar. *In my spare time **I like** to read, and **I like** to go to the movies **a lot**, but **I love** to travel.*

molestar *to bother*
—**Me molestan** sus preguntas indiscretas.
—A mí también.

parecer *to seem*
—¿Qué **les parece** el horario de trabajo?
—**Nos parece** fenomenal, sobre todo porque los viernes salimos temprano.

quedar *to be left, to have (something) left*
—¿Les alcanzó el dinero que les di?
—Sí, aún **nos quedaron** cinco dólares.

PRÁCTICA

A. Consejos para hacer negocios en México. Un hombre de negocios de Texas les da consejos a sus socios que van a Guadalajara por negocios. Llene el espacio con el pronombre de complemento indirecto apropiado, o con la forma correcta del verbo entre paréntesis.

A la persona que quiere hacer negocios en México _____ (convenir) _____ seguir algunos consejos. Por ejemplo, por lo general, a los mexicanos _____ (importar) _____ mucho los lazos personales y por eso _____ (gustar) _____ conocer bien a la gente primero y hacer negocios después. A nosotros, los estadounidenses, no _____ (interesar) _____ tanto estos detalles. Pasar tiempo conociendo a la gente nos (parecer) _____ un gasto de tiempo. A nosotros _____ (gustar) _____ ser breves y eficientes.

A los mexicanos _____ (gustar) _____ saber qué nos (parecer) _____ su país. Si contestamos, "a mí _____ (encantar) _____ el clima, la cocina, y la gente", están contentos y se puede empezar a hacer negocios con toda confianza.

B. Las cosas cambian. Cuando era niño(a) Ud. tenía una idea de lo que quería ser, pero ahora todo es diferente. Termine las siguientes oraciones. Use su imaginación y la construcción especial del verbo **gustar** y otros verbos.

A los trece años...
Quería ser _____ porque _____. Me interesaba(n) _____ porque _____. Después de clases y los fines de semana me gustaba _____ y nunca me faltaba(n) _____.

Ahora soy adulto(a) y todo es diferente.
Esa profesión con la que soñaba de niño(a) no me conviene porque _____. Además, me duele(n) _____ demasiado para ejercer esa profesión. Ahora, me importa(n) más _____, y aunque me molesta(n) un poco _____, me encanta(n) _____.

C. A mí también. Forme diez oraciones con un elemento de cada columna.

> **Modelo:** *A mí me duele la cabeza.*

I	II	III
A mí...	...(no) convenir...	...los ojos.
A vosotras...	...(no) gustar...	...los exámenes finales.

Al jefe...	...(no) doler...	...la lluvia.
A las personas de negocios...	...(no) encantar...	...la vendedora.
A ti...	...(no) faltar...	...las vacaciones largas.
A la profesora...	...(no) importar...	...dos horas para salir.
A Ud....	...(no) molestar...	...este trabajo.
A los estudiantes...	...(no) quedar...	...tiempo para divertirse.
A mi hermana...	...(no) caer bien...	...el estómago.
A mi jefe ...		...abrir una cuenta corriente.
Al banquero...		...sobregirarse.
		...renunciar al empleo.
		...atender a los clientes.
		...invertir mucho dinero.
		...los socios.
		...pagar al contado.

D. Necesita saber. Pregúntele a su compañero(a) lo siguiente.

1. ¿Qué te parece esta universidad? ¿Por qué?
2. ¿Cuáles de tus profesores te gustan?
3. ¿Cuánto tiempo te falta para acabar tus estudios?
4. ¿Te interesan los deportes? ¿Cuáles?
5. ¿Te gusta más el sistema de trimestres o de semestres? ¿Por qué?
6. ¿Qué crees que le molesta al (a la) profesor(a) de español? ¿Qué es lo que más te molesta a ti?
7. A los estudiantes, ¿les interesa vivir cerca o lejos de la universidad? ¿Por qué?
8. Si te falta dinero al final del mes, ¿qué haces?
9. ¿Te cae bien tu compañero(a) de cuarto? ¿Por qué?
10. ¿Qué haces cuando te duele(n) la cabeza? ¿el estómago? ¿los pies?

ESTRUCTURA 4: Usos especiales del pronombre *se*

SE INDEFINIDO...

Se + 3ª *persona singular del verbo*

Se indefinido expresa una actividad generalizada sin indicar quién ejecuta la acción. (Se traduce al inglés con *one, people, they*.)

Se gana mucho comprando acciones.
Se dice que mi empresa tiene problemas.
Hay quienes creen que **se nace** con suerte o no.

SE COMO SUJETO NO RESPONSABLE...

> ### *Se + complemento indirecto + 3ª persona singular o plural del verbo*
>
> *Se* como sujeto no responsable expresa una acción que es el resultado de un acto casual, no deliberado, y fuera de nuestro control. (El verbo y el sustantivo concuerdan en número.)
>
> **Se me cayó** el libro.
> **Se nos olvidaron** las facturas.
> Cada vez que viajo **se me acaban** los ahorros.
>
> **Compare Ud. las dos frases:**
> Sujeto responsable: (Yo) **Perdí** las llaves.
> Sujeto no responsable: **Se me perdieron** las llaves.
>
> **Algunos verbos que se usan con esta construcción son:**
>
> acabarse   pararse
> agotarse (terminarse)   perderse (ie)
> caerse   quedarse
> olvidarse   romperse

PRÁCTICA

A. Más consejos para hacer negocios en México. Cambie las frases subrayadas (**Ud.** + verbo o **la gente** + verbo) a la forma **se** + 3ª persona singular del verbo.

Para poder quedar bien con los colegas mexicanos <u>Ud. debe saber</u> algunas "reglas sociales". Por ejemplo, en México y muchas partes de América Latina, en reuniones formales e informales <u>la gente tiende</u> a estrecharse la mano *(shake hands)* con más frecuencia que en Estados Unidos. <u>La gente hace</u> esto al encontrarse y al despedirse. <u>La gente también suele</u> acercarse más a la persona con quien habla. <u>La gente mantiene</u> contacto visual al conversar. También <u>la gente habla</u> más con las manos (aunque no tanto como algunos europeos). Pero, <u>Ud. debe</u> evitar hacer los gestos si <u>Ud. no sabe</u> bien qué significan. Por ejemplo, cuando <u>Ud. hace</u> un gesto de la mano a un mexicano, significa "Muchas gracias". Pero el mismo gesto en Argentina significa "¿Qué diablos quieres?". Por eso, <u>Ud. tiene</u> que tener cuidado.

 B. ¿Qué pasa si... ? En parejas, túrnense para hacerse las siguientes preguntas.

> **Modelo:**   olvidarse / pagar la cuenta de una tarjeta de crédito
> —*¿Qué pasa si se te olvida pagar la cuenta de una tarjeta de crédito?*
> —*Si se me olvida pagar una cuenta, me cobran intereses altos y me enfado.*

1. acabarse el dinero antes del fin de mes
2. pararse el coche en la carretera
3. perderse las llaves de la casa

4. romperse un espejo *(mirror)*

5. caerse los libros al subir a un autobús

◈ PERSPECTIVAS

PREPARATIVOS

1. Lea la sección de **¿Sabía Ud. que en México... ?**

2. Mire las preposiciones que están en negrita en la lectura de la pág. 180. En el segundo párrafo, ¿por qué se usa una *a* delante de la palabra "Tenoch"? Más abajo en el párrafo, ¿qué significa "de una costa *a* otra"?

3. ¿Qué sabe de la civilización de los antiguos aztecas?

¿Sabía Ud. que en México... ?

■ **La Ciudad de México** es la capital del país y la ciudad más grande del mundo hispano con una población de más de 20 millones de habitantes. Cuenta con museos, monumentos, universidades, plazas, iglesias, y sitios arqueológicos que deslumbran° al más exigente° visitante. Se conoce como la "ciudad de los palacios" y es el primer centro cultural y turístico del país.

shed light on, demanding

■ **Aztlán** era la legendaria región de donde emigraron los aztecas, un pueblo que finalmente se estableció en el Valle de México y fundó la ciudad de Tenochtitlán.

■ **Los toltecas** eran un grupo de amerindios nahuas cuyo reino duró desde el siglo VIII hasta su derrota en 1168. Los aztecas se aprovecharon de su destrucción apoderándose de sus tierras en el Valle de México. Ejemplos impresionantes de las estructuras toltecas se pueden ver en los sitios arqueológicos de Chichén Itzá y Tula.

▲ *Chichén Itzá*

■ **Hernán Cortés** fue un militar español que comenzó la conquista del continente americano cuando pasó con 600 hombres de las islas del Caribe a la península mexicana de Yucatán. La derrota relativamente fácil de los aztecas se debe principalmente a los siguientes factores. La llegada de Cortés y sus hombres coincidió con la fecha en que los aztecas esperaban el regreso del dios Quetzalcóatl que estaba en exilio. Al ver a los españoles, el emperador Moctezuma los tomó por dioses y se entregó a ellos sin resistencia. Además, los aztecas no estaban equipados para enfrentarse con los cañones y las armaduras de los españoles y jamás habían visto un caballo.

■ La obligación principal de los emperadores aztecas era gobernar el imperio y encargarse de la política extranjera. Se prohibía contemplar el rostro del emperador y los nobles lo trataban con el mayor respeto, quitándose las sandalias en su presencia. **Moctezuma II** gobernó desde 1502 hasta 1520 cuando fue derrotado por Hernán Cortés.

Breve historia de la Ciudad de México, capital de la República Mexicana

fishermen, hunters

En sus orígenes, la Ciudad de México fue una pequeña población agraria situada en el Valle de México. Fue fundada por los aztecas, una tribu de pescadores° y cazadores° que habían salido de Aztlán en busca de tierras después de la derrota de los toltecas.

eagle, beak

Cuenta la leyenda que el dios principal de los aztecas, Huitzilopochtli, le había ordenado **a** Tenoch, sacerdote y jefe de la tribu, que se establecieran en el sitio donde encontraran un águila° posada sobre un cacto **con** una serpiente en el pico°. En 1325, en un islote del Lago Texcoco, surgió Tenochtitlán, una comunidad que en menos de doscientos años se convirtió en una de las ciudades más importantes de Mesoamérica y en un imperio que se extendía de una costa **a** otra. Construyeron magníficos templos para honrar **a** los dioses, desarrollaron las artes y crearon bellos ornamentos de oro y piedras preciosas, interpretaron los astros, calcularon el calendario, incorporaron **a** los dioses de los toltecas en su religión y organizaron expediciones para conquistar más tierras. Pero en un solo año todo esto fue destruido.

En 1519 Hernán Cortés llegó al país **con** una banda de aventureros. En las afueras de Tenochtitlán Cortés y sus soldados fueron bien recibidos por Moctezuma en la creencia de que el español era Quetzalcóatl, el legendario dios rubio que había prometido regresar. Pero no todos los aztecas admitieron la divinidad de los invasores y un grupo atacó **a** los españoles el 30 de julio de 1520, fecha conocida como "la noche triste". Cortés reagrupó sus fuerzas y el 19 de julio de 1521 ocurrió la primera ofensiva española. El 13 de agosto del mismo año, la capital azteca fue destruida por los españoles y sobre sus ruinas se construyó la capital de la Nueva España.

COMPRENSIÓN Y PRÁCTICA

Preguntas. Conteste las preguntas.

1. ¿Qué fue la Ciudad de México en sus orígenes?
2. ¿Cuándo surgió Tenochtitlán?
3. ¿Cuáles fueron algunos de los logros de los aztecas?
4. ¿Quién llegó en 1519?
5. ¿Qué pasó en "la noche triste"?
6. ¿Cómo reaccionó Cortés?
7. ¿Cuánto tiempo duró la conquista de los aztecas?

ESTRUCTURA 5: Las preposiciones *a* y *con*

A se usa como *a* personal...

1. cuando el complemento directo es una persona, una mascota (*pet*), o una cosa o idea personificada.

   El empleado no oyó **a** su jefe cuando le dijo que no llevara **a** su perro a la oficina. Los abuelos no temen **a** la muerte.

2. con los pronombres indefinidos **alguien, nadie, alguno,** y con **ninguno** y **cualquiera** cuando se refieren a un ser animado.

Busco **a** mi perro Tico.

Pero: Busco mi libro.

¿Conoces **a** alguien que haya tenido ese trabajo? No, no conozco **a** nadie.

Atención: Se omite la a personal...

    a. después del verbo **tener.**

    b. cuando las personas son indefinidas.

—¿Tienes muchos parientes?   —No, sólo tengo un hermano.

Busco un hombre viejo que recuerde cómo era la fábrica hace cincuenta años.

A se usa...

1. para introducir el complemento indirecto *(to, for).*

   José nos debe dinero **a** nosotros pero le dijimos **a** su madre que no tiene que devolvérnoslo.

2. después de un verbo de movimiento (**ir, venir, bajar, subir, dirigirse, acercarse**), para indicar dirección hacia una persona, cosa o lugar *(to).*

   Se va **a** Chile para hacer las investigaciones.
   Nos acercamos con gran respeto **al** presidente.

3. para designar la hora a la que ocurre una acción *(at).*

   Terminamos **a** las siete esta noche y **a** las ocho iré a tu casa.

4. para señalar lo que ocurrió después de un período de tiempo *(at, on, within).*

   A los dos meses de conocerse, se casaron y **al** día siguiente se mudaron a Taxco.

5. seguida de un sustantivo para indicar manera o método *(by).*

   Antes la gente prefería pagar **al** contado.

6. para indicar dos acciones que ocurren al mismo tiempo: **al** + infinitivo *(upon).*

   Se me ocurrió esa idea **al** entrar en el banco. **Al** salir, me olvidé de despedirme.

Con se usa...

1. para expresar acompañamiento *(with).*

   Voy **con**tigo al banco si vienes **con**migo al cine.

2. seguido de un sustantivo como sustituto del adverbio *(with).*

   Llenó la solicitud **con** cuidado (cuidadosamente).
   Llamó por teléfono **con** frecuencia (frecuentemente) para saber si había conseguido el puesto.

3. para caracterizar a una persona por algo que le acompaña *(with).*

   El hombre **con** barba es el jefe de la empresa.

PRÁCTICA

Diálogos de oficina. Complete los diálogos con **a, al** o **con** solamente si es necesario.

1. —¿Qué busca Ud.?

   —Busco _____ los documentos que me dieron _____ entrar _____ la empresa esta mañana.

   —¿No los encuentra?

   —No. Se me perdieron _____ los dos minutos de entrar en mi despacho.

   —Y la jefa, ¿qué dice?

   —¡Qué va a decir! Me los está pidiendo _____ impaciencia.

2. —Esta noche viajo _____ el gerente de ventas _____ Nueva York. Esperamos encontrar _____ un jefe de empresa que desee invertir dinero en México.

   —¿Conocen _____ alguien?

   —¡Qué va! No conocemos _____ nadie.

   —¿Tienen algunas referencias?

   —No tenemos _____ ninguna.

   —Hermano, _____ todo mi respeto te digo que así no se hacen los negocios.

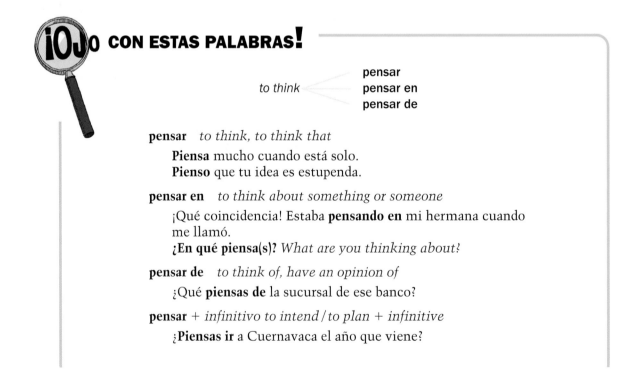

¡OJO CON ESTAS PALABRAS!

$$to\ think \begin{cases} pensar \\ pensar\ en \\ pensar\ de \end{cases}$$

pensar   *to think, to think that*

   Piensa mucho cuando está solo.
   Pienso que tu idea es estupenda.

pensar en   *to think about something or someone*

   ¡Qué coincidencia! Estaba **pensando en** mi hermana cuando me llamó.
   ¿En qué piensa(s)? *What are you thinking about?*

pensar de   *to think of, have an opinion of*

   ¿Qué **piensas de** la sucursal de ese banco?

pensar + *infinitivo to intend / to plan + infinitive*

   ¿Piensas ir a Cuernavaca el año que viene?

$$\text{to come} \begin{cases} \text{venir} \\ \text{ir} \\ \text{llegar} \end{cases}$$

venir   *to come*

Los trabajadores **vienen** aquí para charlar.

ir   *to come (when you move toward the person being spoken to)*

—Hija mía, ven acá.

—Ya **voy,** mamá.

ir   *to go*

Mañana **iré** a tu oficina y te llevaré los documentos que me pediste.

llegar (a)   *to come to, arrive*

En ese momento **llegamos** a la fábrica.

PRÁCTICA

A. Curiosidad. En parejas, túrnense para hacerse las siguientes preguntas.

1. ¿En qué estás pensando en este momento?
2. ¿Qué piensas hacer este fin de semana?
3. Cuando estás triste, ¿en qué piensas para animarte?
4. ¿Qué piensas de la situación económica actual? ¿Te preocupa? ¿Piensas que hay una solución? ¿Cuál?

B. Por favor. Complete el párrafo con los verbos **ir, venir** o **llegar.**

—Aquí estoy, desde hace dos horas, trabajando en mi despacho. ¿Por qué no _____ (tú) a la empresa y _____ (nosotros) al cine? O, si prefieres, yo _____ por ti a casa.

—No te preocupes, yo _____ a tu despacho a eso de las cinco. Si _____ unos minutos tarde, te ruego que me esperes.

AMPLIACIÓN Y CONVERSACIÓN

A. ¿Cuál es su estilo ejecutivo? ¡Lo logró! Finalmente le dieron el ascenso con el que soñaba. Ya es ejecutivo(a) de la empresa. A ver cómo resuelve los siguientes problemas que han surgido en la oficina. En parejas o grupos pequeños, representen una de las siguientes escenas.

1. Clara, una de sus mejores empleadas, ha empezado a llegar unos quince minutos tarde todas las mañanas. ¿Qué va a hacer para resolver esto?

2. Ha decidido despedir a Berta, una secretaria que nunca ha sido muy eficiente. Además, últimamente sus cartas han estado llenas de errores. ¿Qué debe hacer?

3. Dos de sus mejores empleados se han peleado. Se cruzan sin mirarse y no se dirigen la palabra. Además, están dividiendo la oficina en dos campos enemigos. ¿Qué hará Ud. para mantener armonía en la oficina?

B. Un nuevo puesto. Ud. acaba de conseguir un puesto en el centro de la ciudad. Visite a sus padres (dos compañeros de clase) y exprese su alegría. Dígales...

1. el nombre de la empresa.
2. la clase de negocio.
3. la dirección de la empresa.
4. el tipo de trabajo.
5. el sueldo que va a ganar.
6. las posibilidades que tiene de ascenso.
7. ¿...?

Para la comunicación, se pueden usar las siguientes expresiones.

¡Qué alegría!	¡Imagínate! / ¡Imagínense!	¡Magnífico!
¡Estupendo!	¡Fantástico!	¡Qué bien!
¡Qué suerte!	¡Qué sorpresa!	¡Parece increíble!

Me gusta muchísimo...	Me encanta...
No me gusta nada...	A mí me parece razonable que...
Me interesa poco...	A Uds., ¿qué les parece... ?

C. Necesito trabajar. Complete los pasos a continuación.

1. **¡Me despidieron!** Ud. solicita un empleo en una empresa de mucho prestigio. En la entrevista tendrá que explicarle al (a la) encargado(a) por qué lo (la) despidieron de su trabajo anterior. Escoja una de las siguientes categorías y escriba un párrafo en el que explica qué le pasó. Luego, busque a un(a) compañero(a) de clase que haya escrito el mismo párrafo. Compárenlos y combinen lo mejor de los dos párrafos.

   un(a) dependiente en el almacén
   un(a) profesor(a) en la universidad
   un(a) consejero(a) del presidente
   un actor (una actriz) de Hollywood
   otro

2. **La carta de recomendación.** Para conseguir el empleo de sus sueños, la empresa le ha pedido una carta de recomendación, ¡escrita por Ud! Ahora Ud. tiene la oportunidad de enfatizar todas sus cualidades y capacidades. En un párrafo, escriba una carta de recomendación sobre sí mismo(a).

D. Mini escenas en el banco. En parejas, preparen mini-escenas y represéntenlas delante de la clase.

1. Es su primer día trabajando en el banco. Un(a) cliente quiere abrir su primera cuenta bancaria. Explíquele la diferencia entre los varios tipos de cuentas, los productos que ofrece su banco, lo que es el interés, cómo se escribe un cheque, como usar el cajero automático, las ventajas y las desventajas de usar una tarjeta de crédito, etc.

2. Un(a) cliente viene al banco para pedir un préstamo. Ud. tiene que hacerle muchas preguntas sobre su trabajo, su sueldo, sus bienes, etc.

E. Mesa redonda. Escoja tres o cuatro compañeros para formar una mesa redonda e intercambiar ideas sobre uno de los siguientes temas.

1. **La adicción al trabajo**

   El ritmo de la vida actual hace que los que trabajan en grandes empresas comerciales, bancarias, etc., sientan la necesidad de estar ocupados todo el día. ¿Creen Uds. que esta adicción al trabajo es una clase de enfermedad? ¿Conocen Uds. a personas que se sienten culpables si no están trabajando? ¿Son Uds. algunas de ellas? ¿Trabajan en su tiempo libre? ¿Necesitan informar a los demás del motivo por el cual no están trabajando en un determinado momento? ¿A qué se debe este problema?

2. **Sugerencias para una entrevista de empleo**

   ¿Han tenido alguna vez una entrevista para trabajar? Intercambien algunas ideas para salir bien en una entrevista de trabajo. ¡De una buena entrevista puede depender su futuro! Aquí van algunas preguntas importantes: ¿Qué ropa se debe llevar el día de la entrevista? ¿Qué debe uno decir? ¿Qué debe preguntar? Si uno ha sido despedido, ¿se debe mencionar el empleo anterior? ¿Es importante averiguar el sueldo? Si a uno le ofrecen el puesto, ¿hay que aceptarlo de inmediato?

F. Minidrama. En parejas o en grupos pequeños, representen una de las siguientes escenas. ¡Usen su imaginación!

1. Convenza a sus padres que ellos deben dejarle estudiar para ser maestro(a) de yoga. Ellos insisten en que estudie derecho.

2. Usted es dentista pero no le gusta su profesión por varias razones. Explíquele estas razones a un(a) consejero(a), quien intentará ayudarlo(a) a cambiar de profesión.

3. Quiere pedirle a su jefe(a) un aumento de sueldo, pero al llegar a su oficina todo le sale mal.

¿Qué sabe Ud. de... México?

MÉXICO

Guadalajara, México

Con más de seis millones de habitantes, Guadalajara es la segunda ciudad de México y un centro turístico por excelencia. Es la cuna° de la música mariachi, el "México de los mexicanos", y con una altura de 1.630 metros sobre el nivel del mar, cuenta con uno de los mejores climas de Norteamérica. Iglesias, calles bordeadas de flores, museos, plazas, parques, monumentos y fascinantes excursiones de un día son sólo algunos de los encantos de esta hermosa y cosmopolita ciudad.

En toda ciudad hay atractivos que no aparecen en las guías turísticas. En Guadalajara, uno de éstos es la Feria Internacional del Libro. Cada año, durante nueve días, agentes literarios, promotores de lectura, escritores, intelectuales, traductores y representantes de casas editoriales de 35 países se reúnen para intercambiar ideas y disfrutar de un dinámico festival cultural. La FIL cuenta con más de 50 actividades diarias entre las que figuran negociaciones y discusiones en torno al libro. El público tiene acceso a miles de libros, y el impacto económico que deja en Guadalajara no tiene precedentes. Cada año la feria invita a un país o región a que enseñe lo mejor de su repertorio literario. La comunidad catalana fue el invitado de honor para 2004. ¡Qué fascinante! ¿Qué región escogerán para el próximo año?

cradle

A. Recordar lo que sabemos. En la lección 5 de **Horizontes: Cultura y literatura** hay varias menciones de México. Repasando y recordando lo que leyeron, en parejas, respondan a las siguientes preguntas.

1. ¿Cuáles son las culturas precolombinas de Mesoamérica? ¿Dónde estaba situada Tenochtitlán? ¿Cuál es el nombre moderno de Tenochtitlán?

2. ¿Quiénes fueron Moctezuma y Hernán Cortés? ¿y Maximiliano de Habsburgo y Benito Juárez? ¿Cuándo vivieron?

3. ¿Cuál era la moneda de los antiguos indios mexicanos? ¿Cuál es la moneda de México? ¿Saben Uds. a cuántos dólares equivale?

4. ¿Qué estados de Estados Unidos pertenecieron a México hasta 1848? ¿Saben Uds. por qué pasaron de México a Estados Unidos?

5. ¿Quién pintó el cuadro *Diego y yo*? ¿Quién es el Diego que se menciona en el título del cuadro? ¿Conocen Uds. a otros(as) artistas mexicanos(as)?

B. Ampliar lo que sabemos. ¿Les gustaría aprender más sobre México? Reúnanse en grupos de tres o cuatro personas y preparen una presentación sobre uno de los siguientes temas. Elijan el que más les interese, u otro que no aparezca en la lista.

- La diversidad de la población mexicana. Las distintas etnias indígenas y sus problemas de supervivencia. El elemento africano-americano. Los criollos. La mayoría mestiza.
- La geología de México: terremotos y volcanes.
- La economía mexicana: sus logros y sus retos. La inmigración mexicana a Estados Unidos. La importancia de la comunidad mexicano-americana y chicana en la economía de Estados Unidos.
- Algunos momentos de la historia de México. La cultura maya hasta la llegada de los españoles. El imperio azteca y su relación con otras culturas mesoamericanas. La conquista de Hernán Cortés y la época colonial. De la Independencia a la guerra con Estados Unidos. La Revolución Mexicana: sus metas y sus límites. El sistema político del México contemporáneo.
- La religiosidad del pueblo mexicano. La presencia de la religión católica y su sincretismo con tradiciones precolombinas: la Virgen de Guadalupe, el Día de los Muertos, etc. Las distintas corrientes en el interior de la Iglesia católica: las actitudes tradicionalistas frente a la teología de la liberación. Las tensiones entre los obispos católicos de Chiapas y el gobierno mexicano.
- La literatura mexicana, síntesis de la civilización nativa americana y de la europea: de Sor Juana Inés de la Cruz a Octavio Paz. La excelente producción literaria del siglo XX.
- Las músicas de México. La música étnica. La música folklórica: los mariachis y los grupos de baile. La música de los jóvenes: pop, rock y música alternativa. La música clásica en la época colonial y en la contemporánea.
- El cine mexicano. Su importancia tradicional en el mercado latinoamericano y las grandes estrellas. La huella de Luis Buñuel. El éxito internacional de *Como agua para chocolate*. Las nuevas tendencias.
- Las grandes obras arquitectónicas aztecas y mayas: sus templos, palacios, observatorios astronómicos, etc. Los museos de México: el Museo de Antropología y los otros museos.
- La ciudad de México: sus orígenes en Tenochtitlán, su evolución durante la colonia, su aspecto actual, arquitectura y urbanismo, monumentos más significativos, población y sociología. Otras ciudades interesantes: Puebla, Oaxaca, Mérida, Tijuana, etc.
- Las artes en México. Los (Las) grandes artistas y fotógrafos(as) del siglo XX: Frida Kahlo, Diego Rivera, Tina Modotti y los (las) demás.
- La cocina mexicana: variedad gastronómica desde Baja California hasta Yucatán.

C. Compartir lo que sabemos. ¿Cómo preparar la presentación?

1. Utilicen todo tipo de fuentes de información para investigar sobre el tema elegido: libros, prensa, Internet, etc.

2. Incluyan en su presentación todos los medios audiovisuales que crean convenientes: fotografías, mapas, dibujos, videos, cintas o discos de música, etc.

3. Ofrezcan a sus compañeros(as) de clase un esquema de todos los puntos que van a desarrollar en su presentación.

AMPLIACIÓN Y COMPOSICIÓN

¡REVISE SU ORTOGRAFÍA!

Las combinaciones *ca, que, qui, co, cu*

1. Se escriben con **c** las combinaciones **ca, co** y **cu**.

   A**cu**san a Juan de robar **co**sas en una **ca**sa.
   Me gusta el **ca**fé de **Co**lombia y de **Cu**ba.

   Recuerde que **ce** y **ci** suenan /se/ y /si/. Por ejemplo: Ha**ce ci**tas con chicas de la ciudad.

2. Se escriben con **qu** sólo las combinaciones **que** y **qui**. La **u** que sigue a la **q** no tiene sonido.

   ¿**Qui**én **qui**ere a**qu**el **que**so?

   Recuerde que en los verbos que terminan en **–car** la **c** cambia a **qu** cuando va seguida de **e**:

colocar	colo**co**	colo**qué**
sacar	sa**ca**mos	sa**qué**
tocar	to**ca**n	to**qu**es

3. Se escriben las combinaciones **cue** y **cui** sólo cuando queremos indicar que la **u** sí suena. También es el caso de las combinaciones **cua** y **cuo**.

   Cuánto contaminan los humanos es una **cue**stión que me preocupa mucho.

   Cuando pagues la **cuo**ta del gimnasio, podrás ir a **cui**dar el **cue**rpo.

   ¡Ojo con las palabras que en inglés se escriben con **qu**! Por ejemplo:

*qua*ntity	**ca**ntidad
*qua*lity	**ca**lidad, **cu**alidad
*que*stion	**cue**stión

ENFOQUE: La carta

¿Ha escrito Ud. alguna vez una carta en español? Si no lo ha hecho hasta ahora, ¡manos a la obra! Ésta es su gran oportunidad para dirigirse a un(a) amigo(a) hispano(a), indicándole que piensa ir pronto a su país. Siga el modelo y use las frases indicadas.

¡Prepárese a escribir!

Encabezamiento

Querido(a) amigo(a):
Recordado(a) *(nombre)*:

Introducción

Te escribo para informarte que...

Me alegra comunicarte que...

Quiero decirte que...

Te comunico que...

Agradecimiento por el servicio

Te voy a quedar muy agradecido(a) si...

Gracias por...

Mi agradecimiento más sincero.

Despedida

Atentamente,

Un abrazo,

Hasta pronto,

Tu amigo(a),

¡Organice sus ideas!

Modelo:

Santa Bárbara, 3 de febrero de 200...

Querido(a)...:

Primer párrafo:

Informar que piensa hacer un viaje a España o a México. Indicar la fecha y la razón.

Segundo párrafo:

Pedir información sobre el clima en esa época del año, la ropa que debe llevar, si es preferible llevar dinero en efectivo o en cheques de viajero, etc.

Tercer párrafo:

Agradecer el servicio y despedirse amigablemente.

(Firma)

LECCIÓN 6

¡Cuide su salud!

▲ *En el hospital*

¡CHARLEMOS!

Trabaje con un(a) compañero(a) de clase. Háganse por turno las siguientes preguntas.

1. ¿Qué haces para mantenerte en forma? ¿Haces ejercicios? ¿Corres? ¿Tomas vitaminas todos los días? ¿Te preocupas por tener una buena alimentación?

2. ¿Cuándo fue la última vez que estuviste enfermo(a)? ¿Te tuviste que quedar en cama? ¿Cuáles fueron los síntomas? ¿Te dolía la cabeza? ¿Tenías fiebre? ¿Consultaste al (a la) médico(a)? ¿Qué te recetó?

3. ¿Has tenido alguna vez un accidente? ¿Cómo y cuándo ocurrió el accidente? ¿Te desmayaste? ¿Tuvieron que llamar a la ambulancia? ¿Tenías seguro médico?

4. ¿Has estado alguna vez internado(a) en un hospital? ¿Cuánto tiempo estuviste hospitalizado(a)? ¿Tuviste que faltar a muchas clases? ¿Te atrasaste en las materias? Después, informe a la clase de...
   a. qué hace su compañero(a) para mantenerse en forma.
   b. qué pasó la última vez que su compañero(a) estuvo enfermo(a) o tuvo un accidente.

ENFOQUE: Chile

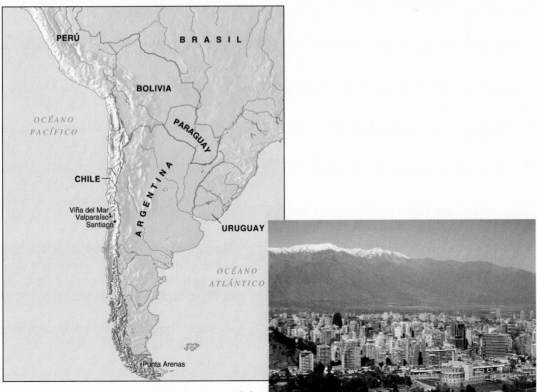

▶ *Santiago, Chile*

191

En la sala de espera

En el consultorio (la sala de consulta) del médico (doctor)

aliviar el dolor *to relieve the pain*
dar a luz *to bear a child*
el diagnóstico *diagnosis*
el (la) enfermero(a) *nurse*
el (la) enfermo(a)/el (la) paciente *the patient*
estar embarazada *to be pregnant*
estar enfermo (enfermarse) *to be sick (to get sick)*
el examen médico *medical exam*
pagar la consulta *to pay the visit*
pasar la cuenta médica *to submit the medical bill*

poner una inyección *to give a shot*
ponerse boca abajo (boca arriba) *to lie face down (face up)*
la presión arterial *blood pressure*
recetar píldoras (pastillas) *to prescribe pills*
respirar profundamente *to breathe deeply*
sacar la lengua *to stick one's tongue out*
ser alérgico(a) a los antibióticos *to be allergic to antibiotics*
tener cita (hora) *to have an appointment*
tomarle la temperatura a alguien *to take someone's temperature*

Los síntomas de las enfermedades y los medicamentos

bostezar *to yawn*
el catarro (el resfriado) *cold*
dar(le) vueltas la cabeza (estar mareado) *to feel dizzy*
desmayarse *to faint*
la dificultad en respirar *difficulty breathing*
doler(le) (ue) los pies/las manos *to have one's legs/hands hurt*
el dolor de garganta (de estómago, de muelas) *sore throat (stomachache, toothache)*
estornudar *to sneeze*
el (la) farmacéutico(a) *pharmacist*

la gripe *flu*
el jarabe para la tos *(cough) syrup*
llevar días sin dormir *to go days without sleeping*
los medicamentos (las medicinas) *medicines*
los remedios caseros *home remedies*
sufrir de insomnio *to suffer from insomnia*
tener (ie) fiebre *to run a fever*
tener vómitos (náuseas) *to vomit, throw up (to feel nauseated)*
toser *to cough*

Las partes del cuerpo

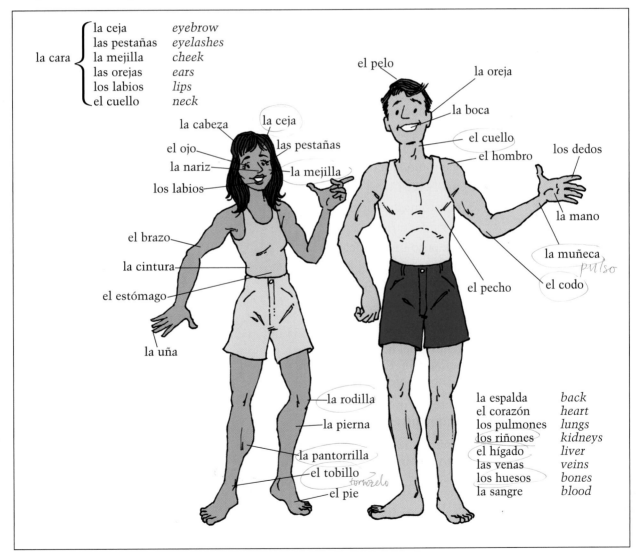

la cara
la ceja — *eyebrow*
las pestañas — *eyelashes*
la mejilla — *cheek*
las orejas — *ears*
los labios — *lips*
el cuello — *neck*

el pelo
la oreja
la boca
el cuello
el hombro
los dedos
la mano
la muñeca — pulso
el codo
el pecho

la cabeza
la ceja
el ojo
las pestañas
la nariz
la mejilla
los labios

el brazo
la cintura
el estómago

la uña

la rodilla
la pierna
la pantorrilla
el tobillo — tornozelo
el pie

la espalda — *back*
el corazón — *heart*
los pulmones — *lungs*
los riñones — *kidneys*
el hígado — *liver*
las venas — *veins*
los huesos — *bones*
la sangre — *blood*

La salud

estar en forma *to be in good shape*
estar fuerte/débil *to be strong/weak*

gozar de buena salud *to be healthy*
sentirse (ie) bien/mal *to feel well/ill*

En la sala de emergencias (urgencias) del hospital

el accidente *accident*
la ambulancia *ambulance*
el análisis de sangre (de orina) *blood test (urine test)*
atropellar *to run over*
la camilla *stretcher*
estar enyesado(a) *to be in a cast*
estrellarse contra *to crash into*
fracturarse/romperse una pierna *to fracture/break a leg*
el (la) herido(a) *injured person*

el mostrador de información *information desk*
el (la) muerto(a) *dead person*
las muletas *crutches*
pedir (i) auxilio (socorro) *to ask for help*
los rayos equis (la radiografía) *X-rays*
la silla de ruedas *wheelchair*
la sala de espera *waiting room*
la sala de maternidad *maternity room*
la sala de operaciones (el quirófano) *operating room*

PRÁCTICA

VOCABULARIO PARA LA COMUNICACIÓN: EL CUERPO Y LA SALUD

A. Una consulta médica.
1. Primero, la enfermera...
2. Ella me dijo que tenía...
3. El médico entró y me pidió sacar...
4. Él vio que yo tenía muy inflamada...
5. Para aliviar el dolor la enfermera...
6. Me mandó al hospital para...
7. Yo le pregunté al médico si iba a...
8. Al salir del consultorio...

A. Una consulta médica. Ud. visitó a su médico porque se sentía enfermo(a) y ahora le cuenta a su compañero(a) de cuarto cómo le fue en el consultorio. Su profesor(a) va a leer una serie de frases incompletas. Escuche e indique la terminación correcta.

1. me tomó la temperatura/me recetó píldoras

2. tos/fiebre

3. el estómago/la lengua

4. la garganta/la nariz

5. me puso una inyección/me tomó la presión arterial

6. dar a luz/hacer el análisis de sangre

7. recetarme píldoras/recomendarme una buena dieta

8. pedí auxilio/pagué la cuenta

B. En la sala de urgencias. Una mujer embarazada acaba de llegar a la sala de urgencias del hospital. La enfermera que la atiende informa al médico sobre su condición. Relacione las tres columnas para formar oraciones apropiadas. Ojo con las preposiciones.

"Doctor Cernuda, ésta es la señora Ríos Cavazos. Ha tenido un accidente automovilístico. Está embarazada de ocho meses."

1. Parece que su auto se estrelló...
2. La señora goza...
3. Y está...
4. Por lo visto, tiene dificultad...
5. Y dice que tiene un fuerte dolor...
6. Su esposo dice que no es alérgica...

de
en
contra
a

a. estómago.
b. luz.
c. buena salud en general.
d. rayos equis.
e. forma.

7. Pero que sufre... ~~de~~   ~~de~~   f. sangre.
8. Ya hemos hecho el análisis... ~~de~~   g. respirar.
9. E íbamos a mandarla a la sala... ~~de (d)~~   h. ninguna medicina.
10. Pero, está a punto de dar... *a faz*   i. la presión arterial
                                                  alta.
                                                  j. un árbol.

C. Mis opiniones sobre la salud. Inicie las siguientes oraciones de una forma original. Luego, comparta las oraciones con la clase.

1. ...porque es malo para la salud.
2. ...para estar en forma.
3. ...porque tengo dolores de estómago.
4. ...y por eso él/ella nunca se siente bien.
5. ...nunca vas a sufrir de insomnio.
6. ...y por eso creo que tengo gripe.
7. ...es un síntoma de estar embarazada.
8. ...es mejor que el jarabe para la tos.
9. ...para aliviar cualquier dolor.
10. ...no dudes en pedir auxilio.

D. En la sala de espera. Tarde o temprano todos tenemos que pasar por una sala de espera para consultar al médico sobre nuestra salud. En parejas, observen el dibujo de la página 192. Usen el **Vocabulario para la comunicación** y su imaginación para contestar las siguientes preguntas.

1. Primero, observen el dibujo con atención y describan: a) el lugar, b) el número de pacientes que esperan, c) el aspecto físico de los pacientes.

2. La señora que sufre de insomnio: ¿qué evidencia de insomnio muestra? ¿Por qué supone Ud. que la pobre mujer no puede dormir?

3. El señor que lleva la chaqueta verde: ¿Por qué estará allí? ¿Qué síntomas tiene?

4. El chico de la camisa roja: ¿Por qué está de mal humor? ¿Le duele algo? ¿Van a ponerle una inyección?

5. El señor que sale por la puerta, ¿quién será? ¿Qué lleva en su maletín? ¿Adónde va?

6. El señor que lleva el suéter anaranjado, ¿qué tiene? ¿Fiebre? ¿Náuseas?

7. El señor que lleva bastón *(cane)*, ¿qué dice que lamenta? ¿Qué le suplica el otro señor? ¿Quiénes son? ¿De qué se conocen? ¿Fueron juntos al consultorio del médico o se encontraron allí por casualidad? Expliquen.

8. La señora que habla con la recepcionista, ¿por qué necesita hora con el médico? ¿Se siente mal? Expliquen.

Ahora escriban un diálogo de 5–6 frases entre dos de las personas siguientes. Represéntenlo delante de la clase.

   a. la mujer con insomnio y el hombre sentado a su lado
   b. la madre sentada en el sofá y su hijo
   c. los ancianos en el primer plano *(foreground)*
   d. la enfermera y la paciente que hace cita

E. Mientras esperamos. A veces las esperas en el consultorio son largas. ¿Qué se puede hacer para pasar el tiempo en la sala de espera? Haga una lista de cinco actividades. Ahora, escriba un párrafo contando su experiencia en una sala de espera. Compártalo con la clase.

F. Síntomas y tratamientos. Escriba todo lo que sabe sobre los síntomas y los tratamientos de las siguientes condiciones. Compare su lista con la de un(a) compañero(a) de clase. Luego, piense en una condición o enfermedad que no está en la lista. Descríbale los síntomas a su compañero(a) y él (ella) adivinará cuál es.

1. el ataque de pánico
2. la apendicitis
3. la amigdalitis (*tonsilitis*)
4. la mononucleosis infecciosa
5. la depresión
6. la migraña

PERSPECTIVAS

PREPARATIVOS

1. Lea la sección **¿Sabía Ud. que en Chile... ?**

2. Mire los verbos de la lectura que están en negrita. ¿Cuál es el infinitivo de cada uno?

3. ¿Sabe por qué están en el modo subjuntivo? ¿Puede explicar por qué se usa el subjuntivo del verbo *ser* en el último párrafo?

4. Si tuviera que dar una definición de "la medicina alternativa", ¿cuál sería? Este tipo de medicina se ha hecho popular últimamente. ¿Por qué será?

¿Sabía Ud. que en Chile... ?

- **Santiago,** la capital y la ciudad principal de Chile, se encuentra en el centro del país, al pie del cerro de Santa Lucía y a orillas del río Mapocho. A unos 520 metros de altitud proporciona magníficas vistas de la cordillera de los Andes con sus cimas cubiertas de nieve. Fue fundada en 1541 por el conquistador español Pedro de Valdivia y a través de su historia ha sido azotada° por los terremotos° que con frecuencia afectan la zona. En la década de los 70 fue escena del golpe militar contra el gobierno de Salvador Allende, uno de los acontecimientos° más importantes de la historia política de Hispanoamérica. Santiago es una dinámica ciudad cosmopolita que cuenta con centros culturales, parques, galerías de arte, interesantes barrios residenciales, agradables paseos peatonales° y varias universidades prestigiosas. Goza de un delicioso clima templado de tipo mediterráneo. El exceso de automóviles, la actividad industrial y la falta de vientos en otoño e invierno presentan un grave problema de contaminación atmosférica

hit,
earthquakes

events

pedestrian

que causa asma y otras enfermedades de los pulmones.

- **Las montañas de Chile** incluyen la cordillera de los Andes, una cadena de montañas que bordea la costa del Pacífico desde el norte de Venezuela hasta Tierra del Fuego en el sur. Este sistema montañoso ofrece paisajes de belleza incomparable y permite que Chile destaque° como un destino atractivo para los aficionados del esquí y otros deportes alpinistas.

stands out

▲ *La cordillera de los Andes*

- La Facultad Latinoamericana de la Salud Natural, **FLACSAN**, es una institución virtual de educación superior que funciona en Internet. En su página web dicen: "En FLACSAN nos dedicamos a capacitar a quienes desean servir en el Ministerio de Curación, viviendo de acuerdo a la naturaleza, regresando al ideal del Edén". Si quiere saber más sobre los cursos que ofrece, visite su sitio web: www.flacsan.cl/.

- El centro de salud, **Vittalys**, fue fundado en Santiago en 1997 y su propósito principal es restablecer y conservar la salud mediante los principios de la física cuántica. Los profesionales afirman que el organismo humano es una unidad enérgico-biológico integral y buscan tratar al enfermo y no sólo la enfermedad.

La medicina alternativa

Si se encuentra en un pueblito de Chile o en otro país de Latinoamérica, pregúntele a cualquier persona qué se debe tomar cuando uno está resfriado y es probable que le **diga**:

honey

linden tree

—Ante todo es necesario que **se quede** en cama y le recomiendo que esta noche **se tome** un vaso lleno de jugo de naranja con miel°. Si para mañana no se le pasa el resfrío, le aconsejo que **haga** hervir unos cuantos pétalos de tila°. Es un excelente remedio que mi abuela recetaba para los catarros y la tos.

enfermedades de casa / has survived

signs
herb

En las poblaciones pequeñas, para males° menores tales como resfríos, catarros y gripes, la medicina casera° ha sobrevivido° y es de desear que no **muera**. En los mercados al aire libre de los pueblitos situados en las montañas de Chile uno puede hallar diferentes plantas medicinales acompañadas de letreros° que mencionan la utilidad de cada hierba°.

Aunque en las grandes ciudades como Santiago los enfermos suelen ir a los hospitales, las clínicas y los consultorios médicos, día a día crece el número de personas que dudan que los antibióticos y otros medicamentos tradicionales **sean** buenos para la salud. La Facultad Latinoamericana de Ciencias de Salud Natural, FLACSAN, en Chile, intenta utilizar los recursos naturales tanto para prevenir como para tratar la enfermedad. Vittalys, situado en la capital de Chile y dirigido por un prestigioso equipo de profesionales de la Universidad de Santiago, es otro centro de salud natural que ha ganado popularidad últimamente.

▲ *Una varidad de plantas medicinales*

COMPRENSIÓN Y PRÁCTICA

A. Comparación. Basándose en la lectura, compare y contraste lo siguiente.

	en los pueblos pequeños	en las ciudades grandes
1. remedios para catarros y otros males menores		
2. la venta de medicinas		
3. actitudes hacia los remedios naturales		

B. Expansión. Complete los pasos a continuación.

1. ¿Por qué cree que algunas personas dudan de los antibióticos? ¿Hay algún tratamiento o remedio tradicional del que duda Ud.?

2. ¿Qué remedios naturales recomienda para las siguientes condiciones? ¿A qué recursos acudirá para investigar remedios naturales para estos y otros males?
   a. el mal aliento
   b. el artritis
   c. elevados niveles de colesterol
   d. la caspa (*dandruff*)
   e. la indigestión
   f. el resfriado

EL MODO SUBJUNTIVO

En las lecciones anteriores hemos visto el presente, el pasado (pretérito, imperfecto, presente perfecto y pluscuamperfecto) y el futuro del modo **indicativo** de varios verbos. Según el tiempo indicado, estos verbos en el indicativo se refieren a...

a. acciones que están ocurriendo (el presente)	—¿Cómo te sientes hoy? —Me siento mucho mejor.
b. acciones que ya ocurrieron: (el pretérito y el imperfecto)	Ayer, como me sentía tan mal, fui al consultorio del médico.
c. acciones que van a ocurrir: (el futuro)	—Estaré en la sala de espera.

En esta lección vamos a ver que para expresar órdenes, deseos y consejos se usa el **modo subjuntivo** del verbo. En el modo subjuntivo la acción del verbo generalmente depende de una acción en la cláusula principal que está en el modo indicativo.

ind.   **subj.**   **ind.**   **subj.**
↓   ↓   ↓   ↓

—Doctor, ¿qué recomienda que yo **haga**? —Recomiendo que Ud. **descanse**.

Atención: la palabra **que** introduce la cláusula del subjuntivo.

...**que** yo **haga?**
...**que** Ud. **descanse**.

LAS FORMAS DEL PRESENTE DEL SUBJUNTIVO

Para formar el presente del subjuntivo se cambia la vocal **–o** de la primera persona singular del presente del indicativo por la vocal **–e** en los verbos que terminan en **–ar** y por la vocal **–a** en los verbos que terminan en **–er** e **–ir**.

tomar		toser		sufrir	
(tomo → tom**e**)		(toso → tos**a**)		(sufro → sufr**a**)	
tom	–e	tos	–a	sufr	–a
	–es		–as		–as
	–e		–a		–a
	–emos		–amos		–amos
	–éis		–áis		–áis
	–en		–an		–an

Los verbos que son irregulares en la primera persona singular del indicativo son irregulares en todas las personas del subjuntivo. (Véase la Lección 2 para los verbos irregulares en el presente del indicativo.)

hacer	conocer	incluir
(hago → haga)	(conozco → conozca)	(incluyo → incluya)
hag { −a / −as / −a / −amos / −áis / −an	conozc { −a / −as / −a / −amos / −áis / −an	incluy { −a / −as / −a / −amos / −áis / −an

Los verbos que terminan en **–ar** y **–er** y que cambian el radical en el presente del indicativo sufren los mismos cambios en el subjuntivo. Los verbos que terminan en **–ir** sufren un cambio adicional en la primera y segunda persona del plural.[1]

pensar	volver	dormir	sentir	pedir
e → ie	o → ue	o → ue, u	e → ie, i	e → i, i
piense	vuelva	duerma	sienta	pida
pienses	vuelvas	duermas	sientas	pidas
piense	vuelva	duerma	sienta	pida
pensemos	volvamos	durmamos	sintamos	pidamos
penséis	volváis	durmáis	sintáis	pidáis
piensen	vuelvan	duerman	sientan	pidan

Los verbos que terminan en **–car**, **–gar**, y **–zar** tienen un cambio ortográfico en todas las personas del subjuntivo.

g → gu

Es importante que Uds. pag**u**en la consulta antes de salir.

c → que

Es necesario que tú sa**que**s la lengua.

z → c

Es bueno que la abuela go**c**e de buena salud.

---

[1] Consulte en el Apéndice 4, págs. 389–390, una lista de verbos que cambian el radical en el presente del indicativo.

Hay seis verbos irregulares en el presente del subjuntivo.

haber	ir	saber	ser	dar	estar
haya	vaya	sepa	sea	dé	esté
hayas	vayas	sepas	seas	des	estés
haya	vaya	sepa	sea	dé	esté
hayamos	vayamos	sepamos	seamos	demos	estemos
hayáis	vayáis	sepáis	seáis	deis	estéis
hayan	vayan	sepan	sean	den	estén

EL SUBJUNTIVO VS. EL INDICATIVO EN CLÁUSULAS NOMINALES

El uso del indicativo o del subjuntivo en una cláusula subordinada depende del verbo de la cláusula principal en contexto.

Verbo principal + **que** +
- indicativo
- o
- subjuntivo

Si la cláusula principal se refiere a hechos objetivos que han tenido, tienen o tendrán lugar, se usa el indicativo en la cláusula subordinada.

Yo sé que la enfermera **va** a ponerte una inyección mañana.

Si la cláusula principal se refiere a estados o hechos hipotéticos, o a dudas, emociones o deseos, se usa el subjuntivo.

Yo dudo que la enfermera **vaya** a ponerte una inyección mañana.

El indicativo

Se usa el indicativo cuando el verbo de la cláusula principal denota...

1. percepción física o mental (**escuchar, notar, observar, oír, ver**).

   Veo que **hay** nuevas doctoras en esta clínica.

   ¿**Notaste** que el paciente **está** amarillo?

2. comunicación verbal (**comentar, decir, explicar, opinar**).

   Las enfermeras **dicen** que **irán** a la huelga.

   El médico **explica** que no **puede** hacer nada para aliviar los dolores del enfermo.

3. procesos mentales (**creer, imaginar, pensar, recordar, suponer**).

   Creen que Susana **está** embarazada.

   Supongo que **dará** a luz en septiembre.

El subjuntivo

Se usa el subjuntivo cuando el verbo de la cláusula principal expresa...

1. mandato (**decir, exigir, mandar, pedir, ordenar, insistir en, requerir, hacer**).

    La doctora **dice** (**manda**) que el enfermero **vaya** al quirófano.

    El enfermo **exige** que lo **atiendan** pronto.

2. deseo (**desear, esperar, preferir, proponer, querer**).

    Espero que no te **hayas fracturado** el brazo.

    ¿**Quieres** que yo **vaya** a comprar las medicinas para ti?

3. consejo o ruego (**aconsejar, recomendar, rogar, sugerir, suplicar**).

    Los doctores **aconsejan** que no **consumamos** mucha grasa.

    ¡Te **ruego** que **llames** a una ambulancia!

4. permiso o prohibición (**aprobar, impedir, oponerse a, permitir, dejar, prohibir**).

    No **permito** que **andes** sin muletas.

    Los médicos **prohíben** que **tengas** visitas.

5. emociones (**alegrarse de, tener miedo de, temer, gustar[le], esperar, importar[le], lamentar, molestar[le], sentir, sorprenderse de**).

    Me alegro de que mi abuela **esté** mejor.

    Nos importa que ella **tenga** buena atención médica.

Con algunos verbos y expresiones la cláusula subordinada puede ir en el indicativo o el subjuntivo. El uso del indicativo o del subjuntivo en la cláusula subordinada depende de lo siguiente.

El indicativo	El subjuntivo
Se usa el indicativo...	Se usa el subjuntivo...
1. cuando la cláusula principal expresa seguridad (**saber, estar seguro de, no ignorar, no dudar, no negar**).	1. cuando la cláusula principal expresa duda o negación (**no estar seguro de, ignorar, dudar, negar**).
Estoy segura de que **tienes** fiebre.	**No estoy seguro** de que **tengas** fiebre.
Los médicos **no dudan** que **hay** una solución.	Los médicos **dudan** que **haya** una solución.
2. con los verbos **creer** y **pensar**...	2. con los verbos **creer** y **pensar**...
a. cuando la cláusula principal es afirmativa.	a. cuando la cláusula principal es negativa.
La doctora **cree** que **estás** curado.	La doctora **no cree** que te **cures** pronto.

El indicativo	El subjuntivo
b. en oraciones interrogativas cuando el que habla expresa seguridad. ¿No **crees** que **debes** ponerte a dieta? (Yo opino que sí.) ¿**Crees** que el doctor **está** en su oficina? (Yo creo que sí.)	b. en oraciones interrogativas cuando el que habla expresa duda o falta de seguridad. ¿No **crees** que **debas** ponerte a dieta? (Yo no estoy seguro.) ¿**Crees** que el doctor **esté** en su oficina? (Yo lo dudo.)
3. en oraciones impersonales que expresan certidumbre o niegan la duda (**es evidente/verdad/ obvio/indudable/cierto/ seguro; está claro/no es dudoso**). **Es cierto** que la enfermera **sabe** poner inyecciones. **No es dudoso** que el niño **tiene** miedo.	3. en oraciones impersonales que... a. expresan duda o niegan la certidumbre (**es dudoso, no es verdad, no es cierto, no es evidente, no es obvio, etc.**). **Es dudoso** que yo **sea** alérgico a los antibióticos. **No es cierto** que yo **sepa** poner inyecciones. b. expresan una opinión subjetiva o personal (**es bueno/mejor/malo/necesario/conveniente/ preciso/importante/urgente/lástima/ [im]probable/[im]posible; está bien/mal**). **Es una lástima** que el niño **tenga** miedo.

PRÁCTICA

A. Un estudiante de medicina. Ud. es estudiante en la Facultad de Medicina y le parece difícil el curso de cardiología. Un(a) compañero(a) de curso intenta orientarlo(la) con los siguientes comentarios. Cambie los comentarios y consejos según el modelo.

> **Modelo:** Es natural estar nervioso(a).
> *Es natural que estés nervioso(a).*

1. Es buena idea empezar con un repaso del sistema respiratorio.
2. Es preciso conocer los síntomas de la hipertensión.
3. Es necesario aprender de memoria los tratamientos para esta condición.
4. Más vale practicar tomar la presión ahora.
5. Conviene no equivocarse con los medicamentos.
6. Es importante aprobar este curso.

B. ¡Dolores Rivera está embarazada! Por los síntomas —náuseas, vómitos, insomnio— el doctor Miranda sospecha que Dolores Rivera está embarazada. Mientras el doctor espera el resultado de los análisis, habla con la señora Rivera. Empareje las oraciones de las dos columnas, usando el indicativo o el subjuntivo, según la situación.

I		**II**
indicativo (1.) Señora Rivera, es evidente que Ud... *estás*		a. hacer ejercicios.
2. Lamento que Ud. ... *se sienta*		b. seguir una buena dieta.
3. Es indudable que... *no tiene*		c. tomar vitaminas.
(4.) Opino que... *haga haga*		d. tener náuseas.
5. Le prohíbo que...		e. no tener fiebre.
6. Le recomiendo que... *tome*		f. sentirse mal.
7. Es mejor que... *haga se acueste*		g. fumar. *fume*
(8.) Supongo que... *necesite*		h. no acostarse muy tarde.
9. Es conveniente que... *siga*		i. necesitar un análisis de orina.
10. Le sugiero que...		j. estar embarazada.
	camine	k. caminar mucho.

C. Dos graves enemigos, la tensión y el estrés. Ud. y un(a) colega son expertos en el tema del estrés y su efecto en la salud. Juntos dan una conferencia sobre este tema. En parejas, terminen las siguientes oraciones. Comparen sus comentarios con la clase.

1. Es cierto que la tensión emocional y el exceso de preocupación...

2. Creemos que las personas nerviosas o las que viven bajo un estado de tensión continuo...

3. Está comprobado que muchas de las enfermedades, desde el catarro hasta el cáncer...

4. No es evidente que las investigaciones...

5. Para evitar que el estrés tenga efectos negativos en la salud, recomendamos...

D. ¡Ayúdame! No puedo dormirme. Su amigo(a) sufre de insomnio. Aconséjele. Use las siguientes expresiones, poniendo atención al uso del indicativo o del subjuntivo.

Te aconsejo que... *hagas ejercicios*   Te recomiendo que... *te c* *no te preocupes!*
Es importante que... *estés*   Pienso que... *estés cansado*
Es bueno que... *no bebas café*   Es evidente que... *estás cansado*
Veo que... *no haces ejercicios*   Estoy seguro(a) de que... *estás cansado*

E. Una onza de prevención. Ud. es el (la) mismo(a) estudiante de medicina del ejercicio A. Todo el mundo le pide consejos sobre cómo <u>prevenir</u> ciertas condiciones y enfermedades. Use el subjuntivo o el indicativo y haga tres recomendaciones o comentarios sobre cómo sus amigos y familiares pueden evitar:

1. las caries *(cavities)*

2. los catarros

3. la obesidad

4. las enfermedades cardíacas

5. las arrugas *(wrinkles)*

6. los dolores de cabeza

ESTRUCTURA 2: El imperativo formal (Ud., Uds.): forma y uso

LA FORMA DEL IMPERATIVO FORMAL (UD., UDS.)

Para el imperativo formal se usan las mismas formas que las de la tercera persona del singular y del plural del presente del subjuntivo.

(indicativo)

	Afirmativo	Negativo
preguntar	**pregunte** Ud.	**no pregunte** Ud.
	pregunten Uds.	**no pregunten** Uds.
vender	**venda** Ud.	**no venda** Ud.
	vendan Uds.	**no vendan** Uds.
dormir	**duerma** Ud.	**no duerma** Ud.
	duerman Uds.	**no duerman** Uds.
lavarse	**lávese** Ud.	**no se lave** Ud.
	lávense Uds.	**no se laven** Uds.

EL USO DEL IMPERATIVO

1. El imperativo se usa para dar órdenes directas. Los pronombres **Ud.** y **Uds.** se añaden generalmente después del verbo como forma de cortesía.

   Para mantenerse en buenas condiciones:
   Practique Ud. actividades aeróbicas.
   Antes de trotar, **haga** cinco minutos de estiramiento lento.

   No se olviden Uds. de servir comidas sanas.
   Duerman por lo menos ocho horas cada noche.

2. Los pronombres reflexivos y de complemento directo e indirecto se colocan después del verbo en la forma afirmativa y antes del verbo en la forma negativa.

   Levántense de inmediato.   **No se queden en la cama.**
   Acuéstese temprano.   **No se acueste tarde.**
   Cómprese vitaminas y tómelas.   **No se compre bombones.**

PRÁCTICA

A. Un examen médico. El doctor Soto examinó a su paciente, la señora Rivas, y descubrió que tenía la presión arterial muy alta. Cambie las instrucciones del doctor por mandatos formales.

> **Modelo:** Debe sacar la lengua.
> *Saque la lengua.*

1. Ud. puede desvestirse en esa sala. *Desvístase en esa sala*
2. No debe ponerse boca abajo, debe ponerse boca arriba. *No se debe ponga / ponér boca. / póngase boca arriba*
3. Debe respirar profundamente. *Respire*
4. Ahora puede vestirse y tomar asiento en mi oficina. *Vístase y tome*
5. Al llegar a casa, necesita tomar la medicina cada tres horas. *tome*
6. Tiene que descansar mucho y no debe salir por las noches. *Descanse / no salga*
7. No debe tomar bebidas alcohólicas. *No tome*
8. Puede substituir la carne por el pescado. *Substituya*
9. Necesita venir a la clínica dos veces por mes. *Venga*
10. Debe traer los análisis de sangre y de orina. *Traiga*

B. Una segunda opinión. A la paciente de la actividad anterior no le gustaron las recomendaciones del doctor Soto y obtuvo una segunda opinión. Aquí tiene las instrucciones del nuevo doctor. Forme el imperativo formal de los verbos entre paréntesis y complete las instrucciones lógicamente, usando su imaginación.

Dejar de... *Deje de...* Mantener... *Mantenga* Informarse sobre... *se informe / Infórmese*
Pensar en... *Piense* No preocuparse... *No se preocupe* Aprender a... *aprenda*
Cambiar... *Cambie* Decirle a otras personas... *Le diga / Dígale / Díganles*

C. De todos los días. Hay situaciones que se repiten día a día y en las que los médicos, dentistas, familiares y maestros se ven en la obligación de dar instrucciones. Con un(a) compañero(a), seleccione una situación y hagan juntos una lista de las instrucciones (dos afirmativas y dos negativas) más comunes.

> **Modelo:** de un médico a su paciente
> *Saque la lengua. Relaje los músculos. No se olvide de tomar la medicina.*

1. de una dentista a un niño que tiene miedo *abre / abra la boca. No tenga miedo / tengas*
2. de la representante de un centro de nutrición a un señor que quiere perder cincuenta libras
3. de una sicóloga a un paciente que sufre de depresión
4. de un padre a su hija que ha sacado malas notas y se acuesta tarde
5. de un profesor de español a sus estudiantes

D. El doctor puede verlo(la). En grupos de cuatro, escriban y representen una escena en la que un(a) paciente va al consultorio del médico para su examen anual. Completen los pasos a continuación.

1. Repartan los papeles siguientes: paciente/recepcionista/enfermero(a)/doctor(a).
2. Hagan una lista de cinco mandatos que suelen dar las personas indicadas.

   ¿Qué manda el recepcionista que haga el paciente? ¿Qué le manda el enfermero que haga? ¿Qué les manda el doctor al enfermero? ¿al paciente? Incluya cinco mandatos para cada persona.
3. Ahora, el enfermero le hace una serie de preguntas al paciente, para poder informar al doctor. ¿Qué le pregunta? ¿Qué contesta?
4. Entra el doctor. El enfermero le explica cuáles son los síntomas.
5. El doctor hace seis recomendaciones, usando la forma del mandato formal.
6. Representen la escena delante de la clase.

Más allá del aula

¿Qué hace la persona que no sabe hablar inglés bien en caso de una emergencia médica? Llame a un hospital en su ciudad. Averigüe lo siguiente:

- si tienen servicios de traducción para hispanohablantes
- qué hacen en el caso de que un paciente no hable inglés
- si tienen un programa de voluntarios para estudiantes que quieren trabajar en plan voluntario visitando a los pacientes que no saben hablar inglés
- cuántos médicos y enfermeros saben hablar español
- cuántos pacientes hispanohablantes están en el hospital ahora

Comparta su información con la clase y haga recomendaciones.

PERSPECTIVAS

PREPARATIVOS

1. Lea la sección **¿Sabía Ud. que en Chile... ?**

2. Mire los imperativos que están en negrita en la lectura. ¿Cuál es la forma negativa de cada uno? ¿Cómo se escribe la forma formal del imperativo "detoxifica" que se encuentra en el segundo párrafo?

3. ¿Alguna vez ha ido a un *spa*? ¿Qué servicios ofrecía? ¿Cómo fue la experiencia? ¿Valió la pena?

¿Sabía Ud. que en Chile... ?

spas
thermal pools

- Muchos chilenos que sufren de artritis, reumatismo, y otras inflamaciones de las articulaciones buscan alivio en los **balnearios**° naturales que abundan en el país. Ofrecen piscinas termales° cuyas aguas son ricas en cloro, sodio, potasio y otras propiedades curativas que son ideales para combatir estos males.

- Debido a su geografía montañosa, Chile dispone de numerosos excelentes **centros de esquí**, muchos de los cuales se sitúan en los alrededores de la ciudad de Santiago. Estos centros invernales°

winter
hills

están situados cerca de cerros° y montañas que son ideales para realizar excursiones y

climbs
inns

escalamientos.° Cuentan con sitios de paseos, campings, posadas°, restaurantes y otras comodidades.

▲ *Un balneario chileno*

Termas de Chillán

welcoming

Si el estrés está afectando tu salud, **despídete** de tus problemas y **ve** a Termas de Chillán. **Quédate** en un acogedor° hotel de lujo, **aprovéchate** de los servicios y tratamientos del spa más moderno y extraordinario de Sudamérica y **goza** de la majestuosa geografía de la cordillera de los Andes. Termas de Chillán es un spa/balneario y centro de esquí de lo más singular que se sitúa a 400 kilómetros al sur de Santiago de Chile.

En el spa termal **deja** que uno de los profesionales te entregue el tratamiento que necesitas. **Pide** un masaje corporal con aceites esenciales, **tonifica** tu piel con uno de sus famosos faciales y **detoxifica** tu organismo en una sauna. Si pruebas

mud therapy

la hidroterapia, la fangoterapia° y la aromaterapia en Termas de Chillán seguramente no te hará falta la sicoterapia cuando vuelvas a Chicago, a Boston, a

beat

Tampa o a Toledo. Es una oferta difícil de superar°, ¿no crees?

COMPRENSIÓN Y PRÁCTICA

A. ¿Qué prefiere? Ponga en orden de preferencia personal los servicios que ofrece Termas de Chillán.

B. Expansión. Complete los pasos a continuación.

1. Para el cliente, ¿cuáles son los beneficios de combinar el spa con el centro de esquí?

2. En la lectura sólo se mencionan algunos de los servicios que están disponibles en Termas de Chillán. Haga una lista de cuatro servicios tradicionales no mencionados en la lectura. Luego, diga cuatro servicios o tratamientos que a Ud. le gustaría que se ofrecieran en un spa.

3. Ud. trabaja en el spa de Termas de Chillán y tiene que explicarle a un(a) cliente cuáles son los siguientes servicios. Use su imaginación y si no sabe, invente algo.
   a. la hidroterapia
   b. el masaje corporal
   c. la fangoterapia
   d. la tonificación de la piel
   e. la detoxificación del organismo

4. Otro(a) cliente llega al spa muy estresado(a) y pregunta si se ofrecen servicios sicológicos. ¿Qué le contestará?

ESTRUCTURA 3: El imperativo familiar (tú, vosotros)

LA FORMA DEL IMPERATIVO FAMILIAR (TÚ, VOSOTROS)

El imperativo afirmativo de la forma familiar **tú** tiene las mismas formas que la tercera persona singular del presente del indicativo. Pero, para el imperativo negativo se usa la forma de la segunda persona singular del presente del subjuntivo.

	Afirmativo	**Negativo**
mirar	mira (tú)	no mires
volver	vuelve (tú)	no vuelvas
pedir	pide (tú)	no pidas

Algunos verbos son irregulares en el imperativo afirmativo, pero las formas negativas siguen la regla anterior.

	Afirmativo	Negativo
decir	**di**	no digas
hacer	**haz**	no hagas
ir	**ve**	no vayas
poner	**pon**	no pongas
salir	**sal**	no salgas
ser	**sé**	no seas
tener	**ten**	no tengas
venir	**ven**	no vengas

El imperativo afirmativo de **vosotros** se forma cambiando la **–r** del infinitivo por **–d**. Para el imperativo negativo se usa la forma de la segunda persona plural del presente del subjuntivo.

	Afirmativo	Negativo
descansar	**descansad**	**no descanséis**
comer	**comed**	**no comáis**
vivir	**vivid**	**no viváis**

Si se usa la forma afirmativa del imperativo de **vosotros** con el pronombre reflexivo **os**, se suprime la **–d** final. (*Excepción:* **irse**: **id** +**os** = **idos**)

	Afirmativo	Negativo
sentarse	(sentad/ + os) = **sentaos**	**no os sentéis**
ponerse	(poned/ + os) = **poneos**	**no os pongáis**
vestirse	(vestid/ + os) = **vestíos**	**no os vistáis**

PRÁCTICA

A. Cómo mantenerse en buenas condiciones. El siguiente artículo salió en una revista sobre la salud. Complete el párrafo con la forma correcta del imperativo informal (tú).

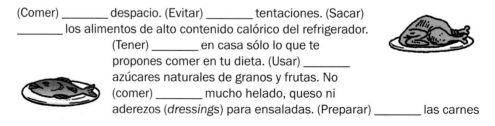

(Comer) _____ despacio. (Evitar) _____ tentaciones. (Sacar) _____ los alimentos de alto contenido calórico del refrigerador. (Tener) _____ en casa sólo lo que te propones comer en tu dieta. (Usar) _____ azúcares naturales de granos y frutas. No (comer) _____ mucho helado, queso ni aderezos (*dressings*) para ensaladas. (Preparar) _____ las carnes al horno o a la parrilla, no (freírlas) _____ en grasa o aceite.

 (Hacer) _____ ejercicio regularmente. (Buscar) _____ hacer actividades divertidas que no incluyan el comer. (Acudir) _____ a terapia individual o de grupo si tienes dificultad para mantener tu peso. No (hacerlo) _____ solo.

B. Medicina natural en Internet. A Anita le fascina la medicina natural. Esta mañana su portal favorito, <u>www.tusalud.com</u>, ofrecía el siguiente menú de enlaces *(links)* interesantes. Escoja verbos apropiados de la lista y forme el imperativo (tú) para completar las oraciones.

aprender	mantenerse	ponerse	comprar
incluir	mejorar	acordarse	combatir

1. _____ al tanto con estos nuevos descubrimientos para tu salud.

2. _____ tu memoria con esta hierba mágica.

3. _____ nuestro diccionario de plantas medicinales.

4. _____ el envejecimiento con el ejercicio.

5. _____ estas vitaminas en tu régimen.

6. _____ de leer este artículo sobre los antioxidantes.

7. _____ cinco técnicas para derrotar el estrés.

8. _____ joven con una dieta de frutas y verduras.

C. ¡Manténte joven... por Internet! A Anita, la chica del ejercicio anterior, le llamó la atención el enlace sobre cómo mantenerse joven con una dieta de frutas y verduras. Leyó el artículo y lo encontró interesante. Léalo y llene los espacios con el imperativo (tú).

(Aumentar) _____ el consumo de vegetales de colores brillantes como bróculi, espinacas y tomates. (Reducir) _____ los alimentos altos en azúcar, grasas y calorías. (Consumir) _____ de 1.000 a 1.500 miligramos de calcio por día, pero (substituir) _____ leche entera por leche descremada o (escoger) _____ otros alimentos ricos en calcio como col, nabo, pescado enlatado, jugo de naranja, granos y frijoles. No (comer) _____ quesos que sean altos en grasa, no (tomar) _____ bebidas alcóholicas y no (fumar) _____. (Hacer) _____ ejercicios aeróbicos, (fortalecer) _____ tus huesos caminando y trabajando en el jardín, y no (olvidarse) _____ de tomar pastillas de calcio y vitaminas.

D. ¡Tenga compasión, doctor! Lea Ud. esta tira cómica y haga la actividad.

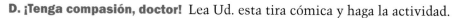

tastes like anything

En parejas, hagan los papeles del médico y del paciente. El médico le recomienda una dieta al hombre, pero el hombre no quiere seguir su consejo. Usen estas u otras expresiones de mandato, ruego, permiso, prohibición y consejo. Pueden usar mandatos directos: "Haga Ud. ejercicio todos los días", o recomendaciones indirectas: "Recomiendo que haga ejercicio todos los días."

El médico dice:	_El paciente resiste:_
Le prohíbo que...	Le ruego que...
No apruebo que...	Le pido que...
No permito que...	Le suplico que...
No coma...	Déjeme...

Ahora escriban cinco mandatos más (tú) que le dice la esposa de este paciente.

ESTRUCTURA 4: El imperativo de nosotros

Para formar el imperativo de **nosotros** (*inglés: let's* + verbo[1]), usamos la primera persona del plural del presente del subjuntivo para el imperativo afirmativo y negativo.

	Afirmativo	Negativo
entregar	entreguemos	no entreguemos
correr	corramos	no corramos
salir	salgamos	no salgamos

Los verbos reflexivos pierden la –s final en el imperativo afirmativo antes de que se agregue el pronombre reflexivo. En el negativo siguen la forma del subjuntivo.

	Afirmativo	Negativo
quedarse	(quedemos/ + nos) = **quedémonos**[2]	no nos quedemos
levantarse	(levantemos/ + nos) = **levantémonos**	no nos levantemos
ponerse	(pongamos/ + nos) = **pongámonos**	no nos pongamos

El verbo **ir** es irregular en el imperativo afirmativo. En el negativo sigue la forma del subjuntivo.

	Afirmativo	Negativo
ir	vamos	no vayamos
irse	vámonos	no nos vayamos

PRÁCTICA

A. Vivamos una vida sana. Constantemente vemos en revistas y periódicos anuncios que nos recuerdan la necesidad de evitar las tensiones y vivir una vida sana. Cambie cada oración para formar el imperativo de **nosotros**, según el modelo.

> **Modelo:** Hay que vivir una vida sana.
> *¡Vivamos una vida sana!*

---

[1]*Let's* se puede expresar también usando el modo indicativo **vamos a** + infinitivo en el afirmativo: **Vamos a estudiar ahora.** En el negativo sólo se usa la forma del subjuntivo.

[2]**Atención:** Cuando se agrega el pronombre hay que escribir un acento sobre la antepenúltima sílaba.

1. Hay que transformar la tensión en actividad.
2. Hay que correr y montar en bicicleta porque ambos ejercicios nos ponen en contacto con la naturaleza.
3. Hay que practicar ejercicios respiratorios.
4. Hay que relajar los músculos de los brazos, la cara, los hombros, el estómago y las piernas.
5. Hay que levantarse y acostarse temprano para gozar de las mejores horas del día.
6. Hay que tratar de mantener siempre un cuerpo sano.

B. Visitemos Chile. Dicen los expertos que conocer un país extranjero puede contribuir a una vida sana. En parejas, visiten el portal www.Chile.com. Hagan clic en uno de los siguientes enlaces: *turismo aventura, centros de ski, termas, deportes extremos* o *lodge de pesca*. Cada persona debe escoger un lugar que visitar. Usando el imperativo de **nosotros**, intenten convencerse de que el lugar que escogieron es el mejor.

Modelo: *Vamos a Patagonia.*
Observemos los elefantes marinos.
Visitemos el glaciar Marinelli.
No hagamos el viaje de cinco días. Hagamos el viaje de siete días.

¡OJO CON ESTAS PALABRAS!

Los cognados falsos

Se pueden reconocer fácilmente muchas palabras porque en español y en inglés se parecen. Por ejemplo: **computadora** = *computer;* **universidad** = *university;* **composición** = *composition.* Estas palabras se llaman **cognados.** Sin embargo, otras palabras que tienen ortografía parecida no siempre tienen el mismo significado; cuando no lo tienen se llaman **cognados falsos.** ¿Qué significados diferentes tienen estos pares de palabras?

1. **asistir (a)** = *to attend*

   ¿Piensa Ud. **asistir** a la conferencia de esta tarde?

   to assist = **ayudar**

   La enfermera **ayudó** a la doctora durante la operación.
2. **aplicación** = *application (of a cream, ointment)*

   Será suficiente con una **aplicación** diaria de este medicamento.

   application = **solicitud**

   Presenté mi **solicitud** para trabajar en ese hospital.

3. **mover** = *to change the position of an object*

   La mesa era tan pesada que no pude **moverla.**

   to move = **mudarse** (cambiar de residencia)

   Pienso **mudarme** de casa.

4. **realizar** = *to fulfill, to achieve*

   Nos prometió que algún día **realizaría** sus sueños.

   to realize = **darse cuenta de**

   Acaba de **darse cuenta de** que no tiene ni un centavo.

5. **registrar** = *to examine, to inspect*

   La policía **registró** toda la casa en busca de armas.

   to register = **matricularse, inscribirse**

   Mi hermano **se matriculó** en la Facultad de Ciencias Políticas.

6. **retirar** = *to take away*

   Retiramos la alfombra para poder bailar.

   retirarse = *to withdraw, to retreat, to retire*

   No quería que los vecinos la vieran, por eso **se retiró** del balcón.

   to retire = **jubilarse**

   El profesor Sánchez **se jubiló** hace seis meses.

7. **soportar** = *to put up with, to bear*

   No **soporto** este silencio.

   to support = **mantener, sostener**

   Felizmente tengo suficiente dinero para **mantener** a mi familia.

8. **embarazada** = *pregnant*

   Luisa está **embarazada**, pero su esposo no lo sabe todavía.

   embarrassed = **apenado(a), avergonzado(a)**

   Estaba muy **apenado** porque rompió la copa.

PRÁCTICA

Una enfermera dedicada. Seleccione la palabra correcta en cada caso, para que el párrafo tenga sentido.

Me llamo Mariluz y soy enfermera en el Hospital de la Caridad en Santiago, Chile. Yo trabajaba en un hospital en Viña del Mar por casi dos años, pero el año pasado, después de treinta años con una compañía de productos farmacéuticos, mi padre 1. (retiró, se jubiló) y nosotros 2. (nos mudamos, movimos) a la capital. Me gusta mi trabajo porque puedo 3. (asistir, ayudar) a muchas personas. Además, 4. (me doy cuenta de, realizo) que tengo muchas responsabilidades, y es un trabajo fascinante. Ayer, por ejemplo, llegó por ambulancia una mujer 5. (apenada, embarazada). La pobre estaba sufriendo tanto y casi no podía 6. (sostener, soportar) los dolores. Le dije: "Señora, no 7. (se mueva, se mude). Necesito tomarle la presión arterial". También le tomé la temperatura y la llevé en seguida a la sala de maternidad. Una hora más tarde, ella dio a luz a gemelas. Delante de todos, ella proclamó que yo la 8. (ayudé, asistí) mucho y que soy la mejor enfermera de todas. Yo estaba un poco 9. (embarazada, avergonzada), pero también contenta.

Es obvio que me encanta la medicina. De hecho, me gusta tanto que decidí 10. (matricularme, registrarme) en la Facultad de Medicina de la universidad. Hace dos meses tomé los éxamenes de entrada y llené la 11. (aplicación, solicitud). ¡Me aceptaron! En el breve período de siete años, seré doctora.

AMPLIACIÓN Y CONVERSACIÓN

A. Cómo dejar de picar. La peor hora para mucha gente que trabaja y hace dieta es el tiempo entre la llegada a la casa y la hora de comer... Pero hay trucos° que le ayudarán a no caer en la tentación. Forme el imperativo formal (Ud.) del verbo entre paréntesis. Luego dé otra razón por la que las siguientes recomendaciones funcionan, o dé otra técnica.

tricks

1. (Lavarse) _____ los dientes. Al sentir la frescura en la boca, será mucho más fácil mantenerla así. También...

2. (Poner) _____ la comida a hacer y (empeñarse°) _____ de inmediato en hacer ejercicios. (Correr) _____, (estirarse°) _____, (saltar la cuerda°) _____, (pedalear) _____ una bicicleta estacionaria. El ejercicio, contrariamente a lo que se cree, hace perder el apetito. También...

get involved
stretch / jump rope

3. (Cambiar) _____ su rutina de "al fin en casa". (Hacer) _____ algo que mantenga ocupada su mente durante aquel tiempo que antes dedicaba a desplomarse° en un sillón, bolsa de papitas° en mano. Por ejemplo, (revisar) _____ la correspondencia, (darse) _____ un baño, (ver) _____ la televisión. También...

collapsing / potato chips

4. (Substituir) _____ su "comida chuchería"° por "lectura chuchería", esas novelas superfáciles de leer que uno no puede abandonar. También como substitución puede...

junk

Actividades relacionadas:

- Escriba un breve resumen del artículo, incorporando las palabras siguientes:

tentación	ejercicios	rutina	correr
dientes	televisión	novelitas	apetito

- Dígale a la clase qué come Ud. en las siguientes situaciones, y por qué:
  a. al estudiar para un examen
  b. cuando se reúne con amigos
  c. después de hacer algún ejercicio físico
  d. al despertarse de noche
  e. cuando sale con su novio(a)

B. ¿Es Ud. hipocondríaco(a)? Para saber si es hipocondríaco(a), conteste las siguientes preguntas y explique sus respuestas. Luego, hágale las preguntas a un(a) compañero(a) de clase.

1. Cuando le duele la cabeza, ¿cree que sufre de alguna enfermedad grave?

2. Cuando su amigo(a) se enferma y le cuenta sus síntomas, ¿empieza a sentir los mismos dolores?

3. ¿Guarda un termómetro en su mesilla de noche?

4. ¿Está hipervitaminado(a)? O sea, ¿consume la cantidad doble o más de vitaminas que debía?

5. ¿Lleva un guardapíldoras que tiene marcados todos los días de la semana?

Ahora, invente cinco características más del hipocondríaco y compárelas con la clase.

C. Una dieta sana y saludable. En parejas, lean el anuncio y completen los pasos a continuación.

Más recomendado

	COMA MÁS	COMA MENOS
Carnes	Pescado Pollo o pavo (sin pellejo)	Carne roja (res,puerco, ternera) Visceras, tocino,salchichas
Huevos	Claras o sustitutos de huevos sin colesterol	Yemas
Productos Lácteos	Leche descremada (non–fat) Yogurt descremado	Leche entera, condensada, evaporada Yogurt entero Crema
	Queso cottage descremado Quesos descremados Nieves	Queso cottage entero Quesos enteros Helados
Frutas y Verduras	Frescas	Fritas o con crema
Panes y Cereales	Cereales y panes de trigo, avena, centeno, arroz integral Pastas	Pasteles y galletas Panes en los que el huevo es un ingrediente importante
Grasas	No saturadas (aceites vegetales de maíz, de soya, de ajonjoli)	Saturadas (aceites de coco, de palma,de toci-no, de grasa animal)
	Aderezos sin grasas o con grasas no saturadas	Aderezos de las ensa-ladas con yemas (mayonesa)
	Margarina con grasas no saturadas	Mantequilla, chocolate

✓ Se recomienda una dieta con un máximo de 300 mg de colesterol al dia.
✗ Una yema de huevo contiene 274 mg. de colesterol.
✓ El salvado de avena (oat bran) puede reducir el colesterol en la sangre.

1. Al señor Rivera le encantan muchas de las comidas de la lista "coma menos". La señora Rivera consulta el anuncio y le dice qué puede substituir por las comidas que el Sr. Rivera menciona.

> **Modelo:** Sr. Rivera: *Me gusta el helado de chocolate.*
> Sra.Rivera: *¡El helado de chocolate? ¡No lo comas!*
> *Come nieves.*

Añadan dos comidas a la lista "coma más", y dos a la lista "coma menos". Expliquen sus selecciones.

2. ¿Qué alimentos...
   a. son bajos en colesterol?
   b. producen obesidad?
   c. promueven la buena salud?
   d. causan problemas dentales?

3. Según el doctor, el señor Rivera necesita seguir una dieta más sana. Aquí tiene una lista de sus platos preferidos. ¿Cómo puede cambiarlos por comidas más sanas?
   a. pollo frito
   b. ravioles con carne
   c. toda clase de postre
   d. chocolate caliente

4. Seis meses más tarde el señor Rivera tiene otra consulta con el doctor y tiene mil pretextos por no haber cambiado su dieta. En grupos, inventen un diálogo entre el señor Rivera, el doctor y la señora Rivera, quien está muy frustrada con los hábitos de comida de su esposo.

D. Mesa redonda. Escoja tres o cuatro compañeros para formar una mesa redonda e intercambiar ideas sobre los siguientes temas de discusión.

1. ¿Debe prolongarse la vida de los enfermos incurables?

En los últimos años ha habido varios casos en que los familiares de un(a) enfermo(a) han tratado de no prolongar su vida para que no sufra más. ¿Recuerda Ud. haber leído algo sobre este tema tan controvertido? ¿Piensa Ud. que es justo que los familiares de un(a) enfermo(a) incurable decidan si debe o no debe vivir? ¿O cree que es justo que la medicina prolongue la vida artificialmente? Exprese sin miedo su opinión sobre este problema de interés general.

2. El derecho a la salud

La Organización Mundial de la Salud establece que la salud es un derecho del ser humano sin distinción de razas, religiones, partidos políticos ni condiciones sociales o económicas. ¿Cree Ud. que los gobiernos deben cuidar de la salud pública o debe ser ésta una obligación individual? ¿Cuáles son las ventajas y desventajas de que el gobierno sea responsable del mantenimiento de la salud pública? La desnutrición es una de las enfermedades características de la pobreza. ¿Piensa Ud. que con la socialización de la medicina se daría fin a esta enfermedad cada vez mayor en el mundo?

¡Defiendan sus puntos de vista!

E. Minidrama. En parejas o en grupos pequeños representen las siguientes escenas.

1. Se reúnen los participantes de un grupo de terapia. Todos sufren de algún tipo de tensión mental, física o emocional. Quieren comparar sus problemas y compartir soluciones.
2. Tiene que hablar en público y se siente excesivamente nervioso(a). Sus amigos quieren ayudarlo(la) y sugieren algunas "técnicas" para calmarse. Por ejemplo, un amigo recomienda que Ud. respire hondo para aliviar el pánico. ¿Qué otras técnicas recomiendan sus amigos? Usen la imaginación.
3. Ud. es hipocondríaco(a). Tiene cita con el médico para consultarlo sobre algunos síntomas que está experimentando. ¡Resulta que el médico también es hipocondríaco!

F. Chile en Internet. Para conocer Chile, visite el sitio web <u>www.chile.com</u>.

A la izquierda de la página, verá enlaces bajo el título "A la chilena". Por ejemplo, *bailes nacionales, cocina chilena, acerca de chile, chilenismos,* etc. Haga clic en uno de los enlaces y escriba un breve resumen del artículo. Compártalo con la clase.

¿Qué sabe Ud. de... Chile?

CHILE

Viña del Mar

Los chilenos no tienen que ir lejos para escapar de las presiones y los problemas diarios, y no les hace falta salir de sus bellas costas para disfrutar las vacaciones de sus sueños. El remanso° por excelencia, el epítome de paz y tranquilidad, el retiro ideal se encuentra a 120 kilómetros al norte de Santiago y se llama Viña del Mar.

Viña, conocida como la "ciudad jardín" por sus hermosos parques y jardines, no sólo es escapar y relajar. Hace ya mucho tiempo que se convirtió en la capital turística de Chile. Ofrece pintorescas playas de suave y blanca arena, hoteles de primera, tiendas elegantes, restaurantes de mariscos de alta calidad y una dinámica vida nocturna. Entre los atractivos turísticos están castillos, palacios, jardines botánicos, museos y animados eventos culturales. El visitante en Viña queda sorprendido por un detalle —un gran porcentaje de los bañistas procede de otros países sudamericanos. Quiere decir que la atracción de esta región se extiende mucho más allá de las fronteras de Chile, y que es considerada uno de los centros recreativos más populares del continente. Cada año más de un cuarto millón de argentinos escoge Concón, Playa Amarilla, Playa Negra, Cochoa, Las Salinas y las otras playas de Viña para pasar sus vacaciones.

¿Dolores musculares y de cabeza? ¿Insomnio? ¿Ansiedades? No espere más. Haga su reservación y su maleta. Viña del Mar y sus infinitas e inolvidables sorpresas le están aguardando°.

tranquil pool

awaiting

A. Recordar lo que sabemos. En la Lección 6 de **Horizontes: Cultura y literatura** hay varias menciones de Chile. Repasando y recordando lo que leyeron, respondan en parejas a las siguientes preguntas.

1. ¿Dónde está Chile? ¿Cuál es su capital? ¿Sabrían situarla en el mapa? ¿Y la ciudad de Valparaíso?

2. ¿Qué cadena montañosa cruza el país como si fuera su espina dorsal? ¿Por qué es famosa la isla de Rapa Nui, también conocida como Isla de Pascua?

3. ¿Qué materias primas importantes produce Chile? ¿Cómo influye esto en el desarrollo del país?

4. ¿Quién es Augusto Pinochet? ¿Por qué es un chileno famoso? ¿Cuál es el sistema político de Chile en este momento?

5. ¿Recuerdan a Pablo Neruda? ¿Qué escribió? ¿Dónde creen Uds. que se situó políticamente, a favor o en contra de Pinochet? ¿Podrían Uds. explicar su posición?

B. Ampliar lo que sabemos. ¿Les gustaría aprender más sobre Chile? Reúnanse en grupos de tres o cuatro personas y preparen una presentación sobre uno de los siguientes temas. Elijan el que más les interese, u otro que no aparezca en la lista.

- La peculiar composición de la población chilena: la mayoría europea y las minorías indígenas. Causas históricas y estado presente.
- Las otras lenguas de Chile: mapuche, quechua, aymara y pascuense o rapanui.
- La diversidad geográfica de Chile desde los desiertos del norte hasta la Antártida. La riqueza del subsuelo y la importancia de la minería. Una pequeña muestra de la belleza del paisaje chileno: Osorno, Llanquihue y Chiloé.
- Las misteriosas esculturas de Rapa Nui, la Isla de Pascua.
- Las músicas de Chile. Dos artistas integrales que alcanzaron fama internacional como cantantes de la libertad y de la vida: Violeta Parra y Víctor Jara. Intérpretes de música clásica de reconocimiento internacional: Claudio Arrau y Verónica Villarroel.
- La literatura en Chile y Chile en la literatura. La literatura en Chile: la importancia de los (las) escritores(as) chilenos(as) del siglo XX. Chile en la literatura: la representación de los conflictos en *La Araucana* de Alonso de Ercilla y *La casa de los espíritus* de Isabel Allende.
- Hollywood y el cine de denuncia de las dictaduras latinoamericanas: *Missing, La muerte y la doncella (Death and the Maiden)* y *La casa de los espíritus (The House of the Spirits)*. Otras películas de éxito basadas en personajes chilenos: *El cartero*. El cine chileno.
- Chile, país de poetas. Los premios Nóbel de la literatura chilenos: Gabriela Mistral y Pablo Neruda. La belleza del *Cancionero general* de Pablo Neruda según la versión musical de Mikis Theodorakis.
- Algunos momentos de la historia de Chile, desde la llegada de Valdivia hasta los tiempos presentes: la lucha entre los pobladores nativos y los conquistadores españoles; la independencia de Chile; la tradición

democrática chilena; el derrocamiento de Allende y la dictadura de Pinochet.

- El papel del capital internacional en la economía y la política chilena. Los intereses de las grandes corporaciones en Chile y su intervención en el derrocamiento del gobierno socialista de Salvador Allende.

- El folclor chileno: las fiestas de la Virgen del Carmen en la Tirana; la fiesta de la Candelaria en Copiapó; la fiesta de la Rosa de Pelequén.

- Las delicias de la cocina chilena: el pastel de choclo (maíz), los porotos (frijoles) granados, el asado chileno a la parrilla, las empanadas, el congrio, la albacora y los mariscos. La calidad de los vinos chilenos y la importancia de su producción.

C. Compartir lo que sabemos. ¿Cómo preparar la presentación?

1. Utilicen todo tipo de fuentes de información para investigar sobre el tema elegido: libros, prensa, Internet, etc.

2. Incluyan en su presentación todos los medios audiovisuales que crean convenientes: fotografías, mapas, dibujos, videos, cintas o discos de música, etc.

3. Ofrezcan a sus compañeros de clase un esquema de todos los puntos que van a desarrollar en su presentación.

AMPLIACIÓN Y COMPOSICIÓN

¡REVISE SU ORTOGRAFÍA!

El verbo *haber*

1. **Hay** se traduce al inglés como *there is, there are.* **Hay que** + infinitivo se traduce *one has to.*

there is	En su ciudad **hay** mucha contaminación ambiental.
there are	**Hay** también grandes problemas por la falta de cuidado médico.
one has to	**Hay que** tener cuidado con la salud.

2. **Hay** vs. **ay** vs. **ahí**

Ay es una palabra exclamativa.　　　　**¡Ay!** ¡Cuánto me duele el estómago!
Ahí es un adverbio de lugar, como 　　**Ahí** están las pastillas que buscabas.
　aquí, acá, allí y **allá.**

3. En el presente perfecto, **haber** (*to have* + *past participle [eaten, been, gone, etc.]* en inglés) lleva la letra **h–.**

Manuel **ha** ido al consultorio del médico.	*Manuel **has** gone to the doctor's office.*
Allí le **han** hecho una serie de análisis.	*There they **have** done a series of tests.*
Resulta que a Manuel le duele el estómago porque **ha** comido demasiado.	*It turns out Manuel has a stomachache because he **has** eaten too much.*

4. **Ha** vs. **ah** vs. **a**

Ah es una palabra exclamativa.

¡Ah! Ya recuerdo qué vine a hacer.

A es una preposición.

No conozco **a** ningún pediatra en esta ciudad.
Señora, ¿le ha dado Ud. la receta **al** farmacéutico?

ENFOQUE: Los viejos remedios familiares

¡Prepárese a escribir!

2 paragraphs

Antes de comenzar a escribir su composición, intercambie ideas con sus compañeros sobre las ventajas y desventajas de los métodos medicinales caseros. Por ejemplo:

1. Hoy en día, muchas mujeres embarazadas prefieren ser atendidas por matronas y dar a luz en su casa.

2. Para curar el resfrío, muchos piensan que lo mejor es tomar mucho zumo de naranja o limón con miel y evitar, en lo posible, los antibióticos.

3. Para la tos y el dolor de garganta se prefieren las infusiones de hierbas medicinales. Los jarabes recetados por los médicos contienen alcohol y azúcares que no son buenos para la salud.

4. Muchas personas tienen gran confianza en los poderes curativos de los masajes, de los tratamientos de acupuntura y de acupresión y de las aguas medicinales.

¡Organice sus ideas!

A continuación, escoja el tema que más le interese de la sección de ¡**Prepárese a escribir!** y hágase las siguientes preguntas.

1. ¿La información que tengo es interesante?

2. ¿Tengo suficientes datos para escribir uno o dos párrafos?

LECCIÓN 7

¿Conoces mi ciudad?

▼ Avenida 9 de Julio, Buenos Aires, Argentina

¡CHARLEMOS!

 Trabaje con un(a) compañero(a) de clase. Háganse por turno las siguientes preguntas.

1. ¿Cuáles son las ventajas de vivir en una ciudad grande? ¿en una pequeña? ¿Dónde piensa Ud. vivir en el futuro? ¿Por qué?

2. ¿Cuáles son los problemas que confronta la ciudad en la que Ud. vive? ¿La contaminación ambiental? ¿El transporte urbano? ¿La violencia y el crimen?

3. ¿Cómo es el tránsito de vehículos en su ciudad? ¿Hay muchos embotellamientos? ¿Cuáles son los medios de transporte más usados? ¿Cree Ud. que las tarifas de transporte público son razonables?

4. ¿Hay problemas de vivienda en el lugar donde Ud. vive? ¿Son muy altos los alquileres? ¿Dónde y cómo viven las familias de bajos ingresos? ¿En qué zona de la ciudad viven los que tienen mucho dinero?

ENFOQUE: Argentina

▶ *El barrio de La Boca*

El centro de la ciudad

EN EL CENTRO

La ciudad y sus problemas

el alcalde (la alcaldesa) *mayor*
la alcaldía municipal (el ayuntamiento) *city hall*
el (la) ciudadano(a) *citizen*
la comunidad *community*
la delincuencia *delinquency*
el (la) delincuente *criminal, delinquent*

los desamparados *homeless*
la huelga (el paro) *strike*
la injusticia social *social injustice*
sufrir un atraco *to be mugged*
la vivienda *housing*

En la calle

atropellar *to run over*
el autobús *bus*
la parada de autobuses *bus stop*
el coche (el carro) *car*
el conductor (el chófer) *driver*
la congestión (el embotellamiento de tránsito) *traffic jam*
cruzar la calle *to cross the street*
doblar la esquina (a la derecha, a la izquierda) *to turn the corner (right, left)*
el (la) mendigo(a) *beggar*

el metro *subway*
montar en *to ride*
la moto(cicleta) *motorcycle*
la muchedumbre *crowd*
el (la) pasajero(a) *passenger*
el peatón *pedestrian*
el puesto de periódicos *newspaper stand*
las señales de tránsito *traffic signs*
el semáforo *traffic light*
la tarifa de transporte *transportation fare*
el transporte urbano *urban transportation*

Otras palabras y expresiones

a cuadros *plaid*
a rayas *striped*
el algodón *cotton*
el centro comercial *shopping center*
de manga corta (larga) *short- (long-)sleeved*
estar de moda *to be in style*
estar pasado de moda *to be out of fashion*
estar en (de) rebaja *on sale*

las gangas *bargains*
hacer juego con *to match*
la lana *wool*
la liquidación *final sale*
liso *plain*
llevar, usar *to wear*
la seda *silk*

EN EL (SUPER)MERCADO

Carnes y pescados (*Meats and fish*)

la carne de res *beef*
la carnicería *butcher shop*
el (la) carnicero(a) *butcher*
el chorizo *sausage*
el cordero *lamb*
el jamón *ham*

los mariscos *seafood (shellfish)*
el pavo *turkey*
el pollo *chicken*
la ternera *veal*
el pescado *fish*

Frutas y verduras (*Fruits and vegetables*)

la cebolla *onion*
la col *cabbage*
los frijoles *beans*
la fruta madura (verde) *ripe (unripe) fruit*
la fresa *strawberry*
las habichuelas *beans*
los hongos (los champiñones) *mushrooms*
la lechuga *lettuce*
la manzana *apple*

la naranja *orange*
las papas, las patatas *potatoes*
el pepino *cucumber*
la pera *pear*
el plátano *banana*
la sandía *watermelon*
las uvas *grapes*
los vegetales *vegetables*

EN EL ALMACÉN DE ROPA

- la blusa de manga corta (larga)
- el abrigo (de piel)
- el suéter
- la chaqueta
- el traje
- el vestido
- la falda
- el impermeable
- el sujetador
- el bolso (la bolsa)
- los vaqueros
- la camisa
- los pantalones
- el cinturón
- los guantes
- la corbata
- las bragas
- los calzoncillos
- los zapatos de tacón
- las botas
- la cartera
- los calcetines
- los zapatos planos
- el pañuelo
- las sandalias

PRÁCTICA

A. Una reunión en el ayuntamiento. Hoy en el ayuntamiento de la capital se reúnen varios grupos de personas para protestar por los problemas cívicos y sociales. Consulte las secciones del vocabulario **La ciudad y sus problemas** y **En la calle** para identificar a las siguientes personas. Luego, escriba una definición para cada una de ellas.

1. Los _____ del transporte urbano amenazan con estar de huelga si no reciben un aumento de sueldo.

2. Un grupo de _____ se queja del alto costo de la vivienda en el municipio.

3. Un representante de la organización "_____ de la comunidad" protesta contra el aumento de las tarifas de transporte público en la ciudad.

4. Muchos están pidiéndole al alcalde una solución al grave problema de los _____ y los _____ que no tienen comida y alojamiento.

5. Se ha presentado una petición para que se arreglen los semáforos del centro para que los _____ puedan cruzar las calles sin peligro de ser atropellados.

6. Hasta se ha presentado un grupo representativo de _____ de la prisión local para quejarse de las malas condiciones en las que viven.

7. El _____ del municipio asegura que ha oído las quejas y las frustraciones de la gente y que hará todo lo que pueda para encontrar soluciones. ¡Esto está por verse!

B. Vamos de excursión a Mendoza. Mendoza, Argentina, situada al pie de los Andes, es un lugar ideal para practicar deportes como rafting, trekking, montañismo y esquí. Ud. va a Mendoza por tres días con unos compañeros y está haciendo la maleta. Sus amigos insisten en que algunos de los artículos de ropa y accesorios no van a ser necesarios, pero Ud. no está de acuerdo. Justifique por qué no puede eliminar ninguno de los siguientes artículos.

1. pantalones térmicos
2. chaqueta alpina
3. vaqueros
4. abrigo de piel
5. guantes "polar"
6. sandalias
7. vestido/corbata de seda
8. calcetines de lana

C. ¡Están de moda! Para honrar al presidente de la República se realizó en Buenos Aires una cena de gala, a la que asistió un panorama de celebridades internacionales.

La revista *Moda* describe el vestuario de los invitados más famosos. Llene el primer espacio con el nombre de una celebridad. Luego llene los demás espacios con la prenda o el accesorio apropiados. Consulte **el Vocabulario para la comunicación** y use su imaginación.

1. Para la cena, _____ ha optado por un "look" práctico y elegante con esta(e) _____ de lana, zapatos _____ y su accesorio favorito, _____.

2. Para la ceremonia, la superestrella _____ luce guapísimo(a) en _____ de cuero que hace juego con _____. ¡Una verdadera sorpresa fue que entró llevando _____ sin _____!

3. No hay nadie como _____ para lucir los(las) fabulosos(as) _____ de la diseñadora Carolina Herrera. Entró de la mano de su novio, quien llevaba _____ más espectacular(es) de todos los invitados.

D. Una zona agrícola. Además de sus centros de esquí, Mendoza, Argentina se conoce por su producción agrícola. Escuche la descripción de algunos aspectos de la agricultura de esta zona y escoja la opción correcta para cada oración.

1. A nivel nacional, Mendoza es la primera productora de frutas/verduras.

2. Dos frutas principales son fresas y plátanos/peras y manzanas.

3. Una parte de la producción de la lechuga/la cebolla está destinada al consumo fresco.

4. Casi toda la producción de la pera/la uva se usa para fabricar vino.

5. La carne/la verdura ecológica es una industria reciente en la provincia de Mendoza.

E. ¡Qué conveniente es vivir en la ciudad! Para Ud. una ventaja de vivir en la ciudad es la cercanía de tiendas, negocios y centros municipales y comerciales. Hoy no se siente bien y le pide a su amigo(a) que haga las siguientes diligencias *(errands)*. Para cada diligencia, forme dos o tres oraciones, incorpore el **Vocabulario para la comunicación** y un mínimo de dos mandatos. Al volver de hacer las diligencias su amigo(a) le contará cómo le fue.

> **Modelo**: Conseguir una copia de su acta de nacimiento
> Estudiante 1: *Necesito una copia de mi acta de nacimiento, por favor. Es fácil. Toma el metro o el autobús número 23 y ve directamente al centro. En el ayuntamiento busca el registro (hall of records), enséñales mi carnet de identidad y diles que nací en el Hospital Santa Ana.*
> Estudiante 2: *Fui al ayuntamiento por ti pero no pude conseguirte el documento. Me dijeron que tú tenías que ir allí personalmente.*

1. denunciar al delincuente que intentó entrar a la fuerza a su apartamento

2. informarse sobre las gangas y la mercancía que están en rebaja en los almacenes

3. comprar los ingredientes para una comida económica y nutritiva

4. obtener información sobre los horarios y la disponibilidad del transporte urbano

F. El centro de la ciudad. En parejas, observen el dibujo de la página 226. Usen el **Vocabulario para la comunicación**, para contestar las siguientes preguntas.

1. ¿Qué hora es? Describan el lugar, los vehículos y el tránsito y los edificios. ¿Qué están haciendo las siguientes personas?
   a. el hombre delante del almacén La Elegancia
   b. el hombre vestido con traje marrón
   c. la niña vestida con pantalones cortos y blusa rosada
   d. el hombre en la calle con la chaqueta rosada

2. ¿Cómo se sabe que la escena tiene lugar en el centro de una ciudad y que ésta es una calle principal?

3. ¿Cómo se llama el restaurante? ¿Por qué creen que el dueño escogió este nombre para un restaurante urbano?

4. Describan la escena que tiene lugar delante del almacén La Elegancia. Hoy en el almacén todo está en rebaja. ¿Qué pasará dentro del almacén?

5. ¿Qué infracción de tránsito cometería el conductor del coche? ¿Se estacionarían Uds. en una zona prohibida? ¿Han causado Uds. un embotellamiento de tránsito alguna vez? Expliquen.

6. ¿Quién necesita un taxi? ¿Por qué no le hace caso el taxista?

7. Describan a la familia que está tratando de cruzar la calle. ¿Quiénes son? ¿Cómo son? ¿Qué ropa llevan? ¿Adónde van?

Ahora, en grupos de dos, tres o cuatro representen una de las escenas del dibujo. Escriban un breve diálogo entre las siguientes personas:

a. el policía y el hombre del coche verde
b. la familia con los dos niños
c. el hombre con la bicicleta y el hombre a su lado
d. la mujer que está cruzando la calle con el niño

 G. El noticiero. En grupos pequeños, incorporen palabras y expresiones del **Vocabulario para la comunicación** para iniciar un reportaje sobre algún problema que ha ocurrido en la ciudad. Luego, denle el segmento del reportaje a otro grupo para que ellos lo terminen. Sigan el modelo.

Modelo: *Una pasajera golpeó (struck) al conductor de un autobús cuando éste le pidió que pagara su tarifa de transporte...*

Modelo: *Una señora de unos 70 años sufrió un atraco en la parada de autobuses en la calle Florida. Los delincuentes no han sido identificados...*

H. Transporte en Internet. Para aprender sobre los modos de transporte más comunes en Buenos Aires, visite el sitio web: www.buenos-aires.8k.com/. Siga los siguientes pasos:

1. Haga clic en la bandera de Argentina, *ENTRAR*, versión en español.

2. Encuentre la acción "transporte" y haga clic en el enlace apropiado para contestar las siguientes preguntas.
   a. ¿Cómo se llama el metro en Buenos Aires? ¿Cómo es? ¿Cuánto cuesta? ¿Hay servicio los domingos? ¿Hay servicio a las cinco de la mañana? Explique.
   b. ¿Cuál es el precio mínimo de un viaje por taxi? ¿Qué es un Radio Taxi? ¿Cuándo se debe viajar en taxi y por qué? ¿Qué es un taxímetro? ¿Varían los precios de un viaje en taxi?
   c. ¿Cómo llaman los porteños (personas de Buenos Aires) a los "autobuses"? ¿Cuánto cuesta un viaje dentro de los límites de la ciudad? ¿Cuál es una desventaja de viajar por ómnibus?

d. ¿Cuál es la gran ventaja de viajar en tren? ¿Las paradas están cerca una de otra? ¿Por qué será?

e. ¿Cómo es el tráfico en Buenos Aires? ¿Qué significa "las horas pico"? ¿Cómo son los conductores argentinos? ¿Qué aconsejan que hagan los conductores al cruzar semáforos durante la noche?

3. Ahora, escoja la forma de transporte que Ud. va a usar cuando visite Buenos Aires y diga por qué.

PERSPECTIVAS

PREPARATIVOS

1. Lea la sección **¿Sabía Ud. que en Argentina... ?**

2. Mire los verbos de la lectura de la pág. 233 que están en negrita. ¿Podría explicar por qué se usa el presente del subjuntivo en cada caso? Busque las expresiones *para que, con tal que, a fin de que, en cuanto*. Fíjese en cómo estas expresiones introducen la cláusula adverbial que contiene el verbo en el subjuntivo. Los otros casos del subjuntivo en esta lectura funcionan como adjetivos. ¿Entiende por qué?

3. ¿Es responsabilidad del gobierno municipal proporcionar casas económicas para los ciudadanos? ¿Qué condiciones y circunstancias son necesarias para que un ciudadano pueda optar a este tipo de ayuda?

¿Sabía Ud. que en Argentina... ?

■ La ciudad de **Mendoza** fue fundada en 1561. La cultura del gaucho, vaquero de las pampas argentinas, se entremezcló con la de los Huarpes y otros pueblos indígenas que habitaban la región. Más tarde tuvo lugar la fuerte inmigración de los italianos, los españoles y los árabes, convirtiendo a Mendoza en un importante centro urbano de un millón y medio de habitantes. Su clima árido es ideal para la producción de vino y por sus hermosos y variados paisajes es un excelente destino recreativo y turístico.

▲ *Mendoza, Argentina*

En Mendoza se soluciona un problema urbano

En la provincia de Mendoza, Argentina, se ha creado el Programa de Vivienda para que las familias de bajos ingresos **tengan** la oportunidad de comprar una casa. Bajo este programa, todas las personas que **trabajen** podrán obtener un crédito para conseguir una casa cómoda, con tal de que **sean** cabezas de familia, que **ocupen** permanentemente la vivienda y que **puedan** hacer los pagos mensuales.

A fin de que los beneficios **lleguen** a las mayorías, el Programa de Vivienda cuenta con varios tipos de casas económicas. Los precios exactos de estas viviendas aún no se han dado a conocer°, pero en cuanto la Alcaldía Municipal **tenga** esta información, se notificará a los interesados.

Las personas que **deseen** más información pueden dirigirse a las oficinas del Programa de Vivienda de su ciudad para que les **envíen** más detalles.

has not been given out

COMPRENSIÓN Y PRÁCTICA

A. Preguntas. Conteste las siguientes preguntas.

1. ¿Cuales son las tres condiciones que se necesitan en Mendoza para obtener un crédito de vivienda?
2. ¿Quién proporciona (*provides*) información sobre los tipos y precios de las viviendas?
3. ¿Cómo se puede obtener información sobre las viviendas para familias?

B. ¡Charlemos! A muchas personas les interesaría aprovechar la ayuda que ofrece el Programa de Vivienda. En parejas, hagan los papeles del (de la) representante de la Alcaldía Municipal de Mendoza y del (de la) interesado(a) que tiene que probar que cumple con las condiciones para obtener una vivienda. ¿Habrá suficientes viviendas para todos los ciudadanos que solicitan ayuda? Podría ser una situación bastante tensa.

ESTRUCTURA 1: El subjuntivo en cláusulas adjetivales

Una cláusula adjetival es una cláusula (sujeto y verbo) que funciona como un adjetivo y describe el sustantivo en la cláusula principal.

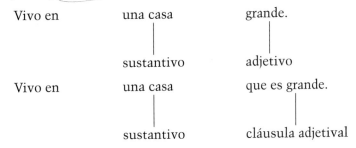

Se usa el subjuntivo en la cláusula adjetival cuando el antecedente (el sustantivo en la cláusula principal) es indefinido o no existe. Compare las siguientes oraciones.

El indicativo

Vivo en una casa que **es** grande.
Compré una casa que **es** grande.
En esta calle hay una casa que **es** grande.

El subjuntivo

Quiero vivir en una casa que **sea** grande.
Busco una casa que **sea** grande.
En esta calle no hay ninguna casa que **sea** grande.

sustantivo + que +
- indicativo (existe o se conoce)
- subjuntivo (no existe o no se conoce)

Se usa el indicativo...	**Se usa el subjuntivo...**
cuando la cláusula adjetival se refiere a una persona o cosa que existe y se conoce.	cuando la cláusula adjetival se refiere a una persona o cosa que no existe o no se conoce.
Conocemos un restaurante que **sirve** comida argentina.	No conocemos ningún restaurante que **sirva** comida argentina.
Busco **el** restaurante que **sirve** comida argentina.	Busco **un** restaurante que **sirva** comida argentina.
Hay un restaurante cerca que **sirve** comida argentina.	No hay ningún restaurante cerca que **sirva** comida argentina.
Anoche comimos en un restaurante que **sirve** comida argentina.	¿Hay un restaurante en esta calle que **sirva** comida argentina?

PRÁCTICA

A. La ciudad necesita un nuevo alcalde. Los ciudadanos van a votar por un nuevo alcalde y piensan que ha llegado el momento de decir lo que ellos esperan de él o ella. El sindicato de trabajadores está hoy reunido para expresar sus deseos. Complete las siguientes oraciones con un tiempo verbal apropiado del indicativo o del subjuntivo según el contexto.

1. Necesitamos un alcalde que (tener) _tenga_ experiencia en los asuntos de la ciudad.
2. El alcalde actual no (preocuparse) _se preocupa_ por los grupos étnicos.
3. Hay muchos ciudadanos que (querer) _quieren_ ser alcalde, pero no tienen suficiente experiencia.
4. Queremos a alguien que (trabajar) _trabaje_ contra las injusticias sociales.
5. Tiene que ser una persona que (comprender) _comprenda_ el grave problema de la delincuencia juvenil.
6. La ciudad en que nosotros (vivir) _vivimos_ es algo peligrosa.
7. Buscamos un político que (saber) _sepa_ decir **no** a la delincuencia.
8. Debemos elegir a un ciudadano que (ser) _sea_ miembro de nuestra comunidad.

B. El Caminito. Una de las zonas más pintorescas y antiguas de la ciudad de Buenos Aires es La Boca, situada cerca del puerto primitivo. Allí se encuentra un paseo histórico-artístico realmente fascinante: El Caminito. Hay mucho que ver y hacer. En parejas, hagan los papeles de turista y guía. El (La) turista busca ciertas atracciones y el (la) guía consulta el folleto y da recomendaciones.

> **Modelo:** Turista: *Quiero visitar una casa que sea*
> *verdaderamente antigua.*
>
> Guía: *Le recomiendo que visite El Conventillo. Es*
> *una de las casas más antiguas de La Boca.*

Expresiones útiles:

Para el turista:

Busco...	¿Hay...?
Quiero ver...	¿Conoce...?
Espero encontrar...	Debo encontrar.....
Necesito comprar...	Otro

Para el guía:

Recomiendo...	Es recomendable...
Sugiero...	Es bueno...
Aconsejo...	Otro
Es importante...	

1. Caminito Tango Show Almuerzos con Tango y Folclore, Menú a la carta, Galería de compras. Sala de teatro Osvaldo Miranda. Declarado de Interés Cultural por la Presidencia de la Nación. Del Valle Iberlucea 1151. ☎ 4301-1520

Galería Croquis Pintura, Escultura y Grabados. www.editorialcroquis.com.ar

2. Centro de Exposiciones Caminito Art. Regionales, Souvenirs, Tango, Fotografía, Cuero, Deportes, Piedras Argentinas, Postales, Pinturas, **Café - Bar de los Artistas** Araoz de Lamadrid 784/90. ☎ 4301-0171

3. Pulpería La Argentina Restorán, Café-Bar, Empanadas, Locro, Tamales, Humita en chala y la mejor Carne Argentina; Artes Regionales, Souvenirs. Araoz de Lamadrid 801. Esq. Garibaldi.

4. La Veneciana Heladería artesanal. Av. P. de Mendoza 1886. ☎ 4301-5020

5. La Casa de las Piedras Con su gema predilecta Rodocrosita. Lo espera para que usted pueda admirar la belleza de las Piedras Argentinas. Araoz de Lamadrid 751. ☎ 4303-7340

6. La Perla Bar notable con más de 100 años de historia, por donde han pasado y convivió grandes personalidades. Especialidad en mariscos, pizzas y pastas. Show de Tango. Av. P. de Mendoza 1899. ☎ 4301-2985

Caminito es un paseo cultural abierto, que ofrece entre sus adoquines y la colorida vista de los conventillos: parejas de tango y cantores en vivo, esculturas y pinturas, estatuas vivientes y personajes. Cada rincón es una estampa para retratar y retratarse. A su alrededor, la más variada oferta de souvenirs, restaurantes y comercios.

7. El Nuevo Almacen Lo mejor en trabajos artesanales de Buenos Aires y la Argentina. Cueros, Cerámica, Textiles, Mates, Llaveros, Facones, Cubiertos. Tango y Gauchezcos. Araoz de Lamadrid 757. ☎ 4303-7340

8. Vía Caminito Souvenirs. El negocio del Llavero, T-shirt y la Música. Araoz de Lamadrid 774. ☎ 4303-7291

C. Lo que tengo y lo que quiero. Todos tenemos cosas que nos gustan, y sin embargo soñamos con cosas mejores. Refiérase a la lista de vocabulario, escoja cinco prendas de vestir y describa las que Ud. ya tiene y las que Ud. quiere comprar.

> **Modelo:** *Tengo una cartera que es de plástico y tiene sólo un*
> *compartimento.*
> *Quiero comprar una cartera que sea de cuero y tenga*
> *cinco compartimentos.*

D. En busca de... Cada domingo en *La Nación*, uno de los periódicos de Buenos Aires, se ve una sección titulada "Búsqueda de la semana". Allí se encuentran los anuncios más diversos, escritos por personas que están deseosas de encontrar lo que necesitan. Para cada una de las siguientes categorías, escriba un anuncio de periódico con la ayuda de un(a) compañero(a).

> **Modelo:** *Busco un(a) vendedor(a) que tenga experiencia de trabajo, hable inglés y esté dispuesto(a) a viajar por el interior del país. Llame al 22-31-54. Pregunte por Laura.*

1. un(a) secretario(a)
2. un(a) compañero(a) de vivienda
3. un coche usado
4. un(a) tutor(a) de español
5. un(a) amigo(a) para salir

ESTRUCTURA 2: El subjuntivo en cláusulas adverbiales

Una cláusula adverbial es una cláusula (sujeto y verbo) que funciona como un adverbio, y modifica el verbo en la cláusula principal.

Fui al centro   después.
| |
verbo   adverbio

Fui al centro   después de que Ana volvió.
| |
verbo   cláusula adverbial

LAS CLÁUSULAS ADVERBIALES DE TIEMPO

Se usa el subjuntivo en la cláusula adverbial de tiempo cuando se trata de una acción pendiente (que no ha pasado todavía). En este caso, generalmente el verbo en la cláusula principal está en el tiempo futuro. Se usa el indicativo en la cláusula adverbial cuando se trata de una acción que ya ocurrió o que ocurre habitualmente. En estos casos generalmente el verbo en la cláusula principal está en el pasado o en el presente. Compare las siguientes oraciones.

El indicativo

Fui al centro después de que Ana **volvió**.

Siempre voy al centro después de que Ana **vuelve**.

El subjuntivo

Iré al centro después de que Ana **vuelva**.

Voy a ir al centro después de que Ana **vuelva**.

Cláusula principal + expresión de tiempo +
- indicativo (acción pasada o habitual)
- subjuntivo (acción futura)

Expresiones de tiempo

cuando	*when*
después (de) que	*after*
en cuanto	*as soon as*
hasta que	*until*
mientras[1] (que)	*while*
tan pronto (como)	*as soon as*

LAS CLÁUSULAS ADVERBIALES DE PROPÓSITO, CONDICIÓN Y ANTICIPACIÓN

Las siguientes expresiones (conjunciones) siempre requieren el subjuntivo en la cláusula adverbial.

Propósito	Condición	Anticipación
a fin de que	sin que	antes (de) que
a que	a menos que	
para que	con tal (de) que	
	salvo que	
	a no ser que	
	en caso (de) que	
	mientras que[2]	

Cláusula principal + expresión de	propósito, condición o anticipación	+ subjuntivo

Se usa el subjuntivo porque las expresiones de propósito, condición y anticipación sólo pueden introducir acciones que aún no se han realizado.

Te lo regalo **para que te acuerdes** de mí.
Los invito al cine, **a menos que tengan** un programa mejor.
Salgamos **antes de que llueva.**

CASOS ESPECIALES: SEGURIDAD/INSEGURIDAD

Se puede usar el indicativo o el subjuntivo después de las siguientes expresiones según el caso.

---

[1] Mientras + **indicativo** = *while. Mientras (que)* + **subjuntivo** = *We don't know how long.*

[2] Cuando **mientras (que)** tiene el significado de *as long as* (condición), se usa sólo el subjuntivo. Cuando tiene el significado de *while* (tiempo), se usan el indicativo o subjuntivo, según el caso.

a pesar (de) que	although
aunque	although, even if
aun cuando	even though

Para expresar seguridad se usa el indicativo.

Aunque (A pesar de que) **llueve**, voy al centro en moto.

Although it is raining, I'm going downtown by motorcycle.

Para expresar inseguridad o duda se usa el subjuntivo.

Aunque (A pesar de que) **llueva**, voy al centro en moto.

Although it may rain, I'm going downtown by motorcycle.

PRÁCTICA

A. ¡Vamos a hacer una fiesta! Patricia y Lorena preparan una fiesta para sus amigos. Patricia piensa que será la fiesta del año y desde esta mañana no hace otra cosa que organizarla. Veamos lo que dice. Complete sus comentarios con el subjuntivo, y explique por qué se necesita usarlo.

1. Los muchachos se van a poner muy alegres en cuanto tú les (decir) _digas_ que vamos a tener una fiesta.
2. Ellos van a alegrarse cuando (saber) _sepan_ que se está organizando la fiesta.
3. Yo iré a la pescadería, con tal que mis hermanos _vayan_ (ir) a la carnicería.
4. Rubén preparará el postre mientras que nosotros _estemos_ (estar) de compras.
5. Compraré los mariscos hoy, para que mañana nosotras no _tengamos_ (tener) que salir.
6. Tendremos que preparar un plato de verduras en caso de que algunos de los invitados _sean_ (ser) vegetarianos.
7. Gabriel puede traer los refrescos, a menos que Juan _quiera_ (querer) hacerlo.
8. Nos divertiremos hasta que _salga_ (salir) el sol.

B. En el almacén de ropa Las Gangas. Hoy Ud. va de compras con un amigo. Forme una oración con un elemento de cada columna.

Modelo: *Voy a llevar dinero en caso de que tú quieras comprar unos pantalones.*

1. Esperaré en casa...
2. No compraré esos vaqueros... *jeans*
3. Voy a llevar dinero...
4. Te regalaré esos guantes...
5. Me probaré estas sandalias...
6. Compraré las botas...
7. Cenaremos juntos...

...en caso de que...
...cuando...
...tan pronto como...
...a menos que...
...con tal que...
...hasta que...
...para que...

a. ...tú (querer) comprar otro suéter. _quieras_
b. ...nosotros (poder) ir a esquiar _podamos_
c. ...no (costar) demasiado _cueste_
d. ...tú (venir) a recogerme. _vengas_
e. ...(estar) en rebaja. _estén_
f. ...nosotros (acabar) de comprar. _acabemos_
g. ...(llegar) a la tienda. _lleguemos_

C. No conozco la ciudad. Imagínese que un(a) amigo(a) acaba de llegar a su ciudad y no la conoce. Le hace varias preguntas. Complete el diálogo.

1. A: ¿Cómo se llega al centro?

   B: Mira, camina dos cuadras y después dobla a la derecha cuando (tú)...

2. A: ¿Hay congestión de tránsito?

   B: Sí. No cruces la calle hasta que el semáforo... *se torne — verde*

3. A: Quisiera ir al concierto. ¿Crees que encontraré boletos...?

   B: No lo dudo, pero tan pronto como el concierto...

4. A: ¿Puedo regresar del centro en autobús después de que...?

   B: Sí, a menos que...

5. A: En caso de que me pierda en la ciudad, ¿qué hago?

   B: Llámame por teléfono para que...

 D. Condiciones en la ciudad. Siempre queremos hacer cosas, pero hay condiciones para todo. En parejas, terminen las frases de una forma lógica.

1. El policía le dice al (a la) conductor(a):
   a. Podrá aparcar su coche allí mientras que....
   b. No debe manejar a menos que...
   c. Quédese aquí hasta que el semáforo...
   d. Muéstreme su licencia de conducir para que...
   e. Tome un taxi en caso de que...

2. El alcalde les dice a los ciudadanos:
   a. Yo trabajaré para todos Uds. después de que...
   b. Bajaré los impuestos *(taxes)* tan pronto como...
   c. Encontraré viviendas para los desamparados cuando...
   d. Todos tendrán trabajo con tal que...
   e. No habrá delincuencia mientras que...

3. Un padre a su hijo(a):
   a. No corras en la calle en caso de que...
   b. No salgas del coche sin que...
   c. No hables con nadie a menos que...
   d. No toques las cosas en el almacén a no ser que...
   e. No te muevas de aquí hasta que...

¿Cuáles son dos cosas más que dice el policía? ¿el alcalde? ¿el padre?

 E. Situaciones cotidianas. Imagínese que Ud. es vendedor(a) en el almacén Primavera y su compañero(a) es un(a) cliente que quiere comprar una prenda de ropa como regalo para su novio(a). ¡No deje que el (la) cliente se vaya sin comprar! Como Ud. es un(a) vendedor(a) de primera clase, ofrézcale todo lo que pueda:

a. corbatas para que...   d. cinturones...
b. pañuelos que no...   e. carteras...
c. guantes que...

Para la comunicación, pueden usar algunas de estas expresiones:

mientras que estén en venta	*while they are on sale*
antes de que se vendan	*before they are sold*
aunque sean más caros	*even if they are more expensive*
mientras haya...	*as long as there is (are) . . .*
a no ser que no le guste	*unless you don't like*

F. Charlemos. En parejas, hagan turnos para contestar las siguientes preguntas.

1. Cuando te gradúes, ¿piensas trabajar o seguir especializándote en tu carrera?

2. ¿Piensas casarte en cuanto tengas una profesión? ¿Cuál crees que es la mejor edad para casarse?

3. ¿Cuánto tiempo hace que estudias español? ¿Hasta cuándo piensas estudiar español?

Más allá del aula

¿Qué hace la persona que no sabe hablar inglés bien y necesita servicios sociales?

Hay varias agencias y organizaciones en la ciudad que ofrecen servicios especiales para los recién llegados, incluso para las personas que no hablan inglés. Llame al ayuntamiento de su ciudad. Averigüe:

- si tienen servicios de traducción para hispanohablantes.
- qué documentos se necesitan para poder trabajar en la ciudad.
- si hay consulados o embajadas en la ciudad que representen a varios países hispanos.
- cómo y dónde se puede conseguir una licencia de conducir.
- dónde ofrecen clases de inglés.
- cuáles son las agencias que se dedican a las varias comunidades latinas.
- qué hay que hacer para registrarse para votar.
- si hay festivales culturales.

Comparta su información con la clase y haga recomendaciones.

PERSPECTIVAS

PREPARATIVOS

1. Lea la sección **¿Sabía Ud. que en Argentina... ?**

2. Mire los verbos de la lectura que están en negrita. Se usan en el imperfecto del subjuntivo. ¿Entiende por qué?

3. ¿A Ud. le gusta ir de compras? ¿Qué características y comodidades busca en un centro comercial? ¿Le importan el ambiente y la ubicación o sólo le interesan las tiendas que se encuentran allí?

¿Sabía Ud. que en Argentina... ?

- En muchas partes de Argentina **las estaciones** van a la inversa. El invierno empieza en junio y el verano en diciembre. Los meses más calurosos son enero y febrero. En invierno raramente hiela y nunca nieva. De octubre a diciembre es el tiempo ideal para visitar Argentina.

▲ *La calle Florida*

- Las calles de Buenos Aires son famosas mundialmente. La **calle Florida**, siempre muy concurrida°, es la principal calle comercial. Allí el tráfico rodado está prohibido durante el día. La avenida 9 de Julio es considerada la más ancha del mundo.

crowded

- En la alegre ciudad de Buenos Aires abundan las salas de baile, los clubes nocturnos y las orquestas de todo tipo, incluyendo de **tango**. Los orígenes de esta música y danza hipnotizantes no son precisos aunque se sabe que empezó como un baile de clase baja a finales del siglo XIX. Después de la Gran Guerra, fue adoptado por la alta sociedad y tuvo su apogeo hacia los años 40 del último siglo con Carlos Gardel. Esta música sensual ha vuelto a estar de moda entre la gente de todas las edades.

- **Los bonaerenses** son habitantes de Buenos Aires. "**Porteño**" es otro término que se usa para denominar a la gente de esta ciudad.

Ir de compras en Buenos Aires

Mi tía y yo habíamos quedado en hacer un exótico e insólito viaje juntas en el verano. Como me divierto contemplando el movimiento de las ciudades cosmopolitas, y me encanta ir de compras, soñaba con que **viajáramos** a París, a Milán, a Roma o a otro famoso centro urbano. Cuando mi tía propuso que **fuéramos** a Buenos Aires, confieso que me sentí algo desanimada. No dudaba de la belleza y el dinamismo de esa ciudad pero, ¿era necesario ir tan lejos para ir de compras? Mi tía insistió en que la **acompañara**, y me aseguró que no había ninguna ciudad en todas las Américas que **ofreciera** paseos de compras más atractivos y únicos que los de Buenos Aires. Me habló de interesantes edificios remodelados con techos y paredes de cristal que se unían con la naturaleza y la marcha de la ciudad; hermosos lugares, convertidos en megashoppings, que eran una alternativa al típico centro comercial y que deleitaban° al más fanático comprador. Me convenció.

delighted

Llegadas a la ciudad, nos acomodamos en el hotel Marriott Plaza en la calle Florida, cerca de la Plaza San Martín. Es un lugar céntrico de la ciudad, y de allí pudimos caminar en busca de los famosos megashoppings urbanos. El guía hotelero sugirió que **empezáramos** en el centro comercial que se llama Galerías Pacífico porque estaba situado en la misma calle. Dijo que era un lugar elegantísimo, que se parecía a la Galería Vittorio Emanuele II de Milán. ¡Milán!

Éste sí era un sueño hecho realidad. Hubiera querido pasar el día entero en Galerías Pacífico, pero mi tía quería que **buscáramos** el Paseo Alcorta, el shopping más grande del país. Allí nos divertimos entre centenares de tiendas elegantes, restaurantes de alta cocina, orquestas, exposiciones artísticas, servicios bilingües y compramos hasta cansarnos. A través de los techos y las paredes transparentes contemplamos, junto con los bonaerenses, el cielo y el ritmo de su bellísima ciudad.

COMPRENSIÓN Y PRÁCTICA

A. Preguntas. Conteste las preguntas.

1. ¿Por qué la autora quería viajar a Europa?
2. ¿Cómo reaccionó cuando su tía propuso que fueran a Buenos Aires?
3. ¿Por qué escogieron quedarse en la calle Florida?
4. ¿Por qué el guía del hotel recomendó que fueran primero a las Galerías Pacífico?
5. ¿Por qué la autora se puso contenta al escuchar la descripción de este *megashopping*?
6. ¿Por qué es importante el Paseo Alcorta? ¿Cuáles son sus características únicas?

B. Así se viste en Buenos Aires. Llene los espacios de una forma lógica.

En Buenos Aires se viste como se hace en cualquier ciudad cosmopolita. En el invierno se usa un _____ de lana, y en el verano la tela de preferencia es el _____ . Los profesionales, tanto las mujeres como los hombres, llevan _____ , aunque ahora muchos hombres prefieren vestir con slacks y una _____ sport. El visitante a Buenos Aires debe comprar las espléndidas _____ hechas a mano, bolsas y otros artículos de _____ .

C. ¡Charlemos! En grupos de tres personas, completen los pasos a continuación.

1. Hagan los papeles de la autora, su tía y el guía hotelero de la lectura anterior para hacer la siguiente actividad. Para conocer otros aspectos de Buenos Aires, la autora y su tía se aprovechan de la amabilidad del guía hotelero y le piden que las oriente para:
   - cenar al aire libre
   - encontrar la manera de usar una computadora
   - gozar de la vida nocturna
   - escuchar el tango
   a. La tía y su sobrina tendrán que formar las oraciones apropiadas para pedir esa información, usando el subjuntivo en cláusulas adjetivales ("Buscamos un(a)... que...", y "¿Hay un(a)... que... ?", etc.)
   b. El guía hotelero tendrá que leer rápido (*scan*) las lecturas **Disfruta la noche en Buenos Aires** en las páginas 152 y 153 de **Horizontes: Cultura y Literatura**, y **El circuito del tango** en las páginas 158 y 159 para poder orientar a estas dos turistas.

2. Se dice que "ir de compras en Buenos Aires es un acontecimiento de importancia". ¿Qué quiere decir esto? En la vida de Ud., ¿qué lugar ocupa la actividad de ir de compras?

3. Además de los shoppings modernos, Buenos Aires cuenta con ferias de antigüedades y mercados de artesanías. ¿Prefiere hacer sus compras en este tipo de local o en los elegantes centros comerciales? ¿Por qué?

ESTRUCTURA 3: El imperfecto del subjuntivo

LAS FORMAS DEL IMPERFECTO DEL SUBJUNTIVO

Para formar el imperfecto del subjuntivo tomamos la tercera persona del plural del pretérito del indicativo y cambiamos la terminación –on por –a.[1]

[handwritten margin note: quiero que estudies... → quería que estudiaras]

Pretérito	Radical	Terminación	Imperfecto del subjuntivo
dijeron	dijer–	–a	dijera
durmieron	durmier–	–as	durmieras
escribieron	escribier–	–a	escribiera
hablaron	hablar–	–amos	habláramos[2]
oyeron[3]	oyer–	–ais	oyerais
supieron	supier–	–an	supieran

PRÁCTICA

A. En la época de Navidad. María Elena y Elvira se sorprendieron de que ya dieran las cinco de la tarde. Aún tenían varias compras que hacer y salieron de casa corriendo. Al día siguiente, su amiga Alicia le preguntaba a María Elena sobre sus compras. Complete el diálogo con la forma correcta del verbo en el imperfecto del subjuntivo.

ALICIA: Y ayer, ¿llegaron finalmente a salir de compras?

MARÍA ELENA: Sí. Al salir de casa temíamos que los almacenes ya no (estar) *estuvieran* abiertos. *[handwritten: imperfecto]*

ALICIA: ¿Tuvieron que darse mucha prisa?

MARÍA ELENA: ¡Sin duda! Era necesario que (llegar, nosotras) *llegáramos* cuanto antes.

ALICIA: ¿A qué departamento fueron?

MARÍA ELENA: Yo fui directamente a accesorios. Pensé que era mejor que Elvira (subir) *subiera* al departamento de caballeros.

---

[1] Ésta es la forma del imperfecto del subjuntivo que se usa en Hispanoamérica. En muchos lugares de España las terminaciones del imperfecto del subjuntivo son –se, –ses, –se, –semos, –seis, –sen. Por ejemplo: **decir: dijese, dijeses, dijese, dijésemos, dijeseis, dijesen.**

[2] La primera persona del plural se convierte en una palabra esdrújula, por lo tanto lleva acento ortográfico en la tercera sílaba contando de la derecha: ha-**blá**-ra-mos. Recuerde que todas las palabras esdrújulas llevan acento ortográfico.

[3] Si el radical del verbo tuvo el cambio ortográfico i > y (oír > oyeron) en la tercera persona del plural del pretérito, tendrá el mismo cambio ortográfico en todas las personas del imperfecto del subjuntivo.

ALICIA: ¿Compró algo Elvira?

MARÍA ELENA: Sí, su hermana le había pedido que le (comprar) _comprara_ una blusa de seda.

ALICIA: ¿Encontró la blusa que quería?

MARÍA ELENA: Sí, pero temía que la blusa no le (quedar) _quedara_ bien a su hermana.

ALICIA: ¿Regresaron a casa para la comida?

MARÍA ELENA: ¡Ya lo creo! Miguel nos había dicho que (regresar, nosotras) _regresáramos_ temprano para poder ir al cine después.

B. De compas en Unicenter. Marta habla de su visita a Unicenter cuando estaba de visita en Buenos Aires. ¿Qué ofrece uno de los centros comerciales más populares de la ciudad? Refiriéndose al anuncio de "Unicenter shopping", llene el espacio con la información correcta, termine la frase, o use la forma apropiada del verbo entre paréntesis en el imperfecto del subjuntivo o el imperfecto del indicativo.

1. El conserje de nuestro hotel recomendó que nosotros (ir) _fuéramos / vayamos_ a Unicenter porque está cerca, a sólo __15__ minutos del centro de la ciudad.

2. Siendo turistas, era bueno que (hacer) _hiciéramos_ las compras en Unicenter porque...

3. Era obvio que (haber) _hubieran / había_ muchos lugares donde comer, porque Unicenter cuenta con un _____ de comidas para _____ personas.

4. Había un tour de compras que (incluir) _incluyera / incluía_ descuentos en más de _____ locales.

5. Para realizar el tour, la guía aconsejó que nosotros nos (poner) _pusiéramos_ en contacto con la agencia de viajes. Era importante que (llamar, nosotros) _llamáramos_ antes porque los tours se llenan en seguida.

UNICENTER

rides

receipts

Panamericana & Paraná, Martínez

Ubicado en la localidad de Martínez, a sólo 15 minutos del centro de la ciudad, Unicenter cuenta con 300 locales de las mejores marcas nacionales e internacionales, patio de comidas para 1.800 personas, 14 salas de cine, parque de diversiones y estacionamiento para 6.500 autos. Es el único shopping que ofrece a los turistas un tour de compras con traslados° gratuitos desde puntos estratégicos de la capital, Welcome Drink, descuentos en más de 40 locales. Además, muchos de sus locales cuentan con el sistema TAX FREE que permite -presentando las facturas° de estos locales en los aeropuertos internacionales y en las terminales de Buquebús del Puerto de Buenos Aires- recuperar el valor del IVA (hasta el 16%) incluído en sus compras. Para realizar el tour contáctese con el conserje de su hotel, con la agencia de viajes o llamando a Unicenter al 4733-1166. Traslados gratuitos.

6. Era evidente que (valer) _____ la pena visitar Unicenter. Con _____ locales de las mejores marcas nacionales, yo (poder) _____ encontrar regalos para todos.

7. Me gustó mucho que el centro (tener) _____ salas de cine, porque después de un día largo de compras, (ser) _____ necesario que (sentarse) _____ por unas horas para descansar y ver una película.

LOS USOS DEL IMPERFECTO DEL SUBJUNTIVO

Ya hemos visto los verbos que exigen el uso del subjuntivo y también los usos del subjuntivo en cláusulas nominales, adjetivales y adverbiales en el tiempo presente. En el tiempo pasado, en general, se aplica el mismo criterio para usar el imperfecto del subjuntivo.

Quiero que me **lleves** a comprar en Galerías Pacífico.
Quería que me **llevaras** a comprar en Galerías Pacífico.
Es preciso que **lleguemos** temprano.
Era preciso que **llegáramos** temprano.
Busco unas botas que **sean** cómodas.
Buscaba botas que **fueran** cómodas.
Voy al banco para que **tengamos** suficiente dinero.
Fui al banco para que **tuviéramos** suficiente dinero.

Se usa el imperfecto del subjuntivo...	Ejemplos
1. cuando una cláusula principal que requiere el subjuntivo está en el tiempo pasado. Entonces, el verbo de la oración subordinada debe estar en el imperfecto del subjuntivo.	**Tenía** miedo de que Lolita **cruzara** la calle. **Buscaba** una persona que **conociera** la ciudad.
2. si el comentario está en el presente pero la acción ocurrió en el pasado. En este caso, el verbo de la cláusula principal está en el presente y el verbo de la oración subordinada está en el imperfecto del subjuntivo.	**Me alegro** (hoy) de que todo **saliera** (ayer) bien. **No creo** que Luisa **viajara** sola.
3. después de como si... (as if . . .) cuando la cláusula principal está en el presente o en el pasado del indicativo.	El taxista **maneja** como si **estuviera** perdido. El taxista **manejaba** como si **estuviera** perdido.

PRÁCTICA

A. Un robo en la ciudad. Ud. acaba de llegar del centro y le cuenta a su compañero(a) de cuarto cómo Ud. y su amiga Andrea fueron atacados(as) en la calle por una delincuente. Use el imperfecto del subjuntivo de los verbos entre paréntesis.

1. Cuando bajábamos del autobús, le aconsejé a Andrea que (tener) _tuviera_ cuidado con su bolsa.

2. Era necesario que nosotras (caminar) _camináramos_ en medio de la muchedumbre que hacía las compras.

3. Al cruzar la calle, una joven nos pidió que le (dar) _diéramos_ [o diera] información sobre los teatros que se encontraban en esa parte de la ciudad.

4. Antes de que Andrea (abrir) _abriera_ la bolsa para sacar papel y boli, la joven se la arrebató (*snatched it from her*) y se fue corriendo.

5. Afortunadamente, en ese momento pasaba un policía y nos aconsejó que (irse) _fuéramos_ [nosotros nos] a casa hasta que él (poder) _pudiera_ dar con la ladrona.

6. Yo quería que el policía nos (acompañar) _acompañara_ a casa porque estaba asustada.

7. El policía pidió al Ministerio de Policía que (enviar) _enviara_ un taxi para que nos (llevar) _lleváramos_ / _llevara_ a casa.

B. ¡No tengo planes... vamos de compras! Magda y Rosario son dos quinceañeras que están más interesadas en divertirse que en estudiar. Magda estaba hoy con la "depre" (depresión) porque no tenía planes. Llene los espacios con el pasado del subjuntivo, el indicativo o el infinitivo del verbo entre paréntesis. Luego conteste las preguntas.

Magda había esperado que Manolo la (llamar) _____ y la (invitar) _____ a salir, pero el teléfono jamás sonó. Para que (animarse) _____ un poco, Rosario le pidió que la (acompañar) _____ a la calle Florida para que la (ayudar) _____ a comprar unos zapatos que había visto la semana pasada.

Mientras Rosario (probarse) _____ los zapatos, Magda vio que (haber) _____ ofertas gigantes y pensó que (deber) _____ aprovechar las gangas.

MAGDA: Sería mejor que (llevarse) _____ estos tres pares de zapatos, este vestido de lana y un par de blusas de manga larga para esta falda lisa. ¡No tengo qué ponerme estos días! No me gustaría que Manolo me (ver) _____ con estos vaqueros gastados que no me quedan bien.

Rosario quería (salir) _____ de la tienda porque sabía que su amiga no (tener) _____ suficiente dinero en su bolsa para (comprar) _____ tantas prendas. Le sugirió a Magda que (elegir) _____ uno o dos artículos y que (esperar) _____ unas semanas para comprar las demás prendas.

MAGDA: ¡Qué tontería! No sé por qué me pediste que yo (ir) _____ contigo si no querías que (comprar) _____ nada. ¡Y...por favor! No me mires como si (estar) _____ loca. Estoy con la depre y comprar es buena terapia para mí.

C. Recordando nuestro primer encuentro. Hace cinco años que Silvia y Francisco se conocieron. Hoy están casados y tienen hijos, pero Silvia recuerda siempre ese momento inolvidable. En una carta que Silvia le escribe a Francisco, le habla de este primer encuentro.

Seleccione los elementos que más le gusten de ambos grupos y escriba ocho oraciones completas para escribir la carta de Silvia.

Cuando te conocí aquel día en el parque
    deseaba que...
Pensaba que tú preferías una persona que...
Ese día insististe en que yo...
Creo que buscabas una compañera que...
A veces me hablabas como si...
¿Esperabas que yo... ?

A mí me gustó tanto que tú...
Era necesario que nosotros...

...besar...
...ser bonita...
...vernos todos los días...
...casarnos...
...ser rica...
...salir contigo...
...estar enamorado de mí...
...ser tu novia...
...quererte...
...ayudarte en el trabajo...
...tener las mismas ideas...

D. Como si... Complete las oraciones.

1. Cuando invito a un(a) muchacho(a) a un restaurante caro y elegante, me comporto como si...

2. Cuando veo que los platos están en francés, hago como si...

3. Cuando veo lo que cobran por cada plato, me siento como si...

4. Cuando el camarero me trae la cuenta, la pago como si...

5. Cuando salgo del restaurante me despido de mi pareja como si...

 E. El Comité de Reformas. Ud. y tres de sus compañeros están en una reunión del Comité de Reformas para estudiar los problemas urbanos.

1. Propongan reformas para los siguientes problemas.
    a. la vivienda
    b. el transporte urbano
    c. la contaminación
    d. la delincuencia juvenil
    e. el tráfico de drogas
    f. los desamparados

> **Para la comunicación, pueden usar algunas de estas expresiones:**
>
> | | |
> |---|---|
> | Propongo que... | Recomiendo que... |
> | Sugiero que... | Es necesario que... |
> | Es importante que... | Es preferible que... |
> | Hay que pedir a las autoridades que... | Es una lástima que... |

2. Hagan que una persona del grupo dé un breve informe sobre las reformas que cada miembro propuso.

    Modelo: *Fernando propuso que... Elena sugirió que... Tomás dijo que era importante que...*

ESTRUCTURA 4: El subjuntivo en oraciones independientes

LOS USOS DEL SUBJUNTIVO EN ORACIONES INDEPENDIENTES

Expresiones de duda...	Ejemplos
Acaso, quizá(s), tal vez[1] *(maybe, perhaps)* Se usan con el indicativo o el subjuntivo. El indicativo expresa más certidumbre; el subjuntivo hace énfasis en la duda.	Tal vez **consultará** la guía turística. (Creo que lo hará.) Tal vez **consulte** la guía turística. (Es posible que lo haga, pero lo dudo.)

Expresiones de deseo...	Ejemplos
1. **Que**[2] Se usa en oraciones en las que se ha eliminado la cláusula principal.	(Deseo...) ¡Que **te diviertas**! ¡Que **vaya** bien! ¡Que **regreses** pronto!
2. **Querer, poder** y **deber** Se usan en el imperfecto del subjuntivo para expresar cortesía. Equivalen al condicional *(would, could, should).*	**Quisiera** (Querría) hablar con Ud. ¿**Pudiera** Ud. decirme la hora? **Debieras** salir ahora para evitar el embotellamiento.
3. **¡Ojalá (que)... !** Se usa siempre con el subjuntivo.	
■ Con el presente expresa un deseo para el momento presente o para el futuro.	¡Ojalá que Jorge **encuentre** la ropa que busca! *(I hope)*
■ Con el imperfecto expresa un deseo que no se realizará o que tiene pocas posibilidades de realizarse.	¡Ojalá que Jorge **encontrara** la ropa que busca pero no creo que pueda encontrarla en ese almacén! *(I wish)*

PRÁCTICA

A. De viaje. Toda la familia se ha reunido para ver partir a Rodrigo en un crucero que sale de Venezuela con rumbo a Argentina. Todos están llenos de buenos deseos y grandes exclamaciones. Complete cada oración con **¡Qué... !** u **¡Ojalá... !**

1. ¡_____ tengas un buen viaje!
2. ¡_____ lo pases de maravilla!
3. ¡_____ te diviertas en Buenos Aires!
4. Es una pena que el barco no haga escala en Río de Janeiro. ¡_____ lo hiciera!
5. ¡_____ pudiera ir contigo!

---

[1] **A lo mejor** tiene el mismo sentido que **acaso, quizá(s)** o **tal vez**, pero se usa siempre con el modo indicativo: **A lo mejor está en la lista de pasajeros.**

[2] No hay que confundir **qué** exclamación y **que** conjunción que une la cláusula principal y la cláusula subordinada. ¡**Qué** lindo! (exclamación). (Espero) **Que** te vaya bien (conjunción).

6. ¡_____ regreses pronto!

7. No sabes lo que me duele verte partir. _____ te vaya muy bien.

B. Perdido en la ciudad. Un estudiante de la escuela secundaria está visitando su universidad porque tiene interés en asistir el año que viene. Le hace a Ud. cinco preguntas. En parejas, usen formas de cortesía de los verbos **poder, querer,** y **deber** para hacer y contestar sus preguntas.

Modelo: *¿Pudiera decirme dónde hay un almacén?*
Debiera ir al centro y... y luego...

ESTRUCTURA 5: Los adverbios

Un adverbio es una palabra que modifica...

un verbo:	Maneja **despacio,** por favor.
un adjetivo:	Mi coche es **bastante** caro.
otro adverbio:	Si quieres usar mi coche, estaciónalo **muy** cuidadosamente.

1. Muchos adverbios terminan en **–mente**. Para formarlos se usa la forma femenina del adjetivo + **–mente:**

Forma masculina	Forma femenina	Adverbio
tranquilo	tranquila	tranquilamente
principal	principal	principalmente
elegante	elegante	elegantemente

¡Ojo! Cuando hay dos o más adverbios que terminan en **–mente** en la misma oración, la terminación se añade sólo al último.

Lo examinó **lenta** y **cuidadosamente**.

2. Muchas veces, la forma terminada en **–mente** puede substituirse por una preposición + un sustantivo.

generalmente = por lo general, en general
frecuentemente = con frecuencia, a menudo
repentinamente = de repente, de golpe
finalmente = por fin, al fin
irónicamente = con ironía, de modo irónico

3. Muchas veces un adjetivo puede funcionar como adverbio. En este caso toma la forma masculina, salvo cuando también modifica el sujeto de la oración.

Los obreros trabajan **rápido**.

Pero:

Mis tías llegan **contentas**. Los niños viven **felices**.

PRÁCTICA

A. Mi manera de vivir. Forme adverbios que terminen en **–mente** con los adjetivos de las columnas de la derecha y descríbale a su compañero(a) la manera que tiene Ud. de hacer tres actividades.

> **Modelo:** *Generalmente me levanto a las siete y media. Duermo profundamente. Conduzco el coche cuidadosa y lentamente.*

1. levantarse	amable	frecuente
2. desayunar	claro	general
3. vestirse	cómodo	inteligente
4. salir	normal	lento
5. conducir el coche	cuidadoso	nervioso
6. ir a clases	diligente	profundo
7. estudiar	rápido	inmediato
8. ir al centro	elegante	tranquilo
9. hacer las compras	excesivo	triste
10. divertirse	fácil	verdadero
11. volver		
12. dormir(se)		

B. Observaciones en el subte. "El subte" es lo que los porteños llaman al metro y viene de la palabra subterráneo. Para saber lo que yo observé en el "subte" cuando visité Buenos Aires, reemplace la preposición y el sustantivo por un adverbio que termina en **–mente**.

> **Modelo:** *En general*, me gusta viajar por metro.
> ***Generalmente*** *me gusta viajar por metro.*

1. Una pareja se abrazaba *con cariño*.
2. Una señora, al pasar *con rapidez*, me pisó (*stepped on*) con un zapato de tacón.
3. *Con ironía*, ella me dijo, "¡Tenga cuidado, por favor!".
4. Yo miré a la señora *con cortesía*, pero yo estaba furiosa.
5. Una madre había perdido a su niño y lo buscaba *con desesperación* por todo el metro.
6. *De repente*, el conductor anunció que había encontrado a un niño.
7. *Al fin*, llegué a mi parada y me bajé.

¡OJO CON ESTAS PALABRAS!

to leave
- salir (de)
- irse (de)
- marcharse (de)
- dejar

1. **salir (de)**
   a. *to leave (a place), to go out (from a place), to depart*
      Salgo a las ocho.
      Para ir a Buenos Aires **saldremos del** puerto de Miami.
   b. *to go out (with someone)*
      Hace tres meses que **salgo** con ella.

2. **irse (de)/marcharse (de)** *to leave, to go away*
      Me voy (Me marcho) de aquí para siempre.

3. **dejar** *to leave (someone or something)*
      Cuando salí para Buenos Aires, tuve que **dejar** a mi familia en Tucumán.
      Dejé mi coche en casa y tomé el metro.

to put
- poner
- ponerse
- meter
- colocar

1. **poner**
   a. *to put*
      Puse las manzanas y las fresas en la mesa.
   b. *to set*
      María, **ponga** la mesa para la cena, por favor.
   c. **ponerse** *to put on (clothing)*
      Marcos, **ponte** los guantes cuando salgas porque hace frío.
   d. *to become*
      Julia **se pone** muy nerviosa antes de que los invitados lleguen.

2. **meter** *to put (in)*
      Mete los mariscos en la nevera para que no se estropeen *(spoil)* con el calor.

3. **colocar** *to put (in place)*
      Coloca los platos en el estante, por favor.
      Colocaron el anuncio en el centro de la página para que todos lo vieran.

PRÁCTICA

A. Dejé el dinero en casa. Seleccione el verbo adecuado y complete el párrafo con el pretérito o el pluscuamperfecto, según el caso.

colocar   ir   meter   ponerse
dejar   marcharse   poner   salir

Ayer yo _____ temprano del trabajo y _____ de compras sin darme cuenta de que _____ mi talonario de cheques en la oficina. Cuando quise pagar el regalo que había comprado, _____ la mano en la bolsa. De pronto recordé que antes de salir de la oficina, _____ el talonario de cheques sobre el escritorio. Con mucho cuidado _____ el regalo sobre el mostrador, _____ los guantes y _____ del almacén.

B. Testigo de un robo. Seleccione la palabra indicada y complete el diálogo.

LOLA: ¿De dónde (vienes/vas) tan agitada?

EUGENIA: (Me marcho/Vengo) del centro. Acabo de ver un robo que me ha dejado (terrible/terriblemente) nerviosa.

LOLA: ¿Qué fue lo que pasó?

EUGENIA: En Galerías Pacífico, un hombre asaltó a una señora mientras ella trataba de (poner/ponerse) el abrigo.

LOLA: ¿Cuándo sucedió todo eso?

EUGENIA: Hace más o menos una hora. Al (colocar/ponerse) el abrigo, la señora (dejó/metió) el bolso sobre el mostrador del almacén. El ladrón lo tomó y (salió/dejó) corriendo del almacén.

LOLA: ¿Avisaron a la policía?

EUGENIA: ¡Por supuesto! Yo llamé (de inmediato/inmediato) a la policía.

LOLA: ¿Y qué pasó con la señora?

EUGENIA: La pobre señora (puso/se puso) muy pálida y se desmayó.

AMPLIACIÓN Y CONVERSACIÓN

A. ¿Un reloj caro o barato? En parejas, completen el siguiente diálogo.

VENDEDOR: ¿En qué puedo... ?

UD.: Quiero comprar un reloj que...

VENDEDOR: Aquí tiene Ud. este reloj de oro que...

UD.: Es muy, muy caro...

VENDEDOR: ¿Qué le parece uno que... ?

UD.: Es muy bonito y no tan caro. ¿Podría Ud. ponerlo en una caja de regalos que... ?

VENDEDOR: Sí, cómo no. Escoja el papel de regalo que...

UD.: Envuélvalo en este papel que...

VENDEDOR: Aquí lo tiene.

UD.: Gracias.

B. ¡Charlemos! En parejas, túrnense para hacerse las siguientes preguntas.

1. ¿Prefieres comprar ropa en una pequeña tienda exclusiva o en un almacén grande? ¿Qué ventajas encuentras en los almacenes grandes? ¿Y en las pequeñas tiendas exclusivas?

2. ¿Te gusta vestir a la última moda o prefieres tu propio estilo? ¿Crees que es necesario estar a la moda para ser elegante? Si te gusta estar a la moda, ¿qué haces con la ropa que se pasa de moda? ¿La regalas? ¿La vendes? ¿Está en tu armario y no sabes qué hacer con ella?

3. ¿Qué ropa te gusta llevar a la universidad? ¿a un concierto? ¿a una fiesta? ¿Qué es para ti la elegancia?

4. Describe a una persona que, en tu opinión, se viste bien. ¿Qué significa 'vestir bien'? ¿Es importante? ¿Es posible identificar el nivel económico de una persona por su manera de vestir? Explica.

5. ¿Eres un(a) comprador(a) compulsivo(a) que va a las tiendas a comprar algo, pero no sabe precisamente qué y termina comprando lo que menos necesita? ¿Cuánta ropa hay en tu armario que te has puesto sólo una o dos veces?

C. Y Ud., ¿qué opina? Ud. es un(a) ciudadano(a) que está muy interesado(a) en los problemas de las ciudades. Entreviste a su compañero(a) haciéndole estas y otras preguntas que se le ocurran. Pídale detalles sobre sus respuestas.

1. ¿A qué crees que se deba la delincuencia juvenil? ¿Crees que se deba a las injusticias sociales? ¿a la libertad que gozan los niños? ¿a los programas de televisión? ¿a la poca atención de los padres?

2. ¿Piensas que el gobierno debe subirnos los impuestos para construir más cárceles y entrenar un mayor número de policías? ¿Por qué?

3. ¿Hay algunas zonas de la ciudad que tú evitas porque piensas que son peligrosas? ¿Cuáles? Si has estado de día o de noche en alguna de esas zonas, ¿podrías describirla?

4. ¿Cuál es para ti la ciudad ideal? ¿Una que tenga un millón de habitantes? ¿Una que esté a orillas del mar? Descríbela, por favor.

D. Situación: De compras. Al llegar al almacén La Elegancia, Ud. le pide consejo al (a la) dependiente(a) (su compañero(a) de clase). Desea comprar ropa y regalos para las fiestas de Navidad que se acercan. Haga una lista de tres prendas de ropa y de dos regalos que Ud. quiere comprar. Luego, consulte al (a la) dependiente(a).

Para la comunicación, pueden usar algunas de estas expresiones:

¿En qué puedo servirle?   ¿Cuál es su talla?

Deseo comprar un regalo para...   ...le queda muy bien...

¿De qué color prefiere... ?   ¿Qué le parece(n)?

¿Desea probarse... ?   ¿Qué precio tiene(n)?

Sí, cómo no.   Es muy caro(a).

¿No tiene algo más barato?

E. Situación: Un robo en casa. Ud. fue a una cena y, al regresar a casa, se da cuenta de que unos ladrones han estado allí. Llame de inmediato a la estación de policía e informe sobre:

1. cómo y a qué hora salió Ud. de casa.

2. cómo cree que entró el ladrón en su casa.

3. en qué estado estaba la casa cuando Ud. llegó.

4. qué faltaba (la computadora, la videocasetera, el televisor...).

F. Mesa redonda. Escoja tres o cuatro compañeros(as) para formar una mesa redonda e intercambiar ideas sobre la moda de hoy y la de ayer.

La moda de hoy. Como Ud. ha visto en las películas, antes una señora no salía nunca a la calle sin sombrero y un caballero sin sombrero y sin bastón no era un verdadero caballero. La manera de vestir determinaba el estado social de las personas, pero todo esto ha ido cambiando. Hoy en día la moda es muy variada —todo se lleva y casi a nadie parece importarle cómo va vestido el vecino. ¿Cree Ud. que la mujer y el hombre sean iguales en cuestiones de moda? ¿La sociedad les impone más reglas a los hombres que a las mujeres, o viceversa? ¿Está Ud. de acuerdo, por ejemplo, con que una persona se vista durante el día con vaqueros y horas más tarde, en un concierto, lleve un elegante vestido de noche o un traje oscuro muy tradicional?

    ¿Qué significa para Ud. este cambio? ¿Será esta persona esclava de la moda? ¿de la tradición? ¿Se resiste Ud. a la moda? ¿Cree Ud. que por la ropa se conoce a la persona? ¿Cómo cree Ud. que debe ser el guardarropa básico de un hombre? ¿de una mujer? ¿Qué quiere decir el refrán "Aunque la mona se vista de seda, mona se queda"? ¿Está Ud. de acuerdo? Muestre su personalidad al hablar de la ropa y la moda de hoy.

La moda de ayer. Con la ayuda de un(a) compañero(a), compare Ud. las décadas de los años cincuenta, sesenta, setenta y ochenta. ¿Sabe Ud. algo de la moda de los años cincuenta, cuando los hombres imitaban a Elvis Presley? ¿Cómo eran las chaquetas? ¿las camisetas? ¿los pantalones? ¿las botas? ¿las gafas? ¿Por qué cree Ud. que llevaban patillas *(sideburns)* largas y cabello muy corto?

    ¿Cómo cambió la moda en los años sesenta con la popularidad de los Beatles? ¿Cómo era el peinado de los hombres? ¿Y la manera de vestir de los jóvenes? ¿Fue muy popular la moda hippy en los años setenta? ¿Sabe Ud. algo de esa época de cabellos larguísimos y camisetas desteñidas (*faded*)? ¿Cómo vestían las mujeres de esa época? ¿Fue tal vez ésta la época de sus padres? ¿Y qué piensa de la moda de los años ochenta? ¿del estilo "punk"? ¿de los trajes muy formales, con los hombros anchos, que llevaban los hombres y las mujeres? ¿Cuáles son algunas características de la moda de los años noventa? ¿Cómo influyó la música rap y hip hop en la moda? Comparen las cinco épocas y expresen sus preferencias.

¿Qué sabe Ud. de... Argentina?

ARGENTINA

Patagonia, Argentina

La muchacha de la lectura de la página 241 se ha enamorado de Argentina, no sólo por su elegante y cosmopolita capital, sino también por su diversidad geográfica, cultural y recreativa.

Tía: Rafting, pesca, cabalgatas, trekking, ordeñar animales... ¿Te has vuelto loca? ¿No eras tú quien quería hacer un "exótico e insólito viaje" a una ciudad cosmopolita para ir de compras? Ahora me vienes con que quieres hacer ecoturismo en Patagonia. ¡Faltaba más!

Sobrina: Sí, este país me ha hechizado°. Tomás, nuestro guía hotelero, me ha hablado mucho de este extenso territorio que abarca° las provincias más australes° del país. Es la tierra mágica de los indígenas mapuches, y se compone de volcanes, glaciares, bosques petrificados, lagunas, cuevas y montañas con elevaciones de impresionante altura. Ya he comprado hasta el cansancio y quisiera dejar el típico circuito turístico para experimentar algo realmente diferente. ¿No te gustaría ir a San Carlos de Bariloche para ver sus famosas pistas de esquí, para contemplar la belleza de los majestuosos paisajes y... para probar sus exquisitos chocolates?

Tía: Pues, sí, pero...

Sobrina: Tía, no hay pero que valga°. Si no te interesa Bariloche, podemos visitar el pequeño pueblo de El Bolsón, uno de los últimos rincones° de verdadera paz y tranquilidad del planeta. Fue allí, en los años 60 y 70, donde se establecieron algunas de las primeras comunidades hippies. Esos jóvenes, hartos° del materialismo de la vida urbana, se sintieron atraídos por el estilo de vida y la pureza ambiental... como yo.

Tía: Tú! ¿Te has cansado de los centros comerciales?

Sobrina: Todos reservamos el derecho de cambiar de idea. ¡Vamos para Patagonia!

bewitched

encompasses
southern

No buts about it

corners

fed up

A. Recordar lo que sabemos. En esta lección de **Horizontes: Repaso y conversación** y en su correspondiente de **Horizontes: Cultura y literatura** hay varias menciones de Argentina. Repasando y recordando lo que leyeron, respondan en parejas a las siguientes preguntas.

1. ¿Qué ciudad argentina es una de las más modernas de Latinoamérica? ¿Conocen otras ciudades argentinas? ¿Podrían situar en el mapa las Pampas, la Patagonia y la Tierra de Fuego?

2. ¿En qué año consiguió Argentina la independencia? ¿Cuál era su situación hasta entonces?

3. ¿Cuáles son las peculiaridades del español de Argentina? ¿Saben, por ejemplo, cómo se dice "tú" en Argentina? ¿Qué significa la palabra *pibe*? ¿y la palabra *ché*? ¿Recuerdan quién fue Ché Guevara?

4. ¿Por qué es famosa la Plaza de Mayo? ¿Quiénes fueron *los desaparecidos*?

5. ¿Cuántos nombres de escritores(as) argentinos(as) pueden recordar? ¿Quiénes son?

6. ¿En qué consiste la dolarización? ¿Qué países latinoamericanos han recurrido a ella?

B. Ampliar lo que sabemos. ¿Les gustaría aprender más sobre Argentina? Reúnanse en grupos de tres o cuatro personas y preparen una presentación sobre uno de los siguientes temas. Elijan el que más les interese, u otro que no aparezca en la lista.

- Los diversos componentes de la población argentina: la mayoría europea, especialmente española e italiana; las minorías indígenas; los gauchos de las Pampas, etc.

- La historia de Argentina: la época precolombina; la época colonial y la doble fundación de Buenos Aires; la Independencia y los grandes movimientos migratorios; el peronismo, las dictaduras militares y la guerra de las Malvinas; la recuperación de la democracia y la inflación.

- La diversidad geográfica y climática de Argentina, desde la zona semitropical del Norte hasta las Pampas y las gélidas tierras del Sur (Patagonia y Tierra de Fuego). La riqueza natural y minera de Argentina.

- Los contrastes de la economía argentina: de la bonanza económica y la recepción de inmigrantes a la dolarización y la salida de emigrantes; la riqueza natural del país y el creciente empobrecimiento de la población. El poder de las grandes corporaciones multinacionales.

- Buenos Aires, la urbe cosmopolita de Latinoamérica. Su riqueza urbanística y sociológica. Las ventajas y desventajas de una gran urbe. Otras ciudades argentinas de interés cultural, económico y/o artístico.

- Las madres de la Plaza de Mayo. El drama de los desaparecidos durante la última dictadura militar. La reunión de las familias a través del reencuentro entre los padres y los hijos de los desaparecidos.

- Argentinos(as) de proyección universal: el Ché Guevara; Jorge Luis Borges; Evita Perón; Julio Bocca, etc.

- La literatura argentina: los/las grandes escritores(as) argentinos(as) de prosa y de verso. El lugar prominente de la literatura argentina en la cultura en lengua española.

- El alto nivel cultural de la población argentina. Causas de la popularidad del sicoanálisis entre los (las) argentinos(as).
- La música popular argentina: los grandes intérpretes de tangos y milongas. Las nuevas bandas de música pop y rock. El Teatro Colón de Buenos Aires como espacio de las grandes representaciones de música clásica. El cine argentino.
- La cocina argentina. La salsa *chimichurri*. Los excelentes platos de carne, especialmente las parrilladas. Los alfajores. La hierba mate: sus propiedades; el ritual que la acompaña.

C. Compartir lo que sabemos. ¿Cómo preparar la presentación?

1. Utilicen todo tipo de fuentes de información para investigar sobre el tema elegido: libros, prensa, Internet, etc.
2. Incluyan en su presentación todos los medios audiovisuales que crean convenientes: fotografías, mapas, dibujos, videos, cintas o discos de música, etc.
3. Ofrezcan a sus compañeros de clase un esquema de todos los puntos que van a desarrollar en su presentación.

AMPLIACIÓN Y COMPOSICIÓN

¡REVISE SU ORTOGRAFÍA!

Las letras g *(ge, gi)* y j

La letra **g** (sólo en las combinaciones **ge** y **gi**) suena igual que la letra **j** con cualquier vocal. El sonido es similar a la [*h*] del inglés, aunque más fuerte.

jamón	mujer	jirafa	consejo	injusticia	reloj
relajarse	general	dirigir	jornada	juguete	
	ejercicio	girar			
	ejemplo	jitomate			

Dos guías prácticas

Si queremos representar los sonidos [ha], [ho] y [hu] tenemos que usar necesariamente la letra **j**...

1. en palabras como: **j**abón, **j**oven, **j**unio (y las que están en la lista de arriba).
2. en los verbos terminados en **–jar** y todos sus derivados.

trabajar	Ayer traba**j**é cuatro horas.
viajar	Cuando via**j**es al extranjero lleva tu pasaporte.
dejar	No de**j**es de enviarme una postal.

Se escriben generalmente con **g**...

1. casi todos los verbos que terminan con **–ger** o **–gir**: co**g**er, esco**g**er, diri**g**ir, exi**g**ir, etc.

coger	Para ir a la universidad co**g**íamos el autobús todas las mañanas.
dirigir	Me gustaría diri**g**ir películas como las que diri**g**ió Buñuel.

¡Cuidado con algunas formas de estos verbos!: Yo co**j**o el autobús todos los días; Cuando diri**j**a películas, seré muy famoso.

2. casi todas las combinaciones con **gen**: **gen**te, a**gen**te, ori**gen**, sar**gen**to.

Se escriben con **j**...

1. casi todas las terminaciones en **–jero(a)**: pasa**jero(a)**, extran**jero(a)**.

2. casi todas las terminaciones en **–aje**: equip**aje**, gar**aje**, mens**aje**.

3. algunos tiempos de los verbos que terminan en **–ducir** y del verbo **decir**.

decir	No nos di**j**iste que llegarías hoy.
producir	Produ**j**eron esa película en Buenos Aires.
traducir	La profesora nos pidió que tradu**j**éramos diez páginas.

ENFOQUE: La moda

¡Prepárese a escribir!

Como Ud. ve, el título general de su composición es la moda. A Ud. le toca ahora limitar el tema, por ejemplo:

  I. La moda
    A. La moda de la gente joven
      1. Los placeres que ocasiona la moda en la gente joven
      2. Los problemas que ocasiona la moda en la gente joven

A continuación es necesario que Ud. y sus compañeros de clase preparen preguntas de enfoque que puedan usarse para desarrollar el tema.

¡Organice sus ideas!

I. La moda
    ¿Qué es?
    ¿Cómo es?
    ¿Cuál es su origen?
    ¿A quién está dirigida?
    ¿Por qué cambia?

    A. La gente joven
        ¿Sigue la moda la gente joven?
        ¿Qué piensan de los grandes diseñadores?
        ¿Y Ud.? ¿Qué ejemplos se pueden dar?

      1. Los placeres
          ¿Por qué se sigue la moda?
          ¿Te sientes bien cuando vistes a la moda?
          ¿Quiénes comparten esta idea?
          ¿Sabes cuáles son las mujeres y los hombres que mejor visten en Estados Unidos? ¿Y los que visten peor?

      2. Los problemas
          ¿Cuánto tiempo dura una moda?
          ¿Se necesita mucho dinero para estar a la moda?
          ¿La moda es para todos o está diseñada para un tipo especial de personas?
          ¿Qué efectos produce en la moda cualquier tipo de discriminación?

Escoja con cuidado las preguntas de enfoque que puedan servirle para desarrollar el tema de su composición y elimine aquellas que no se relacionen con el tema central.

Recuerde lo siguiente

- Haga un borrador.
- Después, revise el contenido y en seguida ponga atención a los aspectos gramaticales estudiados en la primera parte del libro.
- Por último, escriba la versión final.

LECCIÓN 8

Hispanoamérica: ¡Qué diversidad!

▼ *Una reunión política en Puerto Rico*

260

¡CHARLEMOS!

Trabaje con un(a) compañero(a) de clase. Háganse por turno las siguientes preguntas.

1. ¿Se interesa Ud. por la política nacional? ¿estatal? ¿internacional? En su opinión, ¿cuáles han sido los tres mayores problemas internacionales de los últimos años? ¿Cómo ve la situación política internacional en la actualidad? ¿Cree Ud. que la paz mundial se justifica por medios bélicos? ¿Por qué?

2. ¿Cree Ud. que el sistema democrático funciona bien? ¿Qué pasó con el sistema comunista en la década de los 90? ¿Sabe Ud. si todavía queda alguna dictadura en los países hispanoamericanos?

3. Hoy se habla mucho de la discriminación racial. ¿Cómo explica Ud. que, en un país de tantos inmigrantes como Estados Unidos, exista la discriminación racial? ¿Piensa que hay muchos prejuicios en el mundo?

4. El complejo problema del narcotráfico preocupa a ciudadanos y a gobernantes. ¿Sabe Ud. si se han tomado algunas medidas importantes para luchar contra este mal? ¿Cómo cree Ud. que se podría solucionar este grave problema internacional? ¿Por qué piensan algunas personas que se debería legalizar el uso de las drogas como se legalizó el uso de las bebidas alcohólicas? ¿Qué ventajas o desventajas traería esta legalización?

ENFOQUE: Puerto Rico

▶ *El Yunque*

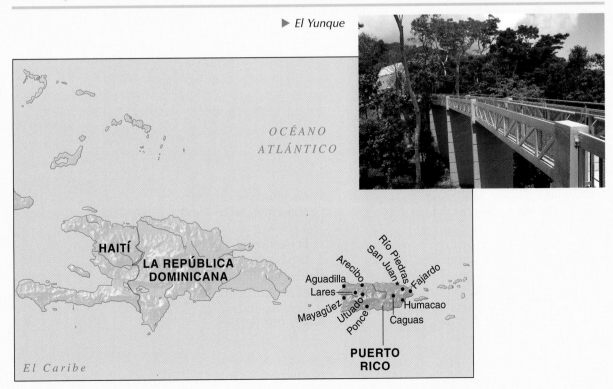

Los países americanos

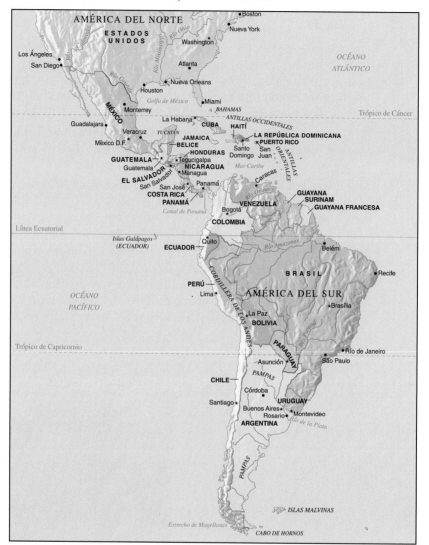

Geografía física

la arena *sand*
la cordillera de los Andes *the Andes range*
la costa *coast*
el desierto *desert*
al este (norte, oeste, sur) *to the east (north, west, south)*
las islas del Caribe *the Caribbean islands*
el lago Titicaca *Lake Titicaca*
el llano *prairie*
el mar Caribe *Caribbean Sea*

las montañas *mountains*
el océano Atlántico (Pacífico) *Atlantic (Pacific) Ocean*
la ola *wave*
la pampa *plain, grassland (Argentina)*
la playa *beach*
el río Amazonas *the Amazon River*
la selva *jungle*
el valle *valley*

Los fenómenos naturales

la atmósfera *atmosphere*
la contaminación ambiental *environmental pollution*
los escombros *rubble*
el huracán *hurricane*
la inundación *flood*
la lluvia *rain*

la nieve *snow*
el rayo *thunderbolt (electrical discharge)*
el relámpago *lightning*
el terremoto *earthquake*
la tormenta *storm*
el trueno *thunder*
el volcán *volcano*

La población

el (la) blanco(a) *white person*
el (la) campesino(a) *farmer*
el (la) hispano(a) *Latino, Hispanic*
el (la) indígena *native inhabitant*

el (la) mestizo(a) *person of mixed blood*
el (la) negro(a) *black person*
el (la) obrero(a) *blue-collar worker*

La economía

la agricultura / el (la) agricultor(a) *agriculture/farmer*
disminuir / aumentar la pobreza *to decrease/increase the poverty level*
la ganadería *cattle raising*
el (la) ganadero(a) *cattle rancher*
el ganado *livestock*

la industria *industry*
el (la) industrial *industrialist*
la minería *mining*
el (la) minero(a) *miner*
resolver la crisis económica *to solve the economic crisis*

La política

el acuerdo de paz *peace treaty*
apoyar a un(a) candidato(a) *to support a candidate*
aprobar (ue) una ley *to pass a law*
la cámara de diputados *house of representatives*
la censura *censorship*
el (la) ciudadano(a) *citizen*
el comunismo (comunista) *communism (communist)*
conservador *conservative*
declarar la huelga / el paro general *to declare a general strike*
la democracia *democracy*
los derechos humanos *human rights*
derrocar (ue) al gobierno *to overthrow the government*
la derrota *defeat*
la dictadura *dictatorship*
el ejército *army*
elegir (i) a los representantes *to elect representatives*
el encarcelamiento *imprisonment*
el gabinete presidencial *president's cabinet*
ganar (perder) las elecciones *to win/lose elections*

el (la) gobernante *ruler*
el golpe de estado *coup d'état/government takeover*
la guerra *war*
la igualdad de clases sociales *equality of social classes*
imponer una doctrina *to impose a doctrine*
liberal *liberal*
la libertad de expresión *freedom of speech*
el (la) líder sindical *union leader*
el partido político *political party*
pedir (i) reformas *to demand reforms*
el poder militar *military power*
el (la) político(a) *politician*
los prejuicios raciales *racial prejudices*
el (la) presidente(a) *president*
el proceso electoral *electoral process*
el régimen militar *military regime*
el senado *senate*
el sindicato *union*
el socialismo (socialista) *socialism (socialist)*
la victoria *victory*
votar por *to vote for*
el voto popular *universal vote*

PRÁCTICA

A. Las noticias internacionales. Consulte las secciones **Geografía física** y **Los fenómenos naturales** para completar el siguiente artículo sobre una catástrofe que ocurrió en Puerto Rico. Luego, en parejas y usando el artículo como modelo, hagan los papeles de reporteros(as) de televisión y comenten dos catástrofes más.

¡Puerto Rico queda paralizado!

overflowed

SAN JUAN, Puerto Rico —"En las zonas de la _____ y del centro de la _____ caribeña, más de 300 personas tuvieron que evacuar sus casas debido a fuertes _____ repentinas que provocaron _____ y desbordaron° _____", dijo el director de la agencia de control de emergencias.

El mismo artículo incluye el comentario de un turista que pasa las vacaciones en la isla.

---

season

"Estoy de vacaciones aquí en San Juan, mi lugar favorito del Caribe hispano. Descansaba en la _____ contemplando cómo crecían las olas, cuando de repente aparecieron enormes nubes negras en el cielo. Entonces vi zigzaguear en el cielo un _____ y el tremendo ruido del _____ me asustó. Como es agosto, la temporada° de _____, empecé a preocuparme. No sabía qué pensar porque donde yo vivo, en el _____ casi nunca llueve. El hotelero me dijo que me tranquilizara y me aseguró que sólo era una _____ tropical y que pronto pasaría..."

B. Los fenómenos naturales. Según las siguientes categorías, diga cómo los fenómenos naturales pueden afectar la manera de vivir de una población. Compare sus conclusiones con las de un(a) compañero(a) de clase.

precauciones   peligros   efectos económicos

1. la amenaza de huracanes
2. los terremotos
3. las frecuentes inundaciones
4. la proximidad de un volcán

C. Preferencias. Ud. y su compañero(a) tienen ideas muy distintas sobre qué región de Estados Unidos ofrece el mejor estilo de vida: el norte, el sur, el este o el oeste. Escojan una de las regiones, empleen las palabras y expresiones apropiadas del **Vocabulario para la comunicación** y defiendan sus preferencias. Comenten los siguientes aspectos:

a. el clima.

b. las actividades recreativas.

c. la belleza geográfica.

d. otro.

D. Definiciones. Consulte la sección **La política** y empareje la palabra de la primera columna con su definición en la segunda.

I

1. el golpe de estado
2. la democracia
3. el sindicato
4. el gabinete
5. el ciudadano
6. el comunismo
7. la dictadura
8. el prejuicio
9. el ejército
10. el senado

II

a. Un grupo que se organiza para defender sus intereses económicos

b. El totalitarismo; el despotismo

c. El conjunto de soldados bajo el mando de un general

d. La opinión sobre algo antes de tener conocimiento de ello

e. El individuo que puede participar en el gobierno de un país

f. Una de las asambleas legislativas de un país

g. El conjunto de colaboradores de un gobierno

h. La apropiación ilegal del poder político de un país

i. La colectivización de los medios de producción y la supresión de las clases sociales

j. el ejercicio de la autoridad por los ciudadanos de un país

E. ¿Qué significa? Use el vocabulario indicado para explicar brevemente los siguientes términos. Compare sus explicaciones con las de su compañero(a), combínenlas y preséntenlas a la clase.

1. el golpe de estado: la injusticia, los derechos humanos, derrocar al gobierno, el ejército

2. el comunismo: la censura, el partido político, la igualdad de las clases sociales, la libertad de expresión

3. la democracia: votar por, el presidente, aprobar una ley, el gabinete

VOCABULARIO PARA LA
COMUNICACIÓN: NUESTRO
MUNDO

F. Promesas del candidato.

1. Ciudadanos, con su ayuda prometo...
2. Iniciaré programas para los niños en las escuelas para poner fin a...
3. Trabajaré noche y día para proteger, para todos,...
4. En mi programa no habrá nada más importante que resolver...
5. ¡Ecologistas, confíen en mí! El asunto número uno de mi programa es acabar con...
6. ¡Trabajadores, escúchenme! Ya no habrá más necesidad de declarar...

F. Promesas del candidato. Para ganar el apoyo popular, este candidato hace muchas promesas. ¡Ojalá las cumpla! Su profesor(a) va a leer una serie de frases incompletas. Escuche e indique la terminación correcta.

1. aumentar la pobreza/disminuir la pobreza
2. los paros generales/los prejuicios raciales
3. los derechos humanos/la dictadura
4. la derrota/la crisis económica
5. la contaminación ambiental/la cámara de diputados
6. la victoria/la huelga

G. Los países americanos. ¡Qué grande y que diversa es América! En parejas, observen el mapa de la página 262. Usen el **Vocabulario para la comunicación** para contestar las siguientes preguntas.

1. ¿Cuál es la capital de estos países americanos?

Argentina	Cuba	Chile	República
Costa Rica	Guatemala	Honduras	Dominicana
Ecuador	Paraguay	Perú	México
Nicaragua	Uruguay	Venezuela	Panamá
El Salvador	Bolivia	Colombia	Puerto Rico
Brasil			

2. ¿Cuál es el país más grande de Sudamérica? ¿Qué idioma se habla en este país?

3. ¿Cuál es el país más largo y con más costa en Sudamérica? ¿Está en la costa del océano Atlántico o en la del Pacífico?

4. ¿Qué países atraviesa la cordillera de los Andes? ¿Sabe Ud. qué gran civilización se desarrolló en esa región?

5. ¿Cuál es el país sudamericano que está más al sur? ¿Qué sabe Ud. de la Argentina? ¿del Uruguay? ¿Ha oído hablar de los gauchos? ¿Quiénes son?

6. ¿Sabe Ud. algo sobre Ecuador? ¿Por qué lleva ese nombre? ¿Qué islas famosas por su flora y su fauna pertenecen a Ecuador?

7. ¿Cuál es el único país sudamericano con costas sobre el mar Caribe y el océano Pacífico? ¿Qué sabe de este país?

8. ¿Qué países están en las islas del Caribe? ¿Qué sabe de la historia de Cuba? ¿Cuál es la relación entre Puerto Rico y Estados Unidos?

9. ¿Cuáles son los países centroamericanos? ¿Qué problemas políticos se plantearon esos países en la década de los 80?

H. La bandera de Puerto Rico. Esta bandera fue adoptada en 1952 para representar el nuevo estatus político de Puerto Rico y su relación con EE.UU.: Estado Libre Asociado. Para aprender más sobre la bandera, empareje cada

símbolo de la primera columna con su significado en la segunda columna.
Para leer más sobre la bandera, visite el sitio web:
www.elboricua.com/BKPoems_Bandera.html

nourishes   1. la estrella blanca

2. el triángulo azul

stripes   3. las tres franjas° rojas

4. las dos franjas blancas

a. la sangre vital que nutre° un gobierno
   republicano

b. el símbolo de Estado Libre Asociado

c. los derechos humanos

d. sus tres ángulos representan los tres
   poderes del gobierno republicano: el
   legislativo, el ejecutivo y el judicial.

Ahora en parejas, diseñen la bandera de un país imaginario que a Uds. les
gustaría gobernar. Expliquen el significado de los símbolos y de los colores.
¿Qué forma de gobierno hay? ¿Cómo es el clima? ¿Dónde está el país?

PERSPECTIVAS

PREPARATIVOS

1. Lea la sección **¿Sabía Ud. que en Puerto Rico... ?**

2. Mire los verbos de la lectura que están en negrita. Se usan en el
   condicional y muestran una acción que se anticipa (en el futuro) desde el
   punto de vista de un momento pasado. Las palabras **presidente, senado,
   aprobar, ley, voto, cámara de diputados,** y **gobierno** se encuentran en la
   lectura y en **Vocabulario para la comunicación**. ¿Qué significan?

3. ¿Es importante que un país tenga un idioma oficial? ¿Por qué?

¿Sabía Ud. que en Puerto Rico... ?

- La importancia que se da al **idioma inglés** en la isla refleja la estrecha relación política y económica que existe entre Puerto Rico y Estados Unidos desde hace muchos años. Puerto Rico se convirtió en territorio estadounidense no por elección, sino a consecuencia de la Guerra Hispanoamericana en 1898. En 1917, por medio del acta Jones, los puertorriqueños recibieron su ciudadanía estadounidense y por consiguiente° mayor control sobre sus asuntos gubernamentales. En 1952, Puerto Rico se hizo Estado Libre Asociado, una relación única que conlleva ventajas y desventajas. Algunos puertorriqueños que residen en la isla se oponen a esta forma de gobierno y preferirían ser independientes mientras que a otros les gustaría que Puerto Rico fuera un estado de Estados Unidos.

  as a result

- **Sila María Calderón**, elegida en 2000, fue la primera mujer gobernadora de Puerto Rico. Decidió no presentarse para reelección en 2004.
- El español era la **lengua oficial** de Puerto Rico hasta 1993 cuando se aprobó una ley que estableció el español y el inglés como las lenguas oficiales. Gran parte del pueblo puertorriqueño consideró la ley una aberración y expresó su desaprobación con manifestaciones y marchas de protesta.

Noticias de última hora: ¿Habrá *un* idioma oficial en Puerto Rico?

En su campaña política, el presidente del senado puertorriqueño, Antonio Fas Alzamora, prometió que **aprobaría** el proyecto de ley para establecer el español como idioma oficial de Puerto Rico. Cumplió su promesa, y el senado, con un voto de 17 a 8, aprobó la propuesta. El portavoz° de la cámara de diputados dijo que se **debatiría** sobre la propuesta y que entonces **quedaría** en manos de la gobernadora Sila Calderón. Fas Alzamora afirmó que el inglés **sería** el segundo idioma oficial y la lengua primaria de comunicación internacional, y que el español **seguiría siendo** el idioma oficial que **se emplearía** en todos los departamentos del gobierno.

spokesperson

COMPRENSIÓN Y PRÁCTICA

A. Comprensión. En sus propias palabras, explique la historia de las lenguas oficiales de la isla de Puerto Rico.

B. Preguntas y más. Complete los pasos a continuación.

1. Los proponentes del proyecto de ley para establecer el español como idioma oficial de Puerto Rico insisten en que es una injusticia tener el inglés como el idioma oficial de la isla ya que sólo el 20% de la población sabe hablar inglés. ¿Qué opina Ud.?
2. Algunos de los representantes que se oponen sostienen que el proyecto "le haría daño" al pueblo puertorriqueño. Quieren que la gente entienda la importancia del inglés para el futuro de Puerto Rico. ¿Podría comentar esta perspectiva?
 3. En grupos pequeños, debatan los varios puntos de vista sobre este asunto.

C. Expansión. Resulta que, poco después de la convocación del Senado, el asunto del idioma oficial no llegó a ser considerado por la cámara de diputados y quedó abandonado. Haga el papel de periodista y, basándose en la información que se ofrece en la lectura y en ¿**Sabía Ud. que en Puerto Rico... ?**, escriba un breve artículo que anuncie la suspensión de este proyecto. Incorpore los siguientes términos en el artículo: los representantes, discutir el asunto, tener objeciones, oponerse, votos. Compare su artículo con el de su compañero(a) de clase, combinen lo mejor de los dos artículos y preséntenlo a la clase.

ESTRUCTURA 1: El tiempo condicional

LAS FORMAS DEL CONDICIONAL

El condicional de los verbos regulares se forma con el infinitivo y las siguientes terminaciones.

Infinitivo	+	Terminación	=	Condicional
votar		–ía		votaría
aprobar		–ías		aprobarías
llover		–ía		llovería
resolver		–íamos		resolveríamos
disminuir		–íais		disminuiríais
elegir		–ían		elegirían

Los verbos que son irregulares en la formación del futuro son también irregulares en el condicional. Las terminaciones, sin embargo, son las mismas que en los verbos regulares.

Infinitivo	Radical condicional	Condicional
haber	habr–	habría
poder	podr–	podría
saber	sabr–	sabría
querer	querr–	querría
poner	pondr–	pondría
venir	vendr–	vendría
salir	saldr–	saldría
valer	valdr–	valdría
decir	dir–	diría
hacer	har–	haría

PRÁCTICA

El candidato independentista. En Puerto Rico, al igual que en los otros países hispanos, se suele hablar mucho de la política. Hoy, una familia puertorriqueña habla del nuevo candidato independentista para el puesto de gobernador de la isla. Complete el diálogo usando el condicional.

PADRE: Yo no (apoyar) 1. _apoyaría_ a un candidato independentista, ¿y Uds.?

MADRE: Yo (tener) 2. _tendría_ que estudiar más su programa.

PADRE: Pero, ¿crees que la gente (votar) 3. _votaría_ por él?

MADRE: No sé. Creo que un candidato (tener) 4. _tendría_ que trabajar mucho para ganar las elecciones.

HIJO: Me imagino que con un gobernador independentista (haber) 5. _habría_ varios cambios. El candidato aseguró que a los pobres no les (faltar) 6. _faltaría_ ni el pan ni la vivienda.

PADRE: Pero, ¿crees lo que dicen los políticos? ¿Crees que un gobernador independentista (poder) 7. _podría_ disminuir la pobreza en este país?

HIJO: Es posible, papá, pero me imagino que (llevar) 8. _llevaría_ algún tiempo.

LOS USOS DEL CONDICIONAL

El condicional corresponde básicamente a *would* y a *should* en inglés.

Usamos el condicional para expresar...	Ejemplos
1. una acción que se anticipa desde el punto de vista de un momento pasado. Se podría decir que el condicional representa un futuro en relación con un tiempo pasado.	La televisión anunció que **habría** un huracán al día siguiente. Sabía que tú **votarías** por él.
2. acciones posibles o deseables que dependen de alguna condición que se expresa con **si** + el imperfecto del subjuntivo. (Muchas veces la cláusula de **si** + subjuntivo está implícita.)	**Iría** a Puerto Rico si tuviera una semana de vacaciones. Yo no **trabajaría** en minería. (Aun si me dieran el puesto.)
3. la probabilidad en el pasado. Así como el futuro puede expresar probabilidad en el presente,[1] el condicional puede expresar la probabilidad de una acción en el pasado.	—¿Qué hora **sería** cuando oímos el ruido? —**Serían** las dos. (Probablemente eran las dos).
4. cortesía al pedir o preguntar algo.	¿**Podría** decirme dónde queda el museo taíno? ¿**Tendría** tiempo libre hoy? Me **gustaría** que nos acompañara.

---

[1] Revise el uso del futuro para expresar probabilidad en el presente. Véase la Lección 2, pág. 64.

Atención:

1. Cuando, en inglés, *would* quiere decir *used to*, se traduce al español con el imperfecto.

   En aquel entonces, **dábamos** un paseo después de la cena.

2. Cuando, en inglés, *would* expresa voluntad, se traduce al español con **querer.**

   Le pregunté varias veces, pero no **quería** decírmelo.

PRÁCTICA

A. El discurso de un político. Muchos ciudadanos desconfían de las promesas que hacen los candidatos en sus campañas. Lea el siguiente segmento de un discurso político y con su compañero(a), complete los pasos a continuación.

> Ciudadanos:
> Jamás **permitiremos** el despotismo ni la tiranía en nuestra nación. La justicia **reinará** en todas partes. **Llamaré** a elecciones y el pueblo **elegirá** a su presidente. **Daré** fin a las huelgas. ¡**Habrá** trabajo para todos y los pobres no **sufrirán** más!

1. Ud. acaba de oír el segmento del discurso político y le pareció tan interesante que ahora quiere reportárselo a su compañero(a) de clase. Use el discurso indirecto ("El candidato dijo que...") y el condicional de los verbos subrayados. Recuerde que el condicional representa el futuro en relación con el pasado.

2. Ud. no tiene ninguna confianza en las promesas de este candidato, pero su compañero(a) confía mucho en él (ella). Presenten y justifiquen sus ideas y opiniones en un diálogo acalorado (*heated*). Intercambien ideas sobre los discursos políticos. ¿Qué tienen todos ellos en común? ¿Cuánto cumplen los políticos de lo que prometen?

3. Ud. se considera un(a) mejor candidato(a) y decide iniciar su propia campaña política, y ¡su compañero(a) es su asistente! Juntos, preparen su discurso político para presentárselo a la clase. Incorporen el condicional y muchas promesas.

B. ¿Qué se debería hacer? El narcotráfico se ha convertido en uno de los problemas más graves de todos los tiempos. En Estados Unidos y en los países hispanos, ¿qué medidas y precauciones deberían tomar las siguientes personas e instituciones? Incluya el condicional en sus comentarios.

1. el (la) presidente(a)

2. el (la) gobernador(a) del estado en el que se confiscan las drogas

3. la policía de la ciudad

4. los ciudadanos

5. el senado

C. Probablemente. Para saber dónde estarían las chicas toda la tarde, con su compañero(a) presente el siguiente diálogo, haciendo conjeturas en el pasado según el modelo.

Modelo: ¿Por qué no vendrían a cenar las chicas? (Probablemente hubo congestión de tránsito en la carretera.)
Habría congestión de tránsito en la carretera.

1. ¿Sabes adónde fueron? (Posiblemente fueron de compras en Ponce.)
2. Que yo sepa, no tenían dinero. (Tal vez usaron su tarjeta de crédito.)

Em Puerto Rico significa autobús

3. ¿En qué fueron, si yo me llevé el carro? (Posiblemente tomaron la guagua.°)
4. ¿A qué hora las viste salir? (Probablemente eran las dos y media.)
5. ¿Por qué no se despidieron de nosotros? (Quizás tenían prisa.)

D. Para la comunicación cortés. Todos los días surgen situaciones que requieren cierta cortesía. En parejas, escojan una situación y escriban un breve diálogo que incluya algunas de las expresiones siguientes.

Para la comunicación, pueden usar algunas de estas expresiones	
¿Estaría Ud. dispuesto a... ?	¿Podría decirme... ?
¿Tendría la amabilidad de... ?	¿Querría... ?
¿Sería posible... ?	¿Sería Ud. tan amable de... ?

Situaciones

   a. un(a) turista en busca de un restaurante, museo u hotel
   b. un(a) estudiante con su profesor(a)
   c. un(a) cliente en un almacén y un(a) dependiente(a)
   d. un(a) ciudadano(a) y un(a) candidato(a) político(a)
   e. otro

ESTRUCTURA 2: Las cláusulas condicionales con "*si...*"

Las cláusulas condicionales expresan situaciones posibles, probables o hipotéticas, en el presente y el futuro.

Si + presente del indicativo +	presente del indicativo o futuro

Se usa el indicativo si la situación es posible o probable.

Si **tengo** dinero, lo **gasto**.
Si **hay** elecciones, el candidato liberal las **ganará**.

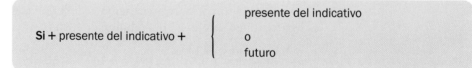

Si + imperfecto del subjuntivo + condicional

Se usa el imperfecto del subjuntivo y el condicional si la situación es improbable pero hipotética, o contraria a la realidad.

Si **fuera** rico (pero no lo soy), le **daría** mucho dinero a ese candidato.
Si **hubiera** elecciones (no las hay), el candidato liberal las **ganaría**.

PRÁCTICA

A. El padrinazgo de los niños. Ud. podría ser padrino o madrina de un(a) niño(a) pobre y marginado(a). Hay muchas organizaciones que solicitan apoyo económico para solucionar la terrible situación de la niñez marginada. Lea el siguiente anuncio y complete los pasos a continuación.

1. Según el anuncio, ¿qué haría la persona de buen corazón (¡Ud.!) si viera un niño perdido y desamparado?

2. Si Ud. aceptara patrocinar a un niño con el *Plan Internacional USA*,
   a. ¿cuánto dinero tendría que contribuir?
   b. ¿cómo cambiaría la vida de ese niño?
   c. ¿cómo se sentiría Ud.?

3. Si viera a un(a) niño(a) desamparado(a), diga tres...
   a. emociones que sentiría.
   b. acciones que Ud. llevaría a cabo.
   c. oportunidades nuevas que él (ella) tendría.

4. En grupos de tres personas, contesten las preguntas.
   a. Si pudieras ayudar a un niño, ¿te gustaría que fuera niño o niña? ¿Por qué? ¿De qué nacionalidad te gustaría que fuera?
   b. ¿Qué tipo de relación te gustaría tener con el (la) niño(a)? ¿Te gustaría recibir cartas y fotografías?
   c. ¿Hay oportunidades para ayudar a niños marginados y desamparados en tu propia comunidad o ciudad? ¿Qué podrías hacer por los padres que no tienen suficiente dinero para pagar la comida, las guarderías infantiles, los seguros médicos, etc.?

B. Me gustaría tener más información. Antes de aceptar ser padrino o madrina de un(a) niño(a), le gustaría que la organización le contestara algunas preguntas específicas. Intente conseguir la siguiente información de *Plan Internacional USA* o de otro programa semejante como *Save the Children.* Cuéntele la información a la clase.

Si aceptara patrocinar a un(a) niño(a)...
¿qué necesidades básicas cubriría la contribución?
¿qué tipo de alimentación recibiría el (la) niño(a)?
¿sería posible mandarle al (a la) niño(a) regalos y otras cosas además del dinero?
¿conocería personalmente al (a la) niño(a)?
¿podría hacer algo especial para su cumpleaños, la Navidad u otro día de fiesta?

C. ¡Si las cosas cambiaran! Diga qué pasaría si se modificaran las siguientes disposiciones tomadas por la ciudad, el ayuntamiento, el gobierno federal y otras instituciones.

> **Modelo:** Las autoridades bajan la edad legal para conducir un auto a los 15 años.
> *Si las autoridades bajaran la edad legal para conducir un auto a los 15 años habría muchos más accidentes.*

1. Las autoridades cambian la edad legal para consumir bebidas alcohólicas a los 25 años.
2. El gobierno requiere que las mujeres hagan el servicio militar.
3. Las líneas aéreas dejan que la gente fume en los aviones.
4. Los gobiernos del mundo apoyan el uso de una lengua universal.
5. El gobierno de EE.UU. legaliza el juego (*gambling*).

Ahora, piense en tres situaciones hipotéticas más y su compañero(a) va a decir qué pasaría si fueran realidad.

D. ¡Charlemos! Todos sabemos que debemos estar preparados para algún tipo de desastre. Con su compañero(a) de clase, intercambie ideas y digan qué harían...

1. si ocurriera un terremoto.

2. si un huracán amenazara destruir su casa.

3. si hubiera una grave crisis económica.

4. si alguien intentara censurar su libertad de expresión.

E. ¡Si mis deseos se cumplieran! En la literatura infantil hay muchos cuentos y relatos en los que a una persona se le otorgan tres deseos. Si en este momento Ud. tuviera que formular tres grandes deseos, ¿qué le pediría al destino? ¿Por qué?

F. Un contrabandista. Formen grupos de cuatro estudiantes para resolver este caso de contrabando.

▶ *Un agente de aduana revisa el equipaje.*

Para evitar el contrabando, los agentes de aduana vigilan el tránsito de pasajeros en los aeropuertos. Un muchacho llega todos los meses llevando una maleta. Un mes la maleta va llena de libros, al siguiente va con juguetes *(toys)*, otro mes es ropa usada y otras cosas. Los agentes de aduana piensan que el muchacho contrabandea algo, pero no saben qué.

Analice con un(a) compañero(a) de clase el caso del muchacho, preguntándose lo siguiente.

1. ¿Qué harían si Uds. fueran los agentes que vieran pasar al muchacho? ¿Lo dejarían pasar cada mes sin tratar de averiguar qué hace? ¿Qué le preguntarían? ¿Pensarían que es un contrabandista? Si el muchacho fuera un contrabandista, ¿qué estaría contrabandeando?

2. Después, informen a la clase sobre la conclusión a la que han llegado y qué es lo que contrabandea el muchacho. (¿Ropa? ¿Juguetes? ¿Libros?)

PREPARATIVOS

1. Lea la sección ¿**Sabía Ud. que en Puerto Rico...** ?

2. Mire los verbos de la lectura que están en negrita. ¿Podría explicar por qué se usa el presente perfecto del subjuntivo en estos casos?

3. En las últimas décadas ha habido un aumento de alcoholismo entre las mujeres. En su opinión, ¿qué factores han contribuido a esta triste situación? ¿Cree Ud. que algunas personas tienen una predisposición biológica a esa adicción?

¿Sabía Ud. que en Puerto Rico... ?

- En Puerto Rico cuando marca el 2-1-1 se comunica con el **Centro de Información y Referido**, un servicio que ayuda a individuos en cualquier tipo de necesidad. Sirve de enlace entre estas personas y psicólogos, trabajadores sociales, consejeros y agencias que atienden problemas como alcoholismo, violencia doméstica, maltrato de menores, drogradicción, abandono de ancianos y falta de vivienda, entre otros. El centro existe gracias a un donativo generoso realizado en 1992.

- Según un estudio realizado en Puerto Rico por el Instituto de Investigaciones de la Administración de Salud Mental y Contra la Adicción (ASSMCA), un 49% de los jóvenes reportó haber tomado **bebidas alcohólicas** antes de los diez años, y el consumo de alcohol aumenta drásticamente a partir de los doce años. Las razones que se dan para que los niños comiencen y continúen tomando alcohol son: 1. llamar la atención; 2. verse grandes; 3. ser como los amigos; 4. sentirse diferentes. En Argentina el consumo juvenil de alcohol ha aumentado un 150% en los últimos dos años. De los 31.600 estudiantes de colegio que participaron en una entrevista sobre el tema, el 54% reportó que consumía bebidas alcohólicas habitualmente. En Estados Unidos el consumo de alcohol se ha convertido en un verdadero problema social.

El alcohol: un problema grave

Todo tiene un límite, y es posible que Mercedes Sánchez **haya llegado** al suyo. Mercedes es alcohólica, y gracias al Centro de Información y Referido, está recibiendo el apoyo que tanto necesita. Su esposo, sus hijos —todos los que la conocen y la rodean— se alegran de que **se haya dado cuenta de** que no puede más con su vida, que esta enfermedad crónica y progresiva es una carga que no debe llevar sin ayuda. "Llegué al fondo y lo único que me quedaba era ir para arriba. Es una lástima que **haya perdido** todo, amistades, gente querida, trabajo, el respeto de mi familia", dice Mercedes. Una noche, borracha y deprimida, se le ocurrió marcar el 2-1-1. Quizás este simple acto de desesperación

speech
harmful

miracle

le **haya salvado** la vida. Mercedes ha iniciado el proceso de rehabilitación y recuperación y asiste a reuniones de la organización Al-Anon en San Juan. Aquí se incluye un segmento de una plática° que escuchó en una de las reuniones.

"La enfermedad del alcoholismo es más dañina° entre las mujeres que entre los hombres debido a varios factores: El efecto del alcohol es más fuerte en una mujer que en un hombre por razones biológicas, y porque un alto porcentaje de las mujeres tiene la práctica peligrosa de combinar el alcohol con sustancias psicofármacas, y no reconocen los síntomas de su adicción..."

Es un milagro° que Mercedes **haya aceptado** su enfermedad. Como resultado, ha mantenido una abstinencia inicial, ha podido transformar su culpa y sentimientos negativos en responsabilidad y ha empezado una nueva vida.

COMPRENSIÓN Y PRÁCTICA

A. Comprensión. Explique qué tuvo que ocurrir para que Mercedes buscara ayuda para su adicción.

B. Expansión

1. Cuando Mercedes llamó al 2-11, ¿qué le diría el (la) consejero(a) del Centro de Información y Referido? En la comunidad donde vive, ¿hay agencias y servicios como este centro?

2. ¿Qué sabe de Alcohólicos Anónimos, Al-Anon y otras organizaciones parecidas? AA acaba de celebrar su 50 aniversario. ¿A qué se debe su éxito?

3. Los siguientes factores pueden contribuir al desarrollo del alcoholismo en una persona. En grupos pequeños, coméntenlos y digan si hay otros factores.
   a. una predisposición biológica
   b. la adolescencia
   c. una crisis
   d. el aislamiento social y la baja autoestima
   e. otro

4. ¿Sabría reconocer los síntomas de una adicción al alcohol? Explique. Suponga que sospecha que una persona querida en su vida tiene serios problemas con el alcohol y quiere ayudarla. Visite el sitio web de Alcohólicos Anónimos, www.alcoholics-anonymous.org, busque la versión española e investigue:
   a. qué es lo que AA hace.
   b. qué es lo que AA no hace.
   c. si hay literatura disponible en español.
   d. cómo se consiguen servicios de área.
   e. otra información importante para una persona con esta enfermedad.

ESTRUCTURA 3: El presente perfecto del subjuntivo

LAS FORMAS DEL PRESENTE PERFECTO DEL SUBJUNTIVO

El presente perfecto del subjuntivo se forma con el presente del subjuntivo del verbo **haber** y el **participio pasado.**

Formación del presente perfecto del subjuntivo

	ganar	perder	elegir
haya hayas haya hayamos hayáis hayan	apoyado	perdido	elegido

EL USO DEL PRESENTE PERFECTO DEL SUBJUNTIVO

El uso del presente perfecto del subjuntivo es similar al uso del presente perfecto del indicativo[1] pero, como hemos visto en la Lección 6, la cláusula del subjuntivo está subordinada a una cláusula principal.[2]

No **ha podido** ganar las elecciones. (indicativo)
Lamento que no **haya podido** ganar las elecciones. (subjuntivo)
Yo sé que Ud. **ha votado** por ese candidato. (indicativo)
¿Es posible que Ud. **haya votado** por ese candidato? (subjuntivo)

PRÁCTICA

A. ¿Qué pasó o qué pasará? Forme una sola oración, usando el presente perfecto del subjuntivo.

> **Modelo:** Saldrá el sol. Pasará la tormenta. (cuando)
> *Saldrá el sol cuando haya pasado la tormenta.*

1. Navegaremos en el océano. Bajarán las olas. (tan pronto como)
2. Llegarás al valle. Cruzarás la montaña. (después de que)
3. ¿Es posible? ¿Los obreros se declaran en huelga? (que)
4. Es interesante. El candidato logra tantos triunfos. (que)
5. El alcalde resolverá la crisis económica. Termina su período. (antes de que)
6. ¡Es increíble! ¡Ninguno de nosotros lo apoya! (que)
7. Lucharemos. Firmaremos un acuerdo de paz. (hasta que)
8. Estaré satisfecha. Se irán a Estados Unidos. (cuando)

---

[1] Revise la explicación del presente perfecto del indicativo en la Lección 5, págs. 162–164.
[2] Revise el uso del subjuntivo en cláusulas nominales (Lección 6, pág. 202) y en cláusulas adjetivales y adverbiales (Lección 7, págs. 234 y 236–238.)

B. Fui testigo de un huracán. Acaba de ocurrir un huracán en Puerto Rico y después de dos días, Arturo ha logrado comunicarse con su amiga Susana para contarle los detalles de esta terrible experiencia. Complete el diálogo con el presente perfecto del indicativo o del subjuntivo, según el caso.

1. S: Arturo, ¿ya _____ (reponerse, tú) del susto?

    A: Desde luego. Espero que _____ (recibir, tú) el mensaje que te mandé por fax.

2. S: Sí, sí, lo _____ (recibir). Ahora quiero saber si tu casa _____ (sufrir) muchos daños.

    A: Mi casa está bien. Pero todavía no puedo creer que la de mi tío _____ (desaparecer) en medio de los escombros.

3. S: Y la gobernadora, ¿ _____ (decir) algo?

    A: Habló por la tele hace unos instantes. Dijo que lo que más sentía era que tanta gente _____ (perder) su casa.

4. S: Bueno, cuando toda esta situación _____ (pasar), espero que me escribas contándome con más detalle.

    A: Claro que sí.

PERSPECTIVAS

PREPARATIVOS

1. Lea la sección ¿Sabía Ud. que en Puerto Rico... ?

2. Mire las palabras de la lectura que están en negrita. ¿Cuál es la palabra antónima de cada una?

3. ¿Qué sabe Ud. del problema de la contaminación ambiental en Latinoamérica? ¿Hay una relación entre las grandes empresas internacionales y la contaminación del medio ambiente? Explique.

¿Sabía Ud. que en Puerto Rico... ?

- Aunque la extensión de **Puerto Rico** abarca sólo 190 kilómetros de longitud por 72 km de anchura (aproximadamente el doble de la extensión del estado de Delaware), su población totaliza cinco millones de habitantes. "La Isla del Encanto" es un verdadero paraíso tropical cuya belleza natural se combina con lo moderno y lo antiguo. Está situada entre el océano Atlántico y el mar Caribe, sus temperaturas oscilan entre los 70 y los 80 grados farenheit, ofrece montañas majestuosas, 300 millas de playas magníficas y otras maravillas de la naturaleza.
- El Viejo **San Juan**, un islote unido a los sectores modernos de Puerto Rico por una serie de puentes°, cuenta con más de un millón de habitantes. Hay que caminar por las pintorescas calles de piedra para apreciar lo hermoso de esta ciudad histórica: edificios de colores pastel, monumentos, museos, fortalezas

bridges

walled amuralladas°, plazas, jardines y una nostálgica
arquitectura colonial. Se puede disfrutar de la
cocina caribeña en restaurantes de primera clase y
casi todos los hoteles de San Juan están ubicados
frente al mar.

- En 2003 la **Universidad de Puerto Rico**, situada en
la zona metropolitana de San Juan, celebró su
celebrations centenario con grandes festejos°. Además de la
excelencia de su variado programa de estudios,
tanto a nivel graduado como subgraduado, la
universidad es conocida por la belleza de su
arquitectura renacentista. La actual rectora de la

▲ *El Viejo San Juan*

universidad, la doctora Gladys Escalona de Motta, es la primera mujer en ocupar
este importante cargo.

- La bella ciudad de **Mayagüez**, llamada "La Sultana del Oeste", está ubicada en el
extremo oeste de la isla de Puerto Rico y tiene una población de unos 100.000
old part habitantes. El casco antiguo° de la ciudad aún conserva vestigios del período
colonial con monumentos históricos y arquitectura pintoresca. La economía de esta
tuna factories ciudad-puerto se basa en sus múltiples atuneras°, cervecerías y otras fábricas
industriales. Entre sus atractivos turísticos figuran excelentes playas, deportes
acuáticos, un remodelado parque zoológico y una activa vida nocturna.

- Hace más de 40 años que las grandes **fábricas atuneras** de Star Kist y Bumble Bee
están establecidas en la zona de la Bahía de Mayagüez. Éstas y otras fábricas
industriales llevan años descargando desperdicios en las aguas de la bahía.

La contaminación en Puerto Rico

E n la cafetería de la Universidad de Puerto Rico, Alicia inicia una
conversación con dos compañeros de clase sobre la contaminación
ambiental en la isla.

Alicia: ¿Han leído **algo** sobre la contaminación ambiental en el área metropolitana de San
Juan Cada día miles de coches producen contaminantes que se acumulan en la
atmósfera? Para 1930 se usaba principalmente el transporte colectivo. Para 1993
había aproximadamente 700.000 coches privados registrados en San Juan, y
actualmente la ciudad cuenta con 2,4 millones de vehículos.

Nora: Parece que los ríos, los lagos y las bahías **también** están terriblemente
contaminados. El impacto de la dispersión urbana es devastador. Está provocando
exhaustion, flat el agotamiento° de las áreas llanas°, la deforestación, la contaminación del agua y
marshes del aire y la erosión de los suelos. Las ciénagas° se están perdiendo a una
velocidad alarmante. ¡**Alguien** tiene que hacer **algo**!

Hugo: Mira, no es para tanto. Creo que **algunos** exageran al hablar de este asunto. El
problema de la contaminación no es **nada** sencillo. **Ningún** país que quiere seguir
industrializándose puede evitar estos problemas ambientales.

Alicia: La situación de San Juan no es **nada** comparada con lo que está pasando en la
Bahía de Mayagüez, cuyos problemas son incomparables. Además de la expansión
urbana, la contaminación está provocada en gran parte por las fábricas atuneras y
la industria química.

COMPRENSIÓN Y PRÁCTICA

A. Cuéntame. Suponga que Ud. también estaba en la cafetería de la universidad y que oyó la conversación entre Alicia, Nora y Hugo. Le pareció tan interesante que ahora quiere contársela a su compañero(a) de clase. Use sus propias palabras y el discurso indirecto ("Una de las chicas dijo que había..." y "Hugo comentó que era...", etc.), y escriba cuatro oraciones. Incluya:

a. información que los tres jóvenes ofrecieron.

b. perspectivas y actitudes que tenían.

c. algo que Ud. no sabía sobre la contaminación en Puerto Rico.

 B. Expansión. Conscientes de que la contaminación ambiental es un problema que afecta a todo el mundo, Ud. y su compañero(a) han decidido entrar en la conversación con Alicia, Nora y Hugo para ofrecer sus opiniones y perspectivas.

1. Preparación:
   a. Para realizar una discusión inteligente, es importante entender y poder explicar los términos pertinentes. En sus propias palabras, expliquen:
      1) la dispersión urbana.
      2) el agotamiento de las áreas llanas.
      3) la deforestación.
      4) la erosión de los suelos.
   b. Preparen una breve discusión sobre la situación del medio ambiente en Estados Unidos o en otra región que conozcan (Ciudad de México, Brasil, la Amazonia, etc.).

2. Conversación: Ahora están listos para entrar en la conversación con los tres estudiantes puertorriqueños. Formen un grupo de cinco compañeros de clase para continuar la conversacion sobre este grave problema mundial. Presenten su conversación a la clase.

◈ ESTRUCTURA 4: Expresiones afirmativas y negativas

Expresiones afirmativas	Expresiones negativas
algo (something, anything)	**nada** (nothing)
alguien (someone, anyone) **todo el mundo** (everyone)	**nadie** (no one, nobody)
algún, alguno(a,os,as) (some, someone) **unos(as)** (a few)	**ningún, ninguno(a)** (none, no one, not any)
siempre (always) **alguna vez** (ever) **algunas veces** (sometimes) **algún día** (someday)	**nunca, jamás** (never)
o... o (either... or)	**ni... ni** (neither... nor)
también (also, too)	**tampoco** (neither)

Usos	Ejemplos
1. **algo** ≠ **nada** (pronombres) Son invariables y se refieren a cosas.	Tengo **algo** que comunicarte. No tengo **nada** que decirte a ti.
2. **alguien** ≠ **nadie** (pronombres) Son invariables y se refieren a personas.	¿Hay **alguien** que conozca Ponce? No, no hay **nadie**.
3. **alguno** (**–a, –os, –as**) ≠ **ninguno** (**–a**) (pronombres y adjetivos) **Alguno** concuerda en género y en número. **Ninguno** concuerda únicamente en género. Delante de un sustantivo masculino singular los dos pierden la **o** final (**algún, ningún**). (**Atención:** No hay forma plural de **ninguno**.)	Ana tiene **algunas** ideas buenas. José no tiene **ninguna** idea. **Algún** día triunfarán los derechos del hombre. No hay **ningún** problema que no pueda resolverse.
4. **siempre** ≠ **nunca, jamás** (adverbios) Son invariables. **Jamás** se usa en forma más enfática.	**Siempre** vamos a la playa de Luquillo. ¿Y por qué no me invitaste **nunca**?

5. **también** ≠ **tampoco** (adverbios)
Son invariables.
	Me gustan la arena y las olas grandes
	    también.
	No me gusta tomar el sol... **tampoco** me gusta
	    nadar.

6. **o... o** ≠ **ni... ni** (conjunciones)
O ... o se usa para ofrecer dos
alternativas. **Ni ... ni** niega dos
alternativas. Al contrario del inglés,
el verbo con dos sujetos unidos
por **ni ... ni** adopta la forma plural.
	O ayudan a los países del Tercer Mundo **o**
	    habrá una revolución.
	Ni los demócratas **ni** los republicanos pueden
	    solucionar el conflicto.

7. **in–, im–** y **des–** (prefijos) Son prefijos de negación que se usan con varios adjetivos, sustantivos y verbos.	Son **in**variables. Es **im**probable que haya hecho tal cosa. No hay que **des**hacer todo lo que has hecho.

Atención:

1. Si la negación va delante del verbo, se omite la doble negación.

   No como **nunca** solo. **Nunca** como solo.
   No se lo dije a **nadie**. A **nadie** se lo dije.

2. Para contestar una pregunta en el negativo cuya respuesta es *sí* o *no*, es necesario repetir la palabra *no*.

   ¿Hay terremotos donde tú vives? **No, no** hay terremotos donde vivo.

3. Cuando los indefinidos y negativos se refieren a personas y funcionan como complementos directos del verbo, la **a personal** es necesaria.

   ¿Conoces **a** alguien de Mayagüez? No, no conozco **a** nadie.

4. Para cambiar la expresión *algún día* al negativo se dice *nunca o jamás*.

   ¿**Algún día** vas a vivir en una isla caribeña?
   No, **nunca** voy a vivir en una isla caribeña.

PRÁCTICA

A. Cómo lograr el orden y la paz del continente. En los últimos años, en nombre de la paz mundial, los países se han visto en la necesidad de hablar de guerra. Conteste las preguntas, usando las palabras siguientes:

algún, alguno(a, os, as)   nadie   algo   ni ... ni
ningún, ninguno(a)   alguien   nada   tampoco

> **Modelo:**   ¿Cuándo hay que pensar en la paz y la seguridad de los pueblos americanos? (Siempre)
> *Siempre hay que pensar en la paz. (Hay que pensar en la paz siempre.)*

1. ¿Alguna nación debe hacer discriminaciones de raza, nacionalidad, clase, edad, religión o sexo?
2. ¿Debe alguien atacar a un país sin motivo alguno?
3. ¿Las Naciones Unidas permitirían invasiones extranjeras algún día?
4. Si algo trágico sucediera en una de las naciones de las Naciones Unidas, ¿irían algunos países en su auxilio?
5. ¿Estados Unidos y China deben tratar de imponer sus doctrinas políticas? ¿Y Gran Bretaña? ¿Y otros?

B. Dos candidatos opuestos. José y Ana son candidatos para el Senado en Puerto Rico. Siendo buenos políticos, les gusta hacer promesas, pero tienen ideas muy diferentes. En parejas, escojan algunos asuntos (las drogas, la educación, la contaminación, el aborto, el crimen, etc.) y terminen las promesas de cada candidato.

José	*Ana*
1. Yo siempre...	Yo nunca...
2. Algún día...	Jamás...
3. Alguien...	Nadie...
4. Algunos(as)...	Ningún, Ninguno(a)...
5. También voy a...	Tampoco voy a...

C. Nuestro discurso político. En parejas, escriban un discurso sobre algún tema polémico como...

a. la conservación de los recursos naturales.
b. la intervención de los gobiernos extranjeros en los asuntos internos de otro país.
c. el aborto.
d. el narcotráfico.
e. ¿... ?

Sean específicos y seleccionen sus palabras con cuidado. Después lean el discurso ante la clase.

◈ PERSPECTIVAS

PREPARATIVOS

1. Lea la sección **¿Sabía Ud. que en Puerto Rico... ?**

2. Mire las palabras de la lectura que están en negrita. ¿Cuál es el sujeto de cada frase?

3. ¿Qué sabe Ud. de los varios grupos de indígenas americanos? ¿Cuáles son las tribus indígenas de su estado o país? Relacione el nombre de las tribus en la primera línea con una región geográfica de la segunda línea.

   1. caribes   2. incas   3. mayas   4. taínos   5. aztecas

   a. México   c. sur de México, Honduras y Guatemala
   b. islas caribeñas   d. Perú

¿Sabía Ud. que en Puerto Rico... ?

- Cuando Cristóbal Colón llegó a Puerto Rico en su segundo viaje al Nuevo Mundo, los indígenas lo saludaron con la palabra indígena "taíno, taíno", que significa "bueno" en su idioma. Los exploradores españoles pensaban que decían su nombre. Por eso los llamaron a los indígenas "**taínos**".

- **Borikén** es el nombre indígena de la isla de Puerto Rico. Cuando los españoles llegaron a la isla, lo llamaron Puerto Rico porque pensaron que iban a encontrar mucho oro y plata. Hoy día algunos puertorriqueños prefieren usar el término "boricua" porque quieren volver a sus raíces taínas.

El elemento indígena

destroyed

Cuando los españoles **fueron derrotados**° en la Guerra Hispanoamericana de 1898, abandonaron Puerto Rico después de 400 años. Al salir de la isla, dejaron una rica cultura hispana, una bella arquitectura, y tradiciones que **se conservan** hoy día. Pero, no fueron ellos los primeros habitantes de la isla. La isla **fue habitada** por una serie de grupos indígenas, entre ellos los arcaicos, los araucos, los igneri y los taínos. Por eso, **se creó** en la isla una rica y productiva cultura.

traces

Hoy día **se conservan** muchos rasgos° de la cultura indígena. Por ejemplo, en el pueblo de Utuado **se ha encontrado** un antiguo centro ceremonial taíno, donde **se jugaba** batu, un juego con bate y pelota, y **se celebraban** fiestas y festivales tradicionales. Otro tesoro histórico **se encuentra** en el Centro Ceremonial de Tubes, al este de Ponce, la segunda ciudad más grande de Puerto Rico.

Cuando visite Puerto Rico, encontrará preciosas antigüedades al igual que los lujos más modernos.

▶ *Utuado, Puerto Rico*

COMPRENSIÓN Y PRÁCTICA

A. Cuéntame. ¿Cuáles son...

1. ...dos cosas que dejaron los españoles en Puerto Rico cuando salieron?

2. ...dos tribus de indios que vivían en Puerto Rico?

3. ...dos cosas que los taínos hacían en Utuado?

B. Expansión. Conteste las siguientes preguntas.

1. ¿Cómo se conserva hoy día en EE.UU. la herencia de las civilizaciones indígenas norteamericanas?

2. ¿Cuáles son algunos de los "tesoros" de la historia estadounidense?

ESTRUCTURA 5: La voz pasiva

LA VOZ ACTIVA

En la voz activa, el sujeto ejecuta la acción del verbo. El orden normal de la oración es el siguiente.

> Sujeto (agente) + verbo + complemento

El hombre **ha contaminado** los ríos y los mares.
Los técnicos **presentarán** algunos proyectos para proteger el medio ambiente.

LA VOZ PASIVA CON *SER*

El uso de la voz pasiva en español es mucho menos frecuente que en inglés. En la voz pasiva se invierte el orden. El sujeto recibe la acción del verbo. Se usa la preposición **por**, seguida de un agente. La oración se escribe con el participio pasado,[1] que concuerda en género y en número con el sujeto pasivo.

> sujeto + *ser*[2] + participio pasado usado como adjetivo + *por* + agente
>
> Los ríos y los lagos **han sido contaminados** por el hombre.
> Algunos proyectos **serán presentados** por los técnicos.

LA VOZ PASIVA CON *SE*

Si no se menciona al agente de la acción, la construcción es la siguiente.

> se + tercera persona singular o plural del verbo + sujeto
>
> **Se defenderá** la democracia.
> Ha llovido mucho. **Se esperan** grandes inundaciones.

Cuando el complemento de objeto directo va precedido por la **a personal**, el verbo está siempre en la forma singular.

> **Se espera a** la nueva presidenta.
> **Se busca a** los directores del programa.

---

[1] En la voz pasiva el participio pasado funciona como adjetivo; por lo tanto, concuerda en género y en número con el sujeto pasivo.

[2] Note that the verb **ser** will appear in the passive sentence in the same tense as the verb in the active sentence. Pedro **escribió** el discurso. El discurso **fue** escrito por Pedro.

PRÁCTICA

A. Problemas ambientales. Al igual que Puerto Rico, Brasil ha sufrido muchos problemas ambientales debido al corte de árboles en la selva del Amazonas. Cambie las siguientes oraciones a la forma pasiva.

> **Modelo:** La civilización destruye la selva de Brasil.
> *Las selvas de Brasil son destruidas por la civilización.*

▶ *Se quema la vegetación en las selvas.*

1. Los ecologistas hacen varios estudios.
2. Muchos ciudadanos apoyan estos proyectos ecológicos.
3. Los brasileños desean una pronta solución al problema.
4. El gobierno brasileño revisa las leyes ecológicas.
5. La falta de árboles pone en peligro la selva del Amazonas.

B. La historia de Puerto Rico... en breve. Para aprender sobre la historia de Puerto Rico, ponga las siguientes oraciones en la forma pasiva.

> **Modelo:** Los indios taínos cultivaron la tierra.
> *La tierra fue cultivada por los indios taínos.*

1. Cristóbal Colón exploró Puerto Rico en 1493.
2. En 1509 los reyes españoles nombraron a Juan Ponce de León gobernador de Puerto Rico.
3. Los españoles conquistaron a los indios taínos en poco tiempo.
4. En 1522 los españoles trajeron a esclavos africanos a la isla.
5. En 1898 Estados Unidos expulsó a España de Puerto Rico.
6. En 1952 los ciudadanos eligieron a Luis Muñoz-Marín primer gobernador puertorriqueño de la isla.

C. Todavía quedan muchos problemas por resolver. Elimine el agente (en letras negritas) y forme las oraciones con la construcción pasiva con **se**, según el ejemplo.

Modelo: La huelga fue declarada por **los mineros.**
Se declaró la huelga.

1. Pronto la crisis económica fue resuelta por **el gobierno.**
2. En las últimas elecciones, varias reformas fueron aprobadas por **el pueblo.**
3. Los ciudadanos fueron recibidos por **los representantes.**
4. Las manifestaciones fascistas fueron prohibidas por **la ley.**
5. Los manifestantes fueron escuchados por **los políticos.**
6. Un aumento de sueldo fue solicitado por **los obreros.**

Más allá del aula

¡Cuán poco se sabe de Puerto Rico!

Puerto Rico es parte de Estados Unidos desde1898. Los puertorriqueños recibieron la ciudadanía estadounidense en 1917. La inmensa mayoría de los puertorriqueños (casi el 80%) vota en las elecciones en la isla. Sin embargo, muchos estadounidenses saben muy poco de esta bonita isla que es parte de su país.

- Haga una encuesta. Pregúnteles a diez personas lo siguiente:

  1. ¿Qué es Puerto Rico?
  2. ¿Cuál es su relación con EE.UU.?
  3. ¿Son ciudadanos de EE.UU. los puertorriqueños? ¿Pueden votar en las elecciones presidenciales?
  4. ¿Vota Ud. en las elecciones? ¿Por qué sí o no?

- Navegue en Internet para encontrar la siguiente información.

  1. ¿Qué porcentaje de la población estadounidense vota en las elecciones presidenciales?
  2. Identifique los siguientes términos.
     a. Borikén   b. coquí   c. boricua   d. plena   e. bomba

¡OJO CON ESTAS PALABRAS!

> quedar
> quedar en
> quedar bien / mal con
> quedarle (a uno)
> quedarle bien / mal
> quedarse

quedar   *to be (located)*

—¿Dónde **queda** el Palacio de Gobierno?
—**Queda** a cinco cuadras de aquí. **Queda** en la plaza principal.

quedar en   *to agree on*

Quedaste en llamar por teléfono a las cinco.
¿No **quedamos en** que tú me ayudarías?

quedar bien o mal con   *to cause a good / bad impression,*
to do the right thing

Fui a verla para **quedar bien con** la familia.
No le escribí nunca y **quedé** muy mal.

quedarle a uno   *to have left*

Me quedan sólo cuatro pesos.

quedarle bien o mal   *to suit*

No **te quedan bien** esos pantalones.

quedarse   *to remain, to be left, to stay*

¿Por qué **te quedaste** tan triste?
Nos **quedamos** un solo día en Asunción.

PRÁCTICA

A completar. Complete las oraciones con alguna de las expresiones con **quedar**.

1. Panamá _____ entre Costa Rica y Colombia.
2. ¿Por qué entraste sin saludar? Tú _____ con todos.
3. Anoche Manuel _____ venir a verme.
4. A ti _____ esos colores fuertes.
5. Todos nosotros _____ pensando en su tragedia.
6. Yo creo que _____ bien con tu familia si llevo unas flores.
7. A mí no _____ otro remedio que divorciarme.
8. Ella piensa _____ tres días en Puerto Rico.
9. ¡Sales día y noche! De vez en cuando, deberías _____ en casa.
10. La peluquería que me gusta _____ por esta zona.

AMPLIACIÓN Y CONVERSACIÓN

A. La lotería. Diviértase con un(a) compañero(a), pensando en lo que haría Ud. si se sacara "el gordo" de la lotería. Completen y amplíen el diálogo, usando la imaginación. Después presenten el diálogo a la clase.

A: ¿Qué harías si... ?

B: Lo primero que haría sería...

A: ¿Te acordarías de... ?

B: ¡Claro que sí! (¡Por supuesto que no!)...

A: ...

B. Problemas personales. ¿Qué haces si... ? Pregúntele lo siguiente a su compañero(a).

> **Modelo:** ¿Qué haces si sacas malas notas?
> *Hablo con el profesor y trato de estudiar más.*

¿Qué haces si...

1. ...no tienes dinero?

2. ...no recuerdas un número de teléfono muy importante?

3. ...alguien llama a la puerta pero tú aún no estás vestido(a)?

4. ...un(a) amigo(a) te invita a cenar y tienes que levantarte muy temprano al día siguiente?

Ahora, que sea su compañero(a) el (la) que pregunte.
¿Qué harías si tu novio(a)...

1. ...te hablara todo el tiempo de política?

2. ...te pidiera prestados mil dólares?

3. ...te dijera que en este momento quiere casarse contigo?

4. ...te contara que sale con otro(a), pero que sólo tú cuentas en su vida?

C. Los fenómenos y los desastres naturales. Complete los pasos a continuación.

1. Si Ud. ha sido testigo(a) de un desastre natural causado por un terremoto, una tormenta, un huracán, una inundación o algo parecido, cuéntele sus experiencias a dos o tres compañeros de clase. Si no ha tenido esta experiencia, use la imaginación.

2. Después de su relato, sus compañeros deberán hacerle preguntas.

D. Ud. solo(a). Según las siguientes categorías, indique cómo Ud. solo(a) puede ayudar a resolver el grave problema de la contaminación del medio ambiente.

	reciclar mejor	reducir la contaminación	gastar menos energía
en la casa	_____	_____	_____
en el recinto	_____	_____	_____
afuera	_____	_____	_____
otro	_____	_____	_____

E. ¿Qué puede hacer una persona sola? En grupos pequeños, hagan sugerencias prácticas para expresar cómo puede ayudar una persona sola frente a las siguientes situaciones.

1. el problema del narcotráfico
2. la discriminación racial
3. la pobreza
4. el alto nivel de depresión entre la gente joven
5. el abuso físico y sexual

F. Nuestro folleto de turismo. En grupos, seleccionen un lugar interesante en Puerto Rico y preparen un folleto de turismo, detallando sus atractivos turísticos. Busquen información en la biblioteca o en Internet. El folleto debe ser breve, conciso y atractivo. ¡Manos a la obra! Incluyan algunos de los siguientes datos.

1. **Lugar de vacaciones**

   atractivo del lugar: la ciudad, las montañas, los volcanes, los valles, la selva
   maneras de llegar: por avión, en barco

2. **Excursiones organizadas**

   lugares importantes que se deben visitar
   compras que se pueden hacer

3. **Hoteles**

   categoría del hotel
   zona en la que se encuentra
   ambiente del hotel
   servicios e instalaciones

4. **Restaurantes**

   comida internacional
   comida típica

5. **Recomendaciones prácticas para los turistas**

   ¿...?

G. Mesa redonda. Escoja tres o cuatro compañeros para formar una mesa redonda e intercambiar ideas sobre el tema de la separación del estado y la religión.

Estado y religión

Desde el principio de la época colonial, la Iglesia ha tenido una influencia decisiva en la política de Hispanoamérica. De California a Argentina los misioneros se declararon en favor de los derechos humanos, defendiendo a los indígenas. En los últimos años han surgido grupos de sacerdotes y monjas militantes que piensan que la Iglesia debe luchar en favor de la gente que vive en condiciones miserables. Esta actitud ha dado lugar a que varios religiosos hayan sido asesinados.

¿Qué piensa Ud. al respecto? ¿Debe haber una separación absoluta de los problemas religiosos y los políticos? ¿Cree Ud. que la Iglesia debe participar en la lucha por los derechos humanos? Si la Iglesia no debe intervenir en los asuntos políticos, ¿cree Ud. que el Papa debe opinar sobre la política internacional?

H. Debate. En la última década el tema de la auyda financiera de Estados Unidos a diversos países ha sido muy debatido. ¿Qué piensa Ud.? ¿Y sus compañeros? Pregúnteles si están a favor o en contra de la ayuda estadounidense a los países necesitados y formen dos grupos para debatir este tema importante.

Pro ayuda estadounidense	*Contra la ayuda estadounidense*
■ Estados Unidos es una nación rica que debe ayudar a los países que deseen mantener la democracia.	■ Los ciudadanos estadounidenses no pueden seguir ayudando con sus impuestos a otros países, porque en los últimos años se ha visto la pobreza en este mismo país.
■ Si es necesario, EE.UU. debe proporcionar armas a los que luchan por la democracia.	■ EE.UU. no puede, ni debe, interferir en los problemas políticos de otros países. Son ellos los que deben decidir su propio destino.
■ Es importante que EE.UU. envíe tropas y ayude a los gobernantes de Colombia, Bolivia y Perú en la lucha contra el narcotráfico internacional.	■ El narcotráfico se debe combatir en las propias calles de EE.UU. y no en los países productores. Hay que educar a la juventud acerca del peligro de las drogas.
■ ¿...?	■ ¿...?

I. ¡Unidos se puede! Ud. y su compañero(a) de clase tienen la oportunidad de asistir a un congreso en Washington, en el cual se discutirá la contaminación ambiental en Puerto Rico. Para estar preparados, organicen sus ideas sobre las siguientes cuestiones.

1. medidas que se pueden tomar para detener la deforestación
2. maneras de restaurar las áreas destruidas
3. compensaciones para la gente que habita esta zona
4. ramificaciones económicas de frenar la producción de las fábricas atuneras

J. Minidrama: Ante la Organización de las Naciones Unidas (ONU). Imagínese que Ud. y todos sus compañeros de clase son representantes de los estados miembros de la ONU y están en reunión plenaria, analizando si los principios de la organización han sido cumplidos por todas las naciones. Cada estudiante, representando a un país, debe exponer sus preocupaciones y quejas sobre algunos de éstos y otros puntos.

1. Si en los últimos años el país al que Ud. representa ha tenido quejas de otros países. Dé algunos ejemplos.

2. Si las controversias de carácter internacional que surgieron entre dos o más naciones han sido resueltas por medio de procedimientos pacíficos. Dé algunos ejemplos.

3. Si la ONU ha promovido el desarrollo económico, social y cultural del país que Ud. representa.

4. Si se ha procurado la unidad mundial, proclamando los derechos fundamentales del ser humano sin hacer distinción de raza, nacionalidad, religión o sexo. ¡Busque en la biblioteca o en Internet la información que necesita y defienda los derechos de la nación que Ud. representa!

¿Qué sabe Ud. de... Puerto Rico?

PUERTO RICO

La cocina puertorriqueña

Pasé unas vacaciones idílicas en Puerto Rico. Me divertí en la cosmopolita e histórica ciudad capital de San Juan. Como me encanta el arte, disfruté La Casa del Libro, el Museo de San Juan y muchas galerías de arte. Conseguí un guía turístico y paseamos por la zona histórica explorando la fortaleza El Morro y La Puerta de San Juan. Probé tostones,° lechón asado, langostinos frescos, pasteles,° mofongo° y otros platos típicos de la comida criolla de la isla, y descubrí que la cocina puertorriqueña es una riquísima combinación de sabores españoles e indígenas. Tomé el sol, practiqué surfing, bailé hasta la madrugada en Isla Verde, una fabulosa zona de diversiones nocturnas, e hice una excursión a El Yunque, el famoso bosque pluvioso. Todo fue fantástico.

Para el último segmento de mi viaje, había alquilado una pequeña casa de campo en las orillas de La Parguera, una laguna "fosforescente" que está situada en el suroeste de la isla, entre las ciudades de Ponce y Mayagüez. El guía turístico no me dijo mucho, sólo que tenía que verla para creerla... y tenía toda la razón. Cada noche, yo y otros visitantes al lugar salíamos de las pequeñas casas de campo y acudíamos° a la laguna para ser testigos de un fenómeno espectacular de la naturaleza. ¡En las negras y templadas aguas miles y miles de diminutas lucecillas se encendían y nos rodeaban de luz! Inspirado por los aventureros atrevidos° de nuestro grupo, decidí bañarme en las aguas iluminadas para que ésta fuera una experiencia aún más inolvidable. El guía nos explicó que los organismos se encendían para iluminar el agua y así protegerse contra ataques dañinos, y que Puerto Rico era el único lugar en todo el mundo donde ese espectáculo ocurría todas las noches. ¡Qué magnífica es la naturaleza! ¡Qué maravilloso es Puerto Rico!

plátanos verdes fritos
meat pies,
plantains mashed with garlic

we would go

daring

A. Recordar lo que sabemos. En la Lección 8 de **Horizontes: Cultura y literatura** hay varias menciones de Puerto Rico. Repasando y recordando lo que leyeron, respondan en parejas a las siguientes preguntas:

1. ¿Conocen Uds. Puerto Rico? ¿Cuál es su capital? ¿Por qué creen Uds. que la isla se llama así? ¿Cómo se llama a las personas nacidas en Puerto Rico?

2. ¿Quiénes fueron los primeros habitantes conocidos de Puerto Rico? ¿A qué se debe la presencia de población de origen africano en la isla?

3. ¿Cuántos millones de puertorriqueños hay? ¿Cuántos de ellos viven en Nueva York?

4. ¿Cuál fue la situación política de Puerto Rico hasta 1898? ¿Cuál es desde entonces? ¿De qué país son ciudadanos los habitantes de Puerto Rico?

5. ¿Qué opinan los puertorriqueños sobre la situación política de su país? ¿Qué opinan Uds.?

6. ¿Recuerdan el nombre de alguna escritora o algún escritor de Puerto Rico? ¿Qué fue lo que más les llamó la atención en sus textos?

B. Ampliar lo que sabemos. ¿Les gustaría aprender más sobre Puerto Rico? Reúnanse en grupos de tres o cuatro personas y preparen una presentación sobre uno de los siguientes temas. Elijan el que más les interese, u otro que no aparezca en la lista:

- Los diversos orígenes étnicos de la población puertorriqueña: los taínos, los africanos y los españoles. Las migraciones más recientes de Europa y de Asia. El mestizaje de personas y culturas. La supervivencia de la cultura de los taínos a través de sus leyendas. La práctica de la santería traída de África.
- La historia de Puerto Rico. Desde la prehistoria hasta la llegada de Cristóbal Colón. El período colonial español entre 1492 y 1898. Los piratas del mar Caribe. Puerto Rico en el siglo XX. La doctrina Monroe y las relaciones con Estados Unidos.
- La geografía de Puerto Rico. La isla principal y las islas pequeñas. Las ciudades más grandes: San Juan y Ponce. El contraste entre las playas de la costa y las montañas. La posición estratégica de Puerto Rico en el paso hacia el canal de Panamá. La naturaleza: flora y fauna.
- La economía de Puerto Rico. La importancia del turismo. El estancamiento de los sectores tradicionales, como la producción de caña de azúcar, y el desarrollo de nuevos sectores: ganadería, industria y construcción. La alta tasa de desempleo y su relación con los movimientos migratorios.
- La situación política actual: Puerto Rico como Estado Libre Asociado de Estados Unidos. Los poderes legislativo, ejecutivo y judicial. Los partidos políticos. Las corrientes favorables y las contrarias a la situación actual.
- Las artes en Puerto Rico. La arquitectura colonial de San Juan y Ponce: las fortalezas, los palacios, los conventos y las iglesias. Los museos, en especial el Museo de Arte de Ponce. Algunos artistas: José Campeche, Francisco Oller, Ramón Fadré, Miguel Pou, Antonio Martorell, José Rosa, etc.

- La vitalidad de la artesanía popular. Los santeros y sus santos, los mundillos y las caretas.
- Las significativas contribuciones de Puerto Rico a la literatura. El período colonial. Escritoras y escritores del siglo XIX. La literatura posterior a 1898 y del siglo XX. Las creaciones literarias de los puertorriqueños de Nueva York.
- La música en Puerto Rico. Los grandes nombres de la música popular puertorriqueña: Narciso Figueroa, Rafael Hernández, Tito Puente y los orígenes de la salsa, José Feliciano, Ricky Martin, etc. Los compositores de música clásica. Los instrumentos tradicionales: el güícharo o güiro, el requinto, el bordonua, el cuatro y el triple. Formas musicales caribeñas: salsa; bomba y plena.
- La peculiar situación lingüística de Puerto Rico: la fuerza del español y la influencia del inglés. El *spanglish* de los puertorriqueños de Nueva York. Las aportaciones taínas y africanas al español de Puerto Rico.
- Los estereotipos de los habitantes de Puerto Rico. Las representaciones de los puertorriqueños en la cultura norteamericana: *West Side Story* de Leonard Bernstein.
- La cocina puertorriqueña.

C. Compartir lo que sabemos. ¿Cómo preparar la presentación?

1. Utilicen todo tipo de fuentes de información para investigar sobre el tema elegido: libros, prensa, Internet, etc.

2. Incluyan en su presentación todos los medios audiovisuales que crean convenientes: fotografías, mapas, dibujos, videos, cintas o discos de música, etc.

3. Ofrezcan a sus compañeros de clase un esquema de todos los puntos que van a desarrollar en su presentación.

AMPLIACIÓN Y COMPOSICIÓN

¡REVISE SU ORTOGRAFÍA!

Las combinaciones *ga, gue, gui, go, gu*

Se escriben con **g** las combinaciones **ga, go** y **gu.**

A Andrea le **gu**stan los **ga**tos.
Durante la tormenta cayeron unas pocas **go**tas de a**gu**a.

Recuerde que **ge, gi** suenan [he], [hi]. Por ejemplo:

La **ge**nte debe diri**gi**r el gobierno.

Se escriben con **gu** sólo las combinaciones **gue** y **gui.** La **u** que sigue a la **g** no tiene sonido.

Los soldados perdieron la **gue**rra porque no tenían un **guí**a.

Recuerde que en los verbos que terminan en **–gar** la **g** cambia a **gu** cuando va seguida de **e.**

| apa**gar** | apa**go** | apa**gué** |
| encar**gar** | encar**gas** | encar**gues** |

Cuando queremos indicar que la **u** de **gue** y **gui** sí suena, se usa la diéresis (**ü**).

En mi primer día de clase averi**güé** que había muchos estudiantes bilin**güe**s.
Siempre les ofrece **güi**squi a sus invitados.

ENFOQUE: El resumen

El resumen sirve para hacer una exposición en forma breve de algo que se ha leído, una película que se ha visto o una conferencia a la que se ha asistido.

¡Prepárese a escribir!

Escoja una de las siguientes civilizaciones antiguas para tratar en un resumen escrito.

La civilización taína
La civilización maya
El imperio azteca
El imperio inca

1. Haga una pequeña investigación sobre una de estas civilizaciones precolombinas y organice su trabajo teniendo en cuenta los siguientes aspectos.

   - lugar y época en que se desarrolló esa cultura
   - época de florecimiento
   - señales divinas para el establecimiento / la caída de la cultura
   - tipo de gobierno
   - creencias y sacrificios
   - motivos que dieron lugar a la desaparición de la civilización
   - la herencia que queda de esa cultura

2. Divídanse en pequeños grupos para hablar de la cultura que les interesa e intercambien ideas sobre el material leído.

¡Organice sus ideas!

1. Antes de comenzar a escribir el resumen, seleccione y organice la información que tiene.
2. Prepare un esquema con el material seleccionado, pensando en todo lo que Ud. puede escribir sobre cada aspecto.
3. Ponga especial atención a la exactitud de las fechas y los datos históricos que presenta.
4. Escriba el resumen.

Recuerde lo siguiente

1. Revise con atención su trabajo.
2. Pase el trabajo en limpio.

Para la comunicación:

en la época de...	al iniciarse...
por los años de...	al terminar...
durante el siglo...	mucho más tarde (en el año)...
hacia fines del siglo...	hacía (número) años que...
a la mitad del siglo...	

LECCIÓN 9

¡Hoy nos vamos de pachanga!

▼ Bogotá, Colombia

¡CHARLEMOS!

 Trabaje con un(a) compañero(a) de clase. Háganse por turno las siguientes preguntas.

1. ¿Cómo sueles celebrar tu cumpleaños? Para tu último cumpleaños, ¿tuviste una torta con velas? ¿Cuántas? Al soplar las velas, ¿pensaste en un deseo? ¿Cuál fue?

2. ¿Qué hiciste cuando cumpliste dieciocho años? ¿Qué significa para ti ser mayor de edad?

3. ¿Podrías relatar cuál ha sido el cumpleaños más ... de tu vida?
   a. feliz   b. extraño   c. inolvidable

4. ¿Cómo celebras generalmente la llegada del Año Nuevo? Al llegar el Año Nuevo, ¿haces una lista de nuevos propósitos? ¿Qué te propusiste hacer este año? ¿Estás cumpliendo tus propósitos?

5. Di cuál es tu celebración ... (más/menos) favorita y explica por qué.
   a. cívica   b. religiosa   c. local

ENFOQUE: Colombia

▶ *Una celebración colombiana*

La fiesta de Año Nuevo

Las fiestas familiares y nacionales

El Año Nuevo *New Year*
   abrazar y besar *to hug and kiss*
   hacer un brindis *to make a toast*
   el ruido (la bulla) *noise*
   ¡Salud, dinero y amor! *To your health!*

El cumpleaños *birthday*
   ¡Feliz cumpleaños! *Happy birthday*
   ¡Que lo pases bien! ¡Que lo pases muy feliz!
     Have a great day!
   ¡Felicitaciones! *Congratulations!*

cantar "Las mañanitas" (México) *to sing "Happy Birthday"*
celebrar (festejar) *to celebrate*
cumplir ... años *to turn . . . years old*
pensar en un deseo *to make a wish*
reventar (ie) los globos *to pop the balloons*
la serenata *serenade*
soplar (apagar) las velas *to blow out the candles*
la torta (el pastel) de cumpleaños *birthday cake*
La ceremonia de graduación *commencement*

Otras fiestas, ferias y festivales

El Carnaval *Carnival*
El Día de los Muertos *All Souls Day*
adornar las tumbas con flores *to decorate the graves with flowers*
el alma *soul*
la calavera *skull*
los espíritus *spirits*
el esqueleto *skeleton*
los santos *saints*
visitar los cementerios *to visit the cemeteries*
El Día de Acción de Gracias *Thanksgiving*
el pavo *turkey*
el relleno *stuffing*
La Navidad *Christmas*
el árbol de Navidad *Christmas tree*
la cinta *ribbon*

Las tradiciones y las leyendas

contar (ue) un chiste (una fábula) *to tell a joke (fable)*
heredar de nuestros abuelos *to inherit from our grandparents*
la leyenda (el mito) *a legend (myth)*

Las artesanías

gorros y tocados *caps and headdresses*
los objetos de cerámica *ceramic products*
el acero *steel*
el cuero *leather*
el hierro *iron*

El Día de la Independencia *Independence Day*
la atmósfera de fiesta *party atmosphere*
la banda *band*
la barbacoa *barbecue*
conmemorar a los héroes *to commemorate heroes*
el desfile cívico *civic parade*
las carrozas *floats*
los fuegos artificiales *fireworks*
saludar a la bandera *to salute the flag*
tocar el himno nacional *to play the national anthem*

dar regalos *to give gifts*
las decoraciones (los adornos) *ornaments*
las luces *lights*
la misa del gallo *midnight Mass*
el Nacimiento (el Belén) *nativity scene*
Papá Noel *Santa Claus*
el papel de envolver *wrapping paper*
los Reyes Magos *The Wise Men*
los villancicos (las canciones navideñas) *Christmas carols*
La Semana Santa *Holy Week*
el conejo de Pascua *Easter bunny*
el Domingo de Pascua *Easter Sunday*
repicar las campanas *to ring the bells*
teñir (i) los huevos *to dye eggs*
el Viernes Santo *Good Friday*

lucir trajes regionales *to wear the traditional dress*
la moraleja *moral*
el proverbio (el refrán) *proverb*

hojalata *tin*
madera tallada *carved wood*
plumas *feathers*
vidrio soplado *blown glass*

PRÁCTICA

VOCABULARIO PARA LA COMUNICACIÓN:
Las fiestas

A. Una fiesta sorpresa

1. Antes de llegar Susana, los invitados intentaban no hacer ninguna...
2. Al abrir la puerta Susana, todos gritaron...
3. Uno de los invitados le preguntó cuántos años...
4. Uno por uno cada invitado la abrazó y la...
5. La mamá de Susana había hecho un riquísimo...
6. Los niños pidieron permiso para reventar...
7. Su novio le honró con un muy especial...

A. Una fiesta sorpresa. Los amigos y familiares de Susana le hacen una fiesta sorpresa para su cumpleaños. El (La) profesor(a) va a leer una serie de frases incompletas. Escuche e indique la terminación correcta.

1. bulla / banda
2. ¡Salud, dinero y amor! / ¡Felicitaciones!
3. cumplía / contaba
4. bailó / besó
5. pavo / pastel
6. los globos / los huevos
7. brindis / chiste

B. ¿Qué dice? Su amiga Teresa llama por teléfono para hablarle de la fiesta navideña que está ocurriendo en su casa. Use el discurso indirecto ("Teresa dice que...") para reportarle esta información a su compañero(a) de clase. Para cada oración, substituya un sinónimo por la palabra en negrita. ¡Aviso! Al reportar indirectamente una conversación a veces hay que cambiar varios elementos de la oración: los pronombres reflexivos, de sujeto, de complemento directo e indirecto, la forma de los verbos y los demostrativos, etc.

> **Modelo:** Teresa: Mi tía **decora** su árbol de navidad con luces multicolores.
> Ud: *Teresa **dice que** su tía **adorna** su árbol de navidad con luces multicolores.*

1. Casi no te oigo por la **bulla** que hacen los niños.
2. Hay un lindo **nacimiento** en el vestíbulo de la casa.
3. Los **adornos** recuerdan épocas pasadas.
4. Esta noche **celebramos** el cumpleaños de mi abuelita también.
5. La **torta** de cumpleaños es de crema con fresas y mermelada.
6. En unos minutos va a **soplar** muchísimas velas.
7. Después de comer alguien toca el piano y todos cantan **villancicos**.
8. Una costumbre familiar es leer **refranes** y decir cuál es la moraleja de cada uno.

 C. La fiesta de Año Nuevo. En parejas, observen el dibujo de la página 300. Usen el **Vocabulario para la comunicación** y su imaginación para contestar las siguientes preguntas sobre las personas que están en la fiesta.

1. ¿Dónde podría tener lugar esta fiesta? ¿en un hotel? ¿en una casa particular? ¿en una residencia de estudiantes? ¿Por qué?
2. Según el muchacho que señala el reloj, ¿qué hora es exactamente? ¿Qué desea hacer la muchacha que está con él?
3. ¿Qué edad tendrá el muchacho que está disfrutando de la comida?

4. ¿Podría Ud. describir a los tres muchachos que están sentados a la mesa? ¿Qué hacen? ¿Qué dice uno de ellos?

5. ¿Cuántas parejas están bailando? ¿Le gusta bailar a Sarita?

6. En muchos países hispanos se comen doce uvas en la noche de Año Nuevo. ¿Qué se hace en los Estados Unidos cuando el reloj marca la llegada del Año Nuevo? ¿Qué hace su familia?

D. ¡Cambio de planes! Ud. y su familia iban a celebrar las bodas de plata de sus abuelos en la casa de su tía Gertrudis. Desgraciadamente Gertrudis se ha enfermado y ahora Ud. solo(a) tiene que asumir la responsabilidad... ¡al último momento! Usando el **Vocabulario para la comunicación** cuando pueda, diga cómo hará para realizar esta fiesta según el siguiente criterio. Quizás un(a) compañero(a) pueda ayudarle a resolver este dilema.

presupuesto: $100.00   plazo de tiempo: dos semanas   apoyo: ningún familiar

1. el lugar
2. las invitaciones
3. las decoraciones
4. el entretenimiento
5. la comida
6. el regalo

E. El martes de Carnaval en Barranquilla. Aunque no es tan grande como Mardi Gras en Nueva Orleans ni tan lujoso como el Carnaval de Río de Janeiro, los colombianos creen que su Carnaval de Barranquilla es el mejor carnaval del mundo. Complete la siguiente lectura sobre esta gran fiesta colombiana con las siguientes palabras.

fiesta	conmemorar	celebrar	trajes
carrozas	bandas	festejar	ceremonia

El _____ es elemento fundamental en la cultura colombiana. No hay semana en la que no haya _____ cívica, héroe que _____ , acontecimiento musical o _____ religiosa o de pueblo. Los colombianos viven para _____ , y no hay mejor momento para hacerlo que el día antes del miércoles de cenizas. El martes de Carnaval, el derroche (*outpouring*) de pasión antes de iniciar los cuarenta días solemnes de la cuaresma (*Lent*) católica es la magna celebración del calendario colombiano. Este breve período interrumpe las preocupaciones por el estado de guerra civil y de violencia, por una economía inestable, por la incertidumbre del futuro. Esta racha (*streak*) de locura llamada carnaval trae _____ musicales, festejeros luciendo disfraces absurdos y _____ regionales, y _____ llamativas de muchos temas. El carnaval de Barranquilla es algo planeado y espontáneo a la vez. Es una celebración de las raíces y de la identidad de un pueblo. Es el mejor carnaval del mundo.

PREPARATIVOS

1. Lea la sección **¿Sabía Ud. que en Colombia... ?**

2. Mire los infinitivos que están en negrita en la lectura de la pág. 305. ¿Le sorprende que el uso del infinitivo sea tan amplio? Lea los usos del infinitivo en las páginas [306–308] y busque en la lectura ejemplos de cada uno.

3. Piense en su mejor amigo(a) o en un(a) familiar al (a la) que quiere mucho. ¿Cuál sería el regalo de cumpleaños perfecto para esta persona? ¿Cuál sería el regalo ideal para Ud.? ¿Sería una cosa o una experiencia? Explique.

¿Sabía Ud. que en Colombia... ?

- **Guatavita** es un pueblo pintoresco de arquitectura española colonial, que está situado a 75 kilómetros de Bogotá.
- **Juanes**, cantautor colombiano, ha realizado un rápido ascenso en el mundo musical internacional. A los siete años Juan Esteban Aristizábal comenzó a dedicarse a su carrera, y sus primeros maestros de guitarra fueron su padre y sus cinco hermanos. Su estilo musical admite un extenso panorama de sonidos que abarca desde Led Zeppelin a los tangos de Carlos Gardel.
- Los logros de **Shakira**, cantautora de rock y pop latino, son incontables: Grammys, Grammys Latinos, anuncios comerciales, presentaciones en televisión y más. Shakira ha logrado en poco tiempo lo que otros artistas renombrados no han podido realizar en toda su carrera. Su música es una fusión de muchos

▲ *Juanes*

sonidos, inclusive el sonido árabe, gracias a las influencias de su padre libanés. El autor colombiano, Gabriel García Márquez escribió sobre ella: "La música de Shakira tiene un sello personal que no parece de nadie más y que nadie puede cantar y bailar como ella lo hace, a cualquier edad, con una sensualidad tan inocente que parece de su propio invento".

- La moderna y cosmopolita capital de Colombia, **Bogotá**, está situada a una altura de 2.600 metros sobre el nivel del mar en un fértil y extenso altiplano. Fue fundada en 1538 y aún conserva en gran medida su estilo colonial. Calles estrechas, casas antiguas con balcones, tejados rojos y patios interiores recuerdan la época de los virreyes españoles. Se ha llamado la "Atenas de Sudamérica" por su alto nivel cultural e intelectual y el gran número de colegios y universidades.

Juanes

La familia Espinosa vive en Guatavita, un pintoresco pueblo colombiano que está situado a 75 kilómetros de Bogotá. Al **ver** el calendario, Ana Espinosa se ha dado cuenta de que pronto será el cumpleaños de su hija adolescente, Amalia. Así pues ha pensado **regalarle** a Amalia una excursión a la capital donde Juanes, el ídolo de su hija, realizará un concierto. Lo que tiene que hacer primero es proponerle la idea a su esposo Rafael. Aceptando que no será fácil **convencer** a Rafael, quien no es fanático de la música pop, ha decidido **buscar** información sobre este popularísimo artista colombiano. Quiere **informarse** sobre qué premios habrá ganado y **saber** qué publicaciones prestigiosas lo habrán reconocido.

ANA: Rafael, en dos semanas nuestra hija cumplirá 16 años. ¿No te gustaría **festejarla** de una manera especial?

RAFAEL: Sí, sí...hay que **hacer** una fiesta, **invitar** a todo el mundo...

ANA: Pues, estaba pensando en algo espectacular. Ya es el momento de **premiar** a Amalia por todos sus logros, tanto académicos como personales, ¿no te parece?

RAFAEL: Te escucho.

ANA: He oído **decir** por ahí que en Bogotá habrá un concierto de Juanes...

RAFAEL: Y, ¿quién es Juanes?

ANA: Es un joven cantante que tiene un estilo realmente impresionante, Rafael. Ha ganado cinco Grammys Latinos, un record histórico. ¿Oíste? Es el artista con más nominaciones en la historia de los Grammys y, ¡es el colombiano con más Grammys ganados! En esto hasta ha superado a Shakira. Es un artista integral, quiero **decir** que además de **componer** todas sus canciones, co-produce sus álbumes, y todas las importantes publicaciones musicales como *MTV Latino, Ondas, Billboard* y *Grammy Latino* lo han reconocido. Reconozco que no te gusta la música rock, pero el sonido de Juanes es más bien una fusión de rock, los ritmos caribeños que tanto te gustan, tango argentino y otra música autóctona de Latinoamérica. Mira, aquí tengo su primer álbum, *Fíjate bien.* ¿Quieres que te lo ponga?

RAFAEL: ...

COMPRENSIÓN Y PRÁCTICA

A. Comprensión. Diga Ud....

1. quiénes son Ana, Amalia y Rafael Espinosa.
2. quién es Juanes.
3. por qué Ana quiere festejar a Amalia.
4. qué piensa regalarle en esta ocasión.
5. por qué pensaba que tenía que buscar información sobre Juanes.

B. Expansión. Complete los pasos a continuación.

1. ¿Cree Ud. que Rafael Espinosa se dejará convencer? ¿Es convincente el argumento de Ana? Explique.

2. En parejas, usen su imaginación y terminen la conversación entre Ana y Rafael. ¿Podrá Amalia ir al concierto de Juanes? ¿Irán todos juntos?

3. A nadie le gusta ser portador de malas noticias. Rafael ha decidido que Amalia no puede ir a Bogotá para asistir al concierto de Juanes y ahora le toca decírselo a su hija. ¿Qué razones va a darle a Amalia para justificar su decisión? En grupos de tres personas, representen para la clase esta conversación entre Amalia y sus padres.

ESTRUCTURA 1: Los usos del infinitivo

El infinitivo se puede usar con mucha frecuencia en español. Se usa...

1. como sustantivo.

   a. El infinitivo puede emplearse como **sujeto** de la oración. El uso del artículo definido es optativo.

   En Navidad, **comprar** regalos toma mucho tiempo, pero **envolverlos** toma aún más.
   (El) comer demasiado aún en la época navideña puede ser malo para la salud.

   b. El infinitivo puede emplearse como **complemento** de la oración o, después del verbo **ser**, como predicado de la oración.

   Te ruego **tener** todo preparado para la barbacoa.
   Lo que me importa es **pasarlo** bien el día de mi cumpleaños.

2. como complemento de un verbo conjugado cuando no hay cambio de sujeto.

   > Verbo + infinitivo

   Espero **visitar** a mis abuelos durante las vacaciones navideñas, y quiero **ver** a mis primos también.

3. después de una preposición en oraciones en que no hay cambio de sujeto. (Note que en inglés se suele usar el gerundio: *after eating, before shopping.*)

   > Preposición + infinitivo

   Después de cantar y **bailar** toda la noche se retiraron a sus casas.
   No descansarán **hasta**[1] **encontrar** papel de envolver para todos los regalos.
   Se marchó **sin desearme**[2] felicitaciones.

4. después de los verbos de percepción como **escuchar, mirar, oír, sentir** y **ver**. Generalmente hay otro agente para la acción indicada por el infinitivo y se requiere el pronombre del complemento directo.

---

[1] Si hay cambio de sujeto se usa el subjuntivo. EJEMPLO: No descansarán hasta que alguien **encuentre** papel de envolver para todos los regalos. (Véase la Lección 7.)
[2] Los pronombres van detrás del infinitivo formando una sola palabra. (Véase la Lección 5.)

Los he visto a todos ellos **cantar** villancicos cada año.
Toda la noche **la oyeron reír** por los chistes que sus amigos contaban.

5. como alternativa del subjuntivo después de las expresiones impersonales (**es difícil, es necesario** y otras) y de ciertos verbos de voluntad o influencia (**aconsejar, dejar, hacer, invitar, mandar, (im)pedir, obligar a, ordenar, permitir, prohibir**). Esta construcción generalmente requiere el pronombre del complemento indirecto.

Pronombre del complemento indirecto + $\left\{ \begin{array}{c} \text{expresión impersonal} \\ \text{o} \\ \text{verbo de voluntad} \end{array} \right\}$ + infinitivo

Nos es difícil encontrar amigos para el Día de Acción de Gracias.
¿Tus padres te permitieron **ir** a la fiesta de graduación?

6. después de ciertas expresiones de obligación (**tener que, haber de** y **haber que**).

Tener que
Haber de $\left. \right\}$ + infinitivo
Haber que

a. Para expresar obligación personal se usa **tener que** + infinitivo *(to have to)* o **haber de** + infinitivo *(should, to be supposed to).*

   Tenemos que comprarles un árbol de Navidad, y **he de llevar** los adornos también.
   Además, yo **tengo que llevar** el pavo, y tú **has de recoger** a la abuela.

b. Para expresar obligación impersonal se usa **haber que** + infinitivo *(one must . . . it is necessary).*

   Hay que preparar buena comida para cualquier fiesta.
   Me dijeron que **había que tener** cuidado con el champán.

7. en expresiones temporales como equivalente de **en el momento de** *(upon + –ing).*

Al + infinitivo

Al concluir el desfile volvimos al hotel.
Se puso triste **al recordar** a su familia el Día de los Muertos.

8. como equivalente de las oraciones **si** + indicativo o **si** + subjuntivo.

De + infinitivo

De tener tiempo, iré a verte en Pascua. (Si tengo tiempo...)
De poder hacerlo, iría a Calí para pasar la Navidad. (Si pudiera hacerlo...)

9. como equivalente del imperativo en anuncios impersonales.

No **fumar**. (No fume...)
No **estacionar** delante del restaurante. (No estacione...)

PRÁCTICA

A. La graduación y después. Entre los momentos más emocionantes en la vida del (de la) estudiante están el bachillerato y el ingreso a la universidad. Pregúntele lo siguiente a su compañero(a). Fíjense en el uso del infinitivo.

1. Después de graduarte de la escuela secundaria ¿cómo celebraste?

2. ¿Cómo te sentiste al recibir el anuncio de admisión a la universidad?

3. Y tus familiares, ¿cómo se sintieron al presenciar tu graduación? ¿Lloraron de emoción al verte pasar con tu diploma? ¿Lloraste tú también?

4. Al ver por primera vez esta universidad, ¿te gustó? ¿Te pareció que era el lugar indicado para seguir tu carrera? ¿Cuál fue tu impresión al entrar a tu primera clase?

5. Al conocer a tu compañero(a) de cuarto, ¿se hicieron buenos amigos? ¿Cuánto tiempo lo (la) tuviste por compañero(a)?

B. La noche de Navidad. Ya los niños tenían que estar en la cama, pero como era la víspera de Navidad estaban muy entusiasmados con la fiesta. Ellos iban y venían por toda la casa, hablando de los regalos que recibirían. Modifique las oraciones, incorporando infinitivos y haciendo otros cambios necesarios. Siga el modelo.

Modelo: Era casi media noche y veía *que los niños jugaban* sin descanso.
*Era casi media noche y **los veía jugar** sin descanso.*

1. Vimos *que los chicos iban y venían* de un lado a otro.

2. Escuchamos *que hablaban* en voz baja.

3. Sentimos *que ellos volvían* a su cuarto.

4. Yo les había pedido *que no tocaran* los regalos.

5. De pronto, oímos *que bajaban y que entraban* a la sala.

6. Papá no les permitió *a los chicos que abrieran* los regalos esa noche.

7. Mamá les ordenó *a los niños que se acostaran* de inmediato si querían recibir los regalos al día siguiente.

C. El servicio funerario. La tía abuela de Rafael murió hace unos días. Para saber qué pasó en el servicio, cambie las frases para poder usar el infinitivo en vez del subjuntivo.

Modelo: Era necesario que nosotros volviéramos a Bogotá en seguida.
Nos era necesario volver a Bogotá en seguida.

1. Abuelita permitió que la tía Berta escribiera el elogio.

2. Mi madre no dejó que Rosita viera a la difunta.

3. Abuela nos mandó que nos vistiéramos de negro.

4. Era necesario que pidiéramos muchas flores.

5. Mis tíos aconsejaron que comiéramos algo antes de ir al cementerio.

6. Era difícil que mis padres no lloraran.

7. Mi padre pidió al coro que cantara el himno favorito de la tía.

8. Escuchar el elogio y pensar en mi querida tía abuela hizo que me sintiera muy triste.

D. Torear en Colombia. Lea el siguiente párrafo sobre la corrida de toros en Colombia y conteste las preguntas que siguen. Al leer, fíjese en el uso del infinitivo.

Poco después de *establecerse* en América, los españoles trajeron la fiesta brava al continente y se empezaron a *dar* corridas de toros en muchas regiones. Se daban corridas para *celebrar* la llegada de un nuevo virrey u otro personaje importante a las colonias y para *conmemorar* otras ocasiones especiales. Está documentado que el propio Simón Bolívar asistió a una corrida en 1765. El arte de *torear* se hizo popular en Colombia, y actualmente en Medellín se exhiben corridas con famosos toreros del mundo. Para muchos colombianos, la fiesta brava sigue siendo un aspecto importante de la cultura. Al igual que para otros espectáculos, se pueden *comprar* boletos para las corridas en Internet.

1. ¿Ha visto una corrida de toros? Si no la ha visto, ¿le gustaría *verla*? ¿Por qué sí o por qué no?

2. ¿Cuál es su opinión sobre *sacrificar* lentamente a un toro? ¿Y sobre el peligro que corre el (la) torero(a)?

E. Una fiesta familiar. Termine las frases siguientes de una forma original, empleando el infinitivo.

1. Todos nos besaron y abrazaron al...

2. Mi abuela volvió a la cocina sin...

3. Abrimos los regalos antes de...

4. Los tíos salieron temprano para...

5. Mis primos insistieron en...

6. Mi hermana anunció que iba al cine después de...

7. Los otros familiares se quedaron hasta...

PREPARATIVOS

1. Lea la sección **¿Sabía Ud. que en Colombia... ?**

2. Mire las preposiciones **por** y **para** que están en negrita en la lectura de la pág. 311. Ambas pueden significar *for* en inglés, pero tienen otros usos también. Hay numerosos modismos con **por** que hay que aprender de memoria. ¿Cuáles son algunos de ellos?

3. Si Ud. tuviera que vivir fuera de Estados Unidos o de su país natal, ¿qué tradiciones, costumbres o celebraciones extrañaría? ¿Sería importante para Ud. mantener vivas estas tradiciones, o preferiría adaptarse completamente a su nuevo entorno? Explique.

¿Sabía Ud. que en Colombia... ?

- Sólo el 17 por ciento de los jóvenes colombianos tiene acceso a la **universidad**.
- De los cinco millones de **colombianos que viven en el exterior** actualmente tres millones residen en Estados Unidos.
- **La Plaza de Bolívar** es el corazón de la ciudad de Bogotá y fue nombrada en honor a Simón Bolívar, el famoso libertador de Sudamérica. **El Palacio Liévano** es la sede de la Alcaldía de la capital.
- *Semana* es una prestigiosa revista colombiana y la más leída del país. Su dirección en Internet es www.Semana.com. Visite el sitio web para leer interesantes artículos sobre la política, la economía y muchos aspectos de la vida y la cultura colombianas.
- **Conexión Colombia**, un proyecto de Semana.com, es la manera perfecta para que los colombianos que viven en el exterior se mantengan conectados con su país. Pueden aprovecharse de este medio para buscar trabajo, hacer donaciones, estar al tanto de las noticias, oír su música colombiana favorita, y encontrar restaurantes que sirvan sus platos favoritos. Conexión Colombia provee todo tipo de información deportiva, social, cultural y clasificada.
- El **tamal**, un típico plato colombiano, consiste en hojas de plátano rellenas con una masa de maíz, arroz, carne, patatas y verduras. Las **arepas**, que suelen acompañar las comidas, son panecillos de maíz, asados o fritos.
- Al acercarse el seis de enero, los niños colombianos se preparan para celebrar **la fiesta de los Reyes Magos**. Según la leyenda que se basa en el Evangelio de San Mateo, Melchor, Gaspar y Baltasar, tres Reyes Magos de Oriente, llegaron guiados por una estrella brillante a Belén, donde había nacido el Niño Dios. Al ver al Niño en los brazos de su madre, María, se postraron,° le rindieron homenaje° y le

kneeled / paid homage

presentaron regalos de oro, incienso y mirra. Los niños que "han sido buenos" recibirán regalos en este día para recordar este evento. Para muchos colombianos, es un día de reuniones y comidas familiares. En Reyes, es común que los niños reciban regalos de sus padrinos, un reflejo de la importancia del apadrinamiento en la cultura colombiana. En la vida de un niño, el padrino juega el papel de ángel guardián, listo para proteger, guiar y substituir a los padres si es necesario.

Las Navidades en Colombia

*S*e aproximaba la Navidad y Sara, una chica colombiana que asiste a la universidad en Estados Unidos, sentía nostalgia **por** su ciudad natal de Bogotá. Se le ocurrió la idea de crear una página en la red **para** darle a conocer al mundo lo hermosa que es su ciudad, especialmente en esta época de fiestas, y para ayudar a unir a los colombianos que viven en el exterior con su querido país.

joy

El calendario colombiano está repleto de fiestas cívicas y religiosas, pero **para** mí ninguna, por bonita que sea, se compara con la alegría y el regocijo° de la época de Navidad. Si pudiera irme **para** Bogotá ahora mismo, lo primero que haría —después de saludar a mis padres, **por supuesto**— sería ir a Plaza de Bolívar **para** ver las luces. Miles de luces iluminan este centro histórico y destacan las fachadas del Capitolio y el Palacio Liévano. ¡Es una vista inolvidable! Las festividades comienzan a partir del 16 de diciembre con el juego de "Aguinaldos", que son diversiones inocentes que dan gusto a los niños y a los mayores. Un aguinaldo popular activo y muy popular se llama "Tres pies", y se gana aprovechando que su contrario esté de pie y que tenga abiertas las piernas. En este momento, debe meter el pie dentro de los de él (ella) y gritar "¡Tres pies!". **Para** esta fecha los niños pequeños ya habrán escrito sus cartitas para el Niño Dios, con la lista de regalos que esperan recibir. Poco después, las cartas "desaparecen", llevadas al cielo. El 25 de diciembre los pequeños amanecen° en una cama colmada° de regalos, traídos **por** el Niño Dios. **Para** las muchas cenas —la de Nochebuena, la de Noche Vieja y la del Día de los Reyes Magos— suele haber pavo, pollo o lechón° y, en mi casa **por lo menos**, nunca faltan arepas y tamales cocidos en hoja de plátano.

wake up
piled

roast pork

Amigos estadounidenses, ojalá les haya gustado esta pequeña viñeta bogotana. A partir de mañana, podrán leer sobre la celebración de la Epifanía, o el día de los Reyes Magos, y otras tradiciones especiales de mi país.

Amigos colombianos, no se sientan solos. Manténganse al tanto de las noticias con *Semana*, conéctense con Conexión Colombia y no se olviden de volver a visitarme en esta página web. Aquí estoy con... y **para**... Uds.

COMPRENSIÓN Y PRÁCTICA

A. Comprensión. Conteste las preguntas a continuación.

1. ¿Por qué motivos ha establecido Sara una página en Internet?
2. En esta viñeta, ¿qué ... quiere que sus lectores conozcan y aprecien?
   a. ciudad
   b. festividad
   c. recuerdo juvenil
   d. juego
   e. platos colombianos

B. Expansión. Haga las siguientes actividades.

1. A Sara le gustaría que sus lectores se interesaran por su país. Si Ud. pudiera conectarse con ella por Internet, ¿cuáles tres preguntas le haría sobre la cultura y la vida colombianas, su pasado y su experiencia como hispana que vive fuera de su país?

2. Abundan aguinaldos como el que está incluido en la lectura. En parejas, creen un aguinaldo divertido en el que "atrapan" a su contrario(a) como se hace en "Tres pies".

3. Suponga que Ud. va a crear una página web como la de Sara. ¿Qué anécdotas, retratos (*portraits*) de su cultura y recuerdos va a incluir?

4. ¿Hay épocas del año, fragancias, vistas, sonidos, canciones, etc. que evoquen sentimientos de tristeza o nostalgia en Ud.? Explique.

5. Un(a) compañero(a) de universidad de un país extranjero está sintiéndose nostálgico(a) y aislado(a). En parejas, piensen en tres soluciones prácticas para ayudar a aliviar estos sentimientos. Compártanlas con la clase.

ESTRUCTURA 2: Las preposiciones *por* y *para*

LOS USOS PRINCIPALES DE LA PREPOSICIÓN *POR*

Por se usa...	Ejemplos
1. para expresar motivo o razón (*out of, because of*).	Todavía confeccionan los gorros a mano **por** amor al arte. Todas las oficinas se cerraron **por** el Día de Acción de Gracias.
2. para expresar lugar o tiempo impreciso (*around*).	¿Hay una tienda de regalos **por** aquí? Regresarán **por** la primavera.
3. para expresar **a través** o **a lo largo de** (*through, along, by*).	Los fieles entran al templo **por** la puerta principal. Pasaron **por** mi casa.
4. con el significado de **durante** para indicar períodos de tiempo (*in, during, for*).	**Por** la mañana visitaban a la familia
5. para introducir el agente de la voz pasiva (*by*).[1]	El Día de la Independencia es celebrado **por** todos los ciudadanos. La leyenda fue contada **por** el abuelo.
6. para indicar el medio o el modo cómo se realiza algo (*by*).	Enviaron el paquete **por** avión. Hablamos tres horas **por** teléfono.
7. con el significado de **a cambio de** (*for*).	Cuando cumplí veinte años mis padres me ofrecieron un coche nuevo **por** mi vieja moto. Vendimos la moto **por** 500 pesos.
8. con el significado de **en busca de** con los verbos **ir, venir, volver, regresar, enviar, mandar** (*for*).	Dos horas antes de la fiesta, fueron **por** bebidas. Pero pronto volvieron **por** dinero.

---

[1] Para el estudio de la voz pasiva, revisar la Lección 8, pág. 286.

Por se usa...	Ejemplos
9. con el significado de **por amor a, en consideración de** *(on behalf of, for the sake of)*.	Lo sacrificó todo **por** pasar las vacaciones de Navidad con su hijo. ¡**Por** Dios! No sabes lo que haría **por** ti.
10. en expresiones de cantidad *(per, by)*.	Viajan a 80 km **por** hora. Las artesanías se venden **por** docenas.
11. con el infinitivo, para expresar una acción pendiente, no terminada.	Como todos están de vacaciones en Semana Santa, todo el trabajo queda **por** terminar. Pronto llegarán mis invitados a cenar y la mesa todavía está **por** poner.

Modismos con *por*	Ejemplos
por fin *(finally)*	Después de tantos años de trabajo, **por fin** terminaron la construcción de la iglesia.
por lo general/común *(in general)*	**Por lo general**, se celebra la Navidad con villancicos y otras canciones.
por esto/eso; por lo tanto *(therefore)*	La gente de la ciudad no conoce las danzas del pueblo; **por eso** queremos presentarlas en el teatro.
por supuesto *(of course)*	**Por supuesto** te invitamos al espectáculo.
por más/mucho que *(however much)*	Sigue con sus viejas creencias **por más que** tratamos de enseñarle los métodos modernos.
por poco *(almost)*	¡**Por poco** llegamos tarde a nuestra ceremonia de graduación!
por otra parte *(on the other hand)*	En los países hispanos hay muchas tradiciones; **por otra parte**, las ideas modernas también son importantes.
tomar por *(to take for)*	Habla español tan bien que siempre la **toman por** hispana.
por lo menos *(at least)*	Hay **por lo menos** veinte leyendas asociadas con esta fiesta.

LOS USOS PRINCIPALES DE LA PREPOSICIÓN *PARA*

Para se usa...	Ejemplos
1. con el infinitivo para expresar propósito *(in order to)*.	Celebramos el 24 de junio **para** conmemorar la vida de San Juan Bautista. Le conté el chiste **para** hacerle reír.
2. para indicar el destino de cosas o acciones *(for)*.	Salen **para** Colombia **para** estudiar el folclor precolombino. Este jarro es **para** la feria de artesanías.

Para se usa...	Ejemplos
3. para indicar el uso o la conveniencia de algo (for).	Me regalaron ocho tazas de cerámica **para** café. Este juego es **para** niños.
4. para marcar un límite de tiempo (by, for).	**Para** mañana, busquen Uds. el origen de este festival. Estarán de vuelta **para** el próximo mes.
5. para expresar una comparación o falta de correspondencia con algo o alguien (for, considering).	Papá Noel es muy activo **para** su edad. Los incas eran muy desarrollados **para** aquella época.
6. en sustitución de **según, en la opinión de** (for).	**Para** muchas personas la Semana Santa es muy importante. **Para** mí, la cultura hispánica es muy interesante.

Modismos con *para*	Ejemplos
para siempre (forever)	Se despidió **para siempre**.
no ser para tanto (not to be so important)	Su discurso **no fue para tanto**.
no estar para bromas (not to be in the mood for joking)	Al verlo supe que **no estaba para bromas**.

PRÁCTICA

A. Preparativos para la fiesta de cumpleaños. En la casa de los Miranda, todos están muy contentos, preparando una gran fiesta para Paco, que el próximo domingo cumple diez años. Complete las siguientes oraciones con **por** o **para.**

1. Mis abuelos llegarán _____ las 2:00 _____ celebrar el cumpleaños de mi hermanito Paco. El cumple diez años.
2. Paco es un muchacho muy alto _____ su edad.
3. Los abuelos vendrán _____ avión _____ no cansarse demasiado.
4. Mi mamá habló con la abuela _____ teléfono.
5. Le dijo que iría _____ ellos al aeropuerto.
6. _____ la fiesta de cumpleaños Papá contrató a una banda _____ que tocará "Que los cumplas feliz".
7. Hemos comprado muchos globos _____ que los chicos los revienten.
8. Queda _____ ver qué dirán los abuelos cuando sepan que Papá les pagará a los mariachis mil pesos _____ hora.
9. Como todos los años, yo contaré chistes _____ divertir a los chicos.
10. _____ Paco su cumpleaños es la fiesta más importante del año.
11. ¡ _____ Dios, Paquito! ¡No traigas a todos los chicos de la escuela _____ celebrar tu cumpleaños!
12. _____ mí, Paco nunca dejará de ser un niño.

B. Preparativos navideños. Forme oraciones lógicas con **por** o **para,** y con un elemento de cada columna.

Modelo: *En diciembre volví a casa **para** pasar con mi familia las fiestas de Navidad.*

1. En diciembre volví a casa...
2. Compré el árbol navideño al pasar...
3. El arreglo del árbol de Navidad lo dejamos...
4. Como mi tío Óscar es gordo y tiene barba los hijos de mi vecino lo tomaron...
5. Toda la cena fue preparada...
6. Los regalos de los abuelos llegaron...
7. Raúl vino en coche a 100 millas...
8. Los niños bajaron a la medianoche...
9. Después de las fiestas los abuelos se fueron...
10. Yo me quedé en casa dos semanas más...

a. ...avión al Brasil.
b. ...descansar de los estudios.
c. ...los ranchos de árboles de pino.
d. ...pasar las fiestas con mi familia.
e. ...mi mamá y mis abuelas.
f. ...poder ver a Papá Noel.
g. ...hora.
h. ...mis hermanas y mis primos.
i. ...correo certificado.
j. ...Papá Noel.

C. Los gitanos colombianos. Lea el siguiente párrafo sobre la historia de los gitanos. Substituya las palabras en paréntesis por las preposiciones **por** o **para,** según el contexto.

Se cree que los gitanos partieron de la India y se dispersaron (a lo largo de) _____ toda Europa. (Hacia) _____ fines del siglo XVI, muchos de ellos recorrían los pueblos europeos, especialmente en España y el sur de Francia. La gente tenía miedo de ellos (a causa de) _____ su manera exótica de vivir. (Durante) _____ las noches decían la fortuna, tocaban música y bailaban. (En la opinión de) _____ muchos, su historia refleja solamente la vida nómada, la adivinación y el rebusque, aunque nadie puede negar que (debido a) _____ su imaginación los gitanos han contribuido a la formación de misteriosas leyendas.

Los gitanos llevan menos de cien años viviendo en Colombia. Provienen de Rusia y Egipto y parece que llegaron (con el propósito de) _____ quedarse. Han echado sus raíces ancestrales en tierra colombiana y (a causa de) _____ eso han cambiado sus viviendas temporales (a cambio de) _____ casas de madera y ladrillo. Conservan su lengua, su antigua manera de vestir y sus celebraciones. (En consideración de) _____ sus tradiciones patriarcales, la mujer soltera siempre está en casa (antes de) _____ las cinco de la tarde.

D. La fiesta ruidosa. Termine las frases con **por** o **para** de una forma original para saber qué pasó en la fiesta de José.

1. José planeó la fiesta...
2. Todos llegaron...
3. Marta se sintió mal...

4. Manolo no sabía que los regalos eran...

5. La ventana fue rota...

6. Susana cambió su limonada...

7. Los vecinos llamaron a la policía...

8. A medianoche todos salieron...

E. Recuerdos de una celebración. Describa una fiesta o celebración a la que asistió o que Ud. dio e incorpore las siguientes expresiones en su descripción.

por fin	por eso	por lo general
por lo menos	por poco	por más/mucho que

PERSPECTIVAS

PREPARATIVOS

1. Lea la sección **¿Sabía Ud. que en Colombia... ?**

2. Mire las preposiciones de la lectura que están en negrita. ¿Qué significan? Busque en la lectura otras preposiciones que no están en la lista de la página 319.

3. ¿Con qué país(es) asocia Ud. la tradición de romper piñatas? ¿Sabe algo sobre el origen y el significado de la piñata?

¿Sabía Ud. que en Colombia... ?

- **Las piñatas** son un elemento importante en las fiestas juveniles. Generalmente existen dos categorías de piñatas, las que se hacen a base de una olla de barro, y aquellas que son de papel de periódico. Las figuras más populares son el burro, el león, las estrellas y las caricaturas de famosos personajes de la vida diaria.

▶ *Una niña intenta romper la piñata.*

La piñata

¿**Q**ué sabe Ud. **sobre** la piñata? Aunque se suele asociar la piñata con México, romper piñatas se ha convertido en una actividad obligatoria en las fiestas juveniles en Colombia y en otros países hispanos. Hay muchas versiones de la historia de la piñata, pero **sin** duda la más aceptada es que se originó en Italia y que llegó a América **desde** España.

separates
blindfolded

Según cuentan, la piñata, con todos sus adornos exteriores y las sorpresas que lleva adentro, simboliza el mal espíritu que aparta° al hombre de lo espiritual y lo tienta con los placeres del mundo. La persona que tiene los ojos vendados° y que va a darle un golpe a la piñata representa la fe que siempre es ciega y que tiene la responsabilidad de destruir el espíritu malévolo. **Entre** el sinnúmero de figuras que existen, quizás la más popular sigue siendo la estrella de siete picos por representar los siete pecados capitales.

turns
don't get dizzy

Para entender la importancia de la piñata en las fiestas de cumpleaños juveniles sólo hay que ver las caras de felicidad de los niños. En algunas ocasiones hay dos o más piñatas en una fiesta, una para niños y otra para niñas. ¡**Hasta** hay piñatas para adultos! El niño tiene los ojos cubiertos, levanta el palo, da las tres vueltas,° toca la piñata y todos a su alrededor empiezan a cantar: "Dale, dale, dale, no pierdas el tino.° Mide la distancia que hay en el camino. Una, dos tres..."

COMPRENSIÓN Y PRÁCTICA

A. Comprensión. En sus propias palabras explique el origen, el simbolismo y la importancia de la tradición de la piñata.

B. Expansión. En parejas, completen los pasos a continuación.

1. ¿Han roto una piñata alguna vez? Describan la ocasión. ¿Qué había dentro de la piñata?

2. Hagan una lista de las sorpresas que llevaría la piñata ideal para niños, otra lista para una piñata ideal para niñas y aún otra lista para la piñata perfecta para adultos. Pueden ser más específicos, si quieren. Por ejemplo, describan la piñata perfecta para un adulto que es muy aficionado a los deportes, etc. Comparen sus listas con la clase.

3. Si Uds. pudieran llenar una piñata de cualquier cosa, ¿de qué la llenarían? ¿Por qué?

4. ¿Por qué no es fácil romper una piñata?

5. ¿Pueden comprar piñatas en la comunidad donde viven?

6. ¿Cuáles son otros juegos que requieren que los participantes tengan los ojos vendados?

ESTRUCTURA 3: Otras preposiciones

LOS USOS DE ALGUNAS PREPOSICIONES COMUNES

Bajo se usa...

1. para indicar una posición inferior con respecto a algo *(under, below)*.
2. en sentido figurado, para indicar dependencia o subordinación *(under)*.

Ejemplos

Pusieron los regalos **bajo** el árbol de Navidad.
Estamos a cinco grados **bajo** cero.
Firmaron el contrato **bajo** las siguientes condiciones.
El pueblo floreció **bajo** el nuevo gobierno.

Desde se usa...

1. para indicar un punto de partida en el espacio *(from)*.
2. para indicar un punto de partida en el tiempo *(since)*.

Atención: Se usa **hasta** para marcar el fin.

Ejemplos

Me llamaron **desde** Lima.

Se practican estos ritos **desde** la Edad Media.

Estuvimos hablando **desde** las siete **hasta** la una de la madrugada.

Hasta se usa...

1. para marcar el término de lugar y tiempo *(until, up to, as far as)*.

2. para expresar un hecho inesperado, con el significado de **aun, incluso** *(even)*.

Ejemplos

Hasta hace muy poco, los niños todavía creían en la llegada de los Reyes Magos.
Caminaron **hasta** el centro de la ciudad.

Todo el mundo conoce esa canción, **hasta** los niños.

Entre se usa...

para indicar una posición intermedia espacial, temporal o figurada *(between, among)*.

Ejemplos

Dijeron que llegarían **entre** las seis y las siete, pero **entre** tú y yo, dudo que lleguen antes de las nueve.

Sobre se usa...

1. con el significado de **encima de,** para indicar que algo está sobre una superficie o en una posición más alta *(on, upon)*.
2. con el significado de **acerca de,** para indicar el tema de algo *(on, about)*.

Ejemplos

El libro de García Márquez está **sobre** el escritorio.
San Nicolás voló en trineo **sobre** el pueblo.

Anoche leí un artículo **sobre** el Día de Reyes.

Sin se usa...

1. para indicar algo que falta *(without)*.
2. con el infinitivo para indicar algo que no sucedió (inglés: *without* + *–ing*).
3. con el infinitivo para expresar acciones no terminadas (inglés: *un–* + *past participle*).

Ejemplos

Es una familia muy rara, **sin** tantas tradiciones.
Se fueron **sin** pedir disculpas.

Los paquetes quedaron **sin abrir.**

Preposiciones adicionales

acerca de	*about*
al lado de	*alongside of*
arriba de	*above*
cerca de	*near*
debajo de	*beneath*
delante de	*in front of*
dentro de	*within, inside of*
detrás de	*in back of, behind*
encima de	*on top of, above*
en lugar de	*in place of*
en vez de	*instead of*
excepto (menos, salvo)	*except*
frente a	*in front of, opposite*
fuera de	*outside of*
hacia	*toward*
incluso	*including*
junto a	*next to*
lejos de	*far from*
según	*according to*

LOS PRONOMBRES USADOS COMO OBJETO DE LA PREPOSICIÓN

mí (yo)	nosotros(as)
ti (tú)	vosotros(as)
él, ella, Ud.	ellos, ellas, Uds.

Atención: Use los pronombres personales después de las preposiciones **entre**, **excepto**, **hasta**, **incluso**, **menos**, **salvo** y **según**.

Todos lo saben, **hasta** yo.
Entre tú y yo, no me gusta el regalo que me comrpró Paco.

Pero: Use **mí** y **ti** después de las otras preposiciones.

La responsabilidad cayó **sobre** mí.
Sin ti no puedo vivir.

PRÁCTICA

A. ¿Dónde están? Hoy es el cumpleaños de Rosa. Todos sus amigos vinieron y ahora juegan al escondite (*hide-and-seek*). Usando preposiciones describa la posición de cada niño.

Modelo: *Rosa está al lado de la lámpara.*

B. El desfile. Seleccione la preposición correcta para cada oración.

1. Toda la familia estaba reunida en el cuarto de (arriba/encima) viendo pasar el desfile cívico.
2. (Delante del/Frente al) ejército venía el presidente de la República.
3. El vicepresidente marchaba (encima del/al lado del) presidente.
4. (Detrás de/Antes de) entrar al palacio, el presidente saludó a la bandera.
5. Los estudiantes venían (abajo del/detrás del) ejército.
6. (Encima de/Debajo de) una carroza llena de flores estaba una muchacha vestida como si fuera la Estatua de la Libertad.
7. (Detrás de/Debajo de) los estudiantes pasó la banda tocando el himno nacional.
8. Los fuegos artificiales comenzaron (detrás de/después de) las ocho.
9. Todos los festejos terminaron (frente a/antes de) medianoche.

C. La piñata. Aunque la piñata es una tradición que se suele asociar con México, la verdad es que se usa en muchos países hispanos y en EE.UU. Lea la siguiente lectura y seleccione la preposición apropiada.

1. La piñata es un juego tradicional (por/para) toda la familia.
2. (Sobre/En) los mercados, especialmente durante las fiestas (con/de) Navidad, las piñatas lucen sus colores y formas caprichosas.
3. Las piñatas están hechas (con/de) papel.
4. Las piñatas están decoradas (por/con) papeles de colores.
5. Se rellenan (con/sin) dulces, cacahuates, frutas, etc.
6. Se selecciona un niño o una niña (entre/sobre) los invitados a la fiesta.
7. Se comienza (sobre/con) los más pequeños (para/por) darles la oportunidad (en/de) romper la piñata.
8. Al candidato (para/por) romper la piñata le ponen un pañuelo (sin/de) seda (con/sobre) los ojos.
9. Lo toman (de/en) una mano y lo empiezan a pasear (por/para) desorientarlo.
10. El niño trata (a/de) golpear la piñata (hasta/desde) que termina su turno.
11. Por fin, (entre/sobre) gritos y cantos de alegría, hacen bajar la piñata (hasta/desde) el árbol y (por/para) fin un(a) niño(a) la rompe.
12. (Sin/Hasta) decir una palabra más, todos los niños recogen los dulces y las frutas.

 D. Algunas cosas cambian... otras no. En parejas, observen el siguiente dibujo y completen los pasos a continuación.

1. Describan la escena incorporando las siguientes preposiciones:
   bajo, de, sin, para, con, hasta

2. ¿Es ésta una escena típica de las fiestas infantiles contemporáneas? ¿Qué aspectos son similares y cuáles son diferentes? ¿Qué evento o acontecimiento estarán "celebrando"? ¿Qué otros manjares (*treats*) se servirán en esta fiesta?

◈ PERSPECTIVAS

PREPARATIVOS

1. Lea la sección **¿Sabía Ud. que en Colombia... ?**

2. En la página 324, lea la explicación de los diminutivos y los aumentativos. Luego, mire rápido la lectura, fijándose en las palabras en negrita. ¿Podría sustituir un término equivalente por cada una? Por ejemplo, "Hermanito" significa *hermano menor*. Basándose en la explicación de los aumentativos, ¿podría comentar la ausencia de ellos en esta lectura?

3. ¿Sabe si se celebra Halloween en los países hispanos? ¿Qué fiestas, celebraciones y tradiciones típicamente asociadas con Estados Unidos (no) le sorprendería ver celebradas en otro país?

¿Sabía Ud. que en Colombia... ?

- **Medellín,** fundada en 1616, es la segunda ciudad de Colombia y su mayor centro industrial. Se llama la "ciudad de la eterna primavera" por su aire fresco, sus montañas, sus flores y su excelente clima. Medellín es famosa por sus orquídeas, y en El Ranchito se pueden observar más de 300 variedades de esta hermosa y exótica flor. En abril, en honor a la tradición como ciudad de las flores se celebra una feria exposición internacional de la orquídea.

▲ *Medellín, Colombia*

- **Cartoon Network** es un canal internacional de televisión infantil. Su programación incluye los superhéroes y personajes favoritos de los niños como Tom y Jerry, los pequeños Looney Tunes, Scooby-Doo y el Cachorro, Jackie Chan y el Capitán Planeta. En Internet hay una extensiva red de productos, competencias, noticias y juegos que están relacionados con estos programas.

Halloween en Colombia

Mis padres son colombianos pero nuestra familia lleva mucho tiempo viviendo en Los Ángeles, California. En octubre del año pasado **Carlitos**, mi hermano menor, y yo fuimos por primera vez a Colombia para visitar a nuestros abuelos. Nos encantó quedarnos unas semanas con ellos en Bogotá, y entonces mi **abuelita** propuso que hiciéramos una **excursioncita** a Medellín para que conociéramos a unos parientes nuestros. Mi **hermanito** pensaba que para el 31 de octubre ya estaríamos de vuelta a Los Ángeles, por lo que la idea de prolongar nuestra visita en Colombia no le gustó nada. Y, ¿sabe por qué? Por Halloween. Carlitos y sus **amiguitos** habían quedado en ir de fiesta en fiesta disfrazados° de esqueletos y otras figuras macabras. A mí me daba igual quedarme o volver a California.

dressed up as

Al llegar a Medellín nos llevamos una tremenda sorpresa. ¡Allí, en plena Sudamérica, estaban festejando *Halloween* con decoraciones, concursos de disfraces, fiestas y muchos dulces! En el centro comercial Monterrey se realizaba un evento para los **pequeñitos** con payasos, globos, títeres° y muchas sorpresas más. Algunos niños se disfrazaban como sus personajes favoritos de Cartoon Network, mientras que otros llevaban **trajecitos** típicos de Colombia. Carlitos quedó contentísimo y hasta pudo participar en un taller de disfraces con sus primos y otros niños de la vecindad. Al volver a Los Ángeles le dio mucho gusto poder compartir con sus amigos y **compañeritos** de escuela esta nueva experiencia cultural.

puppets

COMPRENSIÓN Y PRÁCTICA

A. Comprensión. Conteste las preguntas a continuación.

Diga una cosa que ... a Carlitos, el hermanito de la autora de la lectura anterior.

1. le encantó
2. le molestó
3. le sorprendió
4. le gustó

B. Expansión. Haga las actividades.

1. Escriba un diálogo entre Carlitos y sus amigos estadounidenses en el que los niños hablan de las experiencias culturales que Carlitos tuvo en Colombia.
2. Actualmente la fiesta de Halloween se celebra con entusiasmo en muchos países del mundo hispano. ¿A qué se debe su gran popularidad?

ESTRUCTURA 4: Los diminutivos y los aumentativos

En el mundo hispánico, el uso del diminutivo y del aumentativo es muy frecuente, sobre todo en la conversación familiar. Los dos se forman añadiendo a sustantivos, adjetivos y, a menudo, a adverbios y participios pasados los siguientes sufijos.

Los diminutivos

Sufijo	Expresa...	Ejemplos
–ito, –ita[1] –cito, –cita[2]	pequeñez, aprecio, estimación (es el más usado).	Mi hermanito tiene cinco años. Carmencita tiene doce.
–uelo, –uela –illo, –illa –cillo, –cilla	pequeñez, a veces sarcasmo.	Los chicuelos iban y venían. Era un hombrecillo sin importancia.

Los aumentativos

Sufijo	Expresa...	Ejemplos
–ón, –ona	tamaño grande o apariencia llamativa (a veces expresa desprecio).	La mujerona que vendía era muy antipática. Compré cuatro sillas y un sillón.
–ote, –ota –azo, –aza –aco, –aca	sentimiento despectivo.	Tenía una cabezota extraña. Su perrazo asustó al ladrón. Vi un pajarraco feo y enorme.
–uco, –uca –ucho, –ucha	sentimiento despectivo (son los más despectivos de todos).	La pobre era feúcha. Después de su enfermedad estaba paliducho.

PRÁCTICA

A. Hablando de los Reyes Magos. Dé el diminutivo de las palabras indicadas.

Mi **hermana menor** sólo habla de los Reyes Magos. Hoy le oí decir a su **amiga** que quería una **casa** de **muñecas**. No hace más que preguntar:

—**Abuelo**, ¿sabes tú qué me darán los Reyes Magos?
—Pero **hija**, cómo voy yo a saberlo, si ellos vienen de muy lejos.
—**Carmen** dice que ella ya sabe cuál será su **regalo**.
—¿Que lo sabe? A ver ... dime si será un lindo **collar** o una **pulsera**.
—Ella dice que serán los dos.

---

[1] En Hispanoamérica muchos adjetivos o adverbios toman la forma diminutiva: **grande →** **grandecito, ahora → ahorita.**

[2] El uso de **–ito** o **–cito** es algo arbitrario. Hay, sin embargo, una tendencia a usar **–ito** para las palabras que terminan en las vocales **a** y **o** y **–cito** para las palabras que terminan en las vocales **e** y **i** y en las consonantes **n** o **r**: madre**cita**, avion**cito**, flor**cita**.

B. ¿Cómo se imagina Ud.? Aquí tiene una breve descripción de un segment*tito* de una película de horror. En parejas, describan la imagen que se forma en la mente al leer cada oración. Luego, escriban otro segmento de la película incorporando diminutivos y aumentativos para seguir creando una imagen llamativa.

1. Girak el feo vive en un sucio *cuartucho* en medio del bosque frío.
2. Está acompañado de un enorme *pajarraco* que está siempre sobre una rama.
3. En el rincón hay un *sillón* de cuero negro.
4. Allí está sentado el cruel *hombrón*. Tiene entre sus *manotas* un *perrito*.
5. El *pobrecito* está *debilucho*, sin esperanzas de escaparse del monstruo Girak.

C. La optimista y la pesimista. María y Marisa son gemelas pero tienen temperamentos distintos. María es pesimista y a veces sarcástica. Use el aumentativo que corresponda a las palabras indicadas.

Mi vecindario me tiene harta. No aguanto que el **hombre** de al lado use esas **palabras** a cada instante. Vive en una **casa** miserable, de la cual nunca sale, y sus únicos compañeros son un **perro grande** y una gata **fea** que es **flaca**.

En cambio, Marisa es optimista. Use el diminutivo que corresponda.

Visitamos un **pueblo** muy **cerca** de un **lago** bonito. Cada mañana los **pájaros** cantaban sus **canciones** alegres mientras las **viejas** recogían las **flores** y los **muchachos** nadaban en el **lago**.

D. Cancionero musical. Muchas de las canciones hispanoamericanas tienen diminutivos. ¿Conoce Ud. alguna de las siguientes canciones? Anote los diminutivos y diga de qué palabras vienen. Recuerde que en Hispanoamérica muchos adjetivos y adverbios toman la forma diminutiva como **chico(a)** → **chiquito(a)**, **ahora** → **ahorita**.

Cielito lindo	Muñequita linda	La casita
¡Ay, ay, ay, ay! Canta y no llores, porque cantando se alegran, cielito lindo, los corazones.	Muñequita linda de cabellos de oro, de dientes de perla, labios de rubí. Dime si me quieres como yo te quiero, si de mí te acuerdas como yo de ti.	¿Que de dónde, amigo, vengo? De una casita que tengo más abajo del trigal. De una casita chiquita para la mujer bonita que me quiera acompañar.

E. Un chiste diminuto. Lea con atención el siguiente relato y complete los pasos a continuación.

Una joven pareja está en un restaurante, disfrutando de una buena cena. De pronto, la esposa se acuerda de que tiene que hacerle una llamada urgente a su hermana y le dice al esposo:

> —Queridito, ¿puedes darme una monedita para hacer una llamadita a mi hermanita?
> El esposo exasperado exclama:
> —¿Por qué tantos diminutivos en una sola oración?
> La mujer, enojada, no insiste en la moneda y el esposo comienza a disfrutar de la cena. De pronto él se da cuenta que su esposa no ha probado el plato. Tratando de hacer las paces con ella, le dice amistosamente:
> —Mi vida, ¿por qué no comes?
> Con una mirada fulminante, la esposa le contesta:
> —Porque no tengo APETO.

1. Si Ud. no ha comprendido la respuesta final de la esposa, pregúntele a su compañero(a) en qué consiste el chiste de este relato.

2. Después subraye el número de diminutivos que empleó la esposa. ¿Piensa Ud. que es muy común usar tantos diminutivos?

Más allá del aula

¡A festejar en Colombia!

■ Visite el siguiente sitio web o uno que Ud. prefiera para encontrar información sobre la música de Colombia.

pages.infinit.net/colombia/music/musics.htm

1. ¿Cuáles son algunos tipos de música y baile indígenas de Colombia?

2. Los siguientes instrumentos musicales son típicos de Colombia. ¿Cómo son?

   a. acordeón   b. arpa   c. conga   d. aguacharaca   e. tiple

■ Visite este sitio para encontrar información sobre ferias, festivales, sitios y gente de interés.

www.colombia.com

Haga clic en el botón turismo, y escoja entre *ferias y fiestas*, o *información turística*.

1. ¿Quiénes son algunos famosos colombianos? Haga clic en los botones *Colombianos destacados* y *Colombianos en el mundo*.

2. ¿Qué es la Feria de Cali? ¿Cuándo es? ¿Dónde está Cali? ¿Cuándo es la temporada taurina? ¿Qué es? ¿Le gustaría ir? ¿Por qué sí o no?

¡OJO CON ESTAS PALABRAS!

el aspecto   *features, looks*

la apariencia   *outward appearance, looks*

la aparición   *appearance, presence, apparition*

> Doña Celia, la abuela de mi esposa, tiene un **aspecto** agradable.
> Su **apariencia** personal está muy cuidada.
> Doña Celia dice que ve **apariciones** misteriosas en la noche.

añorar   *to long for*

echar de menos (extrañar)   *to miss (a person or thing), feel a lack of*

perder   *to miss (a bus); to lose*

> Doña Celia **añora** Colombia, su país natal.
> **Echa de menos** a sus familiares y va a visitarlos.
> Se va temprano para el aeropuerto para no **perder** el vuelo.

la cita   *date, appointment*

la fecha   *date (day, month, year)*

el dátil   *date (fruit)*

> En Bogotá doña Celia tendrá una **cita** con su doctor.
> Recuerda **las fechas** de los cumpleaños de todos sus nietos.
> En el campo va a comprar **dátiles** frescos.

PRÁCTICA

Escoja la palabra apropiada para completar cada oración.

1. Tuve una (cita, fecha) con el dentista pero (perdí, extrañé) el autobús.

2. Amor mío, te (pierdo, echo de menos). Vuelve pronto.

3. (La aparición, El aspecto) de Miguel en la fiesta de cumpleaños fue una sorpresa agradable para la abuela.

4. Por lo general, (la aparición, el aspecto) físico del colombiano varía mucho.

5. (El dátil, La fecha) de la ceremonia de la graduación es el 5 de junio este año.

AMPLIACIÓN Y CONVERSACIÓN

A. El arte de hacer regalos. Para muchas personas, los regalos son una invención comercial que quita tiempo y aligera (*lighten*) el bolsillo, además de representar la inversión de horas de indecisión en la búsqueda de un regalo que con frecuencia no encontramos. Complete el cuestionario. Después, con su compañero(a) de clase, compare y comente sus respuestas.

Cuestionario	Sí	No	Depende
1. Los regalos tienen un lenguaje mudo y afectivo para expresar sentimientos de...			
a. amor.	____	____	____
b. amistad.	____	____	____
c. aprecio.	____	____	____
d. gratitud.	____	____	____
e. respeto.	____	____	____
2. Los regalos son una invención comercial para que gastemos dinero.	____	____	____
3. Es más práctico enviar a nuestras amistades y parientes un certificado de compra de algún almacén.	____	____	____
4. El mejor regalo consiste en dar lo que a uno le gustaría recibir.	____	____	____
5. La marca es importante en los regalos.	____	____	____
6. A una persona rica hay que darle un regalo costoso.	____	____	____
7. Es práctico, pero no acertado, regalar ropa.	____	____	____
8. Los ejecutivos pueden mandar a su secretario(a) a comprar los regalos para su mujer y sus hijos.	____	____	____
9. Tiene más significado un regalo hecho personalmente (por ejemplo, un suéter) que uno comprado en un almacén.	____	____	____
10. Es necesario hacer un regalo al jefe o a la jefa.	____	____	____
11. Es aceptado dar un regalo que le han dado a Ud.	____	____	____

 B. Canciones tradicionales. Comente con un(a) compañero(a) de clase algunas de las canciones tradicionales norteamericanas. Pregúntele cuáles son sus canciones favoritas y por qué. Hablen también de algunos de los cantantes que han popularizado la canción tradicional.

C. Refranes. Los refranes encierran la sabiduría popular. Detrás de cada proverbio hay una filosofía más o menos profunda. Sancho Panza, el compañero de Don Quijote de la Mancha, es famoso por sus proverbios, que reflejan su actitud práctica hacia la vida. Los refranes forman una parte esencial de nuestro idioma. Con un(a) compañero(a) de clase trate de explicar el significado de algunos de los siguientes refranes. Digan si hay uno similar en inglés y cuál es.

1. Cada loco con su tema.
2. A la mesa y a la cama, una sola vez se llama.
3. Dime con quién andas y te diré quién eres.
4. Aunque la mona se vista de seda, mona se queda.
5. Más vale pájaro en mano que cien(to) volando.
6. El diablo sabe más por viejo que por diablo.
7. No hay joven sin amor, ni viejo sin dolor.
8. En boca cerrada no entran moscas..
9. Para conocer a Andrés, vive con él un mes.

D. La Pascua en Estados Unidos. Un estudiante extranjero desea saber cómo se celebra la fiesta de Pascua en Estados Unidos. Dígale lo que sabe de...

1. la Pascua.
2. la tradición infantil del Conejito de Pascua.
3. la manera de teñir (*dye*) huevos.
4. el comercio de chocolates y caramelos.
5. los platos que se preparan para esta fiesta.
6. ¿... ?

E. La Semana Santa en Popayán. Lea la descripción de cómo se celebra la Semana Santa en la hermosa ciudad colonial de Popayán, Colombia, y complete los pasos a continuación.

En Popayán, Colombia, la Semana Santa se celebra con tanto fervor y devoción que, a través de los 470 años de la existencia de la ciudad, no ha habido interrupciones en esa tradición. Ni guerras civiles ni desastres naturales han impedido que la gente muestre su devoción cristiana con las magníficas procesiones que recuerdan la histórica semana de pasión de Jesucristo. Estos desfiles solemnes, que empiezan el martes santo, salen y llegan a la misma iglesia y pasan por el sector histórico de la ciudad. Los cargueros (*carriers*) de Popayán, hombres fuertes, sencillos, de fe, orgullosamente realizan un recorrido de dos kilómetros cargando enormes pesos con escenas que hablan claramente de la pasión de Cristo. En el fondo se oye el repicar (*ringing*) de las campanas y la música triste que acompaña la procesión. La procesión más importante de la semana es sin duda la del Viernes Santo.

1. Suponga que un estudiante colombiano que estudia en su universidad le ha dado la descripción anterior, y que él ha invitado a que entren en una discusión sobre la celebración de la Pascua en los dos países, Colombia y el país de Ud.
2. ¿Qué más le gustaría saber sobre la celebración de la Semana Santa? ¿Qué preguntas le haría? ¿Se ha fijado en que no ha mencionado nada sobre el domingo de Pascua?

F. Mesa redonda. Escoja tres o cuatro compañeros para formar una mesa redonda e intercambiar ideas sobre la celebración del Día de los Muertos en México y la fiesta equivalente en Estados Unidos, *Halloween*.

▲ *El Día de los Muertos*

En México y, en general, en toda Hispanoamérica, se tiende a aceptar la muerte con resignación. Se puede observar claramente esta actitud ante la muerte el día 2 de noviembre, Día de los Muertos. La celebración dura de mañana a noche e incluye a chicos, grandes, vivos y muertos. Por la mañana las familias van a la iglesia; por la tarde se visitan los cementerios y se adornan con flores las tumbas de los familiares. En las calles y en los mercados se vende "pan de muerto" y calaveras de azúcar que llevan diferentes nombres de personas. Estas calaveras, que se regalan desde la infancia entre familiares y amigos, sirven para recordar que la muerte puede llegar en cualquier momento y que hay que estar siempre preparados.

    ¿Qué aspectos similares hay en la celebración del Día de los Muertos y *Halloween*? ¿Qué diferencias ven Uds.? ¿Por qué esta festividad se convertiría en Estados Unidos en una fiesta para niños? ¿Alguno de Uds. cree que mientras uno vive es mejor ignorar la muerte o es preferible tenerla siempre presente? Den abiertamente su opinión.

G. Minidrama: Un complicado Día de Acción de Gracias. Formen un grupo de cinco o seis personas. Imagínense que son unos amigos que piensan reunirse para celebrar juntos el Día de Acción de Gracias porque este año no pueden ir a la casa de sus padres. El problema es que algunos de Uds. son vegetarianos y no pueden comer ni pavo ni carne, mientras que para otros es imposible celebrar este día si no hay un gran pavo relleno.

Primer acto
Los preparativos de la fiesta: Decidan cuál va a ser el menú. Los que comen carne quieren pavo, pero esto excluiría a los vegetarianos. Tienen que buscar opciones que sean válidas para todos. Además, todos están muy ocupados con sus estudios y nadie tiene tiempo para pasar todo el día cocinando. Al final llegan a un acuerdo: forman un menú muy imaginativo.

Segundo acto

El Día de Acción de Gracias: Todos se reúnen en la mesa. Alguien protesta porque no puede imaginarse este día sin pavo, pero los otros le recuerdan que decidieron hacerlo así. Al final, las alternativas al pavo son tan suculentas que todos quedan muy satisfechos y deciden organizar otra fiesta al final del trimestre o semestre.

¿Qué sabe Ud. de... Colombia?

COLOMBIA

La entrada de la Catedral de sal

En Colombia hay catorce catedrales. La catedral que se ubica en la Plaza de Bolívar en Bogotá fue construida en 1572, la de Medellín en el siglo XVII y la de Barranquilla con sus notables frescos en 1730. La gente inunda° estas casas sagradas para admirar pinturas importantes, altares hermosos de madera labrada,° espléndida arquitectura barroca y gótica y adornos preciosos que datan de siglos pasados. Además de estos imponentes templos, abundan iglesias, capillas, conventos y monasterios. En Bogotá, la Capilla del Sagrario está adornada con columnas incrustadas de piedras preciosas, En Cali la Iglesia de San Francisco es famosa en toda Sudamérica por su torre mudéjar, y en Popayán el púlpito majestuoso y la gran riqueza del interior de la iglesia El Carmen dejan asombrado a todo visitante.

El templo colombiano más extraordinario, más insólito,° no se encuentra en el núcleo de un gran centro urbano como Bogotá, o en la cumbre del monte Monserrat, sino en un frío y oscuro subterráneo del pequeño pueblo indígena de Zipaquirá. Allí, situada a 200 metros bajo la superficie, en una antigua mina de sal, está una catedral de grandes proporciones con sus estatuas y otras representaciones religiosas construidas completamente de sal... ¡sí, de sal!

La Catedral de sal de Zipaquirá, inaugurada en 1954, es para los colombianos una de las maravillas del mundo. En 1995 el templo fue restaurado y actualmente cuenta con 2.500 metros cuadrados más que la antigua catedral. Este milagro subterráneo es un laberinto de túneles silenciosos, una obra de arte envuelta en una manta negra de paz y tranquilidad. Los visitantes que tienen miedo o se sienten nerviosos al penetrar en la penumbra° de esta enorme catedralcueva, salen tranquilizados y centrados. No hay distracciones en estas catacumbas modernas, sólo una oscuridad mística.

El alcalde del pueblo de Zipaquirá tiene planeada una campaña publicitaria para la catedral de sal. Convencido de que todo el mundo está en busca de tranquilidad y seguridad, piensa montar oficinas en París y Nueva York para promover la catedral como "una isla de paz". Cree que si los peregrinos° y turistas acuden a Israel en medio de la guerra, harán lo mismo en Zipaquirá, Colombia.

pour into

carved

darkness

unusual

pilgrims

A. Recordar lo que sabemos. En la Lección 9 de **Horizontes: Cultura y literatura** hay varias menciones de Colombia. Repasando y recordando lo que leyeron, respondan en parejas a las siguientes preguntas:

1. ¿Cuál es la capital de Colombia? ¿Conocen Uds. los nombres de otras ciudades colombianas?

2. ¿En cuántos océanos tiene costa Colombia? ¿Hay algún otro país sudamericano que tenga costas en dos océanos?

3. ¿Cuánta gente vive en Colombia? ¿En qué estado de Estados Unidos vive aproximadamente el mismo número de personas?

4. ¿Cuál es la moneda de Colombia? ¿Saben a cómo está el cambio entre el dólar y la moneda colombiana?

5. ¿Qué países formaron la Gran Colombia hasta 1821?

6. ¿Cuál creen Uds. que es el mayor problema de Colombia en este momento? ¿Están de acuerdo con los métodos para resolverlo?

B. Ampliar lo que sabemos. ¿Les gustaría aprender más sobre Colombia? Reúnanse en grupos de tres o cuatro personas y preparen una presentación sobre uno de los siguientes temas. Elijan el que más les interese, u otro que no aparezca en la lista:

- La diversidad de la población colombiana. La mayoría mestiza. Las minorías y su desigual participación en el poder.
- La historia turbulenta de Colombia. La época precolombina y sus diversas culturas: la cultura de San Agustín, las culturas chibcha y muisca, y la cultura quimbayá. La época colonial y el virreinato de Nueva Granada. El papel de Simón Bolívar en la Independencia y el fracaso de la Gran Colombia. La pérdida de Panamá en 1903 ante la construcción del canal y la creciente influencia de Estados Unidos desde comienzos del siglo XX. El origen de la guerrilla a mediados del siglo XX, su evolución y su situación actual.
- La variada geografía de Colombia. La llanura del Caribe y sus ciudades (Cartagena, Barranquilla, etc.). El Chocó (llanura del Pacífico). Las cordilleras andinas y sus ciudades (Bogotá, Medellín y Cali). Las llanuras amazónicas. La importancia de cada zona en la economía colombiana.
- El narcotráfico colombiano. Las graves consecuencias para la sociedad colombiana. Las soluciones planteadas hasta ahora. La intervención de Estados Unidos en la lucha contra los narcotraficantes.
- La literatura colombiana. La literatura indígena y su presencia en la literatura contemporánea. Las crónicas del período colonial. Los grandes nombres de la narrativa colombiana: Jorge Isaacs, José Eustasio Rivera y el ganador del Premio Nóbel, Gabriel García Márquez. La poesía de José Asunción Silva. La literatura reciente.
- Las músicas de Colombia. La importancia de la música en el período colonial. Las músicas populares: el origen afroamericano del currulao, el aguabaja y la cumbia; las músicas mestizas, tales como la guabina, el bambuco, el galerón y el pasillo; la adaptación de músicas foráneas como la habanera cubana. El ballenato, nueva exportación musical de Colombia.

- El arte en Colombia. La época precolombina: la orfebrería y cerámica de los chibchas, los muiscas y los quimbayá. Las esculturas monumentales de la cultura de San Agustín y de Tierradentro. La época virreinal: la adopción del mudéjar; las ciudades coloniales, especialmente Tunja. La época actual: la calidad de la arquitectura; la pintura de Alejandro Obregón. El peculiar arte de Fernando Botero, pintor y escultor mundialmente reconocido.
- La gastronomía colombiana. Las sopas: cucucho, ajiaco y sancocho. Los pescados: sancocho de pescado, pescado con yuca y pescado con ñame. Otros platos característicos: el arroz con coco, los fríjoles, los tamales de maíz y de arroz, el peto de maíz. Los postres: el arequipe, los dulces de almíbar, la jalea de guayaba y el melado con cuajada. Las bebidas: el guarapo, el masato, el guarrúz, etc.

C. Compartir lo que sabemos. ¿Cómo preparar la presentación?

1. Utilicen todo tipo de fuentes de información para investigar sobre el tema elegido: libros, prensa, Internet, etc.

2. Incluyan en su presentación todos los medios audiovisuales que crean convenientes: fotografías, mapas, dibujos, videos, cintas o discos de música, etc.

3. Ofrezcan a sus compañeros de clase un esquema de todos los puntos que van a desarrollar en su presentación.

AMPLIACIÓN Y COMPOSICIÓN

¡REVISE SU ORTOGRAFÍA!

El uso de la letra *h*

1. La mayoría de cognados que en inglés se escriben con **h**, también llevan **h** en español. Por ejemplo:

alcohol	habitar	hábito	héroe
hipótesis	historia	honor	horrible
hospital	hotel	humor	prohibir

¡Ojo! La palabra **armonía** habitualmente se escribe sin **h** en español.

2. Muchas palabras del español que no tienen cognados en inglés se escriben con **h.** Estos son unos pocos ejemplos.

ahora	ahorrar	almohada	bahía
haber[1]	hablar	hacer	hasta
helado	herida	hermano(a)	hielo
hierba	hierro	hijo(a)	hombre
hombro	hora	horno	hoy
hueso	huevo	huir	zanahoria

---

[1] Para los problemas de escritura con el verbo **haber**, véase *Ampliación y composición*, Lección 6.

3. ¡Ojo con estas palabras! Su sonido es similar, pero su significado es muy diferente.

hola/ola

Hola, ¿qué tal?

Hay muchas **olas** en las playas de California.

echo (echar)/hecho (hacer)

Siempre **echo** (tiro) las cosas viejas a la basura.

¿Has **hecho** la tarea para mañana?

ojo/hoja

Ahora cualquier persona puede tener **ojos** verdes.

Las **hojas** de algunos árboles caen en otoño.

Compré un libro que tenía muchas **hojas.**

ENFOQUE: Narración en tercera persona

En la Lección 4 hemos visto la narración en primera persona para relatar un acontecimiento autobiográfico. En esta lección practicaremos la narración en tercera persona, forma que se usa para relatar un cuento, una leyenda, un artículo periodístico o el argumento de una película.

¡Prepárese a escribir!

Ahora, Ud. va a escribir con sus propias palabras un chiste, una anécdota, un cuento o una leyenda que Ud. recuerde.

¡Organice sus ideas!

Organice la composición, teniendo en cuenta los tres momentos importantes de la narración:

1. la situación
2. la complicación
3. el desenlace

Modelo:

CAPERUCITA ROJA

Situación: Caperucita salió de su casa para visitar a su abuelita que estaba enferma. (Añadir todos los detalles necesarios para dar vida al relato.)

Complicación: Caperucita Roja se encontró con el lobo en el bosque. (Narrar todo lo que pasó hasta el momento en que el lobo atacó a Caperucita Roja.)

Desenlace: Un cazador que pasaba por allí mató al lobo. Caperucita Roja y la abuelita se salvaron. (Narrar desde la llegada del cazador a la casa de la abuelita hasta la muerte del lobo para salvar a las dos mujeres.)

Recuerde lo siguiente

Recuerde que en una narración el pretérito se usa para narrar acciones que ocurrieron una sola vez. El pretérito adelanta la narración mientras que el imperfecto describe: a) el ambiente en que tiene lugar la acción, b) a las personas, animales o cosas y c) los estados mentales de las personas. El pluscuamperfecto describe una acción anterior a otra en el pasado.

Modelo:

Pretérito: Caperucita Roja **salió** de su casa... No **obedeció** a su mamá... Se **fue** por el bosque...

Imperfecto: **Era** un día de primavera... El sol **brillaba...** Los pájaros **cantaban...**

Pluscuamperfecto: Cuando Caperucita Roja **llegó,** el lobo ya **había atacado** a la abuelita.

Para la comunicación:

Había una vez...	Once upon a time . . .
cuando...	when . . .
y entonces...	and then . . .
de pronto...	suddenly . . .
al principio...	at the beginning . . .
al cabo de...	at the end of . . .
a las dos/tres horas...	after two/three hours . . .
al día/mes/año siguiente...	next day/month/year . . .
mientras tanto...	in the meantime . . .
durante...	during . . .
finalmente...	finally . . .
Colorín, colorado, este cuento se ha acabado.	And they lived happily ever after.

¿Cómo consigo la información?

▼ *Tegucigalpa, Honduras*

¡CHARLEMOS!

Trabaje con un(a) compañero(a) de clase. Háganse por turno las siguientes preguntas.

1. ¿Vas mucho al cine o prefieres alquilar una película y pasarla en casa? ¿Cuáles son tus películas favoritas? ¿Las de amor? ¿Las de misterio? ¿Las de vaqueros? ¿Las de ciencia ficción? ¿Cuál es la mejor película que has visto últimamente? ¿Qué piensas del premio Óscar para la mejor película del año?

2. ¿Qué opinas de los programas de televisión que vemos diariamente? ¿Cuáles crees que son las estrellas más admiradas de la telepantalla? ¿Cuánto tiempo pasas diariamente frente a la pantalla? ¿Qué canales ves?

3. ¿Quiénes crees que ven más televisión, los hombres o las mujeres? ¿la clase media o la clase alta? ¿los niños o los mayores de cincuenta años? ¿Cuál crees que es el sector de mayor consumo televisivo?

4. Ahora, en parejas, hagan una lista de los diez programas de televisión que actualmente gozan de mayor popularidad y coméntenlos. Después, presenten a la clase su lista y compárenla con la de los otros estudiantes.

ENFOQUE: Honduras

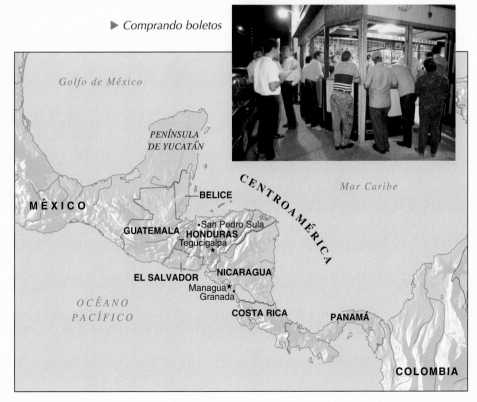

▶ *Comprando boletos*

VOCABULARIO PARA LA COMUNICACIÓN:
Los medios de comunicación

Los programas de televisión

Canal 4

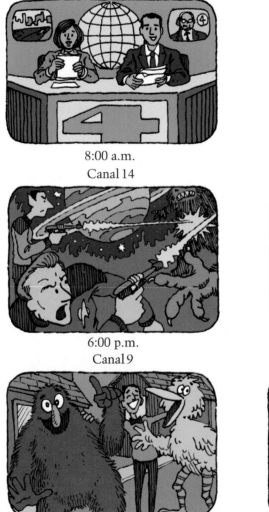

8:00 a.m.

Canal 7

7:30 p.m.

Canal 14

6:00 p.m.

Canal 12

2:00 p.m.

Canal 9

9:15 a.m.

Canal 3

12:00 a.m.

El teléfono

¿Aló? ¿Hola? *Hello.*
¿Bueno? ¿Diga? ¿Dígame? *May I help you?*
¿Con quién desea hablar? *With whom do you wish to speak?*
¿Con quién hablo? *With whom am I speaking?*
¿De parte de quién? *Who may I say is calling?*

¿Desea dejar algún recado? *Would you like to leave a message?*
por cobrar (a cobro revertido) *collect*
la guía telefónica *telephone directory*
La línea está ocupada. *The line is busy.*
la llamada equivocada *wrong number*

la llamada telefónica [de larga distancia (local)]
phone call [long distance (local)]
marcar el número *to dial the number*

La oficina de correos

el apartado de correos *P.O. box*
asegurar *to insure*
el buzón *mailbox*
el (la) destinatario(a) *addressee*
cerrar (ie) el sobre *to seal the envelope*
el distrito postal *ZIP code*
echar (enviar) una carta *to mail (send) a letter*
la encomienda postal *parcel post*
franquear *to put on postage*
el franqueo *postage*

La prensa

el acontecimiento *event*
los anuncios clasificados *classified*
los editoriales *editorial section*
los deportes *sports*
el horóscopo *horoscope*
las notas sociales *social news*
las noticias locales [(inter)nacionales] *local [(inter)national] news*

Los espectáculos

el actor (la actriz) *actor (actress)*
una actuación (en directo) *(live) performance*
el argumento *plot*
el boleto (el billete, la entrada) *ticket*
dirigir una película *to direct a movie*
la estrella del cine *movie star*
el estreno *premiere, new movie*
filmar (rodar-ue) una película *to make (a movie)*
hacer cola *to stand in line*
interpretar el papel de *to play the role of*
la pantalla (cinematográfica) *film screen*
pasar (dar) una película *to show a movie*

La computadora (*L.A.*), el ordenador (*Sp.*)

chatear *to chat (on-line)*
conectarse *to connect*
la contraseña *password*
el correo basura (spam) *junk mail, spam*
el correo electrónico *e-mail*
en línea, on-line *on-line*
el enlace (el vínculo) *link*
hacer clic *to click*
el hard- (soft)ware *hard- (soft)ware*

las páginas amarillas *the yellow pages*
el teléfono móvil (celular) *cell phone*
Volveré a llamar más tarde. *I'll call back later.*

el paquete *package*
el telegrama *telegram*
la tarjeta postal *postcard*
pegar los sellos *to stick the stamps*
la etiqueta *label, sticker*
pesar *to weigh*
por correo aéreo (certificado) *by air (registered) mail*
reclamar *to claim*
el (la) remitente *sender*

el periódico (el diario) *newspaper*
la primera plana *the front page*
las tiras cómicas (las historietas) *comic strips*
los titulares *headlines*
el (la) periodista *journalist*

la película *movie*
  de ciencia ficción *science fiction . . .*
  cómica *comedy*
  de dibujos animados *cartoon*
  de guerra *war . . .*
  de misterio *mystery . . .*
  policíaca *police/detective . . .*
  de vaqueros *cowboy . . .*
el personaje *character*
protagonizar *to star (in a show)*
la taquilla *box office, ticket window*
el (la) taquillero(a) *ticket seller*

el mensaje (de correo electrónico) *(e-mail) message*
navegar la red (en Internet) *to surf the web*
la pantalla *screen*
el ratón *mouse*
el servidor *server*
el sitio web *web site*
el teclado *keyboard*

La radio, la televisión, el video

la cinta (el video) *videotape*
el (la) comentarista de televisión *TV commentator*
el DVD *DVD*
la cadena *network*
el documental *documentary*
la emisión *broadcast*
el (la) locutor(a) de radio *radio announcer*
mirar (ver) la tele *to watch TV*
la publicidad (la propaganda) *advertising*
la radioemisora *radio station*
el reportaje *news report*

el reproductor (grabador) DVD *DVD player (recorder)*
la telenovela *soap opera*
el (la) televidente *television viewer*
la televisión *television (industry, medium)*
el televisor *television set*
transmitir el boletín de noticias (el boletín meteorológico) *to broadcast the news bulletin (weather report)*
el video, la videocasetera *video, VCR*
el videojuego *video game*

PRÁCTICA

A. ¿Quién? Diga quién...

1. envía una carta.
2. recibe una carta.
3. vende las entradas del cine.
4. ve la televisión.
5. actúa en películas.
6. hace los anuncios de radio.
7. presenta los comentarios de televisión.

VOCABULARIO PARA LA COMUNICACIÓN:
Los medios de comunicación

B. El periódico.

1. El abuelo lee un artículo sobre el turismo en la costa norte del país en...
2. El hijo Rafael busca un coche usado en...
3. El señor Vargas busca noticias sobre el campeonato de fútbol en...
4. Ana Vargas, la hija mayor, lee una entrevista con el Príncipe de España en...
5. Para leer *Garfield*, el hermanito de Ana pide...
6. A la abuelita le gusta saber quién se casó y por eso lee...

B. El periódico.
Los miembros de la familia Vargas, quienes viven en la capital de Honduras, están leyendo el periódico hondureño *La Prensa*. Su profesor(a) va a leer una serie de frases incompletas. Escuche e indique la terminación correcta.

1. las noticias locales/las noticias nacionales
2. primera plana/los anuncios clasificados
3. los deportes/los titulares
4. las noticias internacionales/las historietas
5. el horóscopo/las tiras cómicas
6. las noticias sociales/los editoriales

C. Dos películas más sobre la historia de México.
En la cartelera del diario *Honduras This Week*, un artículo habla sobre dos películas mexicanas. Complete el artículo con la forma apropiada de las siguientes palabras.

rodar	hacer cola	la película de vaqueros
filmar	actuación	estreno
interpretar el papel	estrella	pantalla
dirigir		

Por lo visto, a la _____ española Antonio Banderas le gusta mucho México porque ya ha _____ seis películas en ese país y está planeando _____ la secuela de *La Máscara del Zorro*. Banderas _____ del controversial líder revolucionario, Pancho Villa, en la película para HBO, *And Starring Pancho Villa As Himself*, _____ por Bruce Beresford.

Los aficionados de _____ y de la historia mexicana del período revolucionario, estarán _____ para ver el _____ de *Zapata*. El director, Alfonso Arau, cuenta con buenas _____ de su excelente elenco (*cast*) de actores: Alejandro Fernández, protagonizando al revolucionario Emiliano Zapata, Patricia Velázquez, Jaimi Camil y Lucero. Será una película digna de verse en la _____ grande.

D. Comentarios. En parejas, comenten su ... favorito(a).

1. película
2. estrella de cine
3. comentarista de televisión
4. locutor(a) de radio
5. radioemisora
6. periódico
7. sección de periódico

E. Una impresión. Describa un(a) ... que le causó una gran impresión.

1. acontecimiento en las noticias
2. actuación en directo
3. argumento de un libro o de una película
4. reportaje
5. documental

F. Los programas de televisión. En parejas, observen los dibujos de la página 338. Usen el **Vocabulario para la comunicación** y su imaginación para contestar las siguientes preguntas.

1. ¿En qué canal y a qué hora pasan las noticias? En Estados Unidos, ¿es común que los comentaristas sean un hombre y una mujer como en este dibujo? ¿Suelen sonreír al comentar las noticias o tienen caras serias?

2. ¿De qué programa será la escena que pasan en el canal 14? En su opinión, ¿cuál ha sido el programa espacial más popular en Estados Unidos? ¿Cuál es el personaje del espacio más famoso? ¿Por qué?

3. ¿Qué tipo de programa es el que pasan en el canal 3 a medianoche? ¿Es popular este tipo de programa? Nombren algunos que son y que han sido populares en Estados Unidos.

4. ¿Alguno de los miembros de su familia ve telenovelas? ¿Quién? ¿Sus amigos las ven? ¿Por qué creen que estos programas son tan populares? ¿En qué canal pasan una telenovela? ¿Conocen alguna telenovela hispana? ¿Cuáles son las diferencias entre las hispanas y las estadounidenses?

5. ¿A qué público están dirigidos los programas de los canales 9 y 12?

6. ¿Cuáles son los programas de televisión que gozan de mayor popularidad en este momento? ¿Piensan Uds. que la televisión debe divertir, informar o educar a los televidentes?

7. Si Uds. fueran estrellas de cine o de televisión, ¿en qué tipo de programas les gustaría actuar?

G. Mis preferencias. A veces nuestras preferencias pueden parecer... diferentes. Justifique por qué Ud...

1. usa un apartado de correos y no su dirección de hogar para recibir el correo.

2. se niega a tener un reproductor de DVD en casa.

3. prefiere no dejar recados por teléfono.

4. nunca enciende la radio en el coche.

5. suele leer el artículo *antes de* fijarse en el titular.

H. Atrapado(a) en la web. Su abuela, que siempre lo (la) ha criticado a Ud. por "estar atrapado(a) en la web", ahora quiere conectarse a Internet. Use los siguientes términos y otras palabras y expresiones necesarias, para darle a su abuelita un entendimiento básico de lo que necesita hacer para...

1. buscar información sobre su ciudad natal en Honduras, La Ceiba.

   la computadora, el teclado, en línea, navegar en la red, hacer clic, el enlace

2. abrir el e-mail

   la computadora, el ratón, la pantalla, en línea, el correo electrónico, el correo basura

PERSPECTIVAS

PREPARATIVOS

1. Lea la sección **¿Sabía Ud. que en Honduras... ?**

2. Mire las formas verbales de la lectura que están en negrita. ¿Sabe qué significan? En la oración, "Entonces continúe esperando en esa cola...", ¿qué verbo podría substituir por **continúe**?

3. ¿En alguna ocasión ha pasado horas haciendo cola para ver una película? ¿Cuál? ¿Valió la pena esperar? Si está haciendo cola para comprar boletos para una película, una función o un espectáculo y le dicen que se están acabando, ¿qué puede hacer?

¿Sabía Ud. que en Honduras... ?

- La banda de rock que nació en 2002 bajo el nombre de Tegucigalpa recientemente ha decidido cortar su nombre a **Cigalpa**. El grupo ha tenido éxito en Argentina, cuyo público no es fácil de conquistar. Tegucigalpa es la capital de Honduras.
- La **marimba** es un instrumento musical representativo de las repúblicas de Centroamérica. Es una mesa de madera hecha originalmente de tubos de bambú o de calabazas. Hoy están fabricadas

▲ *Sol Caracol*

de cedro o de maderas de los árboles de las selvas tropicales. Encima de la mesa están colocadas tablillas llamadas teclas. Las teclas de grandes dimensiones producen sonidos bajos y las teclas más diminutas producen sonidos más altos. Se cree que la marimba apareció en América entre 1492 y 1680 como fusión de elementos culturales de Asia, África, Europa y América. El desarrollo de la marimba actual tiene sus raíces en Guatemala y ha llegado a ser parte de la identidad de Honduras donde hay excelentes conjuntos. Dice el renombrado marimbista Lester Godínez: "La marimba actual tiene ilimitadas posibilidades sonoras. Puede interpretarse prácticamente cualquier pieza."
- El sonido de la banda hondureña **Sol Caracol** es una fusión de rock, reggae, ska, salsa y calypso. Fue formada por José Inés Guerrera en 1996, y acaba de salir su primer álbum, *Planeta Sol*, que está disfrutando de mucho éxito en España.

El revendedor de boletos

¿**C**uántas veces le ha sucedido a Ud. que, **estando** en la cola para ver una actuación, le anuncian que se han agotado los boletos para la función del día? Ud., **tratando** de contener su mal humor, no tiene más remedio que recurrir al revendedor, que siempre está dispuesto a ofrecerle los boletos para la función que Ud. desea.

—Parece que se están **agotando** los boletos para la función de Cigalpa. Por casualidad, ¿no tiene Ud. dos boletos?

—Espere un momentito. Déjeme ver si aún me queda alguno. Sí, sí, aquí tengo dos.

—Y..., ¿a cuánto los está **dando?**

—A 6.000 pesos cada uno.

—¡Pero si en la taquilla los están **vendiendo** a 3.000 pesos!

—Entonces continúe **esperando** en esa cola que ya da vuelta a la esquina y, como Ud. ve, todavía falta un buen rato para que abran la taquilla.

—Pero no me estoy **quejando**. Es sólo un comentario. Deme, por favor, los dos boletos que le quedan.

—Aquí los tiene.

El revendedor se va **alejando** y de pronto se vuelve a oír su voz que anuncia:

—Aún me quedan dos para Sol Caracol... y tres para la banda de marimba.

Una banda de marimba ▶

COMPRENSIÓN Y PRÁCTICA

A. Comprensión. Conteste las siguientes preguntas.
Diga qué ... a la persona en la lectura que está haciendo cola en el salón de funciones.

1. le pasó
2. le dijo el revendedor de boletos
3. remedio (*choice*) le queda

Expansión. Conteste las siguientes preguntas.

4. ¿Qué intención tiene el revendedor de boletos cuando le dice al cliente, "Déjeme ver si aún me queda alguno"?
5. ¿Por qué cree que los revendedores siempre tienen los boletos para la función que uno desea? ¿Piensa que revender boletos es un trabajo honesto? ¿Por qué?
6. ¿Cree que los revendedores tienen acuerdos especiales con los taquilleros para vender los boletos? ¿Cómo se podría solucionar el problema de la reventa de boletos?
7. En Estados Unidos, ¿se permite revender boletos? ¿Ha comprado alguna vez boletos de un revendedor? ¿Tuvo que pagar el mismo precio o un precio más alto?

EL GERUNDIO

Ud. recordará que el gerundio es invariable. Los verbos regulares forman el gerundio con las siguientes terminaciones.

Infinitivo	Radical	+	Terminación	=	Gerundio
llamar	llam-		**ando**		llam**ando**
encender	encend-		**iendo**		encend**iendo**
transmitir	transmit-		**iendo**		transmit**iendo**

Los verbos de las conjugaciones **–er** y **–ir** cuyo radical termina en una vocal toman la terminación **–yendo** en lugar de **–iendo**.

Infinitivo	Radical	+	Terminación	=	Gerundio
caer	ca-				ca**yendo**
creer	cre-				cre**yendo**
leer	le-		**yendo**		le**yendo**
construir	constru-				constru**yendo**
oír	o-				o**yendo**

Los verbos de la conjugación **–ir** que sufren en la tercera persona del pretérito un cambio de la vocal radical (**o → u, e → i**) sufren en el gerundio el mismo cambio de vocal.

Infinitivo	Pretérito	Gerundio
decir	dijo	diciendo
dormir	durmió	durmiendo
pedir	pidió	pidiendo
poder	pudo	pudiendo
repetir	repitió	repitiendo
sentir	sintió	sintiendo
venir	vino	viniendo

Atención: Hay un solo gerundio irregular: **ir → yendo.**

LOS USOS DEL GERUNDIO

1. **estar** + gerundio

   El uso más corriente del gerundio es con el verbo **estar** para expresar que una acción está en progreso.

   Están hablando de las noticias locales.
   Estaban refiriéndose al comentarista de la televisión.
   Me gustaría que **estuvieran actuando** en el teatro local.

2. Verbos de movimiento + gerundio

Los verbos de movimiento como **ir, venir, andar, entrar, salir** y **llegar** + gerundio describen una acción que se viene desarrollando gradualmente.

Va creciendo el número de televidentes.
Los recién llegados al cine **entraron hablando** de las estrellas de cine.

Atención: Al traducirse al inglés, dos de estos verbos tienen un matiz diferente.

> **venir** + gerundio: *to keep –ing*
> **andar** + gerundio: *to go around –ing*

Vienen diciendo lo mismo desde hace mucho tiempo.
Me dijo que **andaba buscando** trabajo como locutor de radio.

3. Verbos de continuidad + gerundio

Los verbos **continuar** y **seguir** + gerundio refuerzan la acción continua.

¿**Continúas transmitiendo** el boletín de noticias?
Seguiremos exigiendo una buena televisión pública.

4. Pronombre de complemento directo + verbo de percepción + gerundio

Con los verbos de percepción se puede usar el gerundio en lugar del infinitivo.

Los **vi saliendo** (salir) del concierto del cantante guatemalteco Ricardo Arona.
La oímos **pidiendo** (pedir) a gritos "¡Socorro!"

5. El gerundio en función de adverbio

El gerundio puede usarse como adverbio...

a. para modificar un verbo.

La actriz contestó **riendo** al entrevistador.
A menudo lo llamaba **quejándome.**

b. para explicar cómo se puede hacer algo (inglés: *by* + gerundio).

Trabajando mucho, lograron mejorar su situación económica.
Se puede aprender mucho **mirando** los programas educacionales.

c. cuando está subordinado a otro verbo y las dos acciones coinciden en algún momento del tiempo.

Repitiendo sus oraciones se quedó dormido.
Sonriendo al público, Enrique Iglesias se despidió.

Recuerde que...

1. cuando el gerundio va acompañado de los pronombres de complemento directo e indirecto, lleva acento escrito si los pronombres van después.[1]

Juan está **dándole** el boleto a Magda.	Pero: (Juan **le** está **dando** el boleto a Magda.)
Juan está **dándoselo** a Magda.	Pero: (Juan **se lo** está **dando** a Magda.)

---

[1] Revise la Lección 5, pág. 170.

2. En español no se usa el gerundio después de las preposiciones, sino el infinitivo.[1]

Antes de **ir** al teatro podemos comer algo.

PRÁCTICA

A. El problema de la reventa de boletos. Los revendedores de boletos dicen que su trabajo es muy honesto y que tienen derecho a trabajar como revendedores si así lo desean. Seleccione los verbos apropiados y complete las siguientes oraciones con el gerundio. Los verbos pueden usarse más de una vez.

abandonar	comprender	dejar	hablar
planear	tomar	tratar	tener

1. Hemos estado _hablando_ de los problemas de la reventa de boletos.
2. Las autoridades están _tratando_ de poner fin a este negocio porque muchos jóvenes están _dejando_ la escuela para trabajar de revendedores.
3. _Comprendiendo_ la gravedad de la situación, desde hace algún tiempo las autoridades han venido _tomando_ medidas para controlar la venta de boletos en la taquilla.
4. Se podría lograr este propósito _planeando_ con anticipación la asistencia a un espectáculo y no _dejando_ la compra de boletos para el último momento.
5. La venta normal de boletos para entrar a cines, teatros, conciertos y deportes se obtendría _teniendo_ un supervisor constante en cines, teatros, conciertos y deportes.

B. *Say Anything*, pero dilo con amor. *Say Anything,* rodada en los años 80, es una clásica película de romance adolescente. Los dos protagonistas Lloyd y Diane se quieren mucho pero, ¿podrá su amor sobrevivir serios obstáculos? ¡Vea el video para saber qué les pasa! Pero, por ahora practique expresando sentimientos de amor, poniendo el verbo en el gerundio y haciendo oraciones lógicas con un elemento de cada columna.

> **Modelo:** *Llegando a casa, te prometo llamar por teléfono.*

1. (Llegar) a casa...   ...se me pasan las horas volando.
2. Tú bien sabes que (hablar) contigo... ...quiero que sepas que te quiero mucho.
3. (Hacer) mis tareas...   ...no puedo hacer mis tareas.
4. (Pensar) en ti...   ...te prometo llamar por teléfono.
5. (Recordar) lo que me dijiste...   ...no pude dormir en toda la noche.
6. (Volver) a hablar de nosotros...   ...cometí muchos errores.

C. ¿Cómo se puede llegar a ser... ? Intercambie ideas con un(a) compañero(a) sobre las maneras en que se puede llegar a ser un gran personaje.

> **Modelo:** un(a) gran cómico(a)
> *¿Cómo se puede llegar a ser un gran cómico?*
> *Se puede llegar a ser un gran cómico trabajando mucho, practicando todos los días y preparando situaciones que hagan reír al público.*

---

[1] Revise la Lección 9, pág. 306.

1. un(a) buen(a) comentarista de televisión
2. un actor o actriz o una estrella del cine
3. locutor(a) de radio
4. un(a) director(a) de cine
5. un(a) periodista

Ahora, imagínense que Uds. han llegado a ser estrellas famosas. Cuéntenles a sus amigos cómo llegaron a ser tan famosos.

PERSPECTIVAS

PREPARATIVOS

1. Lea Ud. la sección **Sabía Ud. que en Honduras... ?**

2. Mire los verbos de la lectura que están en negrita y que se usan en el presente y el condicional perfecto. ¿Sabe qué significan en inglés? Para mañana a esa hora, *¿habrá terminado* su tarea de español? Si no hubiera tomado la clase de español, ¿qué otra clase *habría elegido?*

3. Si tuviera la oportunidad de ir a Honduras, ¿preferiría ir a una de sus hermosas playas o le gustaría visitar un sitio arqueológico para ver las ruinas mayas? Explique.

¿Sabía Ud. que en Honduras... ?

▲ *La cocina hondureña*

- La pequeña república tropical de **Honduras** es el país más montañoso de la América Central y el único que no tiene volcán. El idioma oficial es el español, pero un buen porcentaje de la población habla inglés. Por la influencia de grandes empresas estadounidenses, como la United Fruit Company, que se establecieron en el país hace años, hay muchas escuelas que ofrecen sus clases en inglés.

- **Tegucigalpa**, que en lengua indígena significa "Monte de la plata", es la capital del país y una antigua ciudad minera muy pintoresca. Se sitúa en un valle a 1.000 metros sobre el nivel del mar y está rodeada de montañas. Sus calles, que corren en todas direcciones, pueden confundir al visitante.

- El **nacatamal**, hecho de puré de maíz con un relleno° de *filled* carne, arroz, aceitunas y papas, es uno de los platos más típicos de Honduras. Los nactamales están envueltos en hojas de banana y cocidos a fuego lento. Es costumbre comerlos los sábados en la cena y si sobran algunos, se los comen en el desayuno al día siguiente. Se come mucha fruta como papayas, piñas, naranjas y toronjas.° *grapefruit*

¡Volveré a Honduras!

Me habría gustado pasar una semana más en Honduras. "Después de dos semanas, **habrás visto** todas las atracciones principales del país. Es suficiente tiempo", me dijo Juan Castañeda, el agente de viajes, especialista en turismo centroamericano. ¡Era obvio que ese hombre jamás había estado en el pequeño y encantador país de Honduras!

Llegué a Tegucigalpa y fui directamente a mi hotel. Almorcé un delicioso nacatamal, unas cuantas tortillas y una bebida hecha de piña, canela y azúcar, y salí a conocer la ciudad capital de Honduras con una copia del excelente libro, *Honduras: Behind the Colors* de Guillermo Yuscarán. Siendo fotógrafo y cinematógrafo de afición, quería volver con muchas imágenes de esta república cuya arquitectura colonial del siglo XVI se había mantenido intacta: la catedral, el palacio presidencial, la universidad, fundada en 1847, y los parques... tantos parques en plena ciudad. **Habría hecho** una excursión al pequeño pueblo de Valle de Ángeles en las afueras de la ciudad, pero no disponía de mucho tiempo. Por bonita que fuera Tegucigalpa, era sólo el aperitivo. Las ruinas de Copán, a unas cuatro horas en coche, eran el plato principal.

Copán, fundada en el siglo V, fue la antigua capital de los mayas, y es una de las mejores pruebas de la existencia de esa civilización. En su época de gloria, los templos, palacios y cortes ocupaban una superficie de 39 kilómetros cuadrados. ¡Increíble! Para orientarme empecé mi visita en el Museo de Escultura Maya donde pude admirar los cuchillos de obsidiana que los indígenas usaban para afeitarse, hermosos aretes de jade, y dientes humanos con incrustaciones de piedras preciosas. Luego, fui a la gran Plaza de los Sacrificios, famosa por sus altares y estelas. Vi el Campo del Juego de Pelota, la Escalinata de los Jeroglíficos, la Plaza de los Tigres y otros tesoros arqeológicos.

El tiempo se me fue volando. Con una semana más **habría ido** a la selva para ver los pájaros multicolores y los ruidosos monos,° a las magníficas playas de Tela y La Ceiba en la región de la costa norte y al territorio multiétnico y multicultural de La Mosquitia. ¿Una semana más? Dos semanas más no **habrían sido** suficientes. Algún día volveré a Honduras.

monkeys

COMPRENSIÓN Y PRÁCTICA

A. Comprensión. Conteste las siguientes preguntas.

¿Por qué el autor de la lectura...

1. quería sacar fotos de Tegucigalpa?
2. no pudo visitar el pueblecito de Valle de Ángeles?
3. se interesaba mucho por ir a Copán?
4. probablemente buscará otro agente de viajes para su próximo viaje?
5. seguramente volverá a visitar a Honduras?

B. Expansión. Complete los pasos a continuación.

El viajero de la lectura le ha contratado a Ud. para ser su agente de viajes para su próximo viaje a Honduras. Honduras es un país repleto de atracciones culturales, artísticas, turísticas y recreativas. Busque información turística en el sitio web www.letsgohonduras.com para ayudar a su cliente. Use el índice general, mueva el ratón sobre *Naturaleza* e investigue: Islas de la Bahía, La Mosquita y La Ceiba. Mueva el ratón sobre *Colonial* e investigue Camayagua. Haga lo mismo para *Culturas vivas* e investigue la zona norte. Luego recomiende a su cliente:

1. tres sitios que debe visitar.
2. tres actividades recreativas, artísticas o culturales que debe hacer.

¡No se olvide de recomendarle cuánto tiempo debe quedarse en el país!

ESTRUCTURA 2: El futuro perfecto y el condicional perfecto

LAS FORMAS DEL FUTURO PERFECTO Y DEL CONDICIONAL PERFECTO

El futuro perfecto y el condicional perfecto se forman con el verbo auxiliar **haber** y el **participio pasado**. En el futuro perfecto, **haber** está en el futuro (**habré, habrás,** etc.) y en el condicional perfecto, **haber** está en el condicional (**habría, habrías,** etc.)

Futuro perfecto		Condicional perfecto	
habré	apagado	habría	abierto
habrás		habrías	
habrá	encendido	habría	escrito
habremos		habríamos	
habréis	dicho	habríais	visto
habrán		habrían	

LOS USOS DEL FUTURO PERFECTO Y DEL CONDICIONAL PERFECTO

El futuro perfecto	El condicional perfecto
1. El futuro perfecto corresponde a *will have* en inglés. Indica una acción anterior a otro punto de referencia en el futuro. Te aseguro que todos **habrán olvidado** esa noticia en un año.	1. El condicional perfecto corresponde a *would have* en inglés. Indica una acción anterior a otro punto de referencia en el pasado. Te aseguré que todos **habrían olvidado** esa noticia.
2. El futuro perfecto también puede expresar probabilidad. Ya te **habrá enviado** la invitación. (Probablemente ya **ha enviado** la invitación.)	2. El condicional perfecto también se usa para expresar deseo o posibilidad ante una condición contraria a la realidad. **Habría ido,** pero no me invitaron. **Habría ido** si me hubieran invitado.

A. Adicto a la tele. En parejas, observen con atención el siguiente dibujo y hagan sus propias conjeturas, considerando éstas y otras preguntas.

1. ¿Quién será este hombre? ¿Qué edad tendrá el señor? ¿Dónde estará?

2. ¿Por qué habrá invitado a su televisor a cenar? (Mencionen tres posibles razones).

3. ¿De qué habrán hablado?

4. ¿Cómo habrá reaccionado el camarero?

5. ¿Qué habrá pedido para cenar el televisor? Expliquen.

B. ¡Qué día más ocupado! Todo el día se le pasó a Ud. sin poder hacer lo que quería. Diga lo que **habría hecho** y por qué no lo pudo hacer.

> **Modelo:** acostarse temprano / volver del concierto tarde
> *Yo me habría acostado temprano, pero volví tarde del concierto.*

1. levantarse a las ocho/estar cansado(a)

2. ponerse los vaqueros/no encontrarlos

3. llegar a tiempo a clase/mi reloj estar atrasado

4. ir al cine después de clase/tener que estudiar para un examen

5. estudiar mucho/a las siete Raúl llamar por teléfono

6. recibir una A en el examen/no saber la última pregunta

7. irme a casa después de clase/tener otro examen

8. llamarte por teléfono/ser demasiado tarde

 C. Yo, en tu lugar... Un(a) compañero(a) le cuenta a Ud. lo que le ha pasado y Ud. le dice lo que habría hecho en su lugar.

> **Modelo:** Mi novio(a) me pidió que le escribiera todas las semanas pero sólo le he escrito una carta.
> *Yo le habría escrito todos los días.*

1. Anoche fui a una fiesta y hoy no sé la materia para el examen.

2. No le he dicho a mi hermana que he perdido la carta que me dio para que la echara al buzón.

3. Mi padre quería que estudiara derecho, pero yo prefería biología.

4. La semana pasada vi a mi novio(a) con otra(o) muchacha(o), pero hasta ahora no le he dicho nada.

5. Me dolía mucho la cabeza, pero María me llamó y yo acepté una invitación para cenar.

PERSPECTIVAS

PREPARATIVOS

1. Lea la sección **¿Sabía Ud. que en Honduras... ?**

2. Mire los verbos de la lectura que están en negrita. Note el uso del subjuntivo en el tiempo compuesto. Fíjese en cómo describe una acción pasada anterior a otra acción en el pasado. ¿Hay ejemplos de acciones hipotéticas?

3. ¿Siempre lee *todos* sus mensajes electrónicos? ¿Por qué sí o por qué no? Explique lo que es el *Spam*. En los supermercados se puede comprar carne enlatada (*canned*) que tiene el mismo nombre. ¿Habrá alguna conexión?

¿Sabía Ud. que en Honduras... ?

- **Zamorano**, conocido también como la Escuela Agrícola Panamericana, fue construido originalmente en el estado de Delaware de Estados Unidos. Ahora se sitúa a 30 kilómetros al sureste de Tegucigalpa. Es un renombrado centro académico privado que se dedica a preparar líderes para toda América en agricultura sostenible, agronegocios, agroindustria y manejo de recursos naturales. Trabaja con la Universidad de Cornell para ofrecer un Programa de Maestría Profesional en Agricultura Tropical, y colabora con la Universidad de Purdue en un programa de estudios en el extranjero.

- **San Pedro Sula** es la segunda ciudad de Honduras y su centro industrial y comercial. A muchos hondureños les gusta hacer excursiones de compras a esta ciudad situada en la costa norte, por la gran variedad de artesanías y artículos que se producen allí. Las boutiques Glamour y Jazmín Palacios venden prendas de cuero de muchos colores que atraen a gente de todas partes. Fue fundada en 1536 pero no conserva el encanto del pasado. Sirve de punto de partida para excursiones a las playas del norte.

▲ *San Pedro Sula*

Correo electrónico: ¡Déjenme en paz!

Hernán Ortiz estudia en Zamorano y se especializa en agroindustria y desarrollo rural. Acaba de volver a la escuela después de pasar la Pascua en San Pedro Sula con su familia. Lo primero que se le ocurrió hacer fue sentarse delante de su computadora para abrir el e-mail y luego terminar un trabajo que tenía pendiente para su clase de recursos naturales de América Central. Lo que vio en la pantalla lo asustó... miles y miles de mensajes indeseables se habían acumulado, algunos con múltiples envíos idénticos. ¡No podía creer que **hubiera recibido** tantos mensajes! Si su compañero de cuarto no **hubiera tenido** el mismo bombardeo de correo, habría pensado que algo chueco° ocurría. Había medicamentos sin recetas, recetas para enfermedades que no tenía, concursos que había ganado, ofertas para "comprar" diplomas universitarios (¿no sabían que ya era estudiante?), viajes, promesas, oportunidades, ventas, más ofertas. Si Hernán no **hubiera pasado** tanto tiempo abriendo el e-mail, ya habría terminado su trabajo.

crooked

COMPRENSIÓN Y PRÁCTICA

A. Comprensión. Explique por qué Hernán Ortiz no terminó su papel para su clase de recursos naturales de América Central.

B. Expansión. Conteste las siguientes preguntas.

1. ¿Por qué es irónica la situación de Hernán Ortiz?
2. Hay congresos para discutir el asunto y leyes para, supuestamente, proteger contra el *Spam*, pero sigue apareciendo en las pantallas de nuestras computadoras. ¿Por qué? ¿Qué más se puede hacer para parar este bombardeo de mensajes e información?

3. En parejas, hagan una lista de los mensajes electrónicos más sorprendentes, ridículos y absurdos que han recibido.

4. Además de un bombardeo de mensajes electrónicos, ¿que otras situaciones "spam" compiten por su tiempo? ¿Hay otras pantallas que le roben su tiempo?

5. Hernán no entregó su trabajo a tiempo y tuvo que ir al despacho de su profesor para explicarle lo que pasó. En parejas, usen su imaginación, escriban este diálogo y represéntenlo para la clase.

ESTRUCTURA 3: El pluscuamperfecto del subjuntivo

LAS FORMAS DEL PLUSCUAMPERFECTO DEL SUBJUNTIVO

Formamos el pluscuamperfecto del subjuntivo con el imperfecto del subjuntivo de **haber** y el participio pasado.

Formación del pluscuamperfecto del subjuntivo

	enviar	ver	dirigir
hubiera hubieras hubiera hubiéramos hubierais hubieran	enviado	visto	dirigido

LOS USOS DEL PLUSCUAMPERFECTO DEL SUBJUNTIVO

Se usa el pluscuamperfecto del subjuntivo en cláusulas subordinadas...

1. para describir una acción pasada, anterior a otra acción. El verbo de la cláusula principal está en el pasado del indicativo y exige el uso del subjuntivo en la cláusula subordinada.

   No podíamos creer que **hubiera contratado** una banda de rock para su boda. Tuve mucho miedo de que **hubieran llamado** por teléfono cuando yo estaba fuera.

2. para expresar una acción hipotética o contraria a la realidad en el pasado. El verbo de la cláusula principal está en el condicional y exige el uso del subjuntivo en la cláusula subordinada.

   Sería una lástima que Manuel **hubiera echado** la carta sin sellos.
   Me daría mucha vergüenza que **hubieras hecho** esa tontería.

3. si la condición en el pasado es incierta o contraria a la realidad, se usa el pluscuamperfecto del subjuntivo en la cláusula que comienza con **Si**.

Si lo **hubiera sabido...** (no sabía)
Si **hubiera estudiado** más... (no estudié)

La posible consecuencia en el pasado se puede expresar con el condicional perfecto o el pluscuamperfecto del subjuntivo.

Si hubieras comenzado temprano, ya | habrías terminado.
| hubieras terminado.

Ya habrías terminado
Ya hubieras terminado | si hubieras comenzado temprano.

Si hubiera sido cartero habría / hubiera sabido el nombre de todas las calles.

4. **De** + **infinitivo** sirve para reemplazar el pluscuamperfecto del subjuntivo en la cláusula de **"si..."**

De comenzar temprano, ya hubieras o habrías terminado.
De ser cartero, hubiera o habría sabido el nombre de todas las calles.

PRÁCTICA

A. Teléfonos a bordo. ¿Ha hecho Ud. alguna vez una llamada telefónica desde un avión? Si no la ha hecho nunca, lea con atención las siguientes instrucciones.

VILLAHERMOSA POR AEROMEXICO **29** ESCALA ▶ NOVIEMBRE '95

TELÉFONOS A BORDO
Public phone on-board

Ahora puede hacer y recibir llamadas, hasta enviar faxes e información con el servicio Airfone de Aerocom.

1

Siga las instrucciones que aparecen en la pantalla. Oprima el botón para liberar el teléfono.

2

Seleccione el idioma.
Siga las instrucciones para hacer o recibir llamadas o enviar información y faxes de su computadora personal.
Oprima el "1" para realizar la llamada.

3

Deslice la tarjeta de crédito como se muestra.
Marque el número deseado.

El cobro inicia al conectar la llamada y termina al acomodar el teléfono en su lugar o al oprimir el botón "End Call".

VISA

Aceptamos las siguientes tarjetas de crédito internacionales.

Imagínese que en una ocasión Ud. tuvo necesidad de hacer una llamada telefónica urgente desde un avión. Ud. trató de usar el teléfono a bordo pero no funcionaba. Cuando el avión aterrizó, Ud. fue a quejarse al mostrador de la compañía aérea. Con la ayuda de un(a) compañero(a), complete el diálogo con el pluscuamperfecto del subjuntivo.

—Señorita, tengo una queja. Quise hacer una llamada telefónica desde el avión pero el teléfono no funcionaba.

—Ah, lamento muchísimo que Ud. no _____ (poder) hacer su llamada, pero la compañía aérea no es responsable de los teléfonos.

—Pero... señorita, era un asunto de negocios muy urgente. Si yo _____ (hacer) esa llamada, no _____ (necesitar) quejarme.

—Lo siento, pero no puedo admitir esa explicación. Si Ud. _____ (seguir) las instrucciones de la pantalla, no _____ (tener) ningún problema.

—Pero... ¡yo sí seguí las instrucciones de la pantalla!

—Pues entonces, si Ud. _____ (oprimir) el botón para liberar el teléfono, su llamada _____ (ser) perfecta.

—Pero... ¡yo sí oprimí el botón!

—Déjeme ver... ¡Ya sé cuál es el problema! Si Ud. _____ (deslizar–*slide*) la tarjeta de crédito, el teléfono _____ (funcionar) a las mil maravillas.

—Señorita, permítame decirle que sí deslicé la tarjeta de crédito. Si yo _____ (saber) que los teléfonos de sus aviones no funcionan, _____ (volar) con otra compañía aérea.

—Sentiría mucho que nuestra compañía le _____ (causar) serios problemas. ¿Aceptaría Ud. un boleto gratis como compensación?

—¡Con mucho gusto! Es Ud. muy amable, señorita.

 B. ¡Charlemos! Con un(a) compañero(a), comenten qué habrían hecho...

1. si no hubieran venido a clase hoy.

2. si hubieran escrito Romeo y Julieta.

3. si hubieran sido el (la) director(a) de la película *El Señor de los anillos: Las torres gemelas* u otra película famosa.

4. si no hubieran asistido a esta universidad.

PERSPECTIVAS

PREPARATIVOS

1. Lea la sección **¿Sabía Ud. que en Honduras... ?**

2. Mire las palabras de la lectura que están en negrita. Son ejemplos de los pronombres relativos, palabras que se usan para unir oraciones simples. ¿Sabe por qué en algunos casos el pronombre es **que**, y en otros es **quien**? ¿Qué significa **lo que** en inglés?

3. ¿Alguna vez ha escuchado un reportaje que lo (la) afectó mucho? ¿Ha visto reportajes sobre incendios, terremotos, huracanes u otros desastres? ¿Podría comentar lo que pasó durante y después del huracán Mitch?

¿Sabía Ud. que en Honduras... ?

- Gracias a *Made in Honduras*, los hondureños que viven fuera de su país se mantienen informados de los acontecimientos importantes que suceden allí. Su objetivo es presentar temas de interés general de política, economía, seguridad, deportes y cultura para los hondureños, dirigirse a los problemas de vivir en el extranjero y mostrarle al resto del mundo el lado hermoso y positivo de ese pequeño país fascinante. *Made in Honduras* es el único noticiero hondureño en la televisión de Estados Unidos.

▲ *Después del huracán Mitch*

- El **huracán Mitch** ocurrió en octubre de 1998 y es la cuarta mayor tormenta jamás registrada en el Atlántico. Los miles de muertos, las ciudades destrozadas, los ríos desbordados° y la economía paralizada implican un esfuerzo de reconstrucción de 30 a 40 años. Dijo un oficial hondureño después del desastre: "Para Honduras, esto es peor que cien golpes de estado..."

overflowed

Un reportaje inolvidable

Nueva Orleans es una de las ciudades estadounidenses que más hondureños tiene. Soy Marina y vivo aquí con mi marido y mis tres hijos. Ese domingo de 1998 es un día **que** jamás olvidaré. Al mediodía encendí la televisión al canal 10 aquí en Nueva Orleans para escuchar el noticiero *Made in Honduras* con Mayra Navarro, **quien** nos mantiene a mí y a mi familia al tanto de° las noticias en Honduras. Anunció que el huracán Mitch ya había empezado su azote° de Honduras, y que el río Choluteca se había desbordado, inundando Tegucigalpa, mi ciudad natal, y que pueblos enteros habían sido enterrados° por las intensas lluvias. El demonio de Mitch, **que** en tiempo récord había alcanzado la categoría cinco en la escala de huracanes, estaba paralizando la economía no sólo de Honduras sino también de Nicaragua. ¡Dios mío! "¿Qué le pasaría a mi primo **que** vivía en una choza° en las laderas de la colina? ¿Y a mi madrina **que** no tenía quien cuidarla ni a **quien** acudir por° ayuda y consuelo?", pensé al oír las noticias devastadoras. **Lo que** más me angustiaba era la falta de comunicación. Según el reportaje pasarían semanas antes de que pudiéramos comunicarnos con nuestros queridos familiares **que** sufrían en medio de ese infierno° en Honduras.

up to date

attack
buried

hut
go for

hell

COMPRENSIÓN Y PRÁCTICA

A. Comprensión. Complete la siguiente actividad.

Describa ... cuando prendió la televisión un día domingo de 1998.

1. la sorpresa que se llevó Marina
2. las imágenes que le vinieron a la mente a Marina
3. la angustia que sintió Marina

Expansión. Conteste las siguientes preguntas.

4. Además de noticias generales y temas de interés, ¿qué otros servicios podría proveer un programa como *Made in Honduras*, especialmente durante un desastre como el huracán Mitch?
5. Si Ud. hubiera sido un(a) vecino(a), colega o amigo(a) de Marina en octubre de 1998, ¿qué habría hecho para ayudarla?

ESTRUCTURA 4: Los pronombres relativos

LOS USOS DE LOS PRONOMBRES RELATIVOS *QUE* Y *QUIEN(ES)*

El pronombre relativo sirve para unir dos oraciones simples y formar una oración compuesta. El pronombre relativo reemplaza a un sustantivo ya mencionado.

El señor habla. (El señor) es actor de cine.
El señor **que** habla es actor de cine.

El pronombre relativo puede ser sujeto o complemento del verbo.

Sujeto: **Los muchachos** llegaron. (Los muchachos) son muy simpáticos.
Los muchachos **que** llegaron son muy simpáticos.

Complemento: Recibí **la carta.** (La carta) es de mi padre.
La carta **que** recibí es de mi padre.

Los pronombres relativos pueden introducir dos clases de cláusulas subordinadas. Se usan con...

1. una cláusula restrictiva que completa el significado del antecedente y que no puede omitirse sin cambiar el sentido de la oración.

Oración principal: La carta   es de mi padre.
Pronombre relativo: ⌐ que ⌐
Cláusula restrictiva: | recibí hoy |

2. una cláusula parentética que está separada de la oración principal por comas y sirve para ofrecer información adicional. Por lo tanto, esta información puede eliminarse sin alterar el sentido de la oración.

Oración principal: El redactor del periódico,   quiere conocerte.
Pronombre relativo: ⌐ quien ⌐
Cláusula parentética: | parece ser muy amable, |

El pronombre relativo es indispensable en español y no puede omitirse como sucede frecuentemente en inglés.

Ésta es la casa **que** me gusta. *This is the house (that) I like.*

El uso de *que*

que	*who* *whom* *that*

1. El pronombre relativo **que** es invariable y reemplaza a personas o cosas. Es el pronombre relativo que más se usa.
2. **Que** sigue al antecedente e introduce frecuentemente una cláusula restrictiva.

El hombre **que** habla es un periodista famoso. *(who)*
La muchacha **que** conocieron es mi novia. *(whom)*
Los periódicos **que** leímos eran muy interesantes. *(that)*

El uso de *quien(es)*

quien(es)	*who* *whom*

1. El pronombre relativo **quien(es)** concuerda con el antecedente en número y reemplaza solamente a personas.
2. **Quien(es)** introduce una cláusula parentética, separada de la cláusula principal por comas.

Raúl, **quien** fue mi compañero en la escuela, es locutor de radio. *(who)*

3. Si el pronombre relativo **quien** se usa como complemento directo, lleva **"a"** delante de la persona.

Anoche conocí **a** la actriz María López. Ella preguntó por ti.
La actriz María López, **a quien** conocí anoche, preguntó por ti. *(whom)*

4. **Quien(es)** se usa después de todas las preposiciones y reemplaza a personas.

La señora Gallo, **con quien** hablé esta mañana, parecía muy contenta.
(with whom)
La directora de la película, **de quien** te he hablado antes, se llama Cristina.
(of whom)

OTROS PRONOMBRES RELATIVOS

El que, el cual

el que (el cual)	*which* *whom*

1. El pronombre relativo **el que (el cual)** concuerda en género y en número con el antecedente. Se usa este pronombre para reemplazar cosas y sigue a las preposiciones.

   La telenovela **de la que (la cual)** te he venido hablando termina esta noche.
   Los programas musicales **en los que (en los cuales)** aparece el cantante José José son siempre muy populares.

2. **El que (el cual)** se usa en lugar de **quien(es)** cuando sigue a una preposición, para identificar con mayor claridad el antecedente.

   Las bailarinas **en las que (en las cuales)** pensé no pueden trabajar en mi programa de TV porque tienen otro compromiso.

el que	the one who (that)
	the ones who (that)
	those who (that)

3. **El que** también se usa para introducir una cláusula subordinada parentética (entre comas). **El (la, los, las) que** distingue uno (una, unos, unas) entre varios al referirse a personas, cosas o lugares.

   El periodista, **el que** escribió el artículo, es de Madrid. *(the one who)*
   Este informe no es tan importante como **el que** leímos ayer. *(the one that)*

4. **El que** se usa después del verbo **ser** para referirse a personas o cosas.

   Estos carteros son **los que** distribuyen las cartas de la mañana. *(the ones who)*
   Esa emisora **es la que** transmite el mejor boletín de noticias. *(the one that)*

5. **El que** se usa para indicar un antecedente no mencionado que puede ser persona o cosa.

   Los que llegaron tarde al cine no encontraron boletos. *(those who)*
   Estas casas son muy cómodas pero prefiero **las que** vimos ayer. *(the ones that)*

Lo que

lo que	which
	that which
	what

1. **Lo que** es el pronombre relativo neutro. Es invariable.

2. Se usa **lo que** cuando el antecedente es toda una idea expresada en una cláusula.

   Los lectores criticaron el artículo de fondo, **lo que** molestó mucho al periodista. *(which)*

3. También se usa **lo que** para referirse a una idea imprecisa.

   Lo que Ud. me dijo ayer nunca lo repetiré. *(that which, what)*
   Francamente, no sé **lo que** va a pasar mañana. *(what)*

PRÁCTICA

A. Operación triunfo. Para saber qué puede pasar "detrás del escenario", lea sobre un programa de tele muy popular y llene el espacio con el pronombre relativo apropiado, **que** o **quien(es)**.

Hoy día hay muchos programas de tele _____ sirven como foro para las personas _____ tienen talento. *American Idol*, por ejemplo, es muy popular en EE.UU., porque le da a la gente la oportunidad de presentarse delante de un público de televidentes _____ pueden votar y decidir si realmente tienen "algo extra"... lo necesario para ser famosos. *Operación triunfo* es uno de estos muy populares programas. El otro día mi amiga Sara fue a un ensayo. Esto es lo que me contó:

"Fui con una amiga a la emisora. Llegamos a tiempo pero la asistente _____ trabaja en la oficina central me dijo que tendríamos que esperar dos horas. En la sala de espera había muchas personas _____, como yo, estaban muy nerviosas. Tuvimos que llenar un formulario _____ tenía más de 25 preguntas sobre nuestra experiencia, talentos especiales y más. Al terminar, tuvimos que entregárselo a un hombre _____ estaba sentado al lado de la asistente. La amiga con _____ fui estaba tan nerviosa que no podía contenérselo, y empezó a cantar en voz alta. Las personas _____ estaban en la sala con nosotros se echaron a reír. El hombre a _____ habíamos entregado el formulario le dijo que se callara. Un hombre _____ estaba sentado a mi lado también se echó a cantar. Una mujer _____ había venido con sus dos niños se levantó y empezó a bailar. Otro sacó su guitarra y empezó a tocar. ¡¡Fue muy divertido!!"

B. Preparativos para el 12 de octubre. Ricardo es un estudiante hondureño que vive en una residencia estudiantil en Estados Unidos. Ricardo y tres de sus amigos están preparando una fiesta para celebrar el encuentro de dos mundos —el latino y el estadounidense. Todos están muy entusiasmados pensando en los platos regionales que van a preparar, la música que van a escuchar y lo mucho que se van a divertir. Usando **que** o **quien(es),** modifique cada una de las siguientes oraciones y complétela con una cláusula subordinada, según el modelo.

> **Modelo:** Vivo con *tres estudiantes.*
> *Los tres estudiantes con quienes vivo son muy simpáticos.*

1. Estamos preparando *la fiesta.*
2. Vamos a preparar *los platos regionales.*
3. Yo voy a llevar *la tortilla española.*
4. Conocí a *la muchacha argentina.*
5. Te hablé ayer de *las chicas.*
6. Me pondré *la camisa azul.*
7. Tocaremos *los últimos éxitos.*
8. Llamaremos por teléfono a *los amigos.*
9. ¿Vas a venir con *la estudiante peruana?*

C. Una llamada telefónica muy extraña. Complete las siguientes oraciones con el pronombre relativo **que, quien, el (la, los, las) que** o **el (la, los, las) cual(es)**.

1. La llamada telefónica _____ recibí ayer fue muy extraña.
2. Me habló una muchacha _____ había visto mi programa de televisión.
3. La chica con _____ hablé parecía ser guatemalteca.
4. Me pidió que fuera al parque en _____ hay una iglesia de la época colonial.
5. Cuando llegué al lugar de nuestra cita vi la iglesia, delante de _____ había una hermosa muchacha vestida de blanco.
6. Creí que era la joven de Guatemala con _____ tenía una cita.
7. ¿Era ella la muchacha _____ me admiraba tanto como actor?
8. Ahí estaba la mujer por _____ había perdido el sueño.
9. Cuando me acerqué a ella, me rechazó diciendo que ella era una mujer _____ no hacía citas por teléfono.
10. Ese día cometí varios errores por _____ pagué muy caro.

D. La oficina en la que voy a trabajar. Mañana Ud. comienza a trabajar para un periódico muy importante. El jefe de redacción, quien es amigo suyo, desea mostrarle la oficina en la que Ud. va a trabajar. Una las dos frases con **el (la, los, las) que** o **lo que**, según las indicaciones.

> **Modelo:** Ésta es la oficina. Vas a trabajar en esta oficina.
> *(in which)*
> *Ésta es la oficina en la que vas a trabajar.*

1. Éstos son los artículos. Quería hablarte sobre los artículos. *(about which)*
2. Ésta es la radioemisora. En la emisora se transmite la mejor música. *(in which)*
3. Ésos son los archivos. Te he hablado varias veces de los archivos. *(of which)*
4. Aquél es el buzón. Debes echar tus cartas en el buzón. *(in which)*
5. Aquí tienes los artículos. Con los artículos vas a escribir tu informe. *(with which)*
6. Trabajarás sólo seis horas por día. Eso me parece muy bien. *(which)*

 E. La noticia del día. Seleccione el pronombre relativo apropiado y hágale la pregunta a su compañero(a) de clase. Él (Ella) le contesta, usando la frase indicada.

> **Modelo:** ¿Oíste la noticia de un incendio que pasaron en la tele?
> *Lo que oí fue que en el verano hay muchos incendios en California.*

1. Me refiero al incendio de un teatro en (la que/el que/los que) murieron 87 personas.

   Lo que me parece terrible es que...

2. Este incendio fue tan horrible como (que/el que/el cual) tuvo lugar en un club nocturno de Nueva York. ¿Recuerdas?

   ¡Ya lo creo! Lo que no recuerdo es cuándo...

3. La persona (quien/que/la cual) está acusada de intento de incendio es un menor de edad.

   Lo que deben hacer con el acusado es...

4. La casa al lado de (que/la cual/el cual) estaba el teatro no fue destruida por las llamas.

   Lo que me llama la atención es que...

5. El fuego (que/el que/el cual) estalló en la planta baja avanzó en segundos al primer piso.

   Lo que no recuerdo es qué...

6. Los bomberos, (los que/que/los cuales) llegaron minutos más tarde, no pudieron hacer nada.

   Lo que me molesta es que...

7. El señor Smith fue (el que/que/el cual) llamó a los bomberos.

   Lo que no comprendo es por qué...

Más allá del aula

El cine de tema centroamericano

Aquí se ofrecen las sinópsis de tres películas con temas centroamericanos.

El espíritu de mi mamá (1999) Honduras. Sonia quiere escaparse de los problemas que enfrenta viviendo en Los Ángeles. Después de recibir un mensaje de su madre muerta en un sueño, vuelve a su pueblo natal en Honduras en busca de sus raíces.

Men With Guns (1997) EE.UU. La alegoría de un médico respetado (Federico Luppi) quien, después de la muerte de su mujer, visita a unos de sus estudiantes que se han dedicado a ayudar a los indígenas en pueblos pobres de Centroamérica. Descubre que algunos de ellos han sido matados por soldados guerillas. Dirigida por John Sayles.

Central America Close-Up (1998) La película sigue la vida de dos adolescentes mayas. Una chica de 14 años vive en un pueblo muy tradicional en las montañas de Guatemala. Un chico de 15 años vuelve con su familia a su pueblo natal en El Salvador que habían dejado durante la guerra civil en la década de los 80.

Complete los siguientes pasos:

- Si tuviera que escoger sólo una de estas películas, ¿cuál vería? ¿Por qué?
- Busque en Internet dos películas más sobre Centroamerica. Estos sitios pueden ser útiles, pero deben buscar en otros sitios.

  www.facets.org
  www.films.com

¿Cuáles son algunos temas comunes en las películas? ¿Por qué será? Si Ud. fuera a dirigir una película sobre Centroamérica, ¿en qué país la filmaría? ¿Con qué tema(s) trataría? ¿Quién(es) protagonizaría(n) su film? Explique.

¡OJO CON ESTAS PALABRAS!

	pero
but	sino
	sino que

1. **pero** + (sujeto) + verbo
   pero equivale a *but*. Une dos cláusulas independientes.

   Teníamos sueño, **pero** no pudimos dormir.
   Estábamos invitados, **pero** no fuimos a la fiesta.

2. **sino** + sustantivo

   No... sino tiene el sentido de **al contrario** (inglés: *but [rather]*). Sirve para introducir una oración negativa seguida de una idea opuesta.

   No tengo sueño **sino** hambre.
   La carta **no** era para mí **sino** para José.

3. **sino** + **que** + verbo

   No... sino que se usa cuando los verbos de las dos cláusulas son distintos y se oponen.

   No me han dado el dinero, **sino que** lo han puesto en el banco.
   El Mall Multiplaza en Tegucigalpa **no** tiene solamente tiendas y restaurantes, **sino que** cuenta con seis cines de alta tecnología.

4. **No sólo... sino (también)**

   No sólo... sino (también) (inglés: *not only . . . but also*) sirve para expresar una afirmación, eliminando la restricción impuesta por sólo.

   Pensamos visitar **no sólo** Tegucigalpa, **sino también** Valle de Ángeles.
   En la capital **no sólo** iremos al Parque Herrera, **sino** al Parque Valle.

PRÁCTICA

¿Qué película vamos a ver esta noche? Complete el diálogo con **pero, sino, sino que** o **sino también.**

CARMEN: ¿Aló? ¿Paco? Te estaba esperando. No te dije que me llamaras a las seis _____ pasaras por mí para ir al cine.

PACO: Sí, sí. Ya lo sé, Carmen, _____ acabo de ver en la Guía Cinematográfica que en el cine Imperio hoy no pasan la película de Almodóvar que queremos ver.

CARMEN: Que yo sepa, no la dan en el Imperio _____ en el cine Palafox.

PACO: ¡Qué lástima! No sólo estamos atrasados _____ mi coche está sin gasolina y el cine Palafox queda muy lejos de aquí.

CARMEN: Bueno, no te preocupes, tenía muchas ganas de ver la película de Almodóvar _____ podemos verla otro día. Oye, como ya se hace tarde, ¿qué te parece si vamos al cine Universitario? No sólo vemos una película con Andy García _____ una con Salma Hayek.

PACO: No es mala idea, _____ me tienes que prometer ver las dos películas. La última vez nos salimos a la mitad de la segunda película porque te pareció muy larga.

CARMEN: No era larga _____ aburrida.

PACO: Bueno, bueno. Te paso a buscar en diez minutos.

AMPLIACIÓN Y CONVERSACIÓN

A. Vamos al cine. En parejas, completen el diálogo y preséntenlo a la clase.

A: ¿Aló?

B: ...

A: Soy yo, ...(*diga su nombre*). ¿Qué vas a hacer hoy?

B: ...

A: ¿Te gustaría ir al cine conmigo?

B: ...

A: ¿Qué tipo de película te gustaría ver?

B: ...

A: ¿Por qué no te fijas en la Guía de Espectáculos si hay una función después de las ocho? Así tendríamos tiempo de comer algo antes de la película.

B: ...

A: ¿A qué hora quieres que te pase a buscar?

B: ...

A: Allí estaré a las... Hasta luego.

B: ...

B. Películas clásicas disponibles en DVD. Hay películas que se consideran clásicas porque siempre van a ser populares. En parejas, completen los pasos a continuación.

1. ¿Reconocen estos títulos? ¿Cuál es el título original de estas películas?

   Casablanca   2001: Una odisea del espacio
   El Mago de Oz   Psicosis
   Lo que el viento se llevó   Navidades blancas
   Ciudadano Kane   Tiempos Modernos de Charlie Chaplin
   El padrino   El bueno, el feo y el malo

2. ¿Cuáles de estas películas han visto Uds.? ¿Creen que son películas populares entre los estudiantes? ¿Por qué sí o no? Intercambien ideas sobre ellas, pónganlas por orden de preferencia y eliminen o añadan las que Uds. piensan que (no) deben estar en esta lista. Escojan dos títulos y hagan un resumen del argumento. ¿Quiénes las protagonizaron?

3. ¿Cuál es el título original de las siguientes películas? ¿Cuáles de las películas recientes serán las nuevas clásicas? Aquí se ofrecen posibilidades. ¿Están de acuerdo? ¿Por qué sí o no? Añadan algunas de sus favoritas a la lista y expliquen por qué deben estar incluidas.

   La princesa prometida   E.T. El extraterrestre
   La serie de Harry Potter: (La cámara   La serie de El Señor de los anillos:
      secreta, La piedra filosofal...)   (Las dos torres, El retorno
   8 Millas   del rey...)
   El diario de Bridget Jones   Mi primo Vinny
   Sé lo que hicisteis el último verano   Matrix

La lista de Schindler   Shakespeare enamorado
Fuera de onda (una pista: Con Alicia   El último samurai
  Silverstone y Brittany Murphy)

4. Comparen sus respuestas con las de las demás parejas y establezcan cuáles
   son las películas clásicas y recientes más populares en esta clase.

C. La reseña (*critique*). Ud. escribe reseñas para el sitio web Yahoo en
España. Escoja una película que ha visto recientemente y escriba la reseña
que va a aparecer en Internet. Incluya una sinópsis del argumento.

1. Para empezar, lea el siguiente segmento de la sinopsis y crítica que se
   ofrecen en el sitio web *es.movies.yahoo.com*

El Señor de los anillos: Las Dos Torres
Título original: "The Lord of the Rings: The Two Towers"
País y año: EE.UU., Nueva Zelanda (2002)
Género: Aventuras   Duración: 181'
Crítica: CineMagazine

Crítica: Todos aquellos que esperaban ansiosos la llegada de la segunda
parte están de enhorabuena, porque podrán seguir disfrutando de una de
las trilogías más grandes jamás contada, junto a "El padrino" y la
primera de "Star Wars". Tal y como señalaba este cronista con motivo
del estreno de "La comunidad del Anillo", "se trata de un espectáculo
de primer orden, como no podría ser de otra manera..."

Sinopsis: Después de las desventuras vividas, la Comunidad del Anillo
se ha desmembrado. Aragorn, acompañado por el enano Gimli y el elfo
Legolas, van en busca de los hobbits Merry y Pippin, que fueron
capturados por los orcos en el ataque que tuvo como resultado la muerte
de Boromir. Pero mientras siguen las huellas del grupo de orcos,
encuentran a un grupo de jinetes que aseguran que han acabado con los
orcos y que entre ellos no habían visto a ningún hobbit. Por suerte, y
después de la marcha de los jinetes, Aragorn y los suyos descubren que
Merry y Pippin han escapado...

---

2. Para ver todo lo relacionado con las películas más recientes y también las
   clásicas en video y DVD, visite el sitio web siguiente. Allí verá también
   otras descripciones de películas que pueden servir de modelo.

   es.movies.yahoo.com/

D. Cine versus video versus DVD. La revolución del universo digital ha
cambiado los hábitos de las personas. Si Ud. es de los que prefiere quedarse en
casa y pasar una noche viendo películas, averigüe si hay en la clase otros
estudiantes videomaniacos y hablen de lo siguiente.

1. las ventajas y desventajas de tener una videocasetera en casa
2. los programas que les gusta grabar

3. las películas que alquilan

4. las (des)ventajas de ver una película en DVD

5. las (des)ventajas de ver una película en VHS

E. Me ayudaron en español. Lea y comente con un(a) compañero(a) de clase el anuncio de AT&T que aparece a continuación.

"¿Sólo dijiste AT&T Español?..."

"Sí, y me ayudaron en español."

Tan sencillo como eso. Porque AT&T tiene muchas opciones para hacer sus llamadas de larga distancia y AT&T Español es una de ellas.

Con AT&T Español usted obtiene asistencia para completar sus llamadas de persona a persona, por cobrar, hechas con la tarjeta "AT&T Card" y llamadas cobradas a un tercer número, así como crédito inmediato por llamadas a números equivocados y muchos beneficios más.

Para hacer sus llamadas de larga distancia con asistencia de operadora, si desea ayuda inmediata y efectiva en español . . . sólo marque "0" más el número al que desea llamar y diga "AT&T Español" a la operadora.

Disfrute la opción de utilizar AT&T Español.

AT&T
La mejor decisión.

1. ¿Cuáles son algunos de los beneficios que ofrece AT&T en español?

2. ¿Ya habrán hecho llamadas con la ayuda de una operadora que habla español?

3. ¿Por qué AT&T habrá decidido servir a la comunidad hispana?

4. ¿...?

F. En la oficina de correos. Ud. está en la oficina de correos y desea enviarle una encomienda postal a su mejor amigo(a) que está en Honduras.

1. Pregúntele al (a la) empleado(a) cuál sería la manera más segura de enviar su paquete.

2. ¿Qué tiempo tardaría en llegar?

3. ¿Debería enviar la encomienda certificada?

4. Pregunte si el (la) empleado(a) tiene una lista de los distritos postales en Honduras.

5. Verifique si puede asegurar el envío.

6. ¿Cuánto costaría el franqueo?

G. Mesa redonda. Escoja tres o cuatro compañeros para formar una mesa redonda e intercambien ideas sobre los siguientes temas.

1. **El periódico universitario**

   Ha llegado el momento tan esperado para hablar de nuestro propio periódico y dar sugerencias para el futuro. ¡No se desanime y dé su franca opinión! Considere éstas y otras preguntas. ¿Piensa Ud. que el periódico universitario cumple con su función de informar a los estudiantes de todos los hechos de interés que pasan en el mundo? ¿en la universidad? ¿en los deportes? ¿Son interesantes los titulares? ¿los artículos de fondo? ¿Qué modificaciones sugiere Ud.?

2. **Ética periodística**

   En los últimos años por un lado, los comentaristas de la prensa, la televisión y la radio han lanzado al público noticias de carácter secreto, tanto de los asuntos políticos como de la vida privada de los ciudadanos, dando lugar a grandes escándalos. Por otro lado, en asuntos internacionales se han visto limitados y frustrados por no poder informar al público sobre todo lo que deseaban. ¿Cree Ud. que se debe limitar la difusión de noticias para el público? ¿Se debe dar a conocer al público toda la información obtenida por los periodistas y comentaristas? ¿Qué peligros existen en la absoluta libertad de prensa? ¿Sabe Ud. de algunos escándalos nacionales causados por la prensa? ¿Qué consecuencias han tenido?

H. Minidrama: Capítulo final de una telenovela. El público ha seguido durante dos años la apasionante historia de amor de una joven pareja que, después de muchísimos obstáculos, está a punto de lograr la felicidad. En este último capítulo, como siempre, los buenos son premiados y los malos castigados. Ha llegado el momento de crear el final de una telenovela. En parejas, escriban tres párrafos cortos en los que describen lo que pasa. Como ejemplo le damos el siguiente argumento y unos personajes.

MARÍA:	Una hermosa muchacha de origen pobre que se enamoró de un joven rico. Espera un hijo de él pero todo los separa. María logra llegar a ser una gran actriz de cine.
CARLOS ALFONSO:	Joven rico que conoció a María cuando ella era muy pobre y no tenía una buena educación. Se enamoró de ella, pero por presiones familiares no se casaron.
NACHA:	Mujer del campo que ha criado a María.
LUCRECIA:	Joven rica y mala que desea casarse con Carlos Alfonso.
ELENA DEL PILAR:	Famosa actriz de cine que viene buscando desde hace quince años a una hija perdida. Casi al final de la novela se entera de que María es su hija.

¿Qué sabe Ud. de... Honduras?

HONDURAS

Tela, Honduras

De todos los balnearios hondureños, en mi opinión, ninguno puede compararse con la belleza natural de Tela, una pequeña ciudad puerto situada en el departamento de Atlántida en la costa norte. Por eso confieso que me inquieté° al enterarme° de que se está construyendo un complejo hotelero que contará con 1.500 habitaciones de lujo y varias instalaciones recreativas. ¿Llegarán también más grandes y modernos centros comerciales y más cadenas de restaurantes del "Norte"

para manchar lo puro, lo natural y lo hondureño de esta zona? Reconozco que las posibilidades comerciales y económicas para la población siempre acompañan los proyectos de desarrollo turístico. Pero tengo miedo. ¿Serán capaces de proteger las playas de aguas cristalinas, los bosques nublados, los pájaros y las plantas exóticas, la tierra que se considera la más fértil del país y las aldeas donde vive la gente más sonriente y hospitalaria del continente? Ojalá que sí.

got worried / upon finding out

A. Recordar lo que sabemos. En la Lección 10 de **Horizontes: Cultura y literatura** hay varias menciones de Honduras. Repasando y recordando lo que leyeron, responda con un(a) compañero(a) a las siguientes preguntas:

1. ¿Cómo se llama la capital de Honduras? ¿Qué otras ciudades importantes de Honduras conocen?

2. ¿Cuántos habitantes tiene Honduras? ¿Qué ciudad o estado de Estados Unidos podría tener la misma cantidad de habitantes que Honduras?

3. ¿Con qué nombre se conoce a los (las) habitantes de Honduras? ¿Qué tipo de habitante predomina en Honduras?

4. ¿Cuál es la moneda de Honduras? ¿Saben Uds. a cuántas unidades de la moneda hondureña equivale un dólar de Estados Unidos?

5. ¿Qué productos de exportación ofrece Honduras?

6. ¿Recuerdan el nombre de algún escritor hondureño?

B. Ampliar lo que sabemos. ¿Les gustaría aprender más sobre Honduras? Reúnanse en grupos de tres o cuatro personas y preparen una presentación sobre uno de los siguientes temas. Elijan el que más les interese, u otro que no aparezca en la lista.

- La composición de la población hondureña. La mayoría mestiza. Las minorías autóctonas: chortís, lencas, pech, tolupanes y sumus. Las minorías étnicas mestizas entre población afrocaribeña y población nativa: misquitos y garífunas. La situación de las lenguas minoritarias.
- La historia de Honduras: las culturas mesoamericanas de la época precolombina; la resistencia a la invasión española por parte del lenca Lempira y el período colonial; la época contemporánea desde la Independencia hasta hoy: los fallidos intentos de formar la Federación Centroamericana, las constantes guerras civiles, la influencia de las compañías bananeras norteamericanas; la situación estratégica de Honduras durante los conflictos centroamericanos, especialmente el de Nicaragua.
- La naturaleza hondureña. Las especies autóctonas de Centroamérica: el sapo, los lagartos arbóreos, el guardabarranco. La diversidad de ecosistemas: selva lluviosa, bosque nublado, bosques mixtos subtropicales, sabana, bosque de matorral, manglar.
- Las desigualdades sociales en Honduras y en Centroamérica. Los altos niveles de pobreza y analfabetismo. Las causas profundas de las desigualdades. La labor de las ONGs (Organizaciones No Gubernamentales) en el alivio de las dificultades. Los efectos devastadores del huracán Mitch.
- La música de Honduras. Los instrumentos de las antiguas culturas precolombinas. Las músicas de los distintos grupos étnicos y sus instrumentos específicos como la zambumbia o caramba. La música para marimba. Las influencias hispana y afroantillana en el folclor hondureño. Las danzas: el iancunú y el curyay. Los compositores de música clásica.
- La riqueza de los yacimientos arqueológicos en Honduras. La importancia de Copán y su relación con la cultura maya. Otros yacimientos arqueológicos y sus culturas correspondientes: Naco, Los Naranjos, El Cajón, El Valle de Sula, Comayagua, Talgua. El papel de John Lloyd Stephens y Frederick Catherwood en la difusión de los yacimientos arqueológicos mayas.
- Más allá de los estereotipos. La representación de Honduras como República Banana o Bananera: realidad y ficción de un estereotipo norteamericano. Las visiones críticas del estereotipo en la cultura latinoamericana: la denuncia de la situación centroamericana en la poesía (Pablo Neruda en un poema de su *Canto General* sobre la United Fruit Co.), la narrativa (*El señor Presidente* de Miguel Ángel Asturias) y el cine.

C. Compartir lo que sabemos. ¿Cómo preparar la presentación?

1. Utilicen todo tipo de fuentes de información para investigar sobre el tema elegido: libros, prensa, Internet, etc.
2. Incluyan en su presentación todos los medios audiovisuales que crean convenientes: fotografías, mapas, dibujos, videos, cintas o discos de música, etc.
3. Ofrezcan a sus compañeros de clase un esquema de todos los puntos que van a desarrollar en su presentación.

AMPLIACIÓN Y COMPOSICIÓN

¡REVISE SU ORTOGRAFÍA!

Las letras *ll* e *y*

En muchos de los dialectos del español las letras **ll** e **y** se pronuncian igual. Esto hace que a veces el estudiante se confunda al escribir. La siguiente información le ayudará en su escritura.

Se escriben siempre con **y**...

1. muchas formas de varios verbos.
   a. los verbos en **–uir:** distribuyo, contribuya, construyó, sustituyera
   b. algunas formas del verbo **oír** y de otros que terminan en **–aer** y **–eer:** oyes, oyó, oyera, creyeron, creyéramos, cayendo, leyendo
   c. verbos que toman **y** en muy pocas formas: estoy, soy, doy, voy, hay, hayamos, yendo

2. otras palabras frecuentes: ayer, ayudar, hoy, ley, mayo, mayor, proyecto, rayo.

Se escriben siempre con **ll**...

1. las palabras que terminan en **–illa** o **–illo,** como las siguientes.

guerrilla	mantequilla	maravilla	mejilla
milla	rodilla	silla	orilla
tortilla	vainilla		
amarillo	anillo	bolsillo	cigarrillo
castillo	cuchillo	tobillo	

2. las palabras que terminan en **–illón:** sillón, millón, mejillón.

3. otras palabras frecuentes: apellido, callar, desarrollar, detalle, llamar, llegar, llenar, llorar, pollo, sello, servilleta.

ENFOQUE: El Ensayo

¡Prepárese a escribir!

El primer paso es escoger un tema que sea de interés para el lector y sobre el cual el escritor tenga suficiente conocimiento para poder presentar sus puntos de vista de una manera inteligente.

¡Organice sus ideas!

Una vez escogido el tema, desarrolle un plan como el siguiente para organizar sus ideas.

Modelo: La televisión, medio educacional

Primer párrafo: Exprese su punto de vista. La televisión es, sin duda, el medio de comunicación más discutido, por ser el instrumento que tiene mayor poder de persuasión sobre la juventud. En los últimos años, muchos educadores han utilizado la televisión con fines educacionales.

Segundo párrafo: Justifique su punto de vista, dando uno o varios ejemplos que apoyen su opinión sobre los beneficios que puede tener la televisión en la sala de clase.

1. Programas infantiles que muestran el peligro de las drogas en las escuelas

2. ¿...?

3. ¿...?

Conclusión: Repetición y ampliación del punto de vista que presenta.

¡A escribir su propio ensayo!

Ud. es redactor(a) de la prensa local y le han encargado escribir un artículo sobre uno de los medios de comunicación.

1. Seleccione un tema.
2. Hable de él con sus compañeros de clase.
3. Trate de averiguar todo lo que pueda sobre el tema escogido.
4. Defienda su punto de vista.
5. Si se trata de un problema (en la prensa, en la televisión o en el cine), busque y ofrezca posibles soluciones.
6. No se olvide de que en la conclusión Ud. debe volver a la postura inicial.

Para la comunicación

Para hacer una evaluación	*Para contradecir una evaluación*
Es claro (obvio) que... (+ indicativo)	No es cierto que... (+ subjuntivo)
Es lógico pensar que... (+ indicativo)	No parece que... (+ subjuntivo)
Se dice que... (+ indicativo)	Puede ser que... (+ subjuntivo)
Todo el mundo piensa que... (+ indicativo)	Al contrario...
Como se puede ver (apreciar)...	No existe una respuesta posible al
En la opinión de...	problema, pero...
Por su parte...	
Según...	

Apéndice 1

Vocabulario útil

Números cardinales

1	uno, un, una	18	diez y ocho, dieciocho	70	setenta
2	dos	19	diez y nueve, diecinueve	80	ochenta
3	tres	20	veinte	90	noventa
4	cuatro	21	veinte y uno (un, una),	100	ciento, cien
5	cinco		veintiuno (veintiún, veintiuna)	200	doscientos(as)
6	seis	22	veinte y dos, veintidós	300	trescientos(as)
7	siete	23	veinte y tres, veintitrés	400	cuatrocientos(as)
8	ocho	24	veinte y cuatro, veinticuatro	500	quinientos(as)
9	nueve	25	veinte y cinco, veinticinco	600	seiscientos(as)
10	diez	26	veinte y seis, veintiséis	700	setecientos(as)
11	once	27	veinte y siete, veintisiete	800	ochocientos(as)
12	doce	28	veinte y ocho, veintiocho	900	novecientos(as)
13	trece	29	veinte y nueve, veintinueve	1.000	mil
14	catorce	30	treinta	100.000	cien mil
15	quince	40	cuarenta	200.000	doscientos(as) mil
16	diez y seis, dieciséis	50	cincuenta	1.000.000	un millón
17	diez y siete, diecisiete	60	sesenta	1.000.000.000	mil millones
				1.000.000.000.000	un billón

Números ordinales

primero(a)	*first*	cuarto(a)	*fourth*	séptimo(a)	*seventh*
segundo(a)	*second*	quinto(a)	*fifth*	octavo(a)	*eighth*
tercero(a)	*third*	sexto(a)	*sixth*	noveno(a)	*ninth*
		décimo(a)	*tenth*		

Las estaciones del año		Los meses del año		Los días de la semana	
la primavera	*spring*	enero	*January*	lunes	*Monday*
el verano	*summer*	febrero	*February*	martes	*Tuesday*
el otoño	*fall*	marzo	*March*	miércoles	*Wednesday*
el invierno	*winter*	abril	*April*	jueves	*Thursday*
		mayo	*May*	viernes	*Friday*
		junio	*June*	sábado	*Saturday*
		julio	*July*	domingo	*Sunday*
		agosto	*August*		
		septiembre	*September*		
		octubre	*October*		
		noviembre	*November*		
		diciembre	*December*		

La hora

¿Qué hora es?

1:00	Es la una.
2:00	Son las dos.
3:00	Son las tres.
4:05	Son las cuatro y cinco.
5:10	Son las cinco y diez.
6:15	Son las seis y cuarto.
7:30	Son las siete y media.
7:45	Son las ocho menos cuarto.
12:00	Son las doce.
	Es (el) mediodía.
	Es (la) medianoche.

¿A qué hora es... ?

A las diez de la mañana. (10:00 a.m.)

A la una de la tarde. (1:00 p.m.)

A las ocho de la noche. (8:00 p.m.)

A las nueve en punto. (9:00)

A las once y media. (11:30)

Al amanecer. *(dawn)*

Al atardecer. *(dusk)*

Al anochecer. *(nightfall)*

A(l) mediodía. *(noon)*

A (la) medianoche. *(midnight)*

Apéndice 2
Reglas de puntuación y ortografía

LA PUNTUACIÓN

Los signos de puntuación sirven para dar claridad a las ideas expresadas por escrito. Los más importantes son: el punto (.), la coma (,), los dos puntos (:), el punto y coma (;), los puntos suspensivos (...), los paréntesis (), las comillas (" "), la raya (*dash*) (—), el guión (*hyphen*) (-), los signos de interrogación (¿?) y los signos de admiración (¡!).

La puntuación en español y en inglés tiene mucho en común y generalmente sigue las mismas reglas. Algunas diferencias importantes son las siguientes.

1. Se usa el punto y no la coma como en inglés para separar números.

   Después del inventario hay 2.420 libros en el almacén.

2. Se usa la coma...

   a. en la enumeración de una serie de elementos, excepto en las dos últimas palabras si van unidas por una conjunción.

   Compré manzanas, naranjas, peras y uvas.
   El proyecto es claro, preciso e interesante.

   b. para indicar las fracciones decimales.

   3½ equivale a 3,5.

3. La raya se usa para indicar el comienzo de un diálogo y se repite cada vez que cambia la persona que habla.

   —Buenos días, Raúl. ¿Hace cuánto tiempo que estás aquí?
   —Hace media hora.

   Atención: En español, como en inglés, las comillas se usan para indicar una cita.

   El mendigo me dijo: "Dios se lo pague".

4. Los signos de interrogación se colocan al principio y al final de una pregunta.

   ¿Te gustaría ir al cine conmigo?

5. Los signos de admiración se usan al principio y al final de una oración exclamativa.

   ¡Qué frío hace hoy!

LAS LETRAS MAYÚSCULAS Y MINÚSCULAS

A. Las mayúsculas

1. Como en inglés, en español se escriben con mayúscula los nombres propios de personas, animales, cosas y lugares.

   Gloria **I**turralde llegó de **C**osta **R**ica trayendo a su gata **M**ichica.
   El lago **T**iticaca está en los **A**ndes.

2. En títulos de obras literarias, artículos y películas, únicamente la primera palabra lleva la letra mayúscula.

   Gabriel García Márquez escribió *Los funerales de la mamá grande.*
   Cantinflas actuó en la película *La vuelta alrededor del mundo en ochenta días.*

B. Las minúsculas

Al contrario del inglés, en español se escriben con minúscula los días de la semana, los meses del año, los adjetivos de nacionalidad y los nombres de los idiomas.

   Enviamos su pedido el día **l**unes, 5 de **a**bril.
   Para ser **e**spañola habla muy bien el **i**nglés.

DIVISIÓN DE SÍLABAS

A. Las consonantes

1. Una consonante entre dos vocales se une a la vocal siguiente (las letras **ch, ll** y **rr** constituyen una sola consonante).

   e/**n**e/ro   za/**p**a/to   te/**ch**o   ca/**ll**a/do   fe/**rr**o/ca/**rr**i/le/ro

2. Dos consonantes juntas generalmente se separan.

   a**l**/to   co/me**n**/zar   tie**m**/**p**o   pe**r**/so/na   a**c**/ción

3. No se separan ni los grupos de consonantes con **b, c, f, g** o **p** seguidas de **l** o **r** ni los grupos **dr** o **tr.**

   a/**br**i/ré   a/**pr**en/de/mos   ha/**bl**ar   a/**gr**a/da/**bl**e   re/**tr**a/to

4. Si hay tres o más consonantes entre dos vocales, sólo la última consonante se une a la vocal siguiente, a menos que la última consonante sea **l** o **r.**

   i**ns**/**p**i/ra/ción   co**ns**/**t**i/tuir   i**ns**/**t**an/te

   Pero: os/**tr**a   ex/**pl**i/ca/ción

B. Las vocales

1. Dos vocales abiertas (**a, e, o**) se separan.

   le/e/mos   ca/e/rán   lo/a/**bl**e   em/**pl**e/a/do

2. Los diptongos (combinación de dos vocales cerradas [**i, u**] o una abierta y una cerrada) no se separan.

   cue/llo   **tie**/nes   **vie**/jo   a/ve/ri/**guar**   **bai**/la/ri/na

3. Si la vocal abierta del diptongo lleva acento, las vocales no se separan.

re / vi / **sión**   vi / **vió**   tam / **bién**   pu / bli / ca / **ción**

4. Si la vocal cerrada lleva acento, se rompe el diptongo; por lo tanto, las vocales se separan.

gra / **dú** / an   **rí** / o   i / **rí** / a / mos   dor / **mí** / a / mos

EL ACENTO EN EL LENGUAJE HABLADO Y ESCRITO

1. El acento de intensidad se refiere al lenguaje hablado. Es la mayor fuerza que se da a una sílaba en una palabra.

per**so**na   re**cuer**do   univer**sal**

2. Si una palabra termina en vocal o en la consonante **n** o **s,** el acento de intensidad cae naturalmente en la penúltima sílaba.

ma**ña**na   **co**men   **a**las

3. Si una palabra termina en consonante con la excepción de **n** o **s,** el acento de intensidad cae naturalmente en la última sílaba.

pregun**tar**   pa**red**   carna**val**

4. Las palabras que no se pronuncian de acuerdo a estas reglas llevan acento ortográfico sobre la vocal de la sílaba acentuada.

te**lé**fono   la**drón**   **fá**cil   mate**má**ticas

5. Las palabras de una sola sílaba generalmente no llevan acento ortográfico. Sin embargo, se usa el acento ortográfico en algunos casos para indicar una diferencia de significado entre dos palabras que se pronuncian de la misma manera.

de	preposición	**dé**	presente de subjuntivo y mandato formal **(dar)**
el	artículo definido	**él**	pronombre de la tercera persona singular
mas	pero	**más**	*more*
mi	adjetivo posesivo	**mí**	pronombre preposicional
se	pronombre	**sé**	primera persona singular del presente del indicativo del verbo **saber**
si	if	**sí**	*yes*; pronombre reflexivo
te	pronombre complemento	**té**	*tea*
tu	pronombre posesivo	**tú**	pronombre personal

6. Las palabras interrogativas y exclamativas llevan acento ortográfico en la sílaba acentuada.

¿**Qué** hora es?   ¿**Cómo** estás?   ¡**Cuánto** lo quería!

Apéndice 3
Los posesivos

LOS ADJETIVOS POSESIVOS ENFÁTICOS

Singular		Plural	
mío(a)	nuestro(a)	míos(as)	nuestros(as)
tuyo(a)	vuestro(a)	tuyos(as)	vuestros(as)
suyo(a)	suyo(a)	suyos(as)	suyos(as)

Los adjetivos posesivos enfáticos se colocan después del sustantivo. Su uso es menos común que el de los posesivos que preceden al sustantivo. Se usan principalmente en exclamaciones o con el verbo **ser** y concuerdan en género y número con la cosa poseída.

¡Dios **mío**! Esos papeles que acabas de romper no son **míos.** ¡Son de mi jefe!
Un amigo **nuestro** nos aconseja hacerlo.
Hija **mía,** ¡cuánto te quiero!

LOS PRONOMBRES POSESIVOS

Los pronombres posesivos tienen las mismas formas que los adjetivos posesivos enfáticos, pero se usan con el artículo definido. Concuerdan en género y número con la cosa poseída. Se usan para reemplazar al sustantivo.

Éste es mi vaso; **el tuyo** está en la cocina.
Tu libro no es igual que **el mío;** tiene más páginas.
Sus resultados son mejores que **los nuestros.**
La suya es una historia muy larga, pero muy interesante.

Si se necesita aclarar el significado del pronombre posesivo **el suyo, la suya, los suyos** o **las suyas,** se puede reemplazar el pronombre por una frase preposicional.

Las suyas [**Las de Ud.**] son las mejores estudiantes.
Los suyos [**Los libros de María**] le costaron mucho dinero.
Aquella tierra es la suya [**la de ellos**]; no es la nuestra.

LO + ADJETIVO POSESIVO

Se usa **lo** + adjetivo posesivo enfático para referirse a una idea general de cosas poseídas.

No te preocupes por **lo mío** (mis cosas, mis problemas).
Lo nuestro (nuestro amor, nuestra asociación) ha terminado.
Nos adorábamos tanto, que todo **lo mío** era suyo y **lo suyo** mío.

Apéndice 4

Los verbos

Verbo de la primera conjugación: **–ar**
Infinitivo: **hablar**
Gerundio: **hablando**
Participio pasado: **hablado**

Tiempos simples

Indicativo					Subjuntivo			Imperativo	
Presente	Imperfecto	Pretérito	Futuro	Condicional	Presente	Imperfecto		Afirmativo	Negativo
hablo	hablaba	hablé	hablaré	hablaría	hable	hablara	hablase		
hablas	hablabas	hablaste	hablarás	hablarías	hables	hablaras	hablases	habla (tú)	no hables
habla	hablaba	habló	hablará	hablaría	hable	hablara	hablase	hable (Ud.)	
hablamos	hablábamos	hablamos	hablaremos	hablaríamos	hablemos	habláramos	hablásemos	hablemos (nosotros)	
habláis	hablabais	hablasteis	hablaréis	hablaríais	habléis	hablarais	hablaseis	hablad (vosotros)	no habléis
hablan	hablaban	hablaron	hablarán	hablarían	hablen	hablaran	hablasen	hablen (Uds.)	

Tiempos compuestos

Indicativo				Subjuntivo		
Presente perfecto	Pluscuamperfecto	Futuro perfecto	Condicional perfecto	Presente perfecto	Pluscuamperfecto	
he hablado	había hablado	habré hablado	habría hablado	haya hablado	hubiera hablado	hubiese hablado
has hablado	habías hablado	habrás hablado	habrías hablado	hayas hablado	hubieras hablado	hubieses hablado
ha hablado	había hablado	habrá hablado	habría hablado	haya hablado	hubiera hablado	hubiese hablado
hemos hablado	habíamos hablado	habremos hablado	habríamos hablado	hayamos hablado	hubiéramos hablado	hubiésemos hablado
habéis hablado	habíais hablado	habréis hablado	habríais hablado	hayáis hablado	hubierais hablado	hubieseis hablado
han hablado	habían hablado	habrán hablado	habrían hablado	hayan hablado	hubieran hablado	hubiesen hablado

Verbo de la segunda conjugación: **–er**
Infinitivo: **aprender**
Gerundio: **aprendiendo**
Participio pasado: **aprendido**

Tiempos simples

Indicativo | Subjuntivo | Imperativo

Presente	Imperfecto	Pretérito	Futuro	Condicional	Presente	Imperfecto		Afirmativo	Negativo
aprendo	aprendía	aprendí	aprenderé	aprendería	aprenda	aprendiera	aprendiese		
aprendes	aprendías	aprendiste	aprenderás	aprenderías	aprendas	aprendieras	aprendieses	aprende (tú)	no aprendas
aprende	aprendía	aprendió	aprenderá	aprendería	aprenda	aprendiera	aprendiese	aprenda (Ud.)	
aprendemos	aprendíamos	aprendimos	aprenderemos	aprenderíamos	aprendamos	aprendiéramos	aprendiésemos	aprendamos (nosotros)	
aprendéis	aprendíais	aprendisteis	aprenderéis	aprenderíais	aprendáis	aprendierais	aprendieseis	aprended (vosotros)	no aprendáis
aprenden	aprendían	aprendieron	aprenderán	aprenderían	aprendan	aprendieran	aprendiesen	aprendan (Uds.)	

Tiempos compuestos

Indicativo | Subjuntivo

Presente perfecto	Pluscuamperfecto	Futuro perfecto	Condicional perfecto	Presente perfecto	Pluscuamperfecto	
he aprendido	había aprendido	habré aprendido	habría aprendido	haya aprendido	hubiera aprendido	hubiese aprendido
has aprendido	habías aprendido	habrás aprendido	habrías aprendido	hayas aprendido	hubieras aprendido	hubieses aprendido
ha aprendido	había aprendido	habrá aprendido	habría aprendido	haya aprendido	hubiera aprendido	hubiese aprendido
hemos aprendido	habíamos aprendido	habremos aprendido	habríamos aprendido	hayamos aprendido	hubiéramos aprendido	hubiésemos aprendido
habéis aprendido	habíais aprendido	habréis aprendido	habríais aprendido	hayáis aprendido	hubierais aprendido	hubieseis aprendido
han aprendido	habían aprendido	habrán aprendido	habrían aprendido	hayan aprendido	hubieran aprendido	hubiesen aprendido

Verbo de la tercera conjugación: **-ir**
Infinitivo: **vivir**
Gerundio: **viviendo**
Participio pasado: **vivido**

Tiempos simples

Indicativo					Subjuntivo			Imperativo	
Presente	*Imperfecto*	*Pretérito*	*Futuro*	*Condicional*	*Presente*	*Imperfecto*		*Afirmativo*	*Negativo*
vivo	vivía	viví	viviré	viviría	viva	viviera	viviese		
vives	vivías	viviste	vivirás	vivirías	vivas	vivieras	vivieses	vive (tú)	no vivas
vive	vivía	vivió	vivirá	viviría	viva	viviera	viviese	viva (Ud.)	
vivimos	vivíamos	vivimos	viviremos	viviríamos	vivamos	viviéramos	viviésemos	vivamos (nosotros)	
vivís	vivíais	vivisteis	viviréis	viviríais	viváis	vivierais	vivieseis	vivid (vosotros)	no viváis
viven	vivían	vivieron	vivirán	vivirían	vivan	vivieran	viviesen	vivan (Uds.)	

Tiempos compuestos

Indicativo				Subjuntivo		
Presente perfecto	*Pluscuamperfecto*	*Futuro perfecto*	*Condicional perfecto*	*Presente perfecto*	*Pluscuamperfecto*	
he vivido	había vivido	habré vivido	habría vivido	haya vivido	hubiera vivido	hubiese vivido
has vivido	habías vivido	habrás vivido	habrías vivido	hayas vivido	hubieras vivido	hubieses vivido
ha vivido	había vivido	habrá vivido	habría vivido	haya vivido	hubiera vivido	hubiese vivido
hemos vivido	habíamos vivido	habremos vivido	habríamos vivido	hayamos vivido	hubiéramos vivido	hubiésemos vivido
habéis vivido	habíais vivido	habréis vivido	habríais vivido	hayáis vivido	hubierais vivido	hubieseis vivido
han vivido	habían vivido	habrán vivido	habrían vivido	hayan vivido	hubieran vivido	hubiesen vivido

VERBOS IRREGULARES

		Indicativo				Subjuntivo			Imperativo	
	Presente	Imperfecto	Pretérito	Futuro	Condicional	Presente	Imperfecto		Afirmativo	Negativo
andar	ando	andaba	anduve	andaré	andaría	ande	anduviera	anduviese		
	andas	andabas	anduviste	andarás	andarías	andes	anduvieras	anduvieses	anda	no andes
andando	anda	andaba	anduvo	andará	andaría	ande	anduviera	anduviese	ande	
	andamos	andábamos	anduvimos	andaremos	andaríamos	andemos	anduviéramos	anduviésemos	andemos	
andado	andáis	andabais	anduvisteis	andaréis	andaríais	andéis	anduvierais	anduvieseis	andad	no andéis
	andan	andaban	anduvieron	andarán	andarían	anden	anduvieran	anduviesen	anden	
caber	quepo	cabía	cupe	cabré	cabría	quepa	cupiera	cupiese		
	cabes	cabías	cupiste	cabrás	cabrías	quepas	cupieras	cupieses		
cabiendo	cabe	cabía	cupo	cabrá	cabría	quepa	cupiera	cupiese		
	cabemos	cabíamos	cupimos	cabremos	cabríamos	quepamos	cupiéramos	cupiésemos		
cabido	cabéis	cabíais	cupisteis	cabréis	cabríais	quepáis	cupierais	cupieseis		
	caben	cabían	cupieron	cabrán	cabrían	quepan	cupieran	cupiesen		
caer	caigo	caía	caí	caeré	caería	caiga	cayera	cayese		
	caes	caías	caíste	caerás	caerías	caigas	cayeras	cayeses	cae	no caigas
cayendo	cae	caía	cayó	caerá	caería	caiga	cayera	cayese	caiga	
	caemos	caíamos	caímos	caeremos	caeríamos	caigamos	cayéramos	cayésemos	caigamos	
caído	caéis	caíais	caísteis	caeréis	caeríais	caigáis	cayerais	cayeseis	caed	no caigáis
	caen	caían	cayeron	caerán	caerían	caigan	cayeran	cayesen	caigan	
conducir	conduzco	conducía	conduje	conduciré	conduciría	conduzca	condujera	condujese		
	conduces	conducías	condujiste	conducirás	conducirías	conduzcas	condujeras	condujeses	conduce	no conduzcas
conduciendo	conduce	conducía	condujo	conducirá	conduciría	conduzca	condujera	condujese	conduzca	
	conducimos	conducíamos	condujimos	conduciremos	conduciríamos	conduzcamos	condujéramos	condujésemos	conduzcamos	
conducido	conducís	conducíais	condujisteis	conduciréis	conduciríais	conduzcáis	condujerais	condujeseis	conducid	no conduzcáis
	conducen	conducían	condujeron	conducirán	conducirían	conduzcan	condujeran	condujesen	conduzcan	
dar	doy	daba	di	daré	daría	dé	diera	diese		
	das	dabas	diste	darás	darías	des	dieras	dieses	da	no des
dando	da	daba	dio	dará	daría	dé	diera	diese	dé	
	damos	dábamos	dimos	daremos	daríamos	demos	diéramos	diésemos	demos	
dado	dais	dabais	disteis	daréis	daríais	deis	dierais	dieseis	dad	no deis
	dan	daban	dieron	darán	darían	den	dieran	diesen	den	
decir	digo	decía	dije	diré	diría	diga	dijera	dijese		
	dices	decías	dijiste	dirás	dirías	digas	dijeras	dijeses	di	no digas
diciendo	dice	decía	dijo	dirá	diría	diga	dijera	dijese	diga	
	decimos	decíamos	dijimos	diremos	diríamos	digamos	dijéramos	dijésemos	digamos	
dicho	decís	decíais	dijisteis	diréis	diríais	digáis	dijerais	dijeseis	decid	no digáis
	dicen	decían	dijeron	dirán	dirían	digan	dijeran	dijesen	digan	
estar	estoy	estaba	estuve	estaré	estaría	esté	estuviera	estuviese		
	estás	estabas	estuviste	estarás	estarías	estés	estuvieras	estuvieses	está	no estés
estando	está	estaba	estuvo	estará	estaría	esté	estuviera	estuviese	esté	
	estamos	estábamos	estuvimos	estaremos	estaríamos	estemos	estuviéramos	estuviésemos	estemos	
estado	estáis	estabais	estuvisteis	estaréis	estarías	estéis	estuvierais	estuvieseis	estad	no estéis
	están	estaban	estuvieron	estarán	estarían	estén	estuvieran	estuviesen	estén	

	Indicativo					Subjuntivo			Imperativo	
	Presente	Imperfecto	Pretérito	Futuro	Condicional	Presente	Imperfecto		Afirmativo	Negativo
haber	he	había	hube	habré	habría	haya	hubiera	hubiese		
	has	habías	hubiste	habrás	habrías	hayas	hubieras	hubieses		
habiendo	ha	había	hubo	habrá	habría	haya	hubiera	hubiese		
	hemos	habíamos	hubimos	habremos	habríamos	hayamos	hubiéramos	hubiésemos		
habido	habéis	habíais	hubisteis	habréis	habríais	hayáis	hubierais	hubieseis		
	han	habían	hubieron	habrán	habrían	hayan	hubieran	hubiesen		
hacer	hago	hacía	hice	haré	haría	haga	hiciera	hiciese		
	haces	hacías	hiciste	harás	harías	hagas	hicieras	hicieses	haz	no hagas
haciendo	hace	hacía	hizo	hará	haría	haga	hiciera	hiciese	haga	
	hacemos	hacíamos	hicimos	haremos	haríamos	hagamos	hiciéramos	hiciésemos	hagamos	
hecho	hacéis	hacíais	hicisteis	haréis	haríais	hagáis	hicierais	hicieseis	haced	no hagáis
	hacen	hacían	hicieron	harán	harían	hagan	hicieran	hiciesen	hagan	
ir	voy	iba	fui	iré	iría	vaya	fuera	fuese		
	vas	ibas	fuiste	irás	irías	vayas	fueras	fueses	vé	no vayas
yendo	va	iba	fue	irá	iría	vaya	fuera	fuese	vaya	
	vamos	íbamos	fuimos	iremos	iríamos	vayamos	fuéramos	fuésemos	vamos	
ido	vais	ibais	fuisteis	iréis	iríais	vayáis	fuerais	fueseis	id	no vayáis
	van	iban	fueron	irán	irían	vayan	fueran	fuesen	vayan	
oír	oigo	oía	oí	oiré	oiría	oiga	oyera	oyese		
	oyes	oías	oíste	oirás	oirías	oigas	oyeras	oyeses	oye	no oigas
oyendo	oye	oía	oyó	oirá	oiría	oiga	oyera	oyese	oiga	
	oímos	oíamos	oímos	oiremos	oiríamos	oigamos	oyéramos	oyésemos	oigamos	
oído	oís	oíais	oísteis	oiréis	oiríais	oigáis	oyerais	oyeseis	oíd	no oigáis
	oyen	oían	oyeron	oirán	oirían	oigan	oyeran	oyesen	oigan	
poder	puedo	podía	pude	podré	podría	pueda	pudiera	pudiese		
	puedes	podías	pudiste	podrás	podrías	puedas	pudieras	pudieses		
pudiendo	puede	podía	pudo	podrá	podría	pueda	pudiera	pudiese		
	podemos	podíamos	pudimos	podremos	podríamos	podamos	pudiéramos	pudiésemos		
podido	podéis	podíais	pudisteis	podréis	podríais	podáis	pudierais	pudieseis		
	pueden	podían	pudieron	podrán	podrían	puedan	pudieran	pudiesen		
poner	pongo	ponía	puse	pondré	pondría	ponga	pusiera	pusiese		
	pones	ponías	pusiste	pondrás	pondrías	pongas	pusieras	pusieses	pon	no pongas
poniendo	pone	ponía	puso	pondrá	pondría	ponga	pusiera	pusiese	ponga	
	ponemos	poníamos	pusimos	pondremos	pondríamos	pongamos	pusiéramos	pusiésemos	pongamos	
puesto	ponéis	poníais	pusisteis	pondréis	pondríais	pongáis	pusierais	pusieseis	poned	no pongáis
	ponen	ponían	pusieron	pondrán	pondrían	pongan	pusieran	pusiesen	pongan	
querer	quiero	quería	quise	querré	querría	quiera	quisiera	quisiese		
	quieres	querías	quisiste	querrás	querrías	quieras	quisieras	quisieses		
queriendo	quiere	quería	quiso	querrá	querría	quiera	quisiera	quisiese		
	queremos	queríamos	quisimos	querremos	querríamos	queramos	quisiéramos	quisiésemos		
querido	queréis	queríais	quisisteis	querréis	querríais	queráis	quisierais	quisieseis		
	quieren	querían	quisieron	querrán	querrían	quieran	quisieran	quisiesen		

Indicativo | Subjuntivo | Imperativo

	Presente	Imperfecto	Pretérito	Futuro	Condicional	Presente	Imperfecto		Afirmativo	Negativo
saber	sé	sabía	supe	sabré	sabría	sepa	supiera	supiese		
	sabes	sabías	supiste	sabrás	sabrías	sepas	supieras	supieses	sabe	no sepas
sabiendo	sabe	sabía	supo	sabrá	sabría	sepa	supiera	supiese	sepa	
	sabemos	sabíamos	supimos	sabremos	sabríamos	sepamos	supiéramos	supiésemos	sepamos	
sabido	sabéis	sabíais	supisteis	sabréis	sabríais	sepáis	supierais	supieseis	sabed	no sepáis
	saben	sabían	supieron	sabrán	sabrían	sepan	supieran	supiesen	sepan	
salir	salgo	salía	salí	saldré	saldría	salga	saliera	saliese		
	sales	salías	saliste	saldrás	saldrías	salgas	salieras	salieses	sal	no salgas
saliendo	sale	salía	salió	saldrá	saldría	salga	saliera	saliese	salga	
	salimos	salíamos	salimos	saldremos	saldríamos	salgamos	saliéramos	saliésemos	salgamos	
salido	salís	salíais	salisteis	saldréis	saldríais	salgáis	salierais	salieseis	salid	no salgáis
	salen	salían	salieron	saldrán	saldrían	salgan	salieran	saliesen	salgan	
ser	soy	era	fui	seré	sería	sea	fuera	fuese		
	eres	eras	fuiste	serás	serías	seas	fueras	fueses	sé	no seas
siendo	es	era	fue	será	sería	sea	fuera	fuese	sea	
	somos	éramos	fuimos	seremos	seríamos	seamos	fuéramos	fuésemos	seamos	
sido	sois	erais	fuisteis	seréis	seríais	seáis	fuerais	fueseis	sed	no seáis
	son	eran	fueron	serán	serían	sean	fueran	fuesen	sean	
tener	tengo	tenía	tuve	tendré	tendría	tenga	tuviera	tuviese		
	tienes	tenías	tuviste	tendrás	tendrías	tengas	tuvieras	tuvieses	ten	no tengas
teniendo	tiene	tenía	tuvo	tendrá	tendría	tenga	tuviera	tuviese	tenga	
	tenemos	teníamos	tuvimos	tendremos	tendríamos	tengamos	tuviéramos	tuviésemos	tengamos	
tenido	tenéis	teníais	tuvisteis	tendréis	tendríais	tengáis	tuvierais	tuvieseis	tened	no tengáis
	tienen	tenían	tuvieron	tendrán	tendrían	tengan	tuvieran	tuviesen	tengan	
traer	traigo	traía	traje	traeré	traería	traiga	trajera	trajese		
	traes	traías	trajiste	traerás	traerías	traigas	trajeras	trajeses	trae	no traigas
trayendo	trae	traía	trajo	traerá	traería	traiga	trajera	trajese	traiga	
	traemos	traíamos	trajimos	traeremos	traeríamos	traigamos	trajéramos	trajésemos	traigamos	
traído	traéis	traíais	trajisteis	traeréis	traeríais	traigáis	trajerais	trajeseis	traed	no traigáis
	traen	traían	trajeron	traerán	traerían	traigan	trajeran	trajesen	traigan	
valer	valgo	valía	valí	valdré	valdría	valga	valiera	valiese		
	vales	valías	valiste	valdrás	valdrías	valgas	valieras	valieses	val	no valgas
valiendo	vale	valía	valió	valdrá	valdría	valga	valiera	valiese	valga	
	valemos	valíamos	valimos	valdremos	valdríamos	valgamos	valiéramos	valiésemos	valgamos	
valido	valéis	valíais	valisteis	valdréis	valdríais	valgáis	valierais	valieseis	valed	no valgáis
	valen	valían	valieron	valdrán	valdrían	valgan	valieran	valiesen	valgan	
venir	vengo	venía	vine	vendré	vendría	venga	viniera	viniese		
	vienes	venías	viniste	vendrás	vendrías	vengas	vinieras	vinieses	ven	no vengas
viniendo	viene	venía	vino	vendrá	vendría	venga	viniera	viniese	venga	
	venimos	veníamos	vinimos	vendremos	vendríamos	vengamos	viniéramos	viniésemos	vengamos	
venido	venís	veníais	vinisteis	vendréis	vendríais	vengáis	vinierais	vinieseis	venid	no vengáis
	vienen	venían	vinieron	vendrán	vendrían	vengan	vinieran	viniesen	vengan	
ver	veo	veía	vi	veré	vería	vea	viera	viese		
	ves	veías	viste	verás	verías	veas	vieras	vieses	ve	no veas
viendo	ve	veía	vio	verá	vería	vea	viera	viese	vea	
	vemos	veíamos	vimos	veremos	veríamos	veamos	viéramos	viésemos	veamos	
visto	veis	veíais	visteis	veréis	veríais	veáis	vierais	vieseis	ved	no veáis
	ven	veían	vieron	verán	verían	vean	vieran	viesen	vean	

VERBOS CON CAMBIOS EN EL RADICAL

Verbos de la primera y de la segunda conjugación (–ar y –er): o → ue

	Indicativo					Subjuntivo			Imperativo	
	Presente	*Imperfecto*	*Pretérito*	*Futuro*	*Condicional*	*Presente*	*Imperfecto*		*Afirmativo*	*Negativo*
contar	cuento	contaba	conté	contaré	contaría	cuente	contara	contase		no cuentes
	cuentas	contabas	contaste	contarás	contarías	cuentes	contaras	contases	cuenta	
contando	cuenta	contaba	contó	contará	contaría	cuente	contara	contase	cuente	
	contamos	contábamos	contamos	contaremos	contaríamos	contemos	contáramos	contásemos	contemos	
contado	contáis	contabais	contasteis	contaréis	contaríais	contéis	contarais	contaseis	contad	no contéis
	cuentan	contaban	contaron	contarán	contarían	cuenten	contaran	contasen	cuenten	
volver	vuelvo	volvía	volví	volveré	volvería	vuelva	volviera	volviese		no vuelvas
	vuelves	volvías	volviste	volverás	volverías	vuelvas	volvieras	volvieses	vuelve	
volviendo	vuelve	volvía	volvió	volverá	volvería	vuelva	volviera	volviese	vuelva	
	volvemos	volvíamos	volvimos	volveremos	volveríamos	volvamos	volviéramos	volviésemos	volvamos	
vuelto	volvéis	volvíais	volvisteis	volveréis	volveríais	volváis	volvierais	volvieseis	volved	no volváis
	vuelven	volvían	volvieron	volverán	volverían	vuelvan	volvieran	volviesen	vuelvan	

Otros verbos: **acordarse, acostar(se), almorzar, colgar, costar, demostrar, doler, encontrar, llover, mostrar, mover, probar, recordar, rogar, soler, soñar, torcer**

Verbos de la primera y de la segunda conjugación (–ar y –er): e → ie

	Indicativo					Subjuntivo			Imperativo	
	Presente	*Imperfecto*	*Pretérito*	*Futuro*	*Condicional*	*Presente*	*Imperfecto*		*Afirmativo*	*Negativo*
pensar	pienso	pensaba	pensé	pensaré	pensaría	piense	pensara	pensase		no pienses
	piensas	pensabas	pensaste	pensarás	pensarías	pienses	pensaras	pensases	piensa	
pensando	piensa	pensaba	pensó	pensará	pensaría	piense	pensara	pensase	piense	
	pensamos	pensábamos	pensamos	pensaremos	pensaríamos	pensemos	pensáramos	pensásemos	pensemos	
pensado	pensáis	pensabais	pensasteis	pensaréis	pensaríais	penséis	pensarais	pensaseis	pensad	no penséis
	piensan	pensaban	pensaron	pensarán	pensarían	piensen	pensaran	pensasen	piensen	
entender	entiendo	entendía	entendí	entenderé	entendería	entienda	entendiera	entendiese		no entiendas
	entiendes	entendías	entendiste	entenderás	entenderías	entiendas	entendieras	entendieses	entiende	
entendiendo	entiende	entendía	entendió	entenderá	entendería	entienda	entendiera	entendiese	entienda	
	entendemos	entendíamos	entendimos	entenderemos	entenderíamos	entendamos	entendiéramos	entendiésemos	entendamos	
entendido	entendéis	entendíais	entendisteis	entenderéis	entenderíais	entendáis	entendierais	entendieseis	entended	no entendáis
	entienden	entendían	entendieron	entenderán	entenderían	entiendan	entendieran	entendiesen	entiendan	

Otros verbos: **atravesar, cerrar, comenzar, confesar, despertar(se), empezar, encender, entender, negar, nevar, perder, sentar(se), tender, tropezar**

Verbos de la tercera conjugación (–ir): o → ue → u

	Presente	Imperfecto	Pretérito	Futuro	Condicional	Presente	Imperfecto		Afirmativo	Negativo
						Subjuntivo			**Imperativo**	
dormir	duermo	dormía	dormí	dormiré	dormiría	duerma	durmiera	durmiese		no duermas
	duermes	dormías	dormiste	dormirás	dormirías	duermas	durmieras	durmieses	duerme	
durmiendo	duerme	dormía	durmió	dormirá	dormiría	duerma	durmiera	durmiese	duerma	
	dormimos	dormíamos	dormimos	dormiremos	dormiríamos	durmamos	durmiéramos	durmiésemos	durmamos	
dormido	dormís	dormíais	dormisteis	dormiréis	dormiríais	durmáis	durmierais	durmieseis	dormid	no durmáis
	duermen	dormían	durmieron	dormirán	dormirían	duerman	durmieran	durmiesen	duerman	

Indicativo columns: Presente, Imperfecto, Pretérito, Futuro, Condicional · *Subjuntivo* columns: Presente, Imperfecto · *Imperativo* columns: Afirmativo, Negativo

Otro verbo: **morir**

Verbos de la tercera conjugación (–ir): e → ie → i

	Presente	Imperfecto	Pretérito	Futuro	Condicional	Presente	Imperfecto		Afirmativo	Negativo
mentir	miento	mentía	mentí	mentiré	mentiría	mienta	mintiera	mintiese		no mientas
	mientes	mentías	mentiste	mentirás	mentirías	mientas	mintieras	mintieses	miente	
mintiendo	miente	mentía	mintió	mentirá	mentiría	mienta	mintiera	mintiese	mienta	
	mentimos	mentíamos	mentimos	mentiremos	mentiríamos	mintamos	mintiéramos	mintiésemos	mintamos	
mentido	mentís	mentíais	mentisteis	mentiréis	mentiríais	mintáis	mintierais	mintieseis	mentid	no mintáis
	mienten	mentían	mintieron	mentirán	mentirían	mientan	mintieran	mintiesen	mientan	

Otros verbos: **advertir**, **arrepentir(se)**, **consentir**, **convertir(se)**, **divertir(se)**, **herir**, **preferir**, **referir**, **sugerir**

Verbos de la tercera conjugación (–ir): e → i

	Presente	Imperfecto	Pretérito	Futuro	Condicional	Presente	Imperfecto		Afirmativo	Negativo
pedir	pido	pedía	pedí	pediré	pediría	pida	pidiera	pidiese		no pidas
	pides	pedías	pediste	pedirás	pedirías	pidas	pidieras	pidieses	pide	
pidiendo	pide	pedía	pidió	pedirá	pediría	pida	pidiera	pidiese	pida	
	pedimos	pedíamos	pedimos	pediremos	pediríamos	pidamos	pidiéramos	pidiésemos	pidamos	
pedido	pedís	pedíais	pedisteis	pediréis	pediríais	pidáis	pidierais	pidieseis	pedid	no pidáis
	piden	pedían	pidieron	pedirán	pedirían	pidan	pidieran	pidiesen	pidan	

Otros verbos: **competir**, **concebir**, **despedir(se)**, **elegir**, **impedir**, **perseguir**, **reír(se)**, **reñir**, **repetir**, **seguir**, **servir**, **vestir(se)**

VERBOS DE CAMBIO ORTOGRÁFICO

–gar g → gu delante de **e**			**–ger, –gir g → j** delante de **a** y **o**			**–guar gu → gü** delante de **e**			**–guir gu → g** delante de **o** y **a**		
Verbo	Indicativo	Subjuntivo	Verbo	Indicativo	Subjuntivo	Verbo	Indicativo	Subjuntivo	Verbo	Indicativo	Subjuntivo
	Pretérito	Presente		Presente	Presente		Pretérito	Presente		Presente	Presente
llegar	llegué	llegue	*proteger*	protejo	proteja	*averiguar*	averigüé	averigüe	*seguir*	sigo	siga
	llegaste	llegues		proteges	protejas		averiguaste	averigües		sigues	sigas
	llegó	llegue		protege	proteja		averiguó	averigüe		sigue	siga
	llegamos	lleguemos		protegemos	protejamos		averiguamos	averigüemos		seguimos	sigamos
	llegasteis	lleguéis		protegéis	protejáis		averiguasteis	averigüéis		seguís	sigáis
	llegaron	lleguen		protegen	protejan		averiguaron	averigüen		siguen	sigan

Otros verbos: **colgar, jugar, navegar, pagar, rogar**

Otros verbos: **coger, corregir, dirigir, escoger, exigir, recoger**

Otro verbo: **apaciguar**

Otros verbos: **conseguir, distinguir, perseguir, proseguir**

–cer, –cir después de una vocal **c → zc** delante de **o** y **a**			**–cer, –cir** después de una consonante **c → z** delante de **a** y **o**			**–car c → qu** delante de **e**			**–zar z → c** delante de **e**		
Verbo	Indicativo	Subjuntivo	Verbo	Indicativo	Subjuntivo	Verbo	Indicativo	Subjuntivo	Verbo	Indicativo	Subjuntivo
	Presente	Presente		Presente	Presente		Pretérito	Presente		Pretérito	Presente
conocer	conozco	conozca	*vencer*	venzo	venza	*buscar*	busqué	busque	*comenzar*	comencé	comience
	conoces	conozcas		vences	venzas		buscaste	busques		comenzaste	comiences
	conoce	conozca		vence	venza		buscó	busque		comenzó	comience
	conocemos	conozcamos		vencemos	venzamos		buscamos	busquemos		comenzamos	comencemos
	conocéis	conozcáis		vencéis	venzáis		buscasteis	busquéis		comenzasteis	comencéis
	conocen	conozcan		vencen	venzan		buscaron	busquen		comenzaron	comiencen

Otros verbos: **agradecer, aparecer, establecer, merecer, obedecer, ofrecer, producir**

Otros verbos: **convencer, esparcir, torcer**

Otros verbos: **comunicar, explicar, indicar, practicar, sacar, tocar**

Otros verbos: **abrazar, almorzar, cruzar, empezar, gozar**

–uir i (no acentuada) → y entre vocales (menos –guir)

Verbo	Indicativo		Imperativo	Subjuntivo	
	Presente	Pretérito		Presente	Imperfecto
huir	huyo	huí		huya	huyera
	huyes	huiste	huye	huyas	huyeras
	huye	huyó	huya	huya	huyera
huyendo	huimos	huimos	huyamos	huyamos	huyéramos
	huís	huisteis	huid	huyáis	huyerais
huido	huyen	huyeron	huyan	huyan	huyeran

Otros verbos: **construir, concluir, contribuir, destruir, instruir, sustituir**

–aer, –eer, i (no acentuada) → y entre vocales

Verbo	Indicativo	Subjuntivo
	Pretérito	Imperfecto
creer	creí	creyera
	creíste	creyeras
	creyó	creyera
creyendo	creímos	creyéramos
	creísteis	creyerais
creído	creyeron	creyeran

Otros verbos: **caer, leer, poseer**

–eír pierde una e en la tercera persona

Verbo	Indicativo	Subjuntivo
	Pretérito	Imperfecto
reír	reí	riera
	reíste	rieras
	rio	riera
riendo	reímos	riéramos
	reísteis	rierais
reído	rieron	rieran

Otros verbos: **sonreír, freír**

–iar i → í

Verbo	Indicativo	Subjuntivo
	Presente	Presente
enviar	envío	envíe
	envías	envíes
	envía	envíe
	enviamos	enviemos
	enviáis	enviéis
	envían	envíen

Otros verbos: **ampliar, criar, enfriar, guiar, variar**

–uar u → ú

Verbo	Indicativo	Subjuntivo
	Presente	Presente
actuar	actúo	actúe
	actúas	actúes
	actúa	actúe
	actuamos	actuemos
	actuáis	actuéis
	actúan	actúen

Otros verbos: **acentuar, continuar, efectuar, graduar(se), situar**

Apéndice 5

¿Lleva el verbo una preposición?

abandonarse a + *noun*	to give oneself up to	Me abandoné a la tristeza.
acabar con + *noun*	to finish, to exhaust	Acabé con mis tareas.
acabar de + *inf.*	to have just	Acabamos de llegar.
acabar por + *inf.*	to end (up) by	Acabaste por pedirle perdón.
acercarse a + *inf.*	to approach	Se acercó a ver el desfile.
+ *noun*		Se acercó a la casa.
aconsejar + *inf.*	to advise	Te aconsejo confesar tu falta.
acordarse (o→ue) de + *inf.*	to remember	¿Te acordarás de escribirme?
+ *noun*		Me acordé de ti.
acostumbrarse a + *inf.*	to get used to	Se acostumbraron a salir temprano.
+ *noun*		Se acostumbró al país.
agradecer + *noun*	to be thankful for	Te agradezco tu compañía.
alegrarse de + *inf.*	to be glad to (about)	Me alegro de verlos sanos y contentos.
alejarse de + *noun*	to go away from	Nos alejamos del parque.
amenazar con + *inf.*	to threaten to, with	Me amenazó con no pagar.
+ *noun*	to threaten with	Me amenazó con un palo.
animar a + *inf.*	to encourage to	Lo animé a salir.
animarse a + *inf.*	to make up one's mind to	Nos animamos a bailar.
apostar (o→ue) a + *inf.*	to bet (that)	Te apuesto a que tengo razón.
aprender a + *inf.*	to learn to	Aprendiste a cocinar.
apresurarse a + *inf.*	to hasten to	Se apresuraron a ir de compras.
aprovechar + *inf.*	to make good use of	Aproveché la gran oportunidad.
aprovecharse de + *inf.*	to take advantage of	Se aprovecharon del pobre viudo.
arrepentirse (e→ie, i) de + *inf.*	to repent of, to be sorry for	Se arrepintió de hacerlo.
+ *noun*		Me arrepiento de mis faltas.
arriesgarse a + *inf.*	to risk	Nos arriesgamos a perderlo todo.
asistir a + *noun*	to attend	Asistimos al concierto anoche.
asomarse a + *inf.*	to appear (at), to look out of	Me asomé a ver si venía.
+ *noun*		Me asomé a la ventana.
asombrarse de + *inf.*	to be astonished at	Se asombró de conducir tan rápido.
+ *noun*		Se asombró de los cuadros.
aspirar a + *inf.*	to aspire to	Aspira a ser astronauta.
asustarse de + *inf.*	to be frightened at	Se asustó de verme tan triste.
+ *noun*		Se asustó de su aspecto triste.
atreverse a + *inf.*	to dare (to)	Te atreviste a venir en la lluvia.
autorizar a (para) + *inf.*	to authorize to	¿Me autorizas a comprar el coche?
aventurarse a + *inf.*	to venture (to)	Nos aventuramos a entrar en el castillo.
avergonzarse (o→üe) de + *inf.*	to be ashamed of	Me avergüenzo de no saber la lección.
ayudar a + *inf.*	to help to	Te ayudo a cocinar.

bastar con + *noun*	*to be enough*	Basta con eso para prepararlo.
burlarse de + *noun*	*to make fun of*	Se burlaron del enfermo.
buscar + *noun*	*to look for*	Busco mis libros.
+ *inf.*		Buscaban mejorar las condiciones higiénicas.
cambiar de + *noun*	*to change*	Cambiamos de avión.
cansarse de + *inf.*	*to grow tired of*	Se cansó de esperarla.
carecer de + *noun*	*to lack*	Carece de ideales.
casarse con + *noun*	*to get married to*	Se casó con José.
cesar de + *inf.*	*to cease, to stop*	Cesó de llover.
comenzar (e→ie) a + *inf.*	*to begin to*	Comenzaron a pintar la casa.
complacerse en + *inf.*	*to take pleasure in*	Se complacen en enviarme regalos.
comprometerse a + *inf.*	*to obligate oneself to*	Me comprometo a firmar el contrato.
comprometerse con + *noun*	*to get engaged to*	Se comprometió con Juan.
concluir de + *inf.*	*to finish*	Concluimos de trabajar a las ocho.
condenar a + *inf.*	*to condemn to*	Fue condenado a morir.
+ *noun*		Fue condenado a muerte.
confesar (e→ie) + *inf.*	*to confess*	Confesó tener miedo.
+ *noun*		Confiesa su miedo.
confiar en + *inf.*	*to trust*	Confío en saber pronto la verdad.
+ *noun*		Confío en la verdad.
conformarse con + *inf.*	*to resign oneself to*	Me conformo con vivir en la pobreza.
+ *noun*		Me conformo con la pobreza.
consagrarse a + *inf.*	*to devote oneself to*	Se consagró a trabajar día y noche.
+ *noun*		Se consagró al trabajo.
conseguir (e→i) + *inf.*	*to succeed in (doing)*	Consiguió llegar a la cumbre.
+ *noun*	*to get, to obtain*	Consigo dinero para el viaje.
consentir (e→ie, i) + *inf.*	*to consent to*	No le consiento gritar.
contar (o→ue) con + *inf.*	*to count on, to rely upon*	Cuento con tener tu ayuda.
+ *noun*		Cuento con tu ayuda.
contentarse con + *inf.*	*to content oneself with*	Me contento con viajar.
+ *noun*		Me contento con un viaje.
contribuir a + *inf.*	*to contribute to*	Contribuyó a descubrir el crimen.
+ *noun*		Contribuyó al descubrimiento.
convenir (e→ie) + *inf.*	*to be convenient*	Conviene decírselo.
convenir (e→ie, i) en + *inf.*	*to agree to*	Convenimos en ir juntos.
convertirse (e→ie, i) en + *noun*	*to become*	La lluvia se convirtió en granizo.
creer + *inf.*	*to believe, to think*	Creo entender sus intenciones.
cuidar + *noun*	*to care for*	Cuidaba mucho sus plantas.
cuidar de + *inf.*	*to take care to*	Cuide de no perderlo.
cumplir con + *noun*	*to fulfill*	Cumplió con su obligación.
deber + *inf.*	*ought, must*	Debe hablar en voz alta.
decidir + *inf.*	*to decide*	Decidieron enviar la carta.
decidirse a + *inf.*	*to make up one's mind to,*	Nos decidimos a comenzar.
+ *noun*	*to decide upon*	Nos decidimos al viaje.
decidirse por + *noun*	*to decide on*	Me decidí por estos zapatos.
dedicarse a + *inf.*	*to devote oneself to*	Me dediqué a trabajar.
+ *noun*		Me dediqué al trabajo.
dejar + *inf.*	*to let, to allow, to permit*	Déjame probarlo.
dejar de + *inf.*	*to stop; to fail to*	Dejará de trabajar.

desafiar a + *inf.*	to dare (someone) to,	Te desafío a pelear.
+ *noun*	to challenge (someone) to	Te desafío a un duelo.
desear + *inf.*	to desire	Deseo tener dos hijos.
despedirse (e→i, i) de + *noun*	to take leave of	Nos despedimos de ellos.
destinar a (para) + *noun*	to destine to, to assign	Fue destinado al (para el) Perú.
determinarse a + *inf.*	to make up one's mind to	Me determiné a seguir mi carrera.
dirigirse a + *noun*	to address; to make one's way toward	Se dirigió a la policía.
disculparse por + *inf.*	to excuse oneself for	Se disculpó por llegar tarde.
+ *noun*		Se disculpó por su error.
disfrutar (de) + *noun*	to enjoy (a thing)	¡Disfrute de la vida!
disponerse a + *inf.*	to get ready to	Se dispusieron a partir.
divertirse (i→ie, i) con + *persona*	to amuse oneself with	Me divierto con Juan.
en + *noun*	(a person); by (an activity)	Me divierto en las fiestas.
dudar + *inf.*	to doubt	Dudo saber la lección.
dudar de + *noun*	to doubt	Duda de todos.
dudar en + *inf.*	to hesitate to	¿Por qué dudaste en llamarme?
echarse a + *inf.*	to start to, to begin	Al ver el oso, se echó a correr.
empeñarse en + *inf.*	to insist on, to persist in	Se empeñó en golpearme.
enamorarse de + *noun*	to fall in love with	Se enamoraron de la niñita.
encargarse de + *inf.*	to take it upon oneself to;	Me encargo de organizar la fiesta.
+ *noun*	to take charge of	Me encargo de las deudas.
enterarse de + *noun*	to find out about	Ayer me enteré del divorcio.
entrar en (a) + *noun*	to enter	Entramos en el (al) museo.
faltar a + *noun*	to be absent from; to fail to meet (an obligation)	Faltaste a la reunión de anoche.
felicitar por + *noun*	to congratulate for	Te felicito por tu cumpleaños.
felicitarse de + *inf.*	to congratulate oneself on	Me felicito de conocerte tan bien.
fijarse en + *noun*	to notice	¿Te fijaste en su sombrero?
fingir + *inf.*	to pretend	Fingió no vernos.
gozar de (con) + *noun*	to enjoy	Goza de (con) su familia.
gustar(le) + *inf.*	to like; to please	Nos gusta bailar.
haber de + *inf.*	to have to; to be going to	Hoy he de verlo.
hacer + *inf.*	to make, to cause	No lo hagas llorar.
hay que + *inf.*	to be necessary	Hay que pagar los impuestos.
huir de + *noun*	to flee from, to avoid	Huimos del peligro.
imaginarse + *inf.*	to imagine	¿Te imaginas tener tanto dinero?
impacientarse por + *inf.*	to grow impatient for (to)	Se impacienta por trabajar.
impedir (e→i, i) + *inf.*	to prevent, to impede	Me impidió llamar por teléfono.
importar(le) + *inf.*	to matter	No me importa ver tu desdén.
+ *noun*		No me importa tu desdén.
inclinarse a + *inf.*	to be inclined to	Me inclino a pensar así.
influir en + *noun*	to influence	Influyó en mis decisiones.
insistir en + *inf.*	to insist on	Insiste en vivir de ese modo.
inspirar a + *inf.*	to inspire to	Me inspiró a escribir.

intentar + *inf.*	*to attempt*	Intentará decírselo.
ir a + *inf.*	*to be going to*	Voy a rezar.
+ *noun*	*to go to*	Voy a la iglesia.
irse de + *noun*	*to leave*	Me voy de esta casa.
jugar (u→ue) a + *noun*	*to play at, to practice (a sport)*	¿Juegas al tenis?
jurar + *inf.*	*to swear*	Juró decir la verdad.
limitarse a + *inf.*	*to limit oneself to*	Me limité a viajar por México.
+ *noun*		Me limité a un viaje a México.
llegar a + *inf.*	*to manage to, to succeed in*	Llegamos a preparar la comida.
+ *noun*	*to come to, to arrive at*	Llegamos a la posada.
lograr + *inf.*	*to succeed in, to manage to*	Lograste abrir la puerta.
luchar para + *inf.*	*to struggle in order to*	Lucho para dar de comer a los pobres.
luchar por + *noun*	*to struggle on behalf of*	Lucho por los pobres.
mandar + *inf.*	*to cause, to have, to order*	Nos mandó llamar.
maravillarse de + *inf.*	*to marvel at*	Me maravillo de escucharte cantar.
+ *noun*		Me maravillo de tu talento.
marcharse de + *noun*	*to leave*	Se marchó del pueblo.
merecer + *inf.*	*to deserve*	Merece recibir el premio.
meterse a + *inf.*	*to begin, to set oneself to*	Se metió a cantar.
meterse en + *noun*	*to become involved in*	Se metió en malos negocios.
mirar + *inf.*	*to watch*	Miraba partir el tren.
+ *noun*	*to look at*	Miró todos los cuadros.
morirse (o→ue, u) por + *inf.*	*to be dying to*	Me muero por conocerlos.
necesitar + *inf.*	*to need*	Necesito salir de compras.
negar (e→ie) + *inf.*	*to deny*	Negó conocerlo.
negarse (e→ie) a + *inf.*	*to refuse to*	Me niego a abrir la puerta.
obligar a + *inf.*	*to oblige to*	Nos obligan a firmar un contrato.
obstinarse en + *inf.*	*to persist in*	Se obstina en callar.
ocuparse de + *inf.*	*to take care of*	Se ocupa de hacer las compras.
+ *noun*		Se ocupa de las compras.
ocurrirse(le) + *inf.*	*to occur (to someone)*	Se nos ocurrió ir al cine.
ofrecer + *inf.*	*to offer*	Te ofrezco dividir las ganancias.
+ *noun*		Te ofrezco las ganancias.
ofrecerse a + *inf.*	*to offer to, to promise*	Se ofreció a darnos una conferencia.
oír + *inf.*	*to hear*	Oímos rugir a las fieras.
oler (o→ue[hue]) a + *noun*	*to smell of, like*	La casa huele a pescado.
olvidar + *inf.*	*to forget*	Olvidaste traer un paraguas.
olvidarse de + *inf.*	*to forget*	Se olvidó de cerrar con llave la puerta.
oponerse a + *inf.*	*to be opposed to*	Nos oponemos a pagar tus deudas.
+ *noun*		Nos oponemos a tus proyectos.
optar por + *inf.*	*to choose*	Optaron por salir temprano.
ordenar + *inf.*	*to order*	Te ordeno cantar.
parar de + *inf.*	*to stop, to cease*	Paré de fumar.
pararse a + *inf.*	*to stop to*	Me paré a ver los vestidos de moda.

pararse en + *noun*	to stop at	Me paré en todas las tiendas.
parecer + *inf.*	to seem	Parece tener razón.
parecerse a + *noun*	to resemble	Se parece al abuelo.
pasar a + *inf.*	to proceed to, to pass on to	Pasó a pedir dinero para el proyecto.
+ *noun*		Pasó a la siguiente lección.
pedir (e→i) + *noun*	to ask for	Pides más ayuda.
pensar (e→ie) + *inf.*	to intend	Piensa escribir una novela.
pensar (e→ie) de + *noun*	to have an opinion about	¿Qué piensas de mí?
pensar (e→ie) en + *noun*	to think about (have in mind)	Piensa en su madre.
permitir + *inf.*	to permit	No permiten hablar inglés en clase.
persistir en + *inf.*	to persist in	Persiste en mentir.
poder (o→ue) + *inf.*	can, to be able to	¿Podemos entrar?
ponerse a + *inf.*	to set oneself to, to begin to	Nos pusimos a esquiar.
preferir (e→ie, i) + *inf.*	to prefer	Prefieren callar.
prepararse a (para) + *inf.*	to prepare oneself to	Se prepara a (para) salir.
prepararse para + *noun*	to prepare oneself for	Se prepara para los exámenes.
pretender + *inf.*	to claim	¿Pretendes decir la verdad?
principiar a + *inf.*	to begin to	Principia a llover.
prohibir + *inf.*	to forbid	Te prohíbo salir.
prometer + *inf.*	to promise	Prometo decírtelo.
proponerse + *inf.*	to propose	Me propuse sacar buenas notas.
quedar en + *inf.*	to agree to	Quedamos en vernos más a menudo.
quedar por + *inf.*	to remain to be	Queda por ver lo que dirá.
quedarse a (para) + *inf.*	to remain to	Se quedó a (para) cuidar a los niños.
quedarse en + *noun*	to remain in	Se quedó en casa.
quejarse de + *inf.*	to complain of (about)	Se queja de no tener tiempo.
+ *noun*		Se queja de sus padres.
querer (e→ie) + *inf.*	to want, to wish	Quiero bailar.
recordar (o→ue) + *inf.*	to remember	Recuerdo oírlo gritar.
reírse (e→i, i) de + *noun*	to laugh at, to make fun of	Todos se rieron de mí.
renunciar a + *inf.*	to renounce, to give up	Renunció a vivir en el campo.
+ *noun*	to resign	Renunció a su puesto.
reparar en + *noun*	to notice, to observe	No reparé en sus defectos.
resignarse a + *inf.*	to resign oneself to	No me resigno a morir.
+ *noun*		No me resigno a la muerte.
resistirse + *inf.*	to resist, to refuse to	Se resiste a salir.
resolverse (o→ue) a + *inf.*	to resolve to	Me resolví a salir solo.
retirarse a + *inf.*	to retire, withdraw to	Se retiró a descansar.
rogar (o→ue) + *inf.*	to beg, to ask, to request	Te ruego hablar despacio.
romper a + *inf.*	to begin (suddenly) to	Al verlo rompimos a llorar.
romper con + *noun*	to break off relations with	Rompí con mi novio.
saber + *inf.*	to know (how)	Sabe patinar muy bien.
salir de + *noun*	to leave, come out of	Salí de la casa temprano.
sentarse (e→ie) a (para) + *inf.*	to sit down to	Nos sentamos a (para) comer.
sentir (e→ie, i) + *inf.*	to be sorry, regret	Siento comunicarle esta noticia.
separarse de + *noun*	to leave	Me separé de mi esposa.
servir (e→i, i) de + *noun*	to serve as, to function as	Mi radio sirve también de reloj.

servir para + *noun*	*to be of use for*	Estas carpetas sirven para papeles.
servirse de + *noun*	*to use*	Me serví de estos documentos para el juicio.
soler (o→ue) + *inf.*	*to be in the habit of*	Suelo despertarme temprano.
soñar (o→ue) con + *inf.*	*to dream of (about)*	Sueñas con viajar.
+ *noun*		Sueñas con viajes.
sorprenderse de + *inf.*	*to be surprised to*	Se sorprendió de verte conmigo.
+ *noun*	*to be surprised at*	Se sorprendió de mi casa.
sostener (e→ie) + *inf.*	*to maintain*	Sostiene saber la verdad.
subir a + *noun*	*to go up, to climb*	Subimos a las montañas.
suplicar + *inf.*	*to beg*	Te suplico contestar mis cartas.
tardar en + *inf.*	*to take long to*	Tardaste en llegar.
temer + *inf.*	*to fear*	Temo recibir su carta.
terminar de + *inf.*	*to finish*	Terminaré de trabajar.
terminar por + *inf.*	*to end (up) by*	Terminamos por divorciarnos.
tirar de + *noun*	*to pull*	Tiré de la puerta.
tocar(le) + *inf.*	*to be one's turn*	Te toca jugar a las cartas.
trabajar en + *noun*	*to work at*	Trabajamos en casa.
trabajar para + *inf.*	*to strive to, in order to, to work for*	Trabaja para mantener a su hijo.
trabajar por + *noun*	*to work on behalf of*	Trabaja por su hijo.
tratar de + *inf.*	*to try to*	¿Trataste de verlo?
tratarse de + *noun*	*to be a question of, to be about*	Se trata de algo muy serio.
tropezar (e→ie) con + *noun*	*to come upon*	Tropecé con María en Lima.
vacilar en + *inf.*	*to hesitate to*	Vacilé en decírselo.
valer más + *inf.*	*to be better*	Vale más hablar con él.
valerse de + *noun*	*to avail oneself of*	Me valí de él para conocer al jefe.
venir a + *inf.*	*to come to*	Vine a visitarte.
ver + *inf.*	*to see*	Vimos salir la luna.
volver (o→ue) a + *inf.*	*to do again*	Volvieron a llamarme.
+ *noun*	*to return to*	Volvieron al Paraguay.

Vocabulario

Note: Exact and very close cognates are not included in this vocabulary.

Abbreviations:
- *adj.* adjective
- *n.* noun
- *adv.* adverb
- *m.* masculine
- *f.* feminine
- *colloq.* colloquial
- *sing.* singular
- *pl.* plural

A

abajo *(adv.)* below, down
abogado(a) *(m., f.)* lawyer
abordar to board
aborto abortion, miscarriage
abrazar to embrace, to hug
abrigo overcoat, shelter
abrir to open
abrochar to fasten
    abrocharse el cinturón de seguridad to fasten one's seatbelt
abuelo(a) *(m., f.)* grandfather, grandmother
abundar to be abundant, to abound
aburrir to bore
aburrirse to get bored
acabar to end; to finish
acabar de + inf. to have just + past participle
acabarse to run out
acciones *(f., pl.)* stocks, shares
acelerador *(m.)* gas pedal
acercarse a to approach
acero steel
aconsejar to advise, to counsel
acontecer to happen
acontecimiento event, incident, happening
acordar (ue) to agree upon
acordarse (ue) de to remember
acostar (ue) to put to bed
acostarse (ue) to go to bed
acostumbrarse (a) to be customary; to get accustomed to
actriz *(f.)* actress
actuación *(f.)* performance
actual present-day

actualidad *(f.)* present time
actuar to act
acuerdo agreement
    acuerdo de paz peace treaty
    ¡de acuerdo! O.K.!
    de acuerdo con according to
adelante ahead
adelgazar to lose weight
además in addition, besides
adicción *(f.)* addiction
adicional additional
adiós good-bye
¿adónde? to where?
adornar to decorate
adornos *(pl.)* decorations
aduana customs
aéreo(a) *(adj.)* air
    correo aéreo air mail
    línea aérea airline
aeropuerto airport
afán *(m.)* eagerness, anxiety
afecto affection
afeitar(se) to shave (oneself)
afirmación *(f.)* statement
afuera outside
agencia agency
agente *(m., f.)* agent
agitar to gesticulate; to excite; to stir
agotar(se) to exhaust; to run out
agradable pleasant
agradecer to thank; to be grateful to
agricultor(a) *(m., f.)* farmer
agricultura agriculture
aguacate *(m.)* avocado

ahorrar *to save*
ahorros *(pl.) savings*
aire *(m.)* acondicionado *air conditioning*
ajo *garlic*
alcalde(sa) *(m., f.) mayor*
alcaldía municipal *city hall*
alcanzar *to reach; to be sufficient*
aldea *village*
alegrarse de *to be glad of, about*
alegría *happiness*
alérgico(a) *(adj.) allergic*
alfombra *rug, carpet*
alma *(f.)* (uses **el**) *soul*
almacén *(m.) department store*
algo *something; somewhat*
algodón *(m.) cotton*
alguien *someone*
algún *some; any*
alguno(a) *(m., f.) someone; something*
aligerar *to lighten*
alimentación *(f.) nutrition; feeding*
aliviar *to relieve*
almohada *pillow*
almorzar (ue) *to eat lunch*
alojamiento *lodging*
alquiler *(m., n.) rent, rental*
alrededor de *around*
altas horas de la noche *very late at night*
alto(a) *(adj.) tall; high*
  en alto *on high; commanding respect*
alzar *to lift, to raise*
amanecer *(m., n.) dawn*
amar *to love*
ambiente *(m.) atmosphere*
ambulancia *ambulance*
ambulante *(adj.) traveling*
  negociante *(m., f.)* ambulante *peddler*
americana *jacket (Spain)*
amistad *(f.) friendship*
amor *(m.) love*
ampliar *to amplify; to expand*
amplio(a) *(adj.) ample; broad*
analizar *to analyze*
ancho(a) *(adj.) wide*
andén *(m.) platform*
ánimo *spirit*
antelación *(f.):* con antelación *in advance*
antepasados *(pl.) ancestors*
anterior *previous, prior*
antes de *before*

anticipación *(f.) anticipation*
  con anticipación *in advance*
antiguo(a) *(adj.) ancient*
antihéroe *(m.) antihero*
anuncio *advertisement*
  anuncio clasificado *classified ad*
Año Nuevo *New Year*
apagar *to turn off, to extinguish*
apariencia *appearance*
apartado de correos *P.O. box*
apellido *last name*
aplicar *to apply*
apoyar *to support*
aprender *to learn*
aprestarse a *to get ready to*
apresurarse a *to hurry, to hasten to*
aprobar (ue) *to approve*
  aprobar el curso *to pass the course*
aprovechar *to make use of*
aprovecharse de *to take advantage of*
apuntar *to take notes*
apuntes *(m., pl.) notes*
apuro *problem*
árbol *(m.) tree*
  árbol de Navidad *Christmas tree*
  árbol genealógico *family tree*
archivo *file; archive*
arena *sand*
argumento *plot*
armario *closet, wardrobe*
armonía *harmony*
arquitecto(a) *(m., f.) architect*
arquitectura *architecture*
arreglar *to arrange; to fix; to straighten*
arriba *above; upstairs*
artesanía *handicrafts*
artículo de fondo *editorial*
ascenso *promotion*
asegurar *to assure; to insure*
asiento *seat*
  asiento delantero *front seat*
  asiento del pasillo *aisle seat*
  asiento de ventanilla *window seat*
  asiento trasero *back seat*
asignatura *course, subject*
asistencia *attendance*
asistir a *to attend*
asombroso(a) *(adj.) astonishing*
aspiradora *vacuum cleaner*
atender (ie) *to attend to*

aterrizaje *(m.) landing*
    aterrizaje forzoso *forced landing*
aterrizar *to land*
atmósfera *atmosphere*
atraco *robbery; mugging*
atraer *to attract*
atrás *in the back*
atrasar(se) *to delay (to be late)*
atravesar (ie) *to cross*
atreverse a *to dare to*
atropellar *to run over*
aumentar *to increase*
aun *even*
    aun cuando *even though*
aún *still, yet*
aunque *although; even if*
ausencia *absence*
autobús *(m.) bus*
auxiliar *(m., f.)* **de vuelo** *flight attendant*
auxilio: pedir (i) auxilio *to cry for help*
avergonzado(a) *(adj.) embarrassed*
averiguar *to verify; to find out*
avión *(m.) airplane*
aviso *warning; notice*
ayer *yesterday*
ayuda *help*
ayudar *to help*
ayuntamiento *city hall*
azafata *stewardess*
azteca *(n., m., f., adj.) Aztec*
azúcar *(n., m.) sugar*

B

bachillerato *high school (degree)*
bailar *to dance*
baile *(m.) dance*
bajar *to go down; to take down; to lose*
    bajar de *to get off*
    bajar de peso *to lose weight*
bajo *(prep.) under*
baloncesto *basketball*
bancario(a) *(adj.) banking*
    giro bancario *bank money order*
banco *bank*
bandera *flag*
banquero(a) *(m., f.) banker*
bañar(se) *to bathe (oneself)*
bañera *bathtub*
baño *bathroom; bath*
barato(a) *(adj.) cheap*
barbacoa *barbecue*

barbilla *chin*
barco *ship*
    por barco *by ship*
barra *bar*
barrer *to sweep*
barrio *neighborhood*
base *(f.) basis, base*
basta con *is enough to*
basura *garbage*
batidor *(m.) beater*
batir *to beat*
baúl *(m.) car trunk (**maletero** in some countries)*
bebida *drink*
beca *scholarship*
bedel *(m.) an officer in a university*
Belén *Bethlehem; nativity, crèche*
bélico(a) *(adj.) warlike*
bellas artes *fine arts*
beneficio *benefit*
besar *to kiss*
biblioteca *library*
bicicleta *bicycle*
bienestar *(m.) welfare*
bienvenida *welcome*
    ¡Bienvenido! *Welcome!*
    dar la bienvenida *to welcome*
billete *(m.) ticket*
    billete de ida y vuelta *round-trip ticket*
blusa *blouse*
boca *mouth*
    boca abajo *face down*
    boca arriba *face up*
bocadillo *sandwich*
boda *wedding*
bola *ball*
boletín *(m.)* **de noticias** *news bulletin*
boletín *(m.)* **meteorológico** *weather report*
boleto *ticket*
    boleto de ida y vuelta *round-trip ticket*
bolsa *purse, bag*
bolsillo *pocket*
bombín *(m.) bowler hat*
borla *tassel*
borrador *(m.) eraser; first draft*
borrar *to erase*
bostezar *to yawn*
botas *(pl.) boots*
bote *(m.) bottle, jar; boat*
botella *bottle*
botiquín *(m.) medicine cabinet*
botones *(m., sing.) bellboy*

bragas (pl.) (women's) underwear
brazo arm
brinco jump
brindar to toast
brindis (m.) toast
bulla (colloq.) loud noise
bulto parcel
burlarse de to make fun of
buscar to look for
buzón (m.) mailbox

C

cabeza head
cabina de mando pilot's cabin
cabina de teléfono telephone booth
cacique (m.) leader
cada each
cadena chain; network
caer(se) to fall
cafetera coffee pot
caja box; cashier's booth
cajero(a) (m., f.) cashier
cajuela glove compartment
calavera skull
calificación (f.) grade
calcetines (m., pl.) (sing. **calcetín**) socks
calle (f.) street
callejero(a) (adj.) street
calzoncillos (pl.) (men's) underwear
cama bed
cámara chamber; camera
  Cámara de Diputados House of
    Representatives
camarero(a) (m., f.) waiter, waitress
cambio change, exchange
  casa de cambio de moneda money exchange
    office
caminar to walk
camilla stretcher
camisa shirt
campana bell
campesino(a) (m., f.) farmer; person who lives in
  the country
campo countryside
canal (m.) channel; canal
canasta basket
cancha court (tennis)
canción (f.) song
cantar to sing
cantidad (f.) quantity
capacitado(a) (adj.) qualified; trained

capital (m.) capital (money)
capital (f.) capital (city)
capó car hood
capricho whim
cara face
  cara de pocos amigos hostile expression
cárcel (f.) jail
cargador(a) (m., f.) loader
cariño affection, love
cariñoso(a) (adj.) affectionate, loving
carnaval (m.) carnival; Mardi Gras
carne (f.) meat
  carne de res beef
  carne de ternera veal
carné (m.) card
  carné de identidad identification card
carnicería butcher shop
carnicero(a) (m., f.) butcher
caro(a) (adj.) dear; expensive
carrera profession, career; race
carretera road, highway
carroza (parade) float
carta letter
cartera wallet
cartero(a) (m., f.) mail carrier
casa house
casado(a) (m., f.) married person (n.); married
  (adj.)
casar(se) to marry (to get married)
casco helmet
casero(a) (adj.) having to do with the home
casi almost
castigar to punish
catálogo catalogue
catarro cold
catedrático(a) (m., f.) full professor
causa cause
  a causa de because of, due to
cebolla onion
cejas (pl.) eyebrows
celoso(a) (adj.) jealous
cementerio cemetery
cenar to eat dinner
censura censorship
centro center
  centro comercial shopping center
cepillar(se) to brush (one's teeth, hair)
cepillo brush
  cepillo de dientes toothbrush
cercanía nearness, proximity
cerdo pig

cerebro *brain*
cerradura *lock*
cerrar (ie) *to close; to seal*
cesta *basket*
chamarra *(Mex.) jacket*
champiñón *(m.) mushroom*
chaqueta *jacket*
charla *conversation*
cheque *(m.) check*
chimenea *fireplace*
chisme *(m.) gossip*
chiste *(m.) joke*
chofer *(m., f.) driver*
chorizo *sausage*
ciencia *science*
   ciencia ficción *science fiction*
científico(a) *(m., f.) scientist; (adj.) scientific*
cierto(a) *(adj.) certain, sure*
cilindro *cylinder*
cine *(m.) movies*
cinta *ribbon; tape*
cintura *waist*
cinturón *(m.) belt*
   cinturón de seguridad *seat belt*
círculo *circle*
cita *appointment*
ciudad *(f.) city*
ciudadano(a) *(m., f.) citizen*
claro(a) *(adj.) clear*
   ¡Claro que sí! *Of course!*
cobrar *to cash (a check); to collect*
coche *(m.) car*
   coche-cama *sleeping car*
   coche-comedor *dining car*
cocina *kitchen*
cocinar *to cook*
codo *elbow*
coger *to pick; to take*
cojín *(m.) pillow, cushion*
col *(f.) cabbage*
cola *line; glue*
   hacer cola *to stand in line*
colcha *bedspread*
colegio *school*
   colegio mayor *dormitory (usage in Spain)*
colgar (ue) *to hang*
colocar *to put (in place)*
colorado(a) *(adj.) red*
comedor *(m.) dining room*
comentarista *(m., f.) commentator*
comenzar (ie) *to begin*

cometer *to commit, to do*
cómico(a) *(adj.) funny*
comida *food*
como *as, like*
   ¿cómo? *how? what?*
   ¡cómo! *how!*
   ¡cómo no! *of course!*
cómoda *chest of drawers*
cómodo(a) *(adj.) comfortable*
compañero(a) *(m., f.) friend*
   compañero(a) de cuarto *roommate*
compatriota *(m., f.) fellow citizen*
competencia *contest, competition*
comportarse *to behave*
comprador(a) *(m., f.) shopper, buyer*
comprar *to buy, to purchase*
comprometerse *to get engaged; to commit oneself*
computadora *computer*
comunidad *(f.) community*
con *with*
   con tal (de) que *provided that*
concierto *concert*
concurso *contest*
conducir *to drive*
conductor(a) *(m., f.) driver*
conejo de Pascua *Easter bunny*
confirmar *to confirm*
congelar *to freeze*
congestión *(f.) (traffic) jam*
conjetura *guess, conjecture*
conjugar *to conjugate*
conmemorar *to commemorate*
conocer *to know, to be acquainted with*
conseguir (i) *to obtain*
conservador(a) *(adj.) conservative*
construir *to build*
consulta *consultation, visit to a doctor's office*
consumo *consumption*
contado: al contado *in cash*
contaminación *(f.)* **ambiental** *pollution*
contaminar *to pollute, to contaminate*
contar (ue) *to tell, to count*
contestador *(m.)* **automático** *answering machine*
contestar *to answer*
contrabandista *(m., f.) smuggler*
contrabando *illegal goods*
contratar *to contract; to hire*
contratiempo *mishap*
convenir (ie) *to suit*

convertir (ie) *to convert*
   convertirse en *to become*
convivencia *living together*
convocatoria *exam period*
copa *wine glass*
corazón *(m.) heart*
corbata *necktie*
cordero *lamb*
cordillera *mountain range*
correos: oficina de correos *post office*
   correo aéreo *air mail*
   correo certificado *registered mail*
   correo ordinario *surface mail*
corregir (i) *to correct*
correr *to run*
   correr las cortinas *to open or close the curtains*
correspondencia *correspondence*
corresponder *to correspond; to write*
corrida de toros *bullfight*
corriente *(f.) current*
cortés *(adj.) courteous*
cortesía *courtesy, politeness*
corto(a) *(adj.) short*
costa *coast*
costar (ue) *to cost*
costillas *(pl.) ribs*
costoso(a) *(adj.) expensive*
costumbre *(f.) custom*
cotidiano(a) *(adj.) daily*
cotilleo *gossip*
crecimiento *growth*
crédito de vivienda *mortgage*
creencia *belief*
creer *to believe*
crimen *(m.) crime*
criminal *(n., m., f.) criminal, outlaw; delinquent, perpetrator*
crucero *liner (boat)*
cruzar *to cross*
cuadra *block*
   a dos cuadras *two blocks away*
cuadro *painting; picture*
cuadros: a cuadros *plaid*
cual(es) *which*
   ¿cuál(es)? *which (one[s])?*
cualquier(a) *any, whatever*
cuando *when*
   ¿cuándo? *when?*
¿cuánto(a)? *how much?*

¿cuántos(as)? *how many?*
cuarteto de cuerdas *string quartet*
cuarto *room; fourth; quarter*
cuello *neck*
cuenta *account; bill; calculation*
   cuenta conjunta *joint account*
   cuenta corriente *checking account*
   cuenta de ahorros *savings account*
cuento *story, tale*
cuero *leather*
cuerpo *body*
cuestión *(f.) issue, matter*
cuestionar *to question*
cuidado *care, attention*
   tener cuidado *to be careful*
culpable *(adj.) guilty*
cumpleaños *(sing.) birthday*
cumplir... años *to turn . . . years old*
cursar *to take (a course)*
curso *course*
cuota *fee*

D

daños *(pl.) damages*
dar *to give*
   dar a luz *to bear a child*
   dar fin a *to end*
   dar la bienvenida *to welcome*
   dar una clase *to teach a class*
   dar una película *to show a movie*
   dar una vuelta *to walk around; to go for a ride*
   darse cita con *to meet*
   darse cuenta de *to realize*
   dárselo a *to sell for (give it to you for)*
de *from, of*
   ¿de dónde? *from where?*
   de nada *you're welcome; not at all*
debajo (de) *below, underneath*
deber *to owe; should, ought*
débil *weak*
decano(a) *(m., f.) dean*
decidirse a *to make up one's mind to*
decir (i) *to say; to tell*
   es decir *that is to say*
   querer (ie) decir *to mean*
dedicarse a *to dedicate oneself to*
dedo *finger; toe; digit*
defectuoso(a) *(adj.) defective*
defender (ie) *to defend*

dejar *to allow; to leave behind*
   dejar de *to stop; to fail to (do something)*
   dejar un recado *to leave a message*
   dejárselo a *to sell at (a reduced price)*
delante de *in front of*
delincuencia *crime*
delincuente *(m., f.) criminal, delinquent*
demanda *claim; lawsuit*
demás: los demás *the others*
demonios: ¿dónde demonios... ? *where on earth . . . ?*
dentista *(m., f.) dentist*
dependiente(a) *(m., f.) clerk*
deporte *(m.) sport*
deportivo(a) *(adj.) related to sports*
derecho(a) *(adj.) right;* **derecho** *(n.) law; privilege*
   a la derecha *to the right*
   derechos de aduana *import duties*
derrocar *to knock down, to overthrow*
derrota *defeat*
desafiar *to challenge; to defy*
desamparado(a) *(m., f.) homeless*
desanimar *to discourage*
desarrollarse *to develop*
desayunar(se) *to eat breakfast*
desayuno *breakfast*
descansar *to rest*
descanso *rest*
descender (ie) *to go down*
descongelar *to defrost*
describir *to describe*
descuento *discount*
desde *since; from*
   desde luego *of course*
desear *to want, to desire*
   de desear *desirable*
desechable *disposable*
desempleo *unemployment*
deseo *desire, wish*
desfile *(m.) parade*
desierto *desert*
desmayarse *to faint*
desmayo *fainting spell*
desnutrición *(f.) malnourishment*
despacho *office (lawyer's, doctor's)*
despedida *farewell*
despedir (i) *to fire, to dismiss*
despedirse (i) de *to say good-bye to*
despegar *to take off (plane)*

despegue *(m.) takeoff (plane)*
despertar (ie) *to awaken*
despertarse (ie) *to wake up*
después *after; afterward*
destapar *to open*
desteñido(a) *(adj.) faded*
destinatario(a) *(m., f.) recipient, addressee*
destrozar *to destroy, to rip apart*
destruir *to destroy*
desvelarse *to stay awake*
desventaja *disadvantage*
desvestir(se) (i) *to undress (oneself)*
detalle *(m.) detail*
detener(se) (ie) *to stop*
detrás de *behind*
día *(m.) day*
   Día de Acción de Gracias *Thanksgiving*
   Día de los Muertos *All Souls' Day*
diablo *devil*
diagnóstico *diagnosis*
diario(a) *(adj.) daily;* **diario** *(n.) newspaper*
dibujo *drawing*
   dibujos *(pl.)* **animados** *cartoons*
dictadura *dictatorship*
dictar *to dictate*
   dictar una conferencia *to give a lecture*
diente *(m.) tooth*
difícil *difficult*
dilema *(m.) dilemma*
diminuto(a) *(adj.) very small*
dios *(m.) god*
diputado(a) *(m., f.) deputy, representative*
directo: en directo *live (performance)*
dirigir *to manage; to direct*
dirigirse a *to approach, to address (a person)*
discar *to dial*
discoteca *discotheque*
discriminado(a) *(adj.) discriminated (against)*
disculpa *excuse*
discurso *speech*
disfrutar (de) *to enjoy*
disminuir *to decrease*
disponibilidad *(f.) availability*
dispuesto(a) a *(adj.) willing to*
distrito postal *ZIP code*
diversión *(f.) entertainment*
divertido(a) *(adj.) entertaining*
divertirse (ie) *to have a good time*
divorciado(a) *(adj.) divorced*
divorcio *divorce*

doblar *to turn (at a corner), to fold*
doblarse *to bend over*
doble *double*
    habitación *(f.)* **doble** *double room*
docena *dozen*
doctrina *doctrine*
documental *(m.) documentary*
doler (ue) *to hurt*
dolor *(m.) pain*
doloroso(a) *(adj.) painful*
domicilio *place of residence*
donde *where*
    ¿dónde? *where?*
    ¿adónde? *to where?*
    ¿de dónde? *from where?*
dormir (ue) *to sleep*
dormirse (ue) *to fall asleep*
dormitorio *bedroom; dormitory*
ducha *shower*
ducharse *to shower*
dudable *doubtful*
dudar *to doubt*
dulce *sweet*
    dulces *(m., pl.) candies; pastries*
durante *during*
durar *to last*

E

echar *to throw*
    echar al buzón *to mail*
edad *(f.) age*
educador(a) *(m., f.) educator*
efectivo *cash*
    pagar en efectivo *to pay (in) cash*
efectuar *to bring about; to implement*
eficaz *(adj.) efficient; that works*
egresar *to leave; to graduate*
ejecutivo(a) *(m., f.) executive*
ejemplo *example*
ejercicio *exercise*
ejército *army*
elaborar *to prepare, to put together*
electrodoméstico *(kitchen) appliance*
elegir (i) *to elect*
embarazada *(adj.) pregnant*
embotellamiento *traffic jam*
emoción *(f.) emotion*
empeñarse en *to insist on; to persist in*
empezar (ie) *to begin*
empleado(a) *(m., f.) employee*

empleo *job; employment*
empresa *company; undertaking*
en seguida *immediately*
enamorado(a) *(m., f.) boyfriend, girlfriend*
enamorarse (de) *to fall in love (with)*
encajar en *to set in*
encantado(a) *(adj.) delighted*
encantar *to enchant*
encarcelamiento *imprisonment*
encargado(a) *(m., f.) person in charge,*
    superintendent
encariñarse con *to grow in affection for*
encender (ie) *to light; to turn on (lights,*
    appliances)
encima de *on top of*
encinta *pregnant*
encomienda postal *parcel post*
encontrar (ue) *to find*
encontrarse (ue) con *to meet*
encuentro *meeting*
encuesta *survey, poll*
endosar *to endorse*
enfadado(a) *(adj.) angry*
enfadarse *to get angry*
enfermarse *to get sick*
enfermedad *(f.) illness*
enfermero(a) *(m., f.) nurse*
enfermo(a) *(adj.) sick person, patient*
enfoque *(m.) focus*
enfrentarse *to confront*
enfriar *to cool down*
engordar *to get fat*
enhorabuena *congratulations*
enojarse *to get angry*
enseñanza *teaching*
enseñar *to show*
    enseñar a *to teach how to*
entender (ie) *to understand*
enterarse de *to find out, to hear about*
entibiar *to cool off*
entonces *then*
entrar *to enter*
entre *among, between*
entregar *to deliver, to hand over*
entrenarse *to train (for a sport, etc.)*
entretenido(a) *entertaining*
entrevista *interview*
entusiasmado(a) *(adj.) enthusiastic*
enviar *to send*
enyesado: estar enyesado *to be in a cast*

época *age, era*
equipaje *(m.) baggage, luggage*
   equipaje de mano *carry-on luggage*
equipo *team*
   equipo de sonido *sound system*
   equipo de video *video camera*
equivocado(a) *mistaken*
equivocar(se) *to (make a) mistake*
escala *scale*
   hacer escala *to stop (airline flight)*
escapar *to escape*
escaso(a) *(adj.) scant; a few*
escena *scene*
escenario *stage*
escenificación *(f.) staging*
escoba *broom*
escoger *to choose*
escombros *(pl.) rubble*
escribir *to write*
escritor(a) *(m., f.) writer*
espalda *back*
espantoso(a) *(adj.) horrible*
espárragos *(pl.) asparagus*
especialización *(f.) major (field of study)*
espectáculo *show*
espera *wait*
espinacas *(pl.) spinach*
espíritu *(m.) spirit*
esposo(a) *(m., f.) husband, wife*
esqueleto *skeleton*
esquina *corner*
estación *(f.) station; season*
   estación de ferrocarril *railroad station*
estado *state*
   estado civil *marital status*
estampado(a) *(adj.) printed, stamped*
estancia *room*
estar *to be*
   estar en forma *to be in good shape*
   estar en onda *(colloq.) to know what's going on*
   estar por *to be about to*
este *(m.) east*
estirar *to stretch*
estómago *stomach*
estornudar *to sneeze*
estrecho(a) *(adj.) narrow*
estrella *star*
   estrella del cine *movie star*
estrellarse *to explode; to crash*
estreno *première; new movie*
estricto(a) *(adj.) strict*

estudiante *(m., f.) student*
estudiantil *(adj.) related to students*
estufa *stove*
estupendo(a) *(adj.) wonderful*
etiqueta *label*
europeo(a) *(adj.) European*
examen *(m.) exam*
examinarse *to take an exam*
exigir *to demand*
éxito *success*
experiencia *experience*
explicar *to explain*
exponer *to exhibit*
exprimidor *(m.) juicer*
exprimir *to squeeze*
extender (ie) *to extend*
extraño(a) *(adj.) strange; foreign; (n.) stranger*

F

fábrica *factory*
fábula *fable*
fácil *(adj.) easy*
facilidad *(f.) ease*
factura *bill*
facturar el equipaje *to check the luggage*
facultad *(f.) school (in a university)*
falda *skirt*
faltar *to miss; to be lacking; to fail (to fulfill)*
familiar *(adj.) related to family; (n.) family member*
farmacéutico(a) *(m., f.) pharmacist*
farmacia *pharmacy*
fastidiado(a) *bothered*
fastidio *nuisance; boredom*
felicitar *to congratulate*
   ¡Felicitaciones! *Congratulations!*
Feliz cumpleaños. *Happy birthday.*
feria *fair*
ferrocarril *(m.) railroad*
   estación *(f.)* de ferrocarril *railroad station*
festejar *to celebrate*
fiebre *(f.) fever*
fiesta *party*
fijarse en *to notice, to pay attention to*
filmar *to film*
filosofía *philosophy*
filósofo(a) *(m., f.) philosopher*
fin *(m.) end*
   fin de año *New Year's Eve*
   fin de semana *weekend*
   por fin *finally*

financiero(a) *financial*
firma *company*
flecha *arrow*
flor *(f.) flower*
folleto *pamphlet*
fondos *(pl.) funds*
formulario *printed form*
fortalecer *to strengthen*
foto *(f.) photograph*
fracasar *to fail*
fracturarse *to fracture, to break*
franquear *to put postage on*
franqueo *postage*
franqueza *frankness*
   con franqueza *frankly*
frasco *bottle*
frazada *blanket*
frecuencia *frequency*
   con frecuencia *frequently*
fregadero *kitchen sink*
freno *brake*
frente *(f.) forehead*
fresa *strawberry*
fresco(a) *(adj.) fresh*
frescura *freshness*
frijoles *(m., pl.) beans*
frontera *border*
frutería *fruit store*
fuego *fire*
   fuegos artificiales *(pl.) fireworks*
fuera *outside*
fuerte *strong*
fumar *to smoke*
función *(f.) event, show; showing of a movie*
funcionar *to work*
funcionario(a) *(m., f.) worker; officer*
funda *pillowcase*
furioso(a) *(adj.) angry*
fútbol *(m.) soccer*
   futbol americano *(m.) American football*

G

gabinete *(m.) office; cabinet*
gallo *rooster*
   misa del gallo *Christmas midnight mass*
gamba *shrimp*
ganadería *cattle raising*
ganadero(a) *(n., m., f.) cattle rancher; (adj.) related to livestock*

ganado *livestock*
ganancias *(pl.) earnings; profit*
ganar *to earn; to win*
ganas *(pl.) desire*
   tener ganas de *to feel like*
ganga *bargain*
ganso *goose*
garaje *(m.) garage*
garganta *throat*
gaseosa *mineral water*
gastado(a) *(adj.) worn out*
gastar *to spend*
gemelo(a) *(m., f.) twin*
generalmente *generally, usually*
gerente *(m., f.) manager*
gimnasio *gymnasium*
ginecólogo(a) *(m., f.) gynecologist*
girar: girar un cheque *to write a check*
giro *money order*
   giro bancario *bank draft*
globo *globe; balloon*
gobernante *(m., f.) ruler*
golpe: golpe de estado *coup d'état*
golpear *to beat up*
gorro *cap*
gozar *to enjoy*
grabadora *tape recorder*
grabar *to engrave; to record*
gracias *thanks*
graduación *(f.) commencement*
graduarse *to graduate*
grasa *grease*
gratis *free*
gratuito(a) *(adj.) free*
gravedad *(f.) seriousness, gravity*
grifo *water faucet*
gripe *(f.) flu*
grito *shout*
   a gritos *shouting*
grúa *crane*
guantes *(m., pl.) gloves*
guardarropa *wardrobe*
guerra *war*
guía *guide*
   guía telefónica *telephone directory*
guitarra *guitar*
gustar *to like, to be pleasing*
gusto *pleasure*
   mucho gusto en conocerlo(la) *a pleasure to meet you*

H

haber *to be, to have (auxiliary)*
  haber de + *inf. to be supposed to; to be going to*
  haber que + *inf. one must, it is necessary to*
había *there was, there were*
habichuelas *(pl.) (green) beans*
habilidad *(f.) ability*
habitación *(f.) room*
  habitación doble *double room*
  habitación sencilla *single room*
hablar *to speak*
  ¡Ni hablar! *Don't even say it!, No way!*
hacer *to do, to make*
  hacer cola *to stand in line*
  hacer un brindis *to make a toast*
  hacerse *to become*
hambre *(f., uses* **el***) hunger*
  tener hambre *to be hungry*
harto(a) *(adj.):* **estar harto(a)** *to be fed up*
hasta la vista *so long*
hasta luego *see you later*
hasta pronto *see you soon*
hasta que *until*
hay *there is, there are*
  hay que *one has to*
  no hay de qué *you are welcome*
heredar *to inherit*
herido(a) *(adj.) wounded*
hermano(a) *(m., f.) brother, sister*
herramienta *tool*
hierba *grass; herb*
hierro *iron*
hígado *liver*
hijo(a) *(m., f.) son, daughter*
  hijo de vecino *any person*
himno nacional *national anthem*
hipoteca *mortgage*
hispánico(a) *(adj.) related to Hispanic culture*
hispano(a) *(m., f.) Spanish-American (person)*
historietas *(pl.) comics*
hogar *(m.) home*
hoja *leaf; sheet (of paper)*
  hoja de maíz *corn husk*
hojalata *tin*
hombre *(m.) man*
hombro *shoulder*
hongos *(pl.) mushrooms*
hora *hour (clock)*
  es hora de *it's time to*
  ¿qué hora es? *what time is it?*
  ya es hora *time's up*

horario *schedule*
hornear *to bake*
horno *oven*
hospitalizar(se) *to put (oneself) in the hospital*
hubo *there was, there were*
huelga *strike*
hueso *bone*
huésped *(m., f.) guest*
huevo *egg*
huir *to flee*
humillado(a) *(adj.) humiliated*
huracán *(m.) hurricane*

I

ida y vuelta *round trip*
idioma *(m.) language*
ídolo *idol*
iglesia *church*
igual *equal*
igualdad *(f.) equality*
imagen *(f.) image*
imaginar *to imagine*
imperio *empire*
impermeable *(m.) raincoat*
imponer *to impose*
importar *to matter, to care*
importe *(m.) sum, amount charged*
impresionar *to impress*
impresos *(pl.) printed matter; forms*
impuesto *tax*
inca *(m., f.) Inca; (m.) Peruvian money*
incendio *fire*
inclinarse *to bend over*
inconveniente *(m.) disadvantage, inconvenience*
indígena *(m., f.) native inhabitant*
indignarse *to get angry*
indudable *unquestionable*
informática *computer science*
informe *(m.) report*
ingeniería *engineering*
ingeniero(a) *(m., f.) engineer*
ingresar *to enter, to enroll*
ingresos *(pl.) income*
iniciar *to begin*
inmediato: de inmediato *immediately*
inodoro *toilet*
inquietud *(f.) concern, worry*
inscribirse *to register*
insomnio *insomnia, sleeplessness*
intercambiar *to exchange*

interés (m.) interest
    tasa de interés rate of interest
internar to place in (a hospital, jail)
interpretar el papel de to play the role of
interrogar to interrogate
interrumpir to interrupt
intervenir (ie) to intervene
inundación (f.) flood
invertir (ie) to invest
inyección (f.) injection
    poner una inyección to give an injection
ir to go
    ir de compras to go shopping
irritarse to get angry
irse to go away, to leave
isla island
itinerario itinerary; schedule
izquierdo(a) left
    a la izquierda to the left

J

jabón (m.) soap
jamás never
jamón (m.) ham
jarabe (m.) syrup
jardín (m.) garden
jardinero(a) (m., f.) gardener
jefe(a) (m., f.) chief, boss
jeringuilla syringe
jornada day's work
    jornada completa full-time
    media jornada half-time
jubilarse to retire
judío(a) (adj.) Jewish
juego game
jugador(a) (m., f.) player
jugar (ue) to play
jugo juice
juguete (m.) toy
justificar to justify
juventud (f.) youth

L

labio lip
lago lake
lámpara lamp
lana wool
lápiz (m.) pencil
largo(a) (adj.) long
    a lo largo through; along; by
    larga distancia long distance

lata can
latido throb, beat
lavabo sink
lavadora washing machine
lavaplatos (m., sing.) dishwasher
lavar(se) to wash (oneself)
lecho bed
lechuga lettuce
lectura reading
lengua language; tongue
    sacar la lengua to stick out one's tongue
lenguaje (m.) language
letras (pl.) letters; humanities
letrero sign
levantar to raise, to lift
levantarse to get up
ley (f.) law
leyenda legend
libertad (f.) **de expresión** freedom of speech
libra pound
libre (adj.) free
librería bookstore
libreta de cheques check book
licenciatura degree (equivalent to B.A.)
licuadora blender
licuar liquefy; to blend
líder (m., f.) leader
ligar to make close friends; to get a date
ligue (m.) close friend; date
limosna alms
limpiaparabrisas (m., sing.) windshield wiper
limpio(a) (adj.) clean
línea line
    línea aérea airline
liso(a) (adj.) plain; straight
lista list
    lista de espera waiting list
    pasar lista to call the roll
listo(a) (adj.) intelligent; ready
    estar listo(a) to be ready
llamada call
    llamada de larga distancia long distance call
    llamada equivocada wrong number
    llamada local local call
    llamada por cobrar collect call
    llamada telefónica phone call
llamar to call
llamarse to call oneself, to be named
llano prairie
llanta car tire
llave (f.) key

llegada *arrival*
llegar *to arrive*
llenar *to fill; to fill out*
llevar *to carry; to wear; to be . . . time in a place*
   llevarse *to take away, to carry off*
   llevarse bien *to get along*
llover *(ue) to rain*
lluvia *rain*
loco(a) *(adj.) crazy*
lograr *to achieve; to manage to*
luchar *to fight*
lucir trajes regionales *to wear the traditional dress*
luego *later*
lustrar *to shine*
luz *(f.),* **luces** *(pl.) light*

M

madera *wood*
madre *(f.) mother*
madrina *godmother*
madrugada *dawn*
maduro(a) *(adj.) mature; ripe*
maestría *Master of Arts (degree)*
mal *(m.) evil; sickness*
mal *badly*
   mal aliento *bad breath*
malo(a) *(adj.) bad*
maleta *suitcase*
maletín *(m.) small suitcase; briefcase*
maltratado(a) *(adj.) mistreated*
mando *command*
mandón(-ona) *(adj.) bossy*
manejar *to drive*
manga *sleeve*
manguera *hose*
mano *(f.) hand*
manta *blanket*
mantener *(ie) to maintain*
   mantenerse (ie) en forma *to stay in shape*
mantenimiento *maintenance*
manzana *apple*
mañana *tomorrow; morning*
mapa *(m.) map*
maquillar(se) *to put make-up on (oneself)*
máquina *machine*
   máquina de afeitar *shaver*
maravilla *marvel*
marca *brand*
marcar *to dial (a number)*

marcharse *to go away, to leave*
mareo *dizziness, seasickness*
mariachis *(m. pl.) Mexican musical group*
mariscos *(pl.) seafood; shellfish*
masa *dough*
materia *subject*
maternidad *(f.) maternity; motherhood*
matinal *(adj.) morning*
matrícula *registration (fee)*
matricularse *to register*
matrimonio *marriage, married couple*
maya *Mayan*
mayor *bigger; older*
mayoría *majority*
mayúscula *capital letter*
medicamento *medication*
médico(a) *(m., f.) physician*
medio(a) *(adj.) half*
medios *(pl.) means*
   medios de comunicación *media*
mejilla *cheek*
mejor *better*
mejorar *to improve*
mendigo(a) *(m., f.) beggar*
menor *smaller; younger*
   menor de edad *minor*
mensaje *(m.) message*
mensual *monthly*
mentir *(ie) to lie*
menudo: a menudo *often*
mercadería *merchandise*
mercado *market*
mercancía *merchandise*
mes *(m.) month*
mesa *table*
mestizo(a) *(m., f.) mixed-blood person*
meter *to put*
miedo *fear*
   tener miedo *to be afraid*
miel *(f.) honey*
mientras (que) *while; as long as*
   mientras tanto *meanwhile*
mimado(a) *(adj.) spoiled*
minería *mining*
minero(a) *related to mining; miner*
minifalda *miniskirt*
mirar *to look at*
misa *(church) mass*
   misa del gallo *Christmas midnight mass*
misionero(a) *(m., f.) missionary*
mito *myth*

mochila *knapsack*
moda *fashion*
   estar de moda *to be in style*
   estar pasado de moda *to be out of style*
mojar(se) *to (get) wet*
molestar *to bother*
montar en *to ride*
moneda *currency, coin*
mono(a) *(m., f.) monkey*
montaña *mountain*
moraleja *moral (of a story)*
moreno(a) *(adj.) dark complexioned*
morir (ue) *to die*
mostrador(a) *showcase; counter*
mostrar (ue) *to show*
moto(cicleta) *(f.) motorcycle*
moverse (ue) *to make a move*
muchedumbre *(f.) crowd*
mudar de *to change*
mudarse *to change clothes; to move (change address)*
mudo(a) *(adj.) silent*
mueble *(m.) piece of furniture*
   muebles *(pl.) furniture*
muela *tooth*
muelle *(m.) (mechanical) spring; pier, wharf*
muerto(a) *(adj.) dead*
mujer *(f.) woman*
muleta *crutch*
muñeca *wrist; doll*
muñeco *dummy, doll*
músculo *muscle*

N

Nacimiento *Nativity scene, crèche*
nada *nothing*
   de nada *you're welcome; not at all*
nadar *to swim*
nadie *no one, nobody*
nalgas *(pl.) buttocks*
naranja *orange*
narcotraficante *(m., f.) drug dealer*
narcotráfico *drug traffic*
nariz *(f.) nose*
narrar *to narrate*
natación *(f.) swimming*
natal: ciudad natal *birthplace*
náusea *nausea*
Navidad *(f.) Christmas*
negar (ie) *to deny*

negocios *(pl.) business*
   hombre (mujer) de negocios *businessperson*
negro(a) *(n., m., f.) black person*
neumático *tire*
nevar (ie) *to snow*
nevera *icebox, refrigerator*
ni... ni *neither . . . nor*
   ¡Ni hablar! *No way!, Don't even say it!*
nieto(a) *(m., f.) grandson, granddaughter*
nieve *(f.) snow*
ningún *not any*
ninguno(a) *(adj.) not one, none*
no más *only (Mex.)*
noche *(f.) night*
nocturno(a) *(adj.) evening, night*
norte *(m.) north*
nota *grade; note*
notas *(pl.) sociales social news*
noticias *(pl.) news*
novio(a) *(m., f.) boyfriend, girlfriend; bridegroom, bride*
nuevo(a) *(adj.) new*
nunca *never*
número *number*

O

obedecer *to obey*
obligatorio(a) *(adj.) compulsory*
obrero(a) *(m., f.) blue-collar worker*
obtener (ie) *to obtain*
océano *ocean*
ocupación *(f.) job, trade*
ocupado(a) *(adj.) busy*
oeste *(m.) west*
ofender *to offend*
oferta *offer*
oficina *office*
oficio *trade; job*
ofrecer *to offer*
oído *(m.) (inner) ear*
ojo *eye*
¡ojo! *careful, watch out*
ola *wave*
olla *cooking pot*
olor *(m.) smell, odor*
olvidar *to forget*
opinar *to express an opinion*
oprimir *to press*
optativo(a) *elective*
orden *(m.) order, sequence*

orden *(f.) command; order of merchandise*
oreja *(outer) ear*
orejera *earflap*
orilla *shore*
orina *urine*
oscilar *to fluctuate*
¡Ostras! *What the heck!*
otro(a) *(adj.) another*
otros(as) *others(s)*

P

paciente *(m., f.) patient*
padecer (una enfermedad) *to suffer (an illness)*
padre *(m.) father*
padrino *godfather*
pagar *to pay*
    pagar con tarjeta de crédito *to pay with a credit card*
    pagar en cuotas mensuales *to make monthly payments*
    pagar en efectivo/al contado *to pay cash*
páginas *(pl.)* **amarillas** *the yellow pages*
pago *payment*
    pago inicial *down payment*
país *(m.) country*
pájaro *bird*
palabra *word*
paloma *dove*
palomita *pigeon*
pampa *grasslands (Argentina)*
pan *(m.) (loaf) of bread*
    pan de molde *sandwich bread*
panadería *bakery*
panadero(a) *(m., f.) baker*
pantalla *(movie or TV) screen*
pantalones *(m., pl.) pants, slacks*
pantorrilla *calf*
pañuelo *handkerchief*
papa *potato*
Papá Noel *Santa Claus*
papel *(m.) paper; role (in a play)*
    papel de envolver *wrapping paper*
    papel higiénico *toilet paper*
par *(m.) pair*
para *in order to, for*
    ¿para qué? *for what purpose?; why?*
parada *stop*
paraguas *(m., sing.) umbrella*
parecer *to seem*
parecerse *to resemble, to look like*

pareja *pair, couple*
pariente *(m., f.) relative*
paro *strike, work stoppage*
partido *(political) party*
párrafo *paragraph*
pasaje *(m.) ticket, fare*
pasajero(a) *(m., f.) traveler, passenger*
pasar *to pass; to come in*
    pasar lista *to call the roll*
    pasado de moda *out of fashion*
Pascua *Easter*
pasillo *aisle*
pasta de dientes *toothpaste*
pastel *(m.) cake*
pastilla *pill*
    pastilla para dormir *sleeping pill*
patata *potato*
patillas *(pl.) sideburns*
patinador(a) *(m., f.) skater*
patria *homeland*
patrocinador(a) *(m., f.) sponsor*
pavo *turkey*
paz *(f.) peace*
peatón *(m., f.) pedestrian*
pecho *chest, breast*
pedir (i) *to ask for; to order*
    pedir la baja *to resign*
    pedir un préstamo *to ask for a loan*
pegar *to glue, to paste; to hit*
peinar(se) *to comb (oneself)*
película *film*
peligro *danger*
pelo *hair*
pendiente *hanging, pending; earring*
pensamiento *thought*
pensar (ie) *to think*
    pensar de *to think of*
    pensar en *to think about*
    pensar en un deseo *to make a wish*
peor *worse*
pepino *cucumber*
pera *pear*
percance *(m.) accident, mishap*
perder (ie) *to lose*
    perder el vuelo *to miss the flight*
perderse (ie) *to get lost*
pérdidas *(pl.) losses*
perdonar *to excuse*
periódico *newspaper*
periodismo *journalism*

periodista *(m., f.) journalist*
permanencia *stay; green card*
permiso *permission; permit*
pero *but*
perseguir (i) *to pursue*
personaje *(m.) character (in a play)*
personajes *(pl.)* **e intérpretes** *(pl.) cast*
personal *(adj.) personal; (m.) personnel*
pertenencias *(pl.) belongings*
perturbar *to disturb*
pesar *to weigh*
   a pesar de (que) *in spite of; although*
pescadería *fish market*
pescado *fish*
peso *weight; currency of several Latin*
   American countries
pestaña *eyelash*
picar *to eat small bits*
pie *(m.) foot*
   pies de foto *(m., pl.) captions*
piel *(f.) skin*
pierna *leg*
píldora *pill*
piloto *(m., f.) pilot*
piratería aérea *hijacking*
piscina *pool*
piso *floor; apartment*
pista *roadway; clue; track*
   pista de aterrizaje *landing field*
placa *license plate*
placer *(m.) pleasure*
plana: primera plana *front page*
plancha *iron*
planchar *to iron*
plano(a) *(adj.) flat*
plano de la casa *floorplan*
planta baja *ground floor*
plantearse *to examine, to study*
plata *silver*
plátano *banana; plantain*
plato *plate; dish*
playa *beach*
plazos *(pl.):* **comprar a plazos** *to buy on the*
   installment plan
pleno(a) *(adj.) full*
plomo *lead*
   sin plomo *unleaded*
pluma *pen; feather*
población *(f.) town; population*
pobreza *poverty*
poder *(m.) power*

poder (ue) *to be able to; can*
podría *could*
policía *(f.) police*
policía *(m.) policeman*
   mujer policía *(f.) policewoman*
político(a) *(m., f.) politician*
pollo *chicken*
poner *to put, to place*
   poner la mesa *to set the table*
   poner una inyección *to give a shot*
ponerse *to put on, to wear; to become*
   ponerse en cola *to get in line*
por *through; by*
   por favor *please*
   por fin *finally*
   por lo menos *at least*
   por poco *almost*
   ¿por qué? *why?*
   porque *because*
   por supuesto *of course*
posponer *to put off, to postpone*
postulante *(m., f.) applicant*
postular *to apply for*
precio *price*
precisar *to need; to be specific*
preferir (ie) *to prefer*
pregonar *to announce*
pregunta *question*
   hacer preguntas *to ask questions*
preguntar *to ask*
preguntarse *to wonder*
prejuicio *prejudice*
premiar *to give an award*
prenda *jewel*
   prenda de vestir *piece of clothing*
prensa *press, newspapers*
preocupar *to worry (another)*
   preocuparse por *to worry about*
preparar(se) *to prepare (to get ready)*
preparativos *(pl.) preparations*
presentar *to present; to introduce*
   me gustaría presentarle(te) a... *I would like*
     you to meet . . .
   presentarse al examen *to take a test*
presión *(f.)* **arterial** *blood pressure*
   presión alta *high blood pressure*
préstamo *loan*
prestar *to lend*
   prestar atención *to pay attention*
presupuesto *budget*
prevenir (ie) *to prevent; to warn*

primer, primero(a) *(adj.) first*
primo(a) *(m., f.) cousin*
principio *beginning*
prisa *haste*
    tener prisa *to be in a hurry*
probar (ue) *to try; to taste*
procedencia *place of origin*
procedente de *coming from*
proceso *procedure; process; lawsuit*
programador(a) *(m., f.) programmer*
prometer *to promise*
pronto *soon*
    de pronto *soon*
    tan pronto como *as soon as*
propaganda *advertising; advertisement*
propina *tip*
proponer *to propose*
propósito *aim, purpose*
proteger *to protect*
proyecto *project*
prueba *test*
publicidad *(f.) advertising*
¿Puedo? *May I?*
puerta *door*
puesto *job, position; market stall*
    puesto de periódicos *newspaper stand*
pulmón *(m.) lung*
punto *point*
    punto de vista *point of view*

Q

que *that, which*
¿qué? *what?*
    ¿por qué? *why?*
    ¡qué lata! *what a nuisance!*
    ¡qué lástima! *what a pity!*
    ¡qué lío! *what a problem!*
    ¿qué tal? *how are you?*
    ¡qué tontería! *what nonsense!*
    ¡qué va! *no way!*
quedar bien con *to make a good impression on*
quedar en *to agree on*
quedarle a uno *to have left*
quedarle bien *to suit*
quedar(se) *to remain, to stay; to be located*
    quedarse con *to keep*
    quedársele a uno(a) *to be left (remaining)*
        to one
quehacer *(m.) task, chore*
queja *complaint*
quejarse (de) *to complain (about)*

quemar *to burn*
querer (ie) *to wish, to want; to love*
    querer decir *to mean*
querido(a) *(adj.) dear, beloved*
queso *cheese*
quien *who, whom*
¿quién? *who?, whom?*
quinceañera *fifteen-year-old girl*
quisiera *I would like to*
quitar(se) *to remove; to take off (clothing)*
quizá, quizás *perhaps*

R

racimo *bunch*
ración *(f.) portion, serving*
radio *(m.) radio set*
radio *(f.) radio*
radioemisora *radio station*
raspar *to scrape*
rato *short while*
raya *stripe*
    a rayas *striped*
rayo *ray; thunderbolt, lightning*
    rayos equis *(pl.) X-rays*
raza *race*
razón *(f.) reason*
    tener razón *to be right*
realizar *to fulfill, to achieve*
rebaja *discount*
    en rebaja *reduced*
rebajar *to reduce*
rebozo *shawl (Mex.)*
recado *message*
recámara *bedroom (Mex.)*
recepción *(f.) hotel lobby*
receta *prescription*
recetar *to prescribe*
recibir *to receive*
reciclado *recycling*
reclamar *to claim*
recoger *to pick up*
    recoger la mesa *to clear the table*
recordar (ue) *to remember*
recorrer *to travel through, to pass over*
recostarse (ue) *to lean back*
rector(a) *(m., f.) president of a university;*
    chancellor
recuerdo *memory; souvenir*
reemplazar *to replace*
referirse (ie) a *to refer to*
refrán *(m.) proverb, saying*

refresco *drink*
regalo *gift*
regar (ie) *to water*
regatear *to bargain*
régimen *(m.)* **militar** *military regime*
registrar *to examine, to look through, to inspect*
relajar *to relax*
relámpago *lightning*
releer *to reread*
relleno *stuffing*
reloj *(m.) watch; clock*
remedio *remedy*
    no tener más remedio *to have no other choice*
remitente *(m., f.) sender*
renunciar *to quit, to resign (job)*
reñir (i) *to fight; to scold*
repasar *to review*
repetir (i) *to repeat*
repicar las campanas *to ring (church) bells*
reportaje *(m.) news report*
reprobar (ue) *to fail, to flunk*
requisito *requirement, requisite*
resfriado: coger un resfriado *to catch a cold*
resfrío *cold*
resistir *to resist*
resolver (ue) *to solve*
respirar *to breathe*
restar *to subtract*
retirar *to take away*
retirarse *to withdraw, to retreat*
retraso *delay*
reunir(se) *to gather; to meet*
reunión *(f.) meeting*
revendedor(a) *(m., f.) resaler; scalper*
reventar (ie) *to pop, to burst, to explode*
revisar *to review; to check*
revista *magazine*
Reyes *(m., pl.)* **Magos** *the Three Wise Men*
rezongar *to mumble*
riesgo *risk*
riñón *(m.) kidney*
río *river*
ritmo *rhythm*
robo *robbery, theft*
rodar (ue) *to film (a movie)*
rodear *to surround*
rodilla *knee*
rogar (ue) *to beg, to plead*
romper *to break*
ropa *clothing*

ropero *closet; wardrobe*
ruborizado(a) *(adj.) blushing*
rueda *wheel*
ruido *noise*
rumbo a *bound for*

s

sábana *bed sheet*
saber *to know; to taste*
    ¡sabe a demonios! *it tastes horrible!*
sacar *to take out*
    sacar buenas (malas) notas *to get good (bad) grades*
sacerdote *(m.) priest*
sala *room; living room*
    sala de espera *waiting room*
salida *exit*
salir *to leave; to depart*
salón *(m.) room*
saltar *to jump*
salud *(f.) health*
    ¡Salud, dinero y amor! *To your health!*
saludable *(adj.) healthy*
saludar *to greet; to salute*
salvar *to save, to rescue*
sandalia *sandal*
sandía *watermelon*
sangre *(f.) blood*
santo *saint*
sartén *(f.) frying pan*
secadora *dryer*
secar(se) *to dry (oneself)*
    secar los platos *to dry the dishes*
sed *(f.) thirst*
    tener sed *to be thirsty*
seda *silk*
seguir (i) *to follow*
segundo *second*
seguro(a) *(adj.):* **estar seguro** *to be safe; to be sure*
seguro *insurance*
seleccionar *to select*
sello *postage stamp*
selva *jungle*
Semana Santa *Holy Week*
semáforo *traffic light*
sencillo(a) *(adj.) easy; simple*
    habitación *(f.)* **sencilla** *single room*
sendero *path*
sentarse (ie) *to sit*

sentimiento *feeling*
sentir (ie) *to feel*
sentirse mal (bien) *to feel sick (well)*
señal *(f.) signal*
    señales *(pl.)* **de tránsito** *traffic signals*
serenata *serenade*
servir (i) *to serve*
sicólogo(a) *(m., f.) psychologist*
SIDA *(m.) AIDS*
siempre *always*
siguiente *following*
silbar *to whistle*
silla *chair*
    silla de ruedas *wheelchair*
sillón *(m.) armchair; rocking chair*
sin *without*
    sin cesar *ceaseless(ly)*
    sin embargo *however*
sindicato *labor union*
sino *but; except*
síntoma *(m.) symptom*
sobre *(m.) envelope*
sobre *above; about*
sobregirarse *to overdraw*
sobreviviente *(m., f.) survivor*
socio(a) *(m., f.) partner*
socorro: pedir (i) socorro *to cry for help*
soldado *(m., f.) soldier*
soler (ue) *to be accustomed*
solicitante *(m., f.) applicant*
solicitar *to apply*
    solicitar un empleo *to apply for a job*
solicitud *(f.) application*
sólo *only*
solo(a) *(adj.) alone*
soltero(a) *(m., f.) single (unmarried) person*
sonreír (i) *to smile*
soñar (ue) *to dream*
soplado(a) a mano *(adj.) hand-blown*
soplar *to blow out (candles)*
sorprender *to surprise*
sorpresa *surprise*
sortear *to slalom; to draw lots*
sospechoso(a) *(adj) suspicious, suspect*
subasta *auction*
subir *to go up; to take up; to climb*
    subir a *to get on*
subrayar *to underline*
substituir *to substitute (also* **sustituir**)
suceder *to take place*

sucio(a) *(adj.) dirty*
sucursal *(f.) branch (office, store . . .)*
suegro(a) *(m., f.) father-in-law, mother-in-law*
sueldo *salary*
suele ser *(it) usually is*
suelo *floor*
sueño *dream*
    tener sueño *to be sleepy*
suerte *(f.) luck*
    tener suerte *to be lucky*
sufrir *to suffer*
sugerir (ie) *to suggest*
sujetador *(m.) bra*
sumar *to total, to add*
suplicar *to beg*
suponer *to suppose*
supuesto: por supuesto *of course*
sur *(m.) south*
suspender *to flunk (a student or a subject)*
sustituir *to substitute*

T

tablón *(m.)* **de anuncios** *bulletin board*
tacaño(a) *(adj.) cheap, stingy*
tacón *(m.) heel*
tal *such*
    ¿Qué tal? *How are you?*
talla *size*
tallado(a) *(adj.) carved*
tamaño *size*
tampoco *neither; (not) either*
tanque *(m.)* **de gasolina** *gas tank*
tapas *(pl.) snacks (Spain)*
taquilla *ticket office, ticket window*
tarea *task; work; homework*
tarifa *fare; fee*
tarjeta *card*
    tarjeta de crédito *credit card*
    tarjeta postal *postcard*
taza *cup*
    taza de café *cup of coffee*
teatro *theater*
techo *roof*
tejado *roof*
tejido(a) *(adj.) knit*
telenovela *soap opera*
telepantalla *television screen*
televidente *(m., f.) television viewer*
tele(visión) *(f.) television (broadcasting)*
televisor *(m.) television set*

telón (m.) theater curtain
temer to be afraid of, to fear
temporada season
tenderse (ie) to lie down
tener (ie) to have, to possess
    tener lugar to take place
    tener calor to be hot
    tener frío to be cold
    tener hambre to be hungry
    tener miedo to be afraid
    tener razón to be right
    tener sueño to be sleepy
    tener suerte to be lucky
tensión (f.) stress
teñir (i) to dye
terminar to end, to finish
ternera veal
terraza terrace
terremoto earthquake
tertulia gathering, conversation
testigo (m., f.) witness
tiempo time
    tiempo libre free time
tila, flor de linden tree flower(s) (medicinal)
timbre (m.) doorbell
tina bathtub
tinto: vino tinto red wine
tío(a) (m., f.) uncle, aunt
tira: tira cómica comic strip
titular (m.) headline
título title; degree
toalla towel
tobillo ankle
tocado hairdo; headdress
todo(a) (adj.) all, every
    ante todo above all
tomar to take; to drink
    tomar apuntes to take notes
    tomar asiento to sit down
tontería foolishness
    ¡Qué tontería! What nonsense!
toparse con to meet (by chance)
torear to bullfight
tormenta storm
torta cake
tortilla corn or flour pancake
    tortilla española Spanish omelette
tos (f.) cough
toser to cough
tostadora toaster
trabajador(a) (m., f.) worker

traducir to translate
traer to bring
traje (m.) suit
trámite (m.) procedure
tranquilo(a) (adj.) calm, quiet
tránsito traffic; transit, passage
transmitir to broadcast
transporte (m.) transportation
trapo rag, piece of cloth
tratar to try;
tratarse de to be about
tren (m.) train
tropezarse con to meet (by chance)
trotar to jog
trueno thunder
tumba grave
turista (m., f.) tourist

U

último(a) last
único(a) (adj.) only
    hijo(a) único(a) only child
universitario(a) (m., f.) university student
unos (unas) some; a few
uña (finger or toe) nail
uva grape

V

¡Vale! O.K.!
valle (m.) valley
valor (m.) value; courage
vaquero (m.) cowboy
vaqueros (pl.) jeans
variedad (f.) variety
varón (m.) male
vecino(a) (m., f.) neighbor
vehículo vehicle
vela candle
vena vein
vencimiento: fecha de vencimiento due date
vendedor(a) (m., f.) salesperson
vender to sell
¡Venga! Come on!
venir (ie) to come
venta sale
ventaja advantage
ventanilla car window; ticket booth
ventilador (m.) vent; fan
verano summer

verbena *conversational gathering; popular festival*
verde *(adj.) green; unripe*
verdura *vegetable; (edible) green*
verdulería *vegetable market*
verificar *to check*
vespertino(a) *(adj.) evening*
vestido *dress*
vestimenta *clothes, garments*
vestir(se) (i) *to dress (oneself)*
vez *(f.) time, occasion*
    a veces *sometimes*
    otra vez *another time; once again*
viajar *to travel*
viaje *(m.) trip*
viajero(a) *(m., f.) traveler*
vida *life*
videocasetera *VCR*
vidrio *glass*
Viernes *(m.)* **Santo** *Good Friday*
villancico *Christmas carol*
vino *wine*
virutas *(pl.) wood shavings*

visto: por lo visto *apparently*
viudo(a) *(adj.) widowed; (n.) widower, widow*
vivienda *housing*
voceador(a) *(m., f.) one who shouts to sell newspapers*
volante *(m.) steering wheel*
voluntad *(f.) will; desire*
volver (ue) *to return*
    volver a *to (do something) again*
    volver en sí *to regain consciousness*
volverse (ue) *to become*
voto *vote*
voz *(f.) voice*
vuelo *flight*
    vuelo directo *direct flight*
vuelta *return*
    estar de vuelta *to return*
vuelto *change (money)*

Z

zapato *shoe*
zona *zone*
zumo *juice (Spain)*

Índice

A

a
  + **el,** 19
  en expresiones del tiempo, 181
  + nombre o pronombre preposicional, 175
  personal, 169–170, 180
  usos, 181
acabar(se), 112
a causa de (por), 31–32
acentuación
  de gerundios acompañados de los
    pronombres, 346
  en lenguaje hablado y escrito, 379
  ortografía, 82
  en palabras interrogativas y exclamativas,
    11, 379
adjetivos
  como adverbios, 249
  calificativos, 24–25
  cláusulas que funcionan como, 223–224
  comparaciones de superioridad y
    inferioridad, 68–69, 71
  diminutivos y aumentativos, 324
  de igualdad, 70
  posesivos, 26–27
  posesivos enfáticos, 27, 381
  superlativos, 71–72
adverbios
  como adjetivos, 249
  cláusulas que funcionan como, 236–238
  comparaciones de superioridad y
    inferioridad, 68–69, 71
  formación, 249
  gerundios en función de, 346
  de igualdad, 70
  superlativos, 71–72
  usos de, 249
afirmativa/negativa
  expresiones, 281–282
  indicativo *vs.* subjuntivo, 202
al, 19
al + infinitivo, 307
andar + gerundio, 346

anticipación, expresiones de, 237
a pesar (de) que, 238
appearance, 327
artículos definidos
  formas, 18–19
  usos, 19–20
artículos indefinitivos
  formas, 20
  omisión de, 20
to ask, 31–32
aumentativos, 324
aun cuando, 238
aunque, 238

B

because, 31–32
to become, 94
bueno(buen)/malo(mal)
  comparativos, 69
  formas adverbiales, 69
  superlativos, 71
bueno (buen)/malo (mal)
  comparativos, 69
but, 364

C

caer bien/mal, 175
cartas, como escribir, 188–189
cláusulas
  adjetivales, 233–234
  adverbiales, 237
  condicionales con **si,** 272–273
  independientes unidas por **pero,** 364
  nominales, 201–202
  parentéticas, 358–359
  restrictivas, 358–359
cláusulas subordinadas
  imperfecto del subjuntivo en, 370
  indicativo *vs.* subjuntivo en, 201–203,
    272–273

pluscuamperfecto del subjuntivo en, 354
pronombres relativos en, 358–359
clima. *véase* tiempo atmosférico
cognados falsos, 214–215
colocar, 251
to come, 183
¡cómo...! en frases exclamativas, 14
como si, 245
comparaciones
de igualdad, 70
irregulares, 69
negativas, 69
de superioridad e inferioridad, 68–69
superlativos, 71–72
con
con pronombres de complemento, 169–170
usos, 181
condición, expresiones de, 237
condicional
en cláusulas condicionales con **si,** 272–273
para expresar el futuro con relación al
pasado, 270
para expresar probabilidad en el pasado,
272–273
formación, 269
condicional perfecto
formación, 350
usos, 350
condición expresado con **si** + imperfecto del
subjuntivo, 270
conjugaciones de verbos
de cambio ortográfico, 391–392
con cambios en radical, 389–398
irregulares, 386–388
regulares, 383–385
conjunciones
pero, sino, sino que, 364
que, 248
conmigo (-sigo, -tigo), 171
conocer
conjugación, 391
en presentaciones, 5
saber *vs.,* 144
significado en pretérito, imperfecto, 140
convenir, 175
cortesías de vida social, 4–5
¿cuál?
comparado con **¿qué?,** 11
para selección, 11
cuando, 236–237

¿cuánto...?, 10
¡cuánto...! en exclamaciones, 14
cuestión *vs.* **pregunta,** 31

D

date, 327
de
+ el, 19
en comparaciones de numero, cantidad, 68
estar +, 99, 345
+ infinitivo, 307–308, 355
omisión de artículo, 20
usos, 109–110
deber (de)
en expresiones de deseo, 248
en expresiones de obligación, 106, 307
en expresiones de probabilidad, 106
decir
como mandato, 202
uso de **lo** con, 169
dejar
como verbo de permiso, 202
dejar (de), 111
del, 19
descripciones, cómo escribir, 83
desde, 318
deseo
expresiones de, 248
que como conjunción en expresiones de,
248
subjuntivo después de verbos de, 248
verbos de, 202
después (de) que, 236–237
diminutivos, 324

E

el (la), 19–20
el (la) cual, 359–360
el (la) que, 359–360
en
para designar lugar, 109
estar +, 99
expresiones del tiempo, 109
con significado de **encima de,** 109
encantar, 175, 184
encima de, 109
encontrarse, 144

en cuanto, 237
entrar + gerundio, 346
entre
   pronombres personales con, 49
   pronombres preposicionales con, 171
   usos, 318
estaciones del año, 376
estar
   + **de,** 99
   + **en,** 99
   expresiones comunes con, 99
   en expresiones del tiempo atmosférico,
      99
   con gerundio, 99, 345
   + **para** + infinitivo, 99
   participio pasado +, 99
   y ser, 98–99
   + sustantivo o pronombre, 98
   uso de **lo** con, 169
excepto
   pronombres personales con, 49
   pronombres preposicionales con,
      171
exclamaciones
   acentuación en, 11
   ha *vs.* **ah,** 223
   hay *vs.* **ay,** 222
   vocabulario, 6, 10, 88
expresiones idiomáticas, 111–112
expresiones impersonales
   haber, 104
   haber que + infinitivo, 106
   indicativo en, 307
   infinitivos después de, 307
   subjuntivo en, 203

F
to fail, 111
faltar, 111, 175
for, 31–32
fracasar, 111
futuro
   cláusulas condicionales con,
      272
   formación del, 61
   ir a + infinitivo, 64
   presente como, 64
   querer + infinitivo como, 64
   usos del, 64

futuro perfecto
   formación, 350
   usos, 350

G
gerundios
   como adjetivos, 346
   estar +, 345
   formación, 345
   en lugar del infinitivo, 346
   pronombres reflexivos con, 94
   en sentido de *by means of,* 345
   con **venir, andar,** 346
   verbos de continuidad +, 345
   verbos de movimiento +, 345, 346
   verbos de percepción +, 345
grande
   en comparaciones, 69
gustar, 175
   construcción especial de, 174–175
   con subjuntivo, 202

H
haber
   conjugación, 387
   para expresar existencia (**hay**), 104
   ortografía, 222–223
   con participio pasado (tiempos
      compuestos), 162–164
haber de
   en expresiones de obligación personal, 106, 307
   en expresiones de probabilidad, 106
haber (hay) que
   en expresiones de obligación impersonal,
      106, 307
hacer
   conjugación, 387
   en expresiones del tiempo atmosférico, 104
   en expresiones del tiempo transcurrido, 142
hacerse, 94
hasta, 318
hasta que, 236–237
hay *véase* **haber; haber (hay) que**

I
imperativo. *véase también* mandatos
   familiar (**tú** y **vosotros**), 205, 210

formal (**Ud. y Uds.**), 205
infinitivo como, 308
de **nosotros**, 213
con pronombres de complemento directo e
 indirecto, 205
con pronombres reflexivos, 205
usos del, 205
imperfecto del indicativo
 formación, 136
 usos, 139–140
 vs. pretérito, 139–140
imperfecto del subjuntivo
 cláusulas condicionales con, 272
 formación, 243
importar, 175
incluso, pronombres personales con,
 49
indicativo
 en cláusulas adjetivales, 223–224
 en cláusulas adverbiales, 236–238
 comunicación verbal, 201
 expresiones de seguridad +, 202
 expresiones impersonales +, 203
 en oraciones interrogativas, 203
 percepción física o mental +, 201
 procesos mentales +, 201
 con verbo **creer**, 202
indicativo *vs.* subjuntivo
 afirmativa/negativa, 202–203
 en cláusulas adjetivas, 233–234
 en cláusulas adverbiales, 237–238
 en cláusulas condicionales con **si**,
  272–273
 seguridad/inseguridad, 202–203
infinitivo
 de +, como equivalente de **si** + indicativo,
  307
 de +, como equivalente de **si** + subjuntivo,
  307, 355
 como complementos de verbos, 306
 después de expresiones impersonales,
  307
 después de preposiciones, 347
 haber (hay) que +, 106
 como imperativo, 308
 con **por**, 312–313
 pronombres reflexivos con, 94
 con **sin**, 318
inseguridad/seguridad
 expresiones de, 237

indicativo *vs.* subjuntivo después,
 202–203
interesar, 175, 184
interrogativos
 acentuación de, 11
 expresiones, 6, 11
 palabras, 7–9
 pronombres, 11
 usos, 10–11
ir
 + gerundio, 346
 vs. **venir, llegar**, 183
ir a + infinitivo, 64
irse (de)/marcharse (de), 251
-isimo, 72

L
to leave, 251
letras mayúsculas y minúsculas, 378
llegar
 vs. ir, venir, 183
 + gerundio, 346
llevar(se)
 y artículo indefinido, 20
 usos de, 111
lo, 169
lo que, 359–360

M
malo(mal)/bueno(buen)
 comparativos, 69
 superlativos, 71
mandatos. *véase también* imperativo
 infinitivo como, 64, 308
 pronombres reflexivos con, 94
mas/menos
 comparaciones de
  superioridad/inferioridad, 68
 superlativos, 71
to meet, 144
-mente, 249
meses del año, 376
meter, 251
mientras (que), 236
mismo(a)
 para énfasis, 49
 uso después de pronombres, 171

to miss, 327
molestar, 176

N

negativas, expresiones, 281–282
no solo...sino (también), 364
números
    cardinales, 375
    ordinales, 375

O

obligación, expresiones de, 106, 307
oír, 54, 387
¡Ojalá! en exclamaciones, 248
oler, 54
ortografía
    acentuación, 11, 82, 316, 379
    b y **v,** 118–119
    c, s, y **z,** 152
    ca, que, qui, co, cu, 188
    c (ce, ci), s, y **z,** 152
    división de palabras en sílabas, 37, 378
    ga, gue, gui, go, gu, 295–296
    g (ge, gi) y **j,** 257–258
    haber, 222–223
    hay *vs.* **ay** *vs.* **ah,** 222–223
    letra **h,** 333
    ll y **y,** 364
    verbos con cambios en radical, 53, 389–390
otro como artículo indefinido, 20

P

palabras interrogativas, 7–9
para
    modismos con, 314
    pronombres de complemento con, 171
    usos de, 313–314
participios pasados
    con **estar,** 99
    con **haber** en tiempos compuestos, 163, 278
    irregulares, 163
pensar, 182
pero y **sino,** 364

pluscuamperfecto del indicativo
    formación, 164
    usos, 164
pluscuamperfecto del subjuntivo
    formación, 354
    usos, 354–355
poder
    en expresiones de deseo, 248
    significados diferentes, 140
    uso de condicional para cortesía, 270
poner(se)
    conjugación, 387
    usos, 251
    como verbo reflexivo, 94
por
    usos de, 312–313
    en voz pasiva, 286
porque, 10 n1, 31–32
¿por qué?, 10 n1, 31–32
posesión
    adjetivos para expresar, 26–27, 381
    de para expresar, 109
posibilidad, cláusulas condicionales con **si,** 272–273
preguntar, 31
    uso de **lo** con, 169
pregunta *vs.* **cuestión,** 31
preposiciones
    antes de infinitivos, 347
    + infinitivo, 306
    pronombres de complemento de, 171
preposiciones comunes, usos de, 318–319
presente del indicativo
    cláusulas condicionales, 272
    para expresar futuro, 64
presente del subjuntivo
    formación, 199–201
    usos, 202–203
presente perfecto del indicativo
    formación, 162–163
    usos, 164
presente perfecto del subjuntivo
    formas, 278
    usos, 278
pretérito
    formación, 130
    usos, 139
    vs. imperfecto del indicativo, 139–140

probabilidad
cláusulas condicionales para expresar, 272
futuro perfecto para expresar, 350
pronombres de complemento directo con gerundios, 346
pronombres de complemento directo e indirecto
acentos con, 346
con imperativo, 205
con infinitivos, 307
posición de, 170–171
usos, 169–170
pronombres posesivos, 381
propósito, expresiones de, 237
puntuación
coma, 377
punto, 377
raya, 377
signos de admiración, 377
signos de interrogación, 377
to put, 251

Q

que
en cláusulas del indicativo, 234
en cláusulas del subjuntivo, 199, 234
en comparaciones, 68
como conjunción, 248
como conjunción en expresiones de deseo, 248
para introducir cláusula restrictiva, 359
el (la) +, 359–360
pronombre relativo, 358–359
para reemplazar a personas o cosas, 359
uso de lo que, 360
¡qué...!
y artículo indefinido, 20
en exclamaciones, 14
¿qué?
como adjetivo interrogativo, 11
comparado con ¿cuál?, 11
en expresiones interrogativas, 11
lo que, usos de, 360
quedar, 176, 289
querer
en expresiones de deseo, 248
+ infinitivo, 64

significado en pretérito, imperfecto del indicativo, 140
no querer
significado en pretérito, imperfecto del indicativo, 140
quien(es)
para reemplazar a personas, 359
usos, 359

R

reflexivos
pronombres, 92–94, 171, 205
verbos, 92–94
reprobar, 111

S

saber
significado en pretérito, imperfecto del indicativo, 140
subjuntivo presente, 201
uso de lo con, 169
versus conocer, 144
salir (de), 251
salvo, 171
se
indefinido, 177
como sujeto no responsable, 178
con verbos reflexivos, 92–94
con voz pasiva, 268
según, 49, 319
seguridad/inseguridad, expresiones de, 237
seguridad/inseguridad, para expresar, 237
ser
+ de, 98
+ para, 98
y estar, 98–99
en expresiones impersonales, 99
lo con, 169
con participio pasado, 268
+ sustantivo o pronombre, 98
y tiempo cronológico, 99
con voz pasiva, 268
sílabas, separación de palabras en, 37, 378
sin, 318
sino que, 364
sino y pero, 364
si + subjuntivo, 272

sobre, 318

subjuntivo. *véase también tiempos específicos del subjuntivo*
- en cláusulas adjetivales, 233–234
- en cláusulas adverbiales, 237–238
- en cláusulas condicionales, 272
- con **creer, pensar** en negativo, 202
- con expresiones de consejo o ruego, 202
- con expresiones de deseo, 248
- con expresiones de duda/inseguridad/negación, 202–203
- con expresiones de emociones, 202
- en expresiones impersonales, 203
- mandatos, 202
- en oraciones independientes, 248
- en oraciones interrogativas, 203

subjuntivo *vs.* indicativo. *véase* indicativo *vs.* subjuntivo

superlativos, 71–72

suspender, 111

sustantivos
- artículos con, 17
- comparaciones de igualdad, 70
- en comparaciones de superioridad e inferioridad, 68
- genero de, 17

T

to take, 111

tan...como, 70

tan pronto... como, 236

tanto(a)...como, 70

tantos(as)...como, 70

tener
- uso de condicional para cortesía, 270
- usos de, 20, 104

tener que + infinitivo
- en expresiones de obligación, 106, 307

to think, 182

tiempo atmosférico
- **estar** con, 99
- **hacer** en expresiones del, 104
- palabras que describen, 104, 263

tiempo cronológico
- al + infinitivo en expresiones de, 307
- el calendario, 376
- como expresar hora, 376

expresiones de, 74–75
- **de** en expresiones de, 109
- **en** en expresiones de, 109
- palabras para expresar aspectos de, 109
- **ser** para expresar, 99
- transcurrido, 142–143

tiempos compuestos, 162–164

tiempos del verbos. *véase* tiempos específicos del verbos

time, 74–75

tomar, 111

toparse con, 144

tropezar con, 144

tú *versus* **usted,** 48

U

un(a)
- formas, 20
- omisión, 20

unos(as), 20

usted(es)
- de cortesía, 49
- **tú** *vs.,* 48

V

venir
- + gerundio, 346
- *versus* **ir, llegar,** 183

verbos. *véase también modos específicos; tiempos específicos*
- de cambio ortográfico, 391–392
- con cambios en vocal del radical, 53–54, 200, 389–390
- construcción especial del gustar, 174–176
- irregulares, 53–54, 61, 199–201, 386–388
- de primera conjugación, 383, 389
- que llevan preposiciones, 393–398
- que terminan en -car, -gar, y -zar, 53–54, 200, 391
- reflexivos, 92–94
- de segunda conjugación, 199, 383, 384, 389
- de tercera conjugación, 199, 383, 385, 389

vez (veces), 74

vocabulario
- artesanías, 301
- ciudad, 226–227

condición, propósito, anticipación, 237
cuerpo, partes del, 193
economía, 263
educación, 87–88
exclamaciones, 10, 88, 184, 300
expresiones de cortesía, 4–5
familia, 124
fenómenos naturales, 263
geografía física, 262
médica, asistencia, 192–194
medios de comunicación, 338–340
negocios, 122–124, 156–158
población, 263

política, 263
para solicitar información, 10, 11, 338
supermercado, 227
tiempo, 74–75, 237
tradiciones y leyendas, 301
viaje, 42–44
volverse, 94
voz pasiva, 286

W

why, 31–32

Photo Credits

Chapter 1
Opener: Martin Parr/Magnum Photos, Inc. Page 3: J. Raga/Masterfile. Page 8 (top): Creutzmann Sven/Gamma-Presse, Inc. Page 8 (center): Jeremy Horner/Corbis Images. Page 22: Angelo Cavalli/Index Stock. Page 25: Scott S. Warren/Aurora Photos. Page 35: Angelo Cavalli/SUPERSTOCK.

Chapter 2
Opener: Daniel Aubry/Odyssey Productions. Page 41: José Fuste Raga/Age Fotostock America, Inc. Page 46 (left): Peter Holmes/Age Fotostock America, Inc. Page 46 (right): Age Fotostock America, Inc. Page 51: Stuart Cohen/The Image Works. Page 55: Sergio Pitamitz/Age Fotostock America, Inc. Page 80: Robert Frerck/Odyssey Productions.

Chapter 3
Opener: Robert Frerck/Odyssey Productions. Page 85: Digital Vision. Page 91: W. Tamboer/ Masterfile. Page 102: Dave G. Houser/Corbis Images. Page 116: Mark A. Johnson/Corbis Images.

Chapter 4
Opener: Bill Bachmann/The Image Works. Page 121: SUPERSTOCK. Page 127: Erlanson Productions/The Image Bank/Getty Images. Page 128: Wolfgang Kaehler/Corbis Images. Page 134: Courtesy University of California, Santa Barbara. Page 137: Ferdinando Scianna/ Magnum Photos, Inc. Page 146: ©QUINO, Buenos Aires, Argentina. Page 148: From *El plano para la casa*, Jueves del Excelsior, # 3234, July 12, 1984. Page 150: Age Fotostock America, Inc.

Chapter 5
Opener: Keith Dannemiller/Corbis SABA. Page 155: A. Ramey/PhotoEdit. Page 167: David Wells/The Image Works. Page 179: Hideo Haga/HAGA/The Image Works. Page 186: José Fuste Raga/Age Fotostock America, Inc.

Chapter 6
Opener: ©AP/Wide World Photos. Page 191: Barnabas Bosshart/Corbis Images. Page 197: Robert W. Ginn/Age Fotostock America, Inc. Page 198: Ricardo Azoury/Corbis Images. Page 208: Paul Souders/Aurora Photos. Page 212: ©Juan Ballesta, *Cambio 16*, #1232, July 3, 1995. Page 218: From *Más*, October 1989, page 38. Page 220: Macduff Everton/ The Image Works.

Chapter 7
Opener: Chad Ehlers/Stone/Getty Images. Page 225: Dennis Degnan/Corbis Images. Page 232: Lars Howlett/Aurora Photos. Page 241: Stuart Cohen/The Image Works. Page 244: From Quick Guide Buenos Aires, #13, May-July 2003, page 18. Published by Golden Company. Page 255: Andrea Pistolesi/ The Image Bank/Getty Images.

Chapter 8
Opener: Stephanie Maze/Corbis Images. Page 261: James Marshall/The Image Works. Page 273: From Plan International USA, *Más*, Vol. II, #3, 1991. Page 275: Crandall/ The Image Works. Page 280: Angelo Cavalli/Age Fotostock America, Inc. Page 285: Stephanie Maze/Corbis Images. Page 287: John Maier, Jr./The Image Works. Page 293: Stephen Frink/Corbis Images.

Chapter 9

Opener: Robert Frerck/Stone/Getty Images. Page 299: ©AP/Wide World Photos. Page 304: Marc Serota/Corbis Images. Page 316: Mike Powell/The Image Bank/Getty Images. Page 322: Marcelo Salinas/Latin Focus. Page 330: Jorge Uzon/Getty Images News and Sport Services. Page 331: Philippe Eranian/Corbis Images.

Chapter 10

Opener: Jimmy Dorantes/Latin Focus. Page 337: Macduff Everton/The Image Works. Page 343: Courtesy El Sol Caracol. Page 344: Sven Martson/The Image Works. Page 348: Jeff Greenberg/ The Image Works. Page 353: ©Torino/Age Fotostock America, Inc. Page 355: "Teléfonos a bordo," *Escala*, a publication of Aeroméxico, #76, November 1995. Page 357: Quindu Noel/Gamma-Presse, Inc. Page 368: Courtesy AT&T Bell Labs. Page 370: Mario Algaze/The Image Works.